Alfred Buberl

Die Automobile des Siegfried Marcus

Alfred Buberl

Die Automobile des SIEGFRIED MARCUS

Edition Tau

Bildnachweis:

ARCHIV TECHNISCHES MUSEUM WIEN: S. 36, 37, 40 (2), 41, 60 (1), 80 (1), 88, 89 (2), 90 (1), 99 (1), 102 (2), 107 (1), 139, 144, 149, 163, 189, 208, 213, 216 (1), 217, 221 (1), 232.

ARCHIV F.H. BAER, WIEN: S. 100, 101, 102 (7).

MERCEDES BENZ AG, MUSEUMSARCHIV: S. 52, 54, 55, 80 (1), 81 (1), 120, 121, 122, 123, 124, 125, 126, 127.

ARCHIV A. ZIMMERMANN: S. 89 (1), 99 (1).

ZEICHNUNGEN ING. ALBECK: S. 96.

ZEICHNUNGEN UND ARCHIV ING. ALFRED BUBERL: S. 33, 34, 38, 41, 45, 60 (3), 61 (4), 62 (2), 63 (2), 67, 68, 70, 72, 73, 76, 77, 78, 79, 81 (1), 83, 86 (2), 87, 90 (1), 91, 92, 93, 94, 95, 97, 99 (3), 107 (1), 108, 109, 110, 111, 115, 159, 164, 176, 177, 180, 181, 209 (1), 212, 216 (3), 218, 219, 220, 221, 222, 224, 225, 226, 227.

DAS BUCH DENKWÜRDIGER ERFINDUNGEN: S. 12, 13, 18 (2), 23.

DIE ILLUSTRIERTE WELT DER EFINDUNGEN: S. 17, 22 (2).

STRASSE, RAD UND WAGEN: S. 34.

BEZIRKSMUSEUM MARIAHILF: S. 38, 39.

ARCHIV ÖAMTC: S. 46, 56, 209 (1).

LEXIKON DER GESAMTEN TECHNIK 1894: S. 66.

© 1994 by EDITION TAU & TAU TYPE
B I R I C Z
Druck-, Verlags- und Handelsges.m.b.H.,
Bad Sauerbrunn,
in Produktionsgemeinschaft mit der
ARGE Marcus, Wien (Herausgeber)
Umschlagentwurf: Peter Feigl, Wien
Typographie und Innengestaltung: Alfred Buberl
Satz und Herstellung: ARGE Marcus
Druck: Ketterl, Wien

ISBN 3-900977-49-6

Warum dieses Buch geschrieben werden mußte ...

Alle Welt feierte 1986 das Jubiläum „100 Jahre Automobil". Auch Österreich.

Hier entwickelte der in Deutschland geborene und in Wien ansässige Siegfried Marcus eine Vielzahl seiner Erfindungen zur Gebrauchsreife. So auch, wie in diesem Buch dargelegt wird, das erste benzingetriebene Auto der Welt. Es schmerzte uns als ARGE Marcus ganz besonders, daß diese Pioniertat als Aufputz für ein Jubiläum herhalten mußte, das grundsätzlich seine Richtigkeit hatte, aber falsch bezeichnet wurde. Denn ab 1886 wurde das Automobil von Daimler und Benz – erfolgreich – zum kommerziellen Gegenstand entwickelt. Siegfried Marcus wurde hier bitter unrecht getan.

Wie bereits 1968, als ein Werk mit dem Titel „Damals als die Pferde scheuten" nach einer eher belanglosen Darstellung des frühen Motorwesens in Österreich anhand von diversen falsch interpretierten Dokumenten zu dem Schluß kam, daß der im Technischen Museum ausgestellte Marcuswagen nicht 1875 gebaut worden sei, sondern erst 1888. Die dadurch ausgelöste Konfusion war derart, daß auch der Eigentümer des Wagens, der älteste österreichische Automobilclub, der ÖAMTC, über das vorher nie angezweifelte Baujahr verunsichert war. Grund genug für Anton Zimmermann, der seit der Gründung des ersten österreichischen Oldtimerclubs mit der österreichischen Veteranenszene verhaftet ist, und seinen Journalistenkollegen Alfred Pulletz, diesen unfaßbaren Rufmord an Marcus nicht widerspruchslos zur Kenntnis zu nehmen.

Durch Jahrzehnte war es in den Medien unmöglich, für Marcus eine Lanze zu brechen. Doch die Wahrheit konnte nicht unterdrückt werden. So gelang es beispielsweise Ing. Fritz Ehn als Lehrer an der Berufsschule für Kfz-Technik in Wien, die verantwortlichen Politiker davon zu überzeugen, daß die neue Schule den Namen „Siegfried Marcus-Berufsschule" tragen solle. Mit einem Team von Kollegen unter der Leitung von Meister Tomastik und Schülern machte er sich auf, den verschollenen Handwagen von Marcus aus 1864, von dem nur zwei Fotos im Technischen Museum Wien vorhanden waren, nachzubauen. Die fotometrische Auswertung dieser Abbildungen zur Erstellung der Konstruktionszeichnungen erfolgte durch die Technische Universität Wien. Beim Nachbau des Zünders entdeckte Elektrotechniker Siegfried Lexer von der Österreichischen Bundesbahn-Lehrlingswerkstätte, daß bereits dieser erste benzinbetriebene Marcuswagen von 1864 eine Hochspannungszündung mit induktiver und kapazitiver Wicklung aufwies, wie sie Robert Bosch erst 1908 patentieren ließ.

Der Wagen des ÖAMTC von 1875 sowie der Handwagen der „Siegfried Marcus-Berufsschule" wurden 1992 bei der von uns organisierten Veranstaltung ZEITREISE im niederösterreichischen Städtchen Drosendorf erstmals gemeinsam der Öffentlichkeit präsentiert. Und Gerhard Schaukal vom Technischen Museum Wien nahm den Marcuswagen ohne größere Probleme in Betrieb und fuhr damit eine Runde um den Hauptplatz.
Ebenso wie sechs Jahre vorher, als er zur Feier „100 Jahre Automobil" auf dem Gelände des ÖAMTC-Fahrtechnikzentrums in Teesdorf den Wagen einer staunenden Journalistenrunde erstmals „live" vorgeführt hatte.
Erstmals? Nein. Denn bereits 1950 hatte der Kfz-Experte Ing. Alfred Buberl den Wagen auf der Mariahilfer Straße in Wien gefahren. Unter größtem Presseecho. Und Ing. Buberl war auch in Drosendorf dabei. Was lag also für uns näher, als diesen profunden Marcus-Kenner zur Entstehung des vorliegenden Buches zu motivieren.

Alfred Pulletz
Anton Zimmermann

Vorwort des Autors

Mehr als vier Jahrzehnte Arbeit und Forschung auf dem Gebiet der Kraftfahrzeug-Historik haben mich erkennen lassen, daß sich die Übermittlung dieses Teils der Technikgeschichte, insbesondere in den Anfängen, immer mehr von den tatsächlichen historischen Gegebenheiten entfernt hat.

Im Laufe des an die 200 Jahre zurückreichenden Beginns des maschinenbetriebenen Straßenverkehrs und des nunmehr über 130jährigen Zeitraumes, in dem sich das Automobil, wie wir es kennen, von der Intuition bis zum millionenfach genutzten Gebrauchsgegenstand entwickelte, hat sich die Übermittlung der geschichtlichen Tatsachen durch zuviele politische, wirtschaftliche, persönliche und nicht zuletzt auch rassische Interessen, und Emotionen, immer weiter von der Realität entfernt.

Das Kraftfahrzeug und damit seine Geschichte ist zu einem nicht unwesentlichen Bestandteil der menschlichen Entwicklung herangewachsen und sollte so unverfälscht wie möglich an spätere Generationen weitergegeben werden, zu deren Traditionen sie gehören wird.

Mit der vorliegenden Arbeit habe ich mich ganz bewußt ausschließlich mit der bisher nicht restlos aufgearbeiteten frühen Geschichte des Automobils und des Benzinmotors, die den Zeitraum von etwa 1860 bis 1900 umfaßt, auseinandergesetzt. Dieser Abschnitt ist mit dem aus den verschiedensten Gründen immer wieder ins Abseits und geradezu in die Bedeutungslosigkeit abgedrängten, wahren Erfinders des Benzinautomobils, Siegfried Marcus, untrennbar verbunden, jenes Mannes, der der Menschheit allein schon mit dem Benzin zu einer völlig neuen Form von Energie wie auch deren Nutzung verhalf.

Letztlich ergab sich aus dieser Arbeit zwangsläufig die Biographie dieses in Österreich schaffenden und schließlich beheimateten genialen Erfinders.

Sieghartskirchen/Kreuth, August 1994

Ing. Alfred Buberl

Einleitung

Die Geschichte des Straßenverkehrs beginnt nicht, wie gern angenommen wird, mit Daimler und Benz, denn bereits nach 1800 gab es in England mehrere dampfbetriebene, im Liniendienst verkehrende Omnibusse. Aufgrund ihrer Schwerfälligkeit einerseits und der unbefriedigenden Straßenverhältnisse andererseits wurden sie – vereinfacht ausgedrückt – auf Schienen gestellt. Sie konnten auf diese Weise schließlich als die ersten Eisenbahnen reüssieren.

Das Problem des dringend benötigten Zubringerdienstes zu dem progressiv anwachsenden Schienenverkehrsnetz wurde jedoch erst Jahrzehnte später durch den Einsatz des „Automobils" einer Lösung zugeführt. Die Motorisierung des Straßenverkehrs begann demnach effektiv nach der Schaffung des relativ kleinen, leichten, wendigen Selbstbewegers. Er war erst in dem Moment gegeben, als das leicht mitzuführende Benzin, das von jeglichem fixen Zubringernetz unabhängig machte, als idealer Kraftstoff für Motoren gefunden war. Die Weltmotorisierung nahm denn auch mit dem ersten Einsatz von Benzin ihren eigentlichen Anfang.

Siegfried Marcus hat nicht nur diese unabdingbare Voraussetzung geschaffen, er ersann auch ohne irgendwelche Vorgänger die erforderlichen Benzinmotoren, konstruierte, baute und entwickelte sie bis zur absoluten Betriebsverläßlichkeit. Ebenso die unverzichtbaren Zusatzeinrichtungen, die jede für sich eine Achtung gebietende Leistung darstellen. Er war eine jener seltenen Erfinderpersönlichkeiten, die keine Vorbilder und Vorgänger hatten, weil sie eine Art visionärer Schau zu vollkommenen Leistungen befähigte.

In der vorliegenden Arbeit wird der Versuch unternommen, diesen frühen Abschnitt der Kraftfahrgeschichte in einer Weise aufzuarbeiten, die es jedermann ermöglicht, sie nachzuvollziehen und sich der Beweisführung anzuschließen.

Um dieses angestrebte Ziel zu erreichen, war es leider unvermeidlich, wichtige Fakten fallweise auch mehrmals anzuführen, weil sie unter Umständen von verschiedenen Blickpunkten gesehen werden sollten und mit weiteren Fakten in Verbindung gebracht werden mußten, die zu neuen Erkenntnissen bzw. Bestätigungen der wahren Gegebenheiten führen.

Ebenso konnte auf Chronologien, die Siegfried Marcus den Leistungen von Zeitgenossen gegenüberstellen, aus Gründen der historischen Wahrheitsfindung nicht verzichtet werden.

Es ist nicht Absicht dieses Buches, andere bedeutende Erfinder in Frage zu stellen oder ihre Leistungen zu schmälern. Hier geht es ausschließlich um die Richtigstellung historischer Abläufe, die im Hinblick auf Siegfried Marcus in der Vergangenheit aus verschiedenen Gründen falsch dargestellt oder verfälscht, in einigen Fällen sogar manipuliert wurden.

Mit dieser, keine wie immer gearteten Interessen vertretenden, ausschließlich der historischen Wahrheit zum Durchbruch verhelfen wollenden Arbeit über Siegfried Marcus und sein unsterbliches Werk ist die Kraftfahrzeug- und ein Teil der Motorengeschichte neu dargestellt und aufgrund entsprechenden Materials neu belegt worden.

1. Siegfried Marcus und seine Zeit

Siegfried Marcus war nach allem, was man über sein Leben weiß, bereits von Geburt mit einem Übermaß an technischem Genie ausgestattet. Damit war er genau in jene Epoche hineingeboren worden, die wie keine zuvor Bedarf an genialem Schöpfertum hatte.

Trotz unserer weitreichenden Erfahrung am Ende des hochtechnisierten 20. Jahrhunderts bereitet es immer noch einige Mühe, der Fülle an technischen Neuerungen auf fast allen Gebieten, die das 19. Jahrhundert hervorgebracht hat, einigermaßen gerecht zu werden. Im Grunde haben die Nachkommen nur mehr weiterentwickelt, was damals zum ersten Mal ans Tageslicht trat, um Gestalt anzunehmen und eine völlig neue Zeit einzuleiten.

Wer sich heute immer noch dazu verführen läßt, hinter der Fassade der eher kleinbürgerlich wirkenden Biedermänner von damals ähnlich denkende Köpfe zu vermuten, der ist sich nicht annähernd klar darüber geworden, was wir ihnen nicht zuletzt im Hinblick auf die Problembewältigung in Verbindung mit der progressiv angewachsenen Weltbevölkerung zu verdanken haben.

Der Verlauf der Geschichte wird mitunter von Kräften beeinflußt, die mit menschlicher Logik nicht ohne weiteres zu erklären sind. Nach 1800 jedenfalls ergriff ein völlig neues Lebensgefühl von den Menschen Besitz und feuerte sie zu immer fortschrittlicheren technischen Neuerungen an.

Der Verkehr

Dieses zunehmend an Tempo gewinnende und immer mehr Tempo fordernde Lebensgefühl mag nicht zuletzt durch die Eisenbahn, die in unglaublicher Kürze fast ganz Europa überzogen hatte, bestimmt worden sein. Aber auch in den USA, wo die Technik allein schon aufgrund der riesigen Entfernungen als die Lösung zahlreicher Probleme erkannt wurde, zeigten sich die gleichen Phänomene. Bereits damals setzte der Westen zu jener Entwicklung an, die uns schließlich auf dem Mond landen ließ und uns den Weltraum öffnete.

Eine wichtige Voraussetzung für dieses Phänomen war sicherlich, daß die technische Entwicklung notgedrungen auch jene der Kommunikationsmittel bewirkte. Diese waren es schließlich, die der ganzen Epoche eine bis dahin unbekannte Rasanz vermittelten, welche die Technik ins Bewußtsein der Menschen integrieren half und ihre Vervollkommnung in so kurzer Zeit ermöglichte.

Die Presse

Das Pressewesen etwa, das eine nicht zu unterschätzende Rolle spielte, erfuhr selbst eine rasante Entwicklung, nicht zuletzt hinsichtlich der Massenproduktion und damit auch -verbreitung.

So wurde etwa die Times in London schon 1814 erstmals auf einer dampfgetriebenen „Schnellpresse" gedruckt. Wenige Jahre später, 1822, gab es die von dem Amerikaner Church konstruierte erste Letternsetzmaschine, der 1853 die von Jonson und Atkins entwickelte „Komplettletterngießmaschine" folgte. Sie konnte bereits vollautomatisch bis zu 30.000 Buchdrucklettern täglich gießen.

Ein Jahr später trat Bullock mit seiner Rotationspresse für Endlospapier (16 km/h, beidseitig bedruckt) hervor. Das moderne Pressewesen war damit im Prinzip geboren. Jede Neuigkeit konnte ab nun sehr rasch verbreitet werden.

Elektrizität im Vormarsch

Die Presse war jedoch nicht das einzige Kommunikationsmittel. 1804 eröffnete der Spanier Francisco Salva mit dem galvanischen Telegraphen einen noch schnelleren Weg der Nachrichtenübermittlung. Ihm folgte 1809 der elektrische Telegraph von Sömmering, 1832 der Nadeltelegraph von Schilling und 1833 schließlich Gauß mit seinem elektromagnetischen Telegraphensystem.

Acht Jahre später erarbeitete Morse sein Telegraphen-Alphabet. Bereits 1857 wurde das erste transatlantische Telegraphenkabel zwischen Neufundland und Irland verlegt. Damit nahm die erste weltumspannende kommunikative Verbindung ihren Anfang – eine bewundernswerte Leistung in so kurzer Zeit.

Das heißt jedoch nicht, daß die Telegraphie nicht noch eine Unzahl an Weiterentwicklungen erfordert hätte, um sie schließlich zu jenem System zu machen, das uns heute so einfach erscheint. Und gerade dabei hat sich Siegfried Marcus große Verdienste erworben.

Fünf Jahre vor Ende dieses erstaunlichen Jahrhunderts führte Lodge schließlich den ersten drahtlosen Telegraphen vor, und 1906 erfolgte die erste Rundfunkübertragung in den USA.

Die Erfindung des Telephons war demgegenüber vergleichsweise einfach. Bell präsentierte es erstmals 1876 und ließ es patentieren.

Wer meint, es habe vor allem der zündende Funke einer neuen Idee die technische Entwicklung jeweils um eine weitere Sensation bereichert, der irrt. Gerade die Elektrizität, Voraussetzung für zahlreiche Neuerungen bzw. deren praktischen Einsatz im Alltag, bietet ein anschauliches Bild dafür, welche jahrzehntelangen intensiven Bemühungen es erforderte, um – so wie heute – einfach den Lichtschalter aufzudrehen. Ganz abgesehen davon, daß Geschichte und Entwicklung der Elektrizität bis 600 v. Chr. zu Thales von Milet zurückreichen und über die Jahrhunderte unzähliger genialer Köpfe bedurften, gelang es erst in den 60er Jahren des vorigen Jahrhunderts, mit Dynamokonstruktionen und Sammelbatterien elektrischen Strom in nennenswerten Mengen zu erzeugen und zu speichern. Dann ergab sich das nächste Problem: Die Übertragung über größere Strecken. Die Lösung: Wechselstrom. Weitere Schwierigkeiten zeigten sich bei der Notwendigkeit der Mehrfachteilung des Stroms (etwa in einem Wohnhaus), aber auch in der Findung des richtigen Leuchtkörpers, was über den Lichtbogen zur Glühbirne führte.

In ähnlicher Weise vollzog sich die Entwicklung der Technik auf allen anderen Gebieten. Es bedurfte eines Heeres einfallsreicher, scharfsinniger Köpfe (und auch Praktiker), um aus einer Idee eine praxistaugliche Erfindung zu machen. Immer neue Probleme tauchten auf, mit denen anfangs nicht zu rechnen war und für die es zunächst gar keine Lösung zu geben schien.

Visionen werden Wirklichkeit

Es war ein weiteres Phänomen dieser Zeit, daß man sich mit den faszinierenden Aussichten –

etwa taghell erleuchteten Straßen, per Luftschiff oder Flugzeug Entfernungen zu überwinden, einen Wagen ohne Pferde zu betreiben – nicht mehr begnügte, sondern alles daransetzte, solche „Utopien" über alle Hindernisse hinweg Realität werden zu lassen. Dieses Potential konnte sicher nur deswegen voll ausgeschöpft werden, weil es in Europa über viele Jahrzehnte hinweg keinen größeren Krieg gegeben hatte. Einmal begonnene Projekte konnten zu Ende gebracht werden und mußten nicht, wie früher häufig, auf ein späteres Jahrhundert verschoben werden.

Am Beginn des materialreichen bzw. materialistischesten Zeitalters standen demnach Visionen, Begeisterung und Idealismus wie nie zuvor. Die großen Visionäre der Technik vermochten ihre Zukunftsschau gleichsam in Kopie an zahllose begeisterte Mitwirkende weiterzureichen, die sie dann schließlich bis zur Realisierung und Profanierung weiterverfolgten – eine wundersame Epoche!

Einer der genialsten Visionäre der technischen Entwicklung war Siegfried Marcus. In Norddeutschland geboren, zog es den 21jährigen Marcus nach Wien – sicher nicht zufällig zwei Jahre nach der Revolution von 1848, die Österreich letztlich ein weit höheres Maß an Freiheit beschert hatte als später eingestanden wurde. Es war sicher ebenso von Bedeutung, daß Marcus – aus einer jüdischen Familie stammend – von vornherein annehmen konnte, in dieser weltoffenen Stadt weniger Vorurteilen zu begegnen als anderswo und demnach ungestört realisieren zu können, was vermutlich bereits damals überreich in seinem Kopf vorhanden war und Gestalt annehmen wollte.

Die Judenfrage in Österreich

In Österreich stellte sich die Judenfrage von vornherein anders als in den übrigen europäischen Ländern. Hier waren Juden im Prinzip Angehörige einer deutschsprachigen Volksgruppe in Polen, der im Nationalitätenstaat Österreich ähnlich großzügige Zugeständnisse gemacht wurden wie allen anderen Völkern. Das war der Nährboden für den beispiellosen kulturellen Aufstieg vieler Angehöriger dieses Volkes, dessen Beiträge zur europäischen Kultur aus dieser glanzvollen Epoche nicht mehr wegzudenken sind. Kaiser Franz Joseph selbst achtete stets darauf, daß Juden als vollwertige Mitglieder der österreichischen Völkergemeinschaft betrachtet wurden. Viele von ihnen erhob er aufgrund ihrer Verdienste in den Adelsstand.

Als Beweis für die fortschreitende Assimilierung darf gelten, daß nicht wenige vom jüdischen zum christlichen Bekenntnis wechselten – auch Siegfried Marcus konvertierte zum evangelischen Glauben.

Der Bildungsweg von Marcus

Er sah seine Erwartungen sicher nicht enttäuscht, als er 1851 seine erste Tätigkeit beim Hofmechaniker Kraft antreten konnte. Daß er erhöhten Anforderungen auf technischem Gebiet spielend gerecht wurde, bewies die bald folgende dreijährige Tätigkeit als Mechaniker am Physikalischen Institut der k. k. medizinischen Josephsakademie. Rasch stieg er zum Assistenten des damals berühmten Physiologen Professor Karl Ludwig am Chemischen Laboratorium auf. Er nahm an den Forschungsarbeiten dieses großen Arztes und Physikers regen Anteil. Aufgrund seiner damals bereits erworbenen Patente kann angenommen werden, daß er durch seinen Einfallsreichtum den Versuchsbetrieb positiv zu beeinflussen verstand. Andererseits eignete er sich dort auch tiefgründige physikalische und chemische Kenntnisse an, die schließlich die Voraussetzung für seine durch und durch komplexen Erfindungen bildeten.

Der Bildungsweg von Siegfried Marcus war durch eine für die damalige Zeit nicht alltägliche Systematik gekennzeichnet. Seine erste Lehrstelle in Hamburg verließ er siebzehnjährig, um in die damals berühmteste elektrotechnische und mechanische Werkstätte Deutschlands von Werner von Siemens in Berlin einzutreten. Dort besuchte er auch die Gewerbeschule. Bald wurde er zum unmittelbaren Gehilfen von Siemens – und nichts untermauert diese Bevorzugung besser als die Tatsache, daß

Marcus bereits in so jungen Jahren ein Patent (für ein Relais) erwarb. Es ist schwer zu sagen, wer von wem mehr profitierte, denn der Abgang des jungen Genies scheint dem Unternehmen keineswegs gleichgültig gewesen zu sein. Siemens ließ die Verbindung zu dem späteren Wahlwiener nicht abreißen und war für jede Erfindung offen, die er eventuell anzubieten gedachte. Derartiges war keinesfalls die Regel.

Die Weltstadt Wien

1854 heiratete Kaiser Franz Joseph die bayrische Prinzessin Elisabeth. Aus dieser Ehe ging vier Jahre später Kronprinz Rudolf hervor. Interessanterweise kam Siegfried Marcus im Laufe seines Lebens immer wieder mit dem österreichischen Kaiserhaus oder seinen Mitgliedern in Berührung. Zahlreiche wertvolle Geschenke machten unter anderem deutlich, wie hoch man seine Leistungen und sein Wissen bald einschätzte.

Im Geburtsjahr des Kronprinzen Rudolf wurden in Wien die Befestigungsanlagen der Basteien geschleift und die längst beabsichtigte Stadterweiterung in Angriff genommen, um die Innenstadt mit den Bürgerbezirken zu verbinden. Der mit dem Bau der Ringstraßenpalais und -gebäude verbundene wirtschaftliche Aufschwung bewirkte eine nicht vorhergesehene Ausweitung der Stadt in fast jeder Beziehung. Wie ein Magnet zog Wien nicht nur Zuwanderer aus den verschiedenen Ländern an, sondern vor allem Künstler aus ganz Europa, die nicht zuletzt für die prunkvolle Ausgestaltung der Prachtbauten verantwortlich waren.

In dieser Epoche entfaltete sich Wien zu einer auf fast allen Gebieten brillierenden, pulsierenden Weltstadt, in der zu leben von vielen allein schon als Glück empfunden wurde. Nicht einmal die ver-

John Walter teilt seinen Arbeitern mit, daß die „Times" bereits gedruckt sei.

Ein Sturm erhob sich, als John Walter 1814 die „Times" auf der neuen, dampfgetriebenen Schnellpresse drucken ließ. Die Erprobung dieser neuen Druckmaschine mußte nachts und unter dem Schutz von Soldaten erfolgen. Welcher Triumph war es für Walter, als er am 29. 11. 1814 verkünden konnte: „Der Leser hält einen der vielen tausend Abdrucke in der Hand, die vorige Nacht mittels Dampfkraft gedruckt wurden."

1803 wurde vom englischen Fabrikanten Wise die industrielle Herstellung der Stahlschreibfeder aufgenommen, der der Federkiel schließlich weichen mußte. Nur wenige Jahre später wurden bereits die ersten Zeitungen im Schnelldruckverfahren hergestellt.

Mit Rollenrotationsmaschinen wie der dargestellten, auf die die „Kölnische Zeitung" gedruckt wurde, begann die Zeit der Massenmedien und damit ein breiter, nicht mehr abreißender Informationsstrom zu fließen.

lorenen Schlachten in Italien und die nachfolgende Katastrophe von Königgrätz 1866 vermochten den Schwung, der diese Stadt erfaßt hatte, zu bremsen, obwohl das ursprüngliche Habsburgerreich als Folge in die Doppelmonarchie Österreich-Ungarn umgestaltet werden mußte. Aber was an äußerem Einfluß, etwa in Deutschland, verloren gegangen war, schien sich im Inneren des Vielvölkerstaates umso intensiver zu manifestieren.

Es war vor allem das von Leben sprühende Wien, das die empfindlichen Verluste an Menschen, ganzen Provinzen und nicht zuletzt des politischen Einflusses in Europa ohne Träne wegzustecken vermochte und durch die volle Bewahrung seines Glanzes dem Ansehen Österreichs den größten Dienst erwies.

Marcus wird selbständig

Der ungeheure wirtschaftliche Aufschwung in der Folge der Stadterweiterung war nicht zuletzt auf die seit Jahren vorbereitete Gewerbefreiheit zurückzuführen, die Franz Joseph 1859 erlassen hatte. Sie ermöglichte jedem, der tüchtig genug war, sich selbständig zu machen.

Und sie hat sicher nicht zuletzt Siegfried Marcus bewogen, 1860 die berufliche Selbständigkeit anzustreben. Er gründete eine eigene Mechanikerwerkstätte im Hoftrakt des Hauses Mariahilfer Straße 107, die schon damals die Grenze zwischen zwei durch ihre regen Wirtschafts- und Industriebetriebe gekennzeichneten Wiener Bezirken bildete, nämlich Mariahilf und Neubau. Ihre Besonderheit erhielt sie jedoch aus der Tatsache, daß sie die unmittelbare Verbindung zwischen Hofburg und Schloß Schönbrunn bildet und deshalb besonders während der schönen Jahreszeit vom Kaiser oftmals täglich befahren wurde.

Der schon damals an Geschäften reichen Häuserfront der breiten Mariahilfer Straße merkte man kaum an, daß sich in den zahlreichen geräumigen und weitläufigen Hinterhöfen die verschiedenartigsten Handwerksbetriebe befanden. Der Prosperität der ganzen Umgebung entsprechend konnten diese Unternehmen einer reichlichen Beschäftigung sicher sein.

Ihnen schlossen sich oftmals regelrechte Industriegebäude an, die überwiegend auf textile Erzeugung und Verarbeitung spezialisiert waren. Ein unauffälligeres, wahrscheinlich aber auch produktiveres Industriegebiet hat es damals kaum sonstwo gegeben. Als die Alt-Wiener Häuserfront schließlich abgerissen und durch weit größere, mehrstöckige Gebäude ersetzt wurde, blieben diese Betriebe zum Großteil sogar erhalten.

Neue Energie kommt zum Einsatz

Eine der ersten Arbeiten, von denen man weiß und die die Neugier der Anrainer in diesem allgemein zugänglichen Hof weckte, waren die Versuche mit dem Vergasen von Benzin. In diesem Alt-Wiener Hof gelang es einem neuen Prometheus, durch unablässige Versuche über Jahre ein neues, gefährliches Feuer nicht nur zu zünden, sondern auch zu bändigen. Aber auch dieser Prometheus litt bis ans

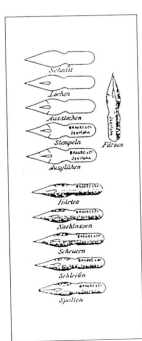

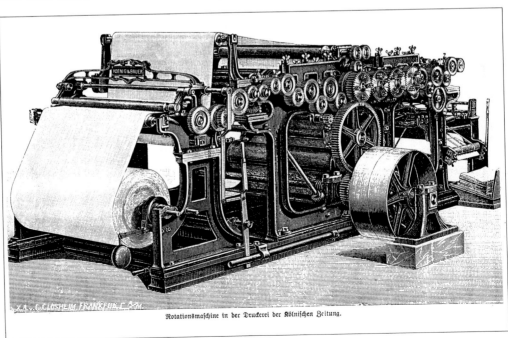

Rotationsmaschine in der Druckerei der Kölnischen Zeitung.

Ende seines Lebens unter den qualvollsten Schmerzen, die Verletzungen durch Explosionen bei den Vergasungsversuchen mit dem ungebärdigen Benzin verursacht hatten.

Dabei entbehrt es nicht einer gewissen Folgerichtigkeit, daß der Energiereichtum des Benzins in Österreich entdeckt wurde, denn interessanterweise war das alte Österreich und nicht etwa Pennsylvanien der erste Ölstaat der Welt. Erdöl war in Galizien bereits im 16. Jahrhundert bekannt, nur wurde es höchstens zum Schmieren von Wagen und als Heilmittel verwendet. 1853 brannten dort denn auch die ersten Petroleumlampen, und das sich bei der Destillation ergebende Benzin wurde aus Mangel an Einsatzmöglichkeit überwiegend zur Verdunstung gebracht. Nur zu einem geringen Teil gelangte es als Wund- und Fleckbenzin in Apotheken und Drogerien. 1864 gab es in Wien-Floridsdorf die erste Raffinerie der Welt zur Gewinnung von Schmierölen und Petroleum. In diesem

Jahr lief bekanntlich bereits das erste Benzinautomobil von Siegfried Marcus.

Als er seine ersten Vergasungsversuche startete, erhielt er Benzin allerdings nur in geringen Mengen, und dies um teures Geld. Es ist wahrscheinlich, daß er diesen Stoff, mit dem sich damals niemand etwas anzufangen getraute, bereits bei Professor Ludwig kennengelernt hatte. Dort dürfte er die überragenden Möglichkeiten, die darin stecken, sofort erkannt haben und es ist naheliegend, daß er vor allem aus diesem Grund die eigene Werkstätte angestrebt hatte, denn wo hätte er sonst dieses ungebärdige, gefährliche Etwas erfolgreich erproben können? Die Zähigkeit und Konzentration, mit der er die gefährlichen Testreihen über Jahre fortsetzte, lassen diesen Schluß zu.

Um die Bedeutung des Benzins als Antriebsstoff zu unterstreichen: Die Motoren, die damals vor allem der stark expandierenden Industrie den für die Produktion

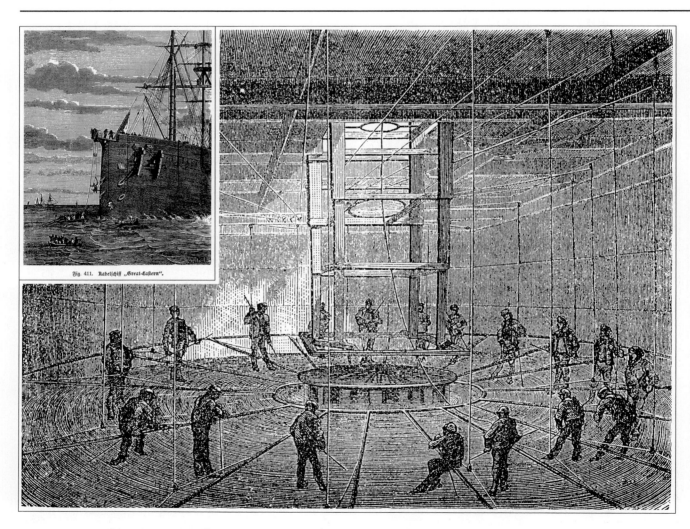

Fig. 412. Behälter zur Aufbewahrung des Kabels in dem „Great-Eastern".

erforderlichen Antrieb lieferten, waren entweder Dampfmaschinen, die wegen ihrer Größe einen platzaufwendigeren Standort erforderten als oftmals zur Verfügung stand, oder aber einfache Gasmotoren, die die unmittelbare Nähe zu einer Gaserzeugung notwendig machten, sollten sie einigermaßen rationell betrieben werden. Sämtlichen Maschinentechnikern war deshalb klar, daß letzten Endes nur die Gaserzeugung an Ort und Stelle die Motorenfrage befriedigend lösen konnte. Die Bemühungen zur Lösung dieses Problems waren deshalb praktisch weltweit.

Siegfried Marcus, der allem Anschein nach mit einer Art technischer Vorausschau begabt war, hatte Jahrzehnte, bevor sich das Automobil allgemein durchzusetzen vermochte, klare Vorstellungen davon, wie es in allen seinen zahlreichen Teilen beschaffen sein mußte, um in seiner endgültigen Form von jedermann genützt werden zu können. Deshalb kann man ihn zu Recht als „Vater des Automobils" bezeichnen.

„Pionier des Beleuchtungswesens"

Marcus war aber auch auf dem Gebiet der damals neuzeitlichen Elektrotechnik ein Erfinder von hohen Graden, dessen Leistungen höchst willkommen waren und in Form von hohen Auszeichnungen und Preisen auch anerkannt wurden.

Daß Elektrizität zu Beleuchtungszwecken eingesetzt werden konnte, wußte man bereits seit 1808, aber die Realisierung des Traumes, jeden Haushalt mit elektrischem Licht auszustatten, ließ noch geraume Zeit auf sich warten. Wie bereits erwähnt, war trotz intensiver Bemühungen von Fachleuten und Erfindern die damals „Teilung des elektrischen Lichts" genannte Mehrfachleitung noch nicht realisierbar. In dieser Richtung ebenso wie bei vielen einschlägigen Problemen wirkte Marcus an der Vervollkommnung der notwendigen Erfindungen mit und war bei Fachleuten und Militärs so angesehen, daß man ihn schließlich als „Pionier des Beleuchtungswesens" bezeichnete.

Fig. 413. Vorrichtungen für das Auslegen der Kabel auf dem „Great-Eastern".

Fig. 410. Das transatlantische Kabel von 1866.

Das transatlantische Kabel wurde vom größten jemals gebauten Raddampfer der Welt, der 1858 vom Stapel gelaufenen „Great Eastern", verlegt.

Die vollkommen aus Eisen gebaute „Great Eastern" hatte eine Länge von 210,92 Metern und ein Gewicht von 27.400 Tonnen. Sie wurde von zwei gewaltigen Maschinen mit je 4.000 PS angetrieben. Der als Fahrgastschiff gebaute Dampfer hätte 4.000 Passagiere und eine Ladung von 6.000 Tonnen aufnehmen können. Nachdem er aber im Personenverkehr nicht zum Einsatz kam, wurde er zum Kabelleger umgerüstet und verlegte als solcher 1865 das transatlantische Kabel.

Bald nach dem Verlegen von Landkabeln für die Telegraphie ergab sich die Notwendigkeit von Fluß- und darauf folgend jene der Hochseekabel. Ein gewaltiges Unterfangen, ganz abgesehen von den bedeutenden Kosten. Hier wurde technisches Neuland betreten, das keine Fehler verzieh. Beim Seekabel wurden je nach dem Ort der Verlegung verschiedene Anforderungen gestellt. So mußte man die in seichtem Wasser zu verlegenden Kabel, welche weniger als Tiefseekabel auf Zugfestigkeit beansprucht werden, durch starke Isolation gegen Beschädigung durch Seetiere schützen. Die Tiefseekabel wiederum mußten hohe Zugfestigkeit aufweisen, damit sie bei der Verlegung nicht durch ihr eigenes Gewicht rissen.

Im Jahr 1848 wurde das erste, durch „Eisenhülllen" geschützte Flußkabel zwischen Köln und Deutz von Werner Siemens verlegt, drei Jahre später das erste unterseeische Kabel zwischen Dover und Calais und 1866 das erste transatlantische Kabel.

Das 1851 von „Submarine Telegraph Company" gelegte, eisendrahtumhüllte Kabel zwischen Dover und Calais blieb bis 1875 betriebsfähig.

Nach einer Reihe von Rückschlägen wurde 1864 die zum Kabelleger umfunktionierte „Great Eastern" mit der Transatlantik-Kabellegung befaßt. Das vom Kabelschiff aus verlegte Kabel riß mitten im Meer, etwa 250 Meilen von Irland entfernt. Im folgenden Jahr wurde es im Zuge einer neuen Kabellegung wieder geborgen. Die „Great Eastern" begann am 13. 7. 1866 von Irland aus mit dem Versenken des neuen Kabels, das auf Kosten der „Anglo-American Telegraph Company" verlegt wurde. Bereits am 27. 7. 1866 war die telegraphische Verbindung zwischen Europa und Amerika hergestellt.

Von da an ging die Verlegung von Tiefseekabel mit Riesenschritten vorwärts. 1877 waren bereits 149 Kabel mit 59.567,55 Seemeilen Länge in Betrieb, die allesamt von Privatgesellschaften verlegt worden waren. Dazu kamen noch 420 Kabel mit einer Länge von zusammen 4.442,23 Seemeilen von Staatsverwaltungen. Zusammen also 569 Kabel mit 63.989,78 Seemeilen Gesamtlänge.

(Nach „Die III. Welt d. Erfindungen", 3. Bd.)

So etwa galt er bereits 1862 für anerkannte Wissenschafter als Kapazität auf dem Gebiet der magnetelektrischen Maschinen, wovon der Denker und Wirtschaftsphilosoph Ing. Josef Popper-Linkeus in seiner Autobiographie berichtet. Da Popper bestrebt war, eine Idee zur elektrischen Kraftübertragung zu verwirklichen, wandte er sich an den seinerzeit weithin anerkannten, geistreichen Wiener Privatdozenten Dr. Edmund Reitlinger. Dieser empfahl Popper, er solle sich an den „talentvollen Mechaniker, der auch ein vorzüglicher praktischer Elektromechaniker und zugleich der einzige in Österreich sei, der magnetelektrische Maschinen baue", Siegfried Marcus, wenden. Reitlinger bemühte sich, obwohl bereits sehr krank und schwach, selbst mit Popper in die (damalige) Vorstadt zur Werkstätte von Marcus.

Das Ansehen, das dieser demnach schon besaß, konnte wohl kaum aus seiner zweijährigen selbständigen Tätigkeit herrühren, sondern beweist nur, daß er sich bereits vorher, noch bei Prof. Ludwig, einen Namen gemacht hatte. Und tatsächlich gibt es aus diesen Jahren patentierte Erfindungen, die seine frühe technische Reife und Genialität beweisen. Unter anderem ließ er 1858 einen „magnet-elektrischen Induktor mit Tasten und eigentümlichem Relais" für die Telegraphie schützen, durch den „ohne jede Pflege der Elektrizitäts-

quelle und ohne Anwendung voltaischer Elemente selbst auf große Distanzen fort und fort sicher telegraphiert werden konnte".

Aus der Zusammenarbeit mit Popper wurde zwar nichts, da Marcus offen bekannte, er setze sich nur für seine eigenen Ideen ein, mit Erfindungen anderer befasse er sich nicht, was wahrscheinlich allein schon aus Zeitmangel kaum möglich gewesen wäre, denn Marcus war voll damit ausgelastet, seiner eigenen Ideenfülle Herr zu werden. Aber aus dem Besuch entwickelte sich eine vieljährige Freundschaft, die sich dem Vernehmen nach vor allem in täglichen Kaffeehausbesuchen manifestierte.

Diese Eigenheit der Wiener wurde damals und auch noch später, ja vielfach bis heute, insbesondere von Künstlern, Journalisten und sonstigen Kreativen gepflegt. Popper und Marcus waren Stammgäste desselben Kaffeehauses in der Mariahilfer Straße. Dort trafen sie sich regelmäßig und diskutierten eifrig, wobei sie die weiße Marmorplatte des Tisches mit allerlei Berechnungen und technischen Skizzen bedeckten. Ein stets freundliches Einvernehmen der beiden wurde von den übrigen Gästen bestätigt.

Beziehungen zum Kaiserhaus

Für den Bekanntheitsgrad von Siegfried Marcus im damaligen Wien steht auch der Bericht eines seiner Gehilfen, der 1863 und 1864 Mechanikerlehrling in seiner Werkstätte war. Alois Christian schilderte 1929, schon hochbetagt, die Anekdote, nach der Marcus in der Hofburg eine elektrische Neuerung durchzuführen hatte. Ein völlig Unbekannter hätte diesen Auftrag kaum erhalten.

> „...Marcus war in die Hofburg berufen worden, um zwischen dem Schlafzimmer der Kaiserin Elisabeth und dem Zimmer ihrer Kammerfrau eine elektrische Klingelverbindung zu legen. Marcus kam in Begleitung des damals bei ihm tätigen Mechanikerlehrlings Christian und wurde in das Schlafzimmer der Kaiserin geführt. Die Bedeutung der ‚technischen Tat‘ der Montage einer elektrischen Klingel, die vielleicht die erste in Österreich war, erhellt daraus, daß der Kaiser und die Kaiserin, begleitet von einigen Herren und Damen des Hofstaates, persönlich kamen, um mit Marcus die Anlage zu besprechen, die dem Können der damaligen Frühzeit der Elektrotechnik entsprechend nur eine einzige Kontaktstelle

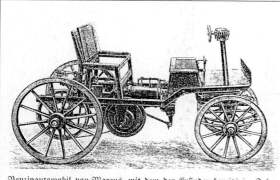

Ruhmeshalle deutscher Arbeit

in der

österreichisch-ungarischen Monarchie

Herausgegeben
unter Mitwirkung namhafter Gelehrter und Schriftsteller
von

Adam Müller-Guttenbrunn

Benzinautomobil von Marcus, mit dem der Erfinder bereits im Jahre 1875 in den Straßen Wiens gelungene Fahrten unternahm

Deutsche Verlags-Anstalt / Stuttgart und Berlin
1916

Das Ur-Automobil, der zweite Marcuswagen, angetrieben von einem Viertakt-Benzinmotor, Konstruktion Siegfried Marcus, von 1875.

Nachdem 1825 die 41 Kilometer lange Strecke Stockton - Darlington als erste Eisenbahnstrecke eröffnet wurde, waren im Jahr 1840 auf der gesamten Erde bereits 8.641 Kilometer Eisenbahn in Betrieb. 1860 war die Länge des Schienennetzes auf 107.935 Kilometer angewachsen und nach weiteren zwei Jahrzehnten, also am Ende des Jahres 1880, auf 367.105 Kilometer, hatte sich also mehr als verdreifacht. Ende 1887 waren auf der Erde im ganzen 547.932 Kilometer Eisenbahn in Betrieb. Betrug die Reisegeschwindigkeit 1814 bei der Personenbeförderung in Frankreich noch 4 km/h, brachte die Eisenbahn einen plötzlichen Wandel. Die Geschwindigkeit der Personenbeförderung stieg fast umgehend auf 30 km/h, diejenige des Güterverkehrs auf 20 bis 30 km/h an. Die errechnete Zeitersparnis der Reisenden durch die verkürzte Reisedauer betrug 1883 für Frankreich 17,000.000 Tage zu 24 Stunden oder überschaubare zehn bis elf Stunden je Einwohner. Die geschätzte Ersparnis aus der Beschleunigung des Personenverkehrs betrug bis 1878 für Deutschland etwa 955 Millionen Mark.

Dazu kam noch – man sollte es nicht glauben – eine Senkung der Unfallzahlen. So stellte man für Frankreich fest, daß durch die Eisenbahn eine Steigerung der körperlichen Sicherheit um das 13- bis 16fache gegenüber dem Reisen mit der Postkutsche bewirkt worden ist. Für England wurde nachgewiesen, daß es bei weitem nicht so gefährlich war, einen Tag mit der Eisenbahn zu reisen, als während derselben Zeit in den belebteren Teilen Lon-

dons zu gehen, woselbst durch Pferdewagen jährlich 7 bis 8mal soviele Menschen umkamen als auf sämtlichen Eisenbahnen Großbritanniens.

Durch die Eisenbahn ist die Gelegenheit zum Reisen so gewaltig gewachsen, daß z. B. in Frankreich vom Jahr 1841 bis 1890 die Zahl der Reisenden um das 381fache angestiegen ist.

Dieser gewaltige Anstieg des Verkehrsaufkommens durch die Bahn konnte natürlich nicht auf die weitgehend unflexible Schiene allein beschränkt bleiben. Der für die Eisenbahn notwendige Zubringerverkehr mußte ebenfalls neu überdacht und in seiner Leistungsfähigkeit jener der Bahn angeglichen werden.

Damit wurde die „Motorisierung" des Straßenverkehrs zur unabdingbaren Notwendigkeit. Hierbei ist es von Interesse, daß es bereits einige Zeit vor der Eisenbahn Straßendampfwagen gab, so hatte z. B. der Engländer Richard Trevithick schon 1803 einen zur Personenbeförderung geeigneten Dampfwagen in Betrieb. Trotzdem war die geradezu explosionsartige Entwicklung der Eisenbahn durch den sich ebenfalls im Umbruch befindlichen Straßenverkehr nicht so rasch aufzuholen wie man sich das gewünscht hätte. Aber gerade deswegen wurde das interessante Neuland für die damals oft erstaunlich modern denkenden Menschen ein reiches Betätigungsfeld, was sowohl die Theorie als auch die Praxis betraf.

(Nach „Die Illustrierte Welt der Erfindungen" 1. Ergänzungsband, S. 385)

Fig. 178. Inneres einer Werkstätte für Lokomotivenbau.

aufweisen sollte. Nach langem Beraten wurde bestimmt, daß die Klingel mitten über dem Kopfende des Himmelbettes der Kaiserin angebracht werden sollte. Als dies feststand, zog Marcus einen dicken Bleistift aus der Tasche, stützte sich mit seinem Knie weit ins Bett der Kaiserin und bezeichnete die gewählte Stelle an der Wand mit einem Kreuz. Dieses in seiner Plötzlichkeit und Art doch etwas ungewohnte Vorgehen muß sehr komisch gewirkt haben, denn die Kaiserin begann zu lachen, der Hofstaat begann zu lachen, der Lehrjunge lachte und selbst Kaiser Franz Joseph, der doch sonst nicht nur seinen Kaiserberuf, sondern auch alles andere im Leben ernst nahm, lachte herzlich mit. Nur Marcus, im Bewußtsein seines Könnens und seiner Würde als Techniker blieb ernst wie immer".

Die über lange Zeit anhaltende, damals sicher nicht alltägliche Beziehung zum Kaiserhaus war nicht zuletzt dadurch gegeben, daß etwa Erzherzog Albrecht Marcus des öfteren in seiner Werkstätte aufsuchte. Immerhin handelte es sich hier um einen Vetter Kaiser Franz Josephs und siegreichen Heerführer im Feldzug gegen Italien 1866, wo es nicht nur Niederlagen gegeben hatte. Später unterrichtete Marcus Kronprinz Rudolf in neuerer Physik, die er bei seinem tiefen Verständnis dieses naturwissenschaftlichen Zweiges wie auch der Chemie sicher in weit

303. Das Einziehen der Kette.

Im Laufe des 19. Jahrhunderts wurden kleinere Gewerbebetriebe dank der rasch fortschreitenden Mechanisierung nicht selten innerhalb kürzester Zeit zum Industriebetrieb.
Bei den Webereien trat dieser Wandel besonders augenfällig zutage.

327. Webfaal mit Transmiffionsantrieb von Ch. Rogelet in Bühl im Elfaß.

aufschlußreicherer Weise als so mancher andere Kenner der Materie darzustellen vermochte.

Der von Marcus geschaffene „Wiener Zünder", der sich, wie die meisten seiner Schöpfungen, durch große Verläßlichkeit auszeichnete und auch von den Militärs des Auslandes außerordentlich geschätzt wurde, mag neben so mancher Weiterentwicklung in der Telegraphie, Morsetechnik usw. zu seinem Ansehen beigetragen haben, das er in Militärkreisen schon früh genoß. Die oftmaligen Besuche Erzherzog Albrechts weisen darauf hin, daß man sich von diesem erfindungsreichen Kopf aber auch in anderen technischen Fragen und Problemen von höchster Stelle Rat holte – allerdings existieren darüber keine genaueren Mitteilungen. Die Geduld und das Verständnis, das man Marcus von dieser Seite entgegenbrachte, geben jedenfalls Zeugnis davon.

Der Technik-Historiker Kurzel-Runtscheiner schildert – basierend auf den Erinnerungen damals noch lebender Gehilfen – einen Besuch von Erzherzog Albrecht in der Werkstätte des Erfinders:

„...Ein großer Montage- und Zeichentisch, ein Pult und Glasschränke mit Modellen und verkaufsfertigen Apparaten bildeten die Einrichtung des Raumes, in den selbst die Mitarbeiter nur selten Zugang fanden. War Marcus dort beschäftigt, dann durfte ihn niemand stören. Selbst Erzherzog Albrecht ... mußte sich einmal unverrichteter Dinge nach langem vergeblichen Warten im Werkstättenraum wieder entfernen, ohne Marcus gesprochen zu haben, während dieser sich zur selben Zeit in seinem Privatarbeitsraum befand und nicht zu bewegen war, eine ihm unaufschiebbar scheinende Arbeit zu unterbrechen. Die Anwesenheit des Gesuchten, der, wenn er sich nicht gerade gestört fühlte, liebenswürdig und umgänglich gegen jedermann sein konnte, mußte vor dem hohen Gast verborgen gehalten werden, da man ihm naturgemäß die Wahrheit nicht einzugestehen wagte."

Die neue Zeit bricht an

Um diese Zeit standen bereits die meisten Ringstraßen-Palais und Wien sprühte vor buntem, pulsierendem Leben als Schmelztiegel des Vielvölkerstaates. Die Eisenbahn machte es möglich, daß auch die Bürger aus den entlegensten Provinzen die Hauptstadt sehen und bewundern konnten. Und vielfach blieben sie gleich für immer in dieser Stadt. Nach und nach begann sich die faszinierende Blüte einer einmaligen Kulturepoche zu entfalten. Was die Welt hier im Herzen Europas 1914 viel zu

früh verloren hat, das begann sie erst viele Jahrzehnte später voll zu begreifen.

Es waren ja nicht nur die zahllosen Erfindungen, die völlig neue Blickwinkel eröffneten, das Leben auf eine neue Basis stellten, wie die Kommunikationsmittel, die Photographie, die Gas- und später die elektrische Beleuchtung, das rasch wachsende Eisenbahnnetz und alle Facetten der Elektrizität, es waren auch die völlig neuen Erkenntnisse in Physik, Chemie und Medizin. Alles zusammen zeigte bald zu Lande, zu Wasser und in der Luft seine tiefgreifenden Wirkungen, veränderte aber auch das private Leben jedes einzelnen und schien das Unterste zu oberst zu drehen.

Dieser bis dahin nicht dagewesene geistige Aufbruch auf allen Linien beflügelte die Phantasie in unglaublicher Weise, und die Denkmodelle zeichneten sich vielfach nicht zufällig durch besonders weitreichende Komplexität aus.

Paris war damals das Pendant zu Wien. Auch dort feierten die neue Technik und die neuen wissenschaftlichen Erkenntnisse Triumphe. Aber Wien war insgesamt nach allen Richtungen, ob nun des Geistes oder der Künste wie auch der politischen Ideen wegen letztlich bedeutender und in seinen Auswirkungen weittragender. Viele große Geister und Künstler haben es bestätigt, daß allein die Wiener Luft, der Wiener Boden der schöpferischen Tätigkeit besonders entgegenkommen, und das wird auch Marcus geschätzt haben. Zumal ihm die Realisation seiner Ideen stets wichtiger war als deren kommerzielle Umsetzung.

Diese Mentalität Marcus' hat ihm später von weit weniger einfallsreichen Kritikern den Ruf der Sprunghaftigkeit eingetragen. Jedoch: Was Marcus aus der Hand gab, war sofort gebrauchsfähig und funktionierte zuverlässig. Unter anderem war es sein stark ausgeprägtes Verantwortungsbewußtsein, seine Vorstellung von Vollkommenheit, wodurch ihn manch andere Könner dieser Zeit überholen konnten, indem sie ein Patent noch vor ihm schützen ließen, obwohl er mit seiner Idee ebensoweit oder sogar voraus war.

Für das Auto war die Zeit nicht reif

Der Fortschritt, den Marcus in der Beleuchtung, Telegraphie usw. bewirkte, wurde – wie erwähnt – dringend benötigt und war hochwillkommen. Für seine größte Leistung aber, das Automobil, konnte man sich weniger erwärmen. Polizeiliche Verbote mögen ein Gewöhnen des Wiener Publikums an dieses zukunftsträchtige Gefährt verhindert haben.

Darin erging es ihm wie vielen anderen Genies, die wegen des am Vertrauten festhaltenden Österreichers zumindest fürs erste gescheitert sind.

Wahrscheinlich war Marcus mit dem Auto, das nach jahrhundertelangen Bemühungen einzelner nun endlich die richtige Beschaffenheit erlangt hatte, einfach zu früh daran. Denn sogar mehr als zehn Jahre später hatte Gottlieb Daimler mit den Deutschen dieselben Erfahrungen gemacht, wäre da nicht Paris gewesen, das schließlich dem Benzinautomobil nach seinen Erfolgen bei den außerordentlich beliebten Autorennen vor allen anderen den Vorzug gab.

Und auch das war eigentlich nur deswegen möglich, weil in der französischen Hauptstadt der selbstbewegliche Straßenwagen – wenn auch in geringer Zahl – zum gewohnten Straßenbild gehörte. Dampfgetriebene, kleinere Omnibusse fuhren in Paris seit 1835 im Liniendienst, immer neue, verbesserte Konstruktionen folgten. Auch andere französische Städte ahmten das Beispiel nach. Das Volk konnte sich über lange Zeit an das Phänomen des pferdelosen Wagens gewöhnen. Später gesellten sich auch Elektrowagen sowie Fahrzeuge mit den unterschiedlichsten Antriebssystemen (Spiritus, Preßluft etc.) dazu.

Die Pariser konnten die Vorteile, die solche Gefährte in der Zukunft bringen würden, demnach wenigstens einigermaßen abschätzen, so daß sie schließlich die Vorzüge der Benzinautomobile mit ihrer selbsttätigen Gaserzeugung, Leichtigkeit und damit auch Schnelligkeit klar erkannten.

Diese wichtigen Voraussetzungen fehlten in Wien vollends, weshalb das Schicksal Marcus diese Unterstützung letztlich schuldig blieb.

Nach 1872, dem ersten Erscheinen des zweiten Marcuswagens in der Öffentlichkeit, war niemand auf diese zukunftsträchtige Entwicklung auch nur entfernt vorbereitet. Wien und das eigene „Zeug'l" bzw. die Fiaker, – das war nicht zu trennen. Man konnte es sich fürs erste nicht vorstellen, sich von diesen eleganten Gefährten (und untrennbar damit verbunden den Pferden) zu verabschieden und statt dessen auf ein – zumindest damals noch – lautes, eher ungemütliches Fahrzeug umzusteigen. Das Fahrverbot, das Marcus nach allen Schilderungen über die Jahre hinweg mehrmals getroffen haben muß, war zumindest später, als der Motor weit leiser geworden war, weniger auf die Belästigung der Straßenteilnehmer als vielmehr auf die der damals sehr zahlreichen Pferde zurückzuführen. Sie scheuten, weil sie sich an diese lärmenden, die Nüstern mit stechendem Geruch quälenden „Konkurren-

ten" nicht gewöhnen konnten. Das Verkehrschaos, das sie damit verursachten, störte die Ordnung, die Polizei trat auf den Plan und sprach ihr Machtwort.

Da war es unwichtig, daß dieses Fahrzeug weit in die Zukunft wies und effektiv das erste Automobil der Welt darstellte, wie wir es bis heute verstehen.

Wohl hatte Siegfried Marcus Vorgänger, aber keiner war mit der Fähigkeit begabt, das zum Erfolg führende System in seiner ganzen Komplexität zu erkennen und in einer einzigen Konstruktion zu manifestieren. Das Automobil ist nicht wie viele andere eine Erfindung, die mit einem Schlag in die Welt treten konnte, dazu weist es viel zuviele „Organe", einzelne Aggregate auf, die bereits jedes für sich eine konstruktive Meisterleistung darstellen. Das Entscheidende aber war, daß Marcus das bis heute unersetzliche Benzin als besten Antriebsstoff entdeckte, Zündung sowie Vergaser und zusätzlich alle Voraussetzungen schuf, eine weit vorausgreifende, modern anmutende Konstruktion auf die Räder stellte und zum Laufen brachte.

Die komplexe Vision, mittels der er diese Vielfachmaschine mit sich selbst in Einklang brachte, und die traumwandlerische Sicherheit, mit der dieses Gebilde realisiert und zum Funktionieren gebracht wurde, paßt genau in das Wien von damals und wäre in einer anderen Stadt zu dieser Zeit kaum möglich gewesen, auch wenn ihr Schöpfer noch so genial gewesen wäre.

Ausfahrt mit dem Marcus-Wagen

Ein relativ gutes Bild aus dieser Zeit, in der der zweite Marcuswagen entstand, gefahren und vervollständigt wurde, hat der damals junge Sohn eines Seidenfabrikanten, Fritz Ertl, ein später angesehener Schriftsteller, in seinen Jugenderinnerungen in aufschlußreicher Weise geschildert. Er hielt eine Begegnung mit Marcus fest, die diesen selbst und die Gegebenheiten einer der vielen Seiten seiner Arbeitswelt beschreibt.

Marcus muß im allgemeinen eine sehr zurückhaltende Art an den Tag gelegt haben, da man ihn immer wieder als kaum wohlhabend empfand, was aber nach allem, was über ihn bekannt wurde, nicht stimmen kann. Er hat nicht nur durch einige Patente sehr gut verdient, sondern muß auch andere regelmäßige Einkünfte gehabt haben. Allerdings haben seine Konstruktionen, die er stets selbst her- oder zumindest zusammenstellte, sicher ein beachtliches Vermögen verschlungen.

Sein Lebensstil blieb dabei aber stets der gleiche. Er

Emile Ertl

„Emil Ertl, geb. 11. 3. 1860, Wien, gest. 8. 5. 1935, Graz, aus altem Seidenwebergeschlecht, 1880 Offiziersprüfung, Stud. Jura und Philos. Wien und Graz, Dr. phil., 1889 Bibliothekar, 1898–1922 Bibliotheksdirektor der TH Graz, seit 1927 in Wien. Freund P. Roseggers. – Erzähler der österr. Heimatkunst mit Wiener-, Heimat-, Geschichts- und Sozialromanen im kleinbürgerl. Raum. Ferner formstrenge Novellen aus Österreichs Geschichte und Gegenwart". (Auszug aus einem Literaturlexikon).

Der seinerzeit bekannte Schriftsteller Emil Ertl hat in seinem Buch „Geschichten aus meiner Kindheit" Siegfried Marcus ein ganzes Kapitel gewidmet. Er führt ihn zwar nicht namentlich an, da er aber seiner Familie seit langem bekannt und sein Vater sogar ein Förderer von Siegfried Marcus war, er außerdem das Fahrzeug, auf dem er gefahren ist, genau schildert, kommt seinen Aussagen großer geschichtlicher Wert zu. Wenn er auch keine Jahreszahlen nennt, so ist für die geschilderte Fahrt dennoch das Jahr 1870 oder 1871 eindeutig belegbar und damit ein wichtiges Zeitdokument, das noch mehr Gewicht dadurch erhält, daß es als solches nicht beabsichtigt war.

mietete sogar andere Werkstätten und Lager, ohne jene auf der Mariahilfer Straße aufzugeben. Auch beschäftigte er stets zumindest zwei Gehilfen.

Stellt man Vergleiche mit anderen Motorkonstrukteuren wie etwa Otto und Langen in Deutz an, erkennt man, daß Marcus einen neuen Motor stets auf die rationellste Weise zustandegebracht haben muß. Er konnte nicht nur besser abschätzen, was technisch möglich und günstig war, er betrieb auch eine sehr überlegte Art des Motorenbaues, indem er brauchbare Teile der Vorgängerkonstruktion neuerlich verwendete. Dennoch muß der ununterbrochene Entwicklungsbetrieb große Summen verschlungen haben, die er ohne besondere Schwierigkeiten oder Verschuldung aufbringen konnte. Ähnlich verhielt es sich mit den Patenten bzw. Privilegien, wie sie damals noch genannt wurden. Sie waren damals wie heute kostspielig, dabei gab es genug weniger begabte Leute und Unternehmen, die mit Vorliebe gute Ideen auf billige Weise zu vereinnahmen trachteten, wohl wissend, daß man mit nichts so rasch reich werden konnte wie mit einer technischen Neuheit, insbesondere in der damaligen Zeit.

Fritz Ertl nun läßt uns einen Blick in die damalige Zeit und ihre Gegebenheiten tun und lüftet etwas den Schleier, der Siegfried Marcus in so vielen Belangen unseren Einblicken entzieht:

„Der Kilometerfresser"

„Wo Aas ist, versammeln sich die Geier; darum gibt es in Kurorten, wo mehr eingebildete Kranke und überspannte Weiber zusammenströmen als an anderen Orten, auch mehr wichtigtuende Ärzte als sonstwo, und darum siedeln sich in Industriebezirken, wo viele Webstühle laufen, Webstuhlmechaniker an. Denn auch die Webstühle mit ihren empfindlichen Nerven haben ihre Mucken, gebärden sich manchmal wie hysterische Weiber und bedürfen dann eines findigen Facharztes, der ihnen unter dem üblichen Hokuspokus den Kopf wieder zurechtsetzt. So gab es in meiner Jugend auf dem sogenannten ‚Schottenfeld' stets eine Anzahl Vertreter dieses Berufes. Es war die Zeit, da die Handwebstühle dort noch klapperten, die österreichische Seidenwarenerzeugung hatte ihre Umstellung auf den Dampf- oder elektrischen Betrieb und ihre notgedrungene Übersiedlung aus der Stadt in Gegenden mit billigeren Arbeitslöhnen noch nicht vollzogen, und die Webstuhlmechaniker, die zu den unentbehrlichsten Hilfsgewerben zählten, hatten oft alle Hände voll zu tun, ihre lahmenden oder hustenden, nervös überreizten oder an Altersschwäche leidenden Patienten wieder auf den Damm zu bringen.

In meinen Wiener Weber-Romanen hab' ich da und dort verschiedene Typen dieser Menschengattung gezeichnet, nirgends aber die Gestalt eines merkwürdigen Mannes festgehalten, der nichts Gattungsmäßiges an sich hatte, sondern ein Narr auf eigene Hand war. In der ganzen Vorstadtgegend unter dem Spottnamen ‚Spinnerich' bekannt, gehörte er ebenfalls der Gilde der Webstuhlmechaniker an, unterschied sich aber von seinen Zunftgenossen durch unendlich gründlichere und vielseitigere Kenntnisse in allen technischen Belangen und eine aufs Große und Größte gerichtete Besessenheit. Schon mein früh verstorbener Vater hatte ihm Beachtung geschenkt und Förderung zuteil werden lassen.

Auf mich Jungen aber machte dieser dunkle Ehrenmann, der als eine Art Doktor Faustus der Mechanik stets hinter dem Unwirklichen und scheinbar Unerreichbaren her war, einen so unauslöschlichen Eindruck, daß er mir bis heute wie ein noch Lebender vor Augen steht. Vielleicht würde er auch noch leben, nicht leiblich – das widerspräche den Naturgesetzen – aber im Sinne jener Unsterblichkeit, die der Ruhm verleiht, wäre Österreich nicht noch ein Stück ungeeigneter als jedes andere Land, ein Vaterland für Propheten abzugeben.

Übrigens weiß ich nicht einmal, ob Österreich sein Vaterland gewesen ist. Er selbst, seiner Abstammung nach jenem heimatlosen Volke angehörig, das über die ganze Erde verstreut lebt, behauptete, sich überhaupt keines Vaterlandes rühmen zu können, weil er auf hoher See zur Welt gekommen sei. Eine Folgerung, die staatsrechtlich manchen Haken haben dürfte, aber ein bezeichnendes Licht auf das Selbstgefühl eines bis zur Einfalt Selbstlosen wirft, der in knappen Verhältnissen, oft genug darbend, sich ein Menschenalter hindurch in seiner Werkstatt vergrub, um Wunder auszubrüten. Denn diese Wunder würden, daran zweifelte er keinen Augenblick, wenn sie einmal die Eischalen abgestreift hätten und flügge geworden wären, nicht bloß einem einzelnen Lande, sondern der ganzen Menschheit zugute kommen. Darum eben fühlte er sich als Weltbürger.

Seine Zeitgenossen freilich waren fast ausnahmslos davon überzeugt, daß die Eier, die er bebrütete, taub seien, und erblickten in seiner felsenfesten Zuversicht nichts als den Irrwahn eines schiefgewickelten Phantasten. Denn wer hätte in jener Epoche der Sättigung, wo man stets die unumschränkte Herrschaft über die Naturkräfte errungen zu haben glaubte und mit sich selbst so außerordentlich zufrieden war, eine ganze Reihe später technischer Errungenschaften, wie etwa den Fern-

sprecher, den Kraftwagen, das Flugzeug und manches sonst, das heute jedem Kind eine Selbstverständlichkeit dünkt, für etwas anderes als die Ausgeburt eines überreizten Gehirns gehalten? Der ‚Spinnerich' trug die Idee nach all diesen Dingen schon damals in sich...

Einer der kaltschnäuzigsten Hauptkerls vom ‚Schottenfeld', dem niemals vor seiner Gottähnlichkeit bange wurde, war ein weitschichtiger Oheim von mir, den wir Onkel Thomas nennen

Lanz'sche Heißdampf-Ventil-Lokomobile mit Dynamomaschine, 1.000 PS, direkt gekoppelt.

Links:
Der Motor von Lenoir war ein atmosphärischer, doppelt-wirkender Gasmotor, der mit einem Bunsenschen Element bereits elektrisch gezündet wurde. Die Maschine war trotz aller Anfälligkeiten ein sehr fortschrittlicher Motor.

Rechts: „Zwillingsmotor von 200/effektiven Pferdestärken des Basler Wasserwerks" (Gasmotorenfabrik Deutz, 1897).

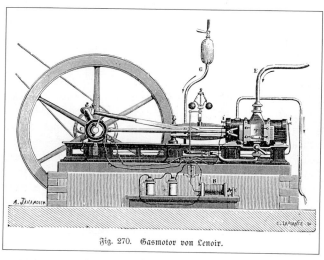

Fig. 270. Gasmotor von Lenoir.

Unter Verbrennungskraftmaschinen versteht man solche Maschinen, bei denen der Kraftstoff (früher Brennstoff genannt) direkt in den Arbeitszylinder eingebracht und dort mit der erforderlichen Luftmenge verbrannt wird. Da die Verbrennung des im Zylinder befindlichen Gases sehr rasch vonstatten geht, also explosionsartig verläuft, sprach man noch über Jahrzehnte auch von Explosionsmotoren.

Die direkte Verbrennung im Arbeitszylinder hat gegenüber der indirekten Verbrennung, wie sie bei Dampfmaschinen stattfindet, den Vorzug, daß der Kraftstoff wesentlich besser ausgenutzt wird, d. h., der Wirkungsgrad wird verbessert. Bei der Dampfmaschine ist die Ausnutzung des Brennstoffes eine indirekte – über einen befeuerten Kessel. Die Verbrennungswärme wird also zur Erzeugung von Dampf genutzt und erst der Dampf in den Arbeitszylinder geleitet, um dort nutzbare Arbeit zu leisten. Wie in einem Physikbuch um die Jahrhundertwende angegeben wird, setzen Dampfkraftanlagen nur etwa ein Sechstel der im Brennstoff enthaltenen Wärme in nutzbare Arbeit um,

während Verbrennungskraftmaschinen bereits damals ein Drittel der Kraftstoffwärme nutzten.

Ein kleiner Gasmotor mit 1 PS braucht – wie aus zeitgenössischen Veröffentlichungen ersichtlich – in der Stunde ca. 1.200 Liter Gas, der gleichstarke Petroleummotor 0,6 Liter Petroleum. Bei letzterem ist also für die einzelne Ladung ein 2.000mal kleineres Volumen zu leiten, zu fördern und zu regeln als bei einem Gasmotor vergleichbarer Größe und Drehzahl. Schwierigkeiten machte den Petroleum-(Benzin-)Motoren die, wie man liest, „außerordentliche Dünnflüssigkeit" des Petroleums, welche bezüglich Dichthaltens der Stopfbüchsen, Hähne, Ventile und Verbindungen „die denkbar größten Anforderungen an die Ausführungen" stellten.

Der Verbrauch an Petroleum für 1 PS/h betrug um 1880 je nach Größe des Motors um 0,4 bis 0,6 Liter. Ein guter Gasmotor mittlerer Größe brauchte ca. 0,8 m³ Gas, entsprechend 4.000 Wärmeeinheiten für 1 PS/h. Der Petroleummotor gleicher Größe brauchte 0,45 Liter Petroleum vom spezifischen Gewicht 0,825, also 0,37 kg Petroleum. 1 kg Petroleum hat 10.200 Wärmeeinheiten, zur Erzeugung von 1 PS/h sind also 10.200 x 0,37 = 3.774 Wärmeeinheiten nötig. Das bedeutet, daß zu diesem Zeitpunkt Gas- und Petroleummotoren hinsichtlich der Wärmeökonomie auf gleicher Stufe standen.

4.000 Wärmeeinheiten aus Gas erzeugt kosteten damals in Hannover 9,6 Pfennig (1 m³ Gas für den Motorenbetrieb kostete und alljährlich an seinem Geburtstag besuchen mußten, um ihm unsere Glückwünsche darzubringen. In den losen Mäulern der Jugend hatte auch er einen Spitznamen, wir nannten ihn den ‚Bumerang', vielleicht aus dem Grunde, weil er scharf und ausfallend war wie die gleichnamige hölzerne Wurfwaffe wilder Völker, die ein Bestandstück der für unsere Knabenspiele bestimmten Rüstkammer bildete. Sein Dunstkreis war mit kritischer Gesinnung geschwängert, wer sich unbedacht in die gefährliche Nähe solcher elektrischer Spannungen wagte, konnte leicht etwas abbekommen...

Als ich mich wieder einmal zu dem gedachten Zweck in die Zieglergasse verfügte, wo des Oheims Fabrik sich befand, traf ich diesen, der übrigens als außerordentlich tüchtiger und fleißiger Geschäftsmann bekannt war, in seiner Schreibstube nicht an. Man wies mich ins Hofgebäude, ich fand ihn am Krankenbette eines ohnmächtig gewordenen Webstuhls in einem der geräumigen Arbeitssäle, in welchem ein gutes Dutzend anderer Seidenstühle klapperten und ratterten.

Das Getöse war so groß, daß man kaum sein eigenes Wort verstehen konnte, es fiel mir nicht leicht,

meinen Geburtstagswunsch hervorzustottern und all die schönen Dinge aufzuzählen, die das Schicksal dem ‚Bumerang' von mir aus in reichlichstem Ausmaß bescheren mochte, wenn ich mich nur bald wieder würde empfehlen dürfen.

‚Lauter!', herrschte Onkel Thomas mich an und schnappte nach einer Fliege, eine Bewegung, die sein Unterkiefer unwillkürlich auszuführen pflegte, wenn er sich in besonders übler Laune befand.

Ach, mir schien es verdienstlich genug, wenn mir der Faden nicht ausging; daß ich ihn auch noch fortissimo abspinnen sollte, hieß wirklich zu viel von mir verlangen. Dennoch erhob ich meine Stimme, so laut ich es vermochte, mein Wille war gut, es lag mir viel daran, mich mit heiler Haut aus der Affäre zu ziehen.

Denn einer Standesperson der Sippschaft Glück zu wünschen, war damals, wo das „Zeitalter des Kindes" noch in weiter Ferne stand, keine Kleinigkeit. Man mußte sein Sprüchlein nicht nur laut und vernehmlich, man mußte es auch mit geziemender Demut hersagen und es schließlich noch in eine Bitte ausklingen lassen, die sich auf Zuwendung, fernere Gewogenheit, Nachsicht und Güte zu be-

971. Zwillingsmotor von 200 effektiven Pferdestärken des Baseler Wasserwerks (Gasmotorenfabrik Deutz).

in Hannover 12 Pfennig). 3.774 Wärmeeinheiten aus Petroleum erzeugt kosteten damals nur 8,0 Pfennig (1 kg Petroleum – entsprechend 10.000 Wärmeeinheiten – kostete demnach bei Bezug des Brennstoffes – heute Kraftstoff – in Barrells inkl. Zoll 21 Pfennig.

Demnach stellte sich der Kraftstoffverbrauch für den Petroleum-Motor etwas billiger als für den Gas-Motor. Aus den zeitgenössischen Angaben über den Kraftstoffverbrauch der Petroleum-Motoren gewinnt man auch eine interessante Vorstellung von der „außerordentlichen Konzentriertheit dieses Brennstoffes" – 0,37 kg Petroleum, entsprechend einem Würfel mit einer Seitenlänge von 77 mm, reichten demnach aus, „eine Stunde hindurch eine Maschinenpferdekraft zu erzeugen" (eine Maschinenpferdekraft ist die Kraft, welche 75 kg in einer Sekunde einen Meter hoch fördern kann).

Da die Ausnutzung des Kraftstoffes im Petroleum-Motor demnach

gleich der des Gas-Motors war, sind die damals angestellten Versuche und Messungen an einem mittelgroßen Gas-Motor „hinsichtlich des Verbleibes des im Leuchtgas steckenden, theoretischen Wärmequantums auch für Petroleum-Motoren gültig".

Bei einem Gas-Motor von 4 PS und 3 Atmosphären „Kompression" werden von der Wärme des „Brennstoffes"

1. in Arbeit verwandelt	18 %
2. durch Kühlwasser abgeführt	50 %
3. durch Auspuffgase ins Freie geführt	30 %
4. durch direkte Wärmeabgabe der ungekühlten Teile an die Luft abgegeben	2 %
Summe	100 %

(Nach „Das Illustrierte Buch der Erfindungen", Band II S. 694) ziehen hatte. Das alles stand fest wie eine mathematische Formel, und versah man ein Tüpfelchen, so war es schon ein Crimen laesae majestatis.

Meine Zunge aber zeigte sich heute widerborstig, sie sträubte sich gegen die Heuchelei, die Verlängerung jener Gewogenheit, Nachsicht und Güte von einer Seite zu erflehen, von der mich stets nur ein eisiger Luftzug von Mißbilligung und Nörgelei angeweht hatte, erkältend wie Gletscherluft und alle Freudigkeit ertötend. Darum wollten die kunstvoll gedrechselten Wendungen, wie die Überlieferung der bourgeoisen Dogmatik sie vorschrieb, durchaus nicht über meine Lippen.

Mit Selbstverleugnung nahm ich mir einen Rand und brachte es glücklich zu der vielversprechenden Einleitung: ‚Und bitte ferner...'.

Damit war ich aber auch schon am Ende meiner Kräfte angelangt, die Rede geriet ins Stocken, ein peinliches Verstummen stellte sich ein. Das unnahbare, ironisch zugekniffene Auge, das streng kritisch auf mir ruhte, warf mich aus dem Sattel, in meines Nichts durchbohrendem Gefühle brachte ich keine Silbe mehr hervor.

‚Sehen Sie, der spinnt auch!' hörte ich den Oheim zu irgend jemand sagen.

Erst jetzt bemerkte ich die Anwesenheit dieses Jemand, der bis dahin unsichtbar unter dem Webstuhl gekauert hatte und auf die seltsame Anrede hin aus der Versenkung emportauchte. Es war der „Spinnerich", ein schon etwas angegrauter Mann mit trockenen, grüblerisch ausgearbeiteten Gesichtszügen, der sich nicht ohne einiges Ächzen und Stöhnen aus seiner gebückten Lage aufrichtete und mit dem Taschentuch emsig auf seine Hose klopfte.

Sonst von gepflegtem Äußeren und peinlich sauber, stand er jetzt bestäubt, in Hemdsärmeln, mit verschobener Halsbinde und zerknülltem Kragen vor uns, in Schweiß gebadet von der Anstrengung, mit der er in seiner unbequemen Stellung an den Eingeweiden des Stuhles herumgedoktert hatte, um die verwirrten Platinen und Züge wieder in Ordnung zu bringen.

‚Weiß der Kuckuck, wo das Übel sitzt', sagte er unter unmutigem Achselzucken, während er sich die Stirn trocken wischte. ‚Ich müßte das ganze Werk auseinandernehmen und in seine Teile zerlegen, dann käm' ich vielleicht dahinter. Aber bei dem alten, verbrauchten Material lohnt es fast nicht mehr der Mühe.'

‚Ich hab' kein G'lumpert in meiner Fabrik!' brauste der „Bumerang" auf. ‚Der Stuhl war immer tadellos, er geht wie geschmiert, nur herrichten muß man ihn können'.

‚An dem ist nicht mehr viel herzurichten', beharrte der Mechaniker; ‚er ist ausgefahren und abgeleiert. Die Menschen leben auch nicht ewig, einmal kommt eben die Zeit, wo beim besten Willen nichts zu machen ist'.

Widersprüche vertrug Onkel Thomas überhaupt nicht, und nun wagte es auch noch einer, ihm seine Stühle zu verschimpfieren! Das brachte ihn völlig aus dem Häuschen.

‚Verstehn tun Sie nichts, das ist alles! Der Stuhl ist gut, sag' ich, folglich ist er gut, und wenn Sie ihn nicht reparieren können, so lassen Sie sich heimgeigen, ich such' mir einen anderen!'

Der ‚Spinnerich' zog seinen Rock an, das duldende Lächeln seiner Ahnen, die daran gewöhnt waren, geschlagen zu werden, glitt flüchtig über seine Lippen. Mit den Fabriksherren war nicht gut Kirschen essen, er wußte es. Aber wozu sich ereifern? Er benötigte sein Nervenschmalz zu besseren Dingen. Darum hielt er an sich und bewahrte, indem er den wüsten Ausfall wirkungslos an sich abprallen ließ, seine Haltung.

‚Dann will ich Ihnen nicht länger im Weg stehn', sagte er gleichmütig. ‚Ohnedies hab' ich heut' noch etwas Wichtiges vor. Sie werden davon hören und sich wundern.'

‚Das wird auch was Rares sein, was Sie vorhaben', gab der andere höhnend zurück. ‚Vielleicht fahren Sie wieder einmal ohne Pferde spazieren?'

‚Es ist mir gelungen, meinen selbstfahrenden Wagen so weit zu verbessern, daß ihm die Zukunft gesichert ist', antwortete der ‚Spinnerich' nicht ohne einen Anflug von Erfinderstolz. Und im Hinausgehen sich gutmütig an mich wendend, der ich das Söhnlein seines verstorbenen Freundes und Gönners war, fragte er noch: ‚Der junge Mann besucht schon die Lateinschule, hör' ich?'

Die Pforten der Grammatik hatten sich seit einiger Zeit vor mir aufgetan, ich wußte bereits, was ein Ablativ sei, konnte mensa, hortus, homo deklinieren und war nahe daran, in die Geheimnisse der Conjugatio periphrastica einzudringen. So konnte ich die an mich gerichtete Frage bejahen, was ich denn auch mit einem gewissen Selbstbewußtsein tat.

Wir hatten inzwischen den tosenden Arbeitssaal verlassen und waren in den Vorraum getreten. Der „Bumerang" folgte uns. Es lag ihm offenbar noch zu viel auf der Leber, als daß er sich schon mundtot hätte machen lassen. Herausfordernd brummte er jetzt: ‚Lateinschule – auch so ein Blödsinn!'

‚Warum?' fragte der Mechaniker.

‚Sie haben vermutlich ebenfalls Latein studiert?'

‚Leider nicht. Weshalb meinen Sie?'

‚Weil Sie sich so gern mit allen möglichen brotlosen Künsten abgeben, statt lieber bei Ihrem Leisten zu bleiben. Darum meine ich, das hätte Ihnen gerade noch gefehlt, daß Sie zum Überfluß auch noch Latein studiert hätten.'

Der ‚Spinnerich' lachte hellauf. Die unverhohlenen

Anzüglichkeiten meines Oheims schienen ihn eher zu belustigen als zu kränken.

,Dafür hab' ich eine Menge anderer Dinge studiert, von denen Sie sich nichts träumen lassen, und die Sie ebenfalls für unnützes Zeug halten dürften.'

,Das merkt man Ihnen auch an. Die Leut', die viel Unnötiges wissen, das sind immer die, die nichts ordentlich können. Ein Webstuhlmechaniker, der nicht imstand ist, einen Webstuhl wieder in Gang zu bringen, der kann mir gestohlen werden. Sehen Sie sich den Buben da an, der wird auch einmal so einer, wie Sie einer sind. Wenn es nach mir ginge, ich würde ihm das Lateinische schon austreiben – mit dem Stecken nämlich! Denn was kommt dabei heraus, wenn einer sich den Kopf mit müßigem Kram vollstopft, der im Leben zu nichts zu brauchen ist? Daß er für keinen vernünftigen Beruf mehr taugt und sich sein Lebtag als Hungerleider fortfrettet, der kaum die Butter auf sein trockenes Brot verdient. Die Hauptsache bleibt aber doch, daß man es zu etwas bringt in der Welt, alles andre ist Larifari. Und mit dem Studieren und Spintisieren hat's noch keiner zu was Ordentlichem gebracht, aufs Praktische kommt's an und nicht aufs Bücherlesen! Oder seh' ich vielleicht aus wie ein Professor? Mein Metier versteh' ich, das ist alles, und das ist mir genug. Gelernt hab' ich sonst nicht viel, war auch gottlob nicht nötig, bin doch ein vermöglicher Mann geworden.'

Der Mechaniker, der sich damit beschäftigte, seine Halsbinde wieder in die rechte Lage zu ordnen, nickte zustimmend.

,Für Sie ist es ja auch genug', sagte er gelassen; ,Sie hatten es wirklich nicht nötig, mehr zu lernen. Aber nicht jeder kommt mit einer Fabrik auf die Welt, in der die Arbeiter für ihn schuften. Wir anderen können uns Borniertheit nicht leisten.'

Da saß nun ein ausreichend grober Keil auf dem groben Klotz, mir standen die Haare zu Berge. Indessen zeigte der Fabriksherr keine Lust mehr, das Wortgefecht fortzusetzen...

Beklommen stieg ich an der Seite des Mechanikers die Treppe hinunter. Wir traten aus dem Hause und gingen eine Weile schweigend nebeneinander her, die Zieglergasse entlang. Ich schämte mich ein wenig, daß der ernst und geistig aussehende ältliche Mann ein ganzes Schock schwerer Vorwürfe, die sich geradezu gegen seine Berufsehre richteten, in meiner Gegenwart hatte einstecken müssen. Es war mir, als sei ich ihm im Namen meines verstorbenen Vaters etwas wie Genugtuung schuldig, und ich suchte nach einem versöhnlich ausgleichenden Wort, mit dem ich mich würde von ihm verabschieden können.

,Der Onkel war heute ganz ausnehmend schlecht aufgelegt', sagte ich schüchtern.

,Wer?' fragte mein Begleiter, aus Gedanken aufgescheucht.

,Onkel Thomas, meine ich.'

,Ach so – Ihr Onkel Thomas? Ich hab' ihn lange nicht gesehn'.

,Wir kommen doch eben von ihm?'

Er stutzte und schien sich zu besinnen.

,Ja doch, Sie haben recht, ich hatte es vergessen. Es tut ja nichts zur Sache, ob er gut oder schlecht gelaunt ist. Die Hauptsache bleibt, daß mein Wunderwagen sich bewährt. Wollen Sie mich vielleicht auf der Ausfahrt begleiten?'

,Mit tausend Freuden, wenn's erlaubt ist.'

Wir bogen in die lärmende Mariahilfer Straße ein, es war mir bekannt, daß in dieser Gegend, schon ziemlich weit draußen, seine Werkstatt lag, die ich früher ein paarmal hatte betreten dürfen. Angefüllt mit merkwürdigen Apparaten und sonderbaren Instrumenten, die Wände voll abenteuerlicher Zukunftsbilder oder rätselhafter technischer Konstruktionszeichnungen, war sie mir immer wie die halb und halb unheimliche Höhle eines Schwarzkünstlers vorgekommen, durch die auf lautlosen Schwingen das Geheimnis geisterte. Und es pochte mir jetzt, je mehr wir uns dem Ort näherten, um so erwartungsvoller das Herz, weil die gemachten Andeutungen mich ahnen ließen, daß ich berufen sein würde, etwas vielleicht für die Zukunft Bedeutsames mitzuerleben.

Auch des verschlossenen und versonnenen Mannes an meiner Seite schien mehr und mehr eine gewisse Erregung sich bemächtigt zu haben. Er sah nun erheblich jünger aus als noch eben vorhin, seine Schritte beschwingten sich, und während wir wie von Ungeduld getrieben rascher als bisher die Mariahilfer Straße weitergingen, übersprudelte sein sonst eher zu Schweigsamkeit neigender Mund von Worten, die lebhaft, heißblütig, atemlos wie aus einer gewaltsam verhaltenen Dämonie hervorbrachen.

Einen Wagen habe er gebaut, so erzählte er, der ohne Pferde fahren könne und in kürzester Zeit eine Umwälzung des gesamten Verkehrswesens bewirken würde. Alles bis dahin Dagewesene, der Dampfwagen eingeschlossen, sei dadurch in den Schatten gestellt. Denn hier handle sich's um ein ganz neuartiges Triebwerk, durch Benzin in Bewegung gesetzt, das man bisher nur zum Fleckausputzen verwendet hätte, ohne Ahnung, welch ungeheure Kräfte darin schlummerten. Ihm, als dem ersten, sei es vorbehalten geblieben, diese geheimnisvollen Kräfte, mit deren Hilfe man alle Entfernungen der Erde und später vielleicht auch des Himmels zu bezwingen vermöge, aus ihrem Schlummer zu wek-ken und dem menschlichen Geiste dienstbar zu machen.

,Es ist keine Überhebung', rief er aus, ,wenn ich behaupte, daß ich eine große, eine weltbewegende Frage der Lösung nähergebracht habe. Denken Sie nur, wenn jeder für sich allein, ohne ein Pferd zu halten, lediglich mit einem halben Eimer Benzin versehen, auf eigene Faust hinfahren kann, wohin er mag, und zwar mit größerer Geschwindigkeit als ein Eisenbahnzug! Die Menschen kommen dadurch in innigere Verbindung, die Völker nähern sich einander an, sie lernen sich gegenseitig kennen und schätzen, es gibt keine Gegensätze mehr, nur eine gemeinsame Arbeit an den erhabenen Zielen des technischen, des wirtschaftlichen, des geistigen Fortschritts! Die Annalen der Geschichte werden meinen Namen...'

Hier verstummte er plötzlich, über die etwas vorstehende Pflasterung eines Rinnsteines stolpernd, der Fußknöchel knackste, auf ein Haar, so wäre er hingeschlagen. Zum Glück erfing er sich gerade noch am gußeisernen Ständer einer Straßenlaterne, stand einen Augenblick still und vollendete, seinen Schmerz verbeißend, den angefangenen Satz: ‚meinen Namen unter den Wohltätern der Menschheit verzeichnen!'

Mein gläubiges Gemüt traute dies den Annalen der Geschichte ohne weiteres zu, ich hielt sie noch für unbestechlich und zweifelte nicht daran, daß es nur der Gerechtigkeit entspäche, wenn sein Name mit goldenem Griffel darin eingetragen würde. Seine Überzeugtheit von der überragenden Bedeutung der neuen Erfindung hatte sich auch mir mitgeteilt. Und ich stand so völlig unter seinem Banne, daß er von Glück hätte sagen dürfen, wäre eine einflußreichere Persönlichkeit als ich Schulbub aus der untersten Gymnasialklasse von seiner Schöpfergröße nur annähernd so durchdrungen gewesen. Staunend fragte ich: ‚Schneller sogar als ein Eisenbahnzug soll Ihr Benzinwagen dahinrasen können?'

‚Vorderhand noch nicht', gab er ehrlicherweise zu, während er hinkend seinen Weg fortsetzte.

‚Einstweilen, das will ich nicht ableugnen, geht's noch etwas bedächtiger her; ich rede bloß von der Zukunft. Aber es ist nur eine Frage der Zeit, daß Geschwindigkeit keine Hexerei mehr sein wird. Meine Erfindung ist noch verbesserungsbedürftig, gewiß! Aus meinem ersten Wagen, den ich baute, bald nachdem ich nach Wien gekommen war, ist nach jahrelanger angestrengter Arbeit mein zweiter Wagen hervorgegangen, der sich zu jenem verhält wie eine Lokomotive zu einem Schubkarren. Ein dritter und vielleicht vierter Wagen kann leicht nachfolgen. Und wenn ich Glück habe und es mir etwa gelingen sollte, durch meine heutige Ausfahrt vielleicht die Aufmerksamkeit irgendeines reichen Geldgebers auf meine Erfindung zu lenken, der mir die nötigen Mittel zu ihrem Ausbau zur Verfügung stellt, so mache ich mich anheischig, meinen Motor so zu vervollkommnen, daß er den kühnsten Anforderungen gewachsen ist. Dann wird er nicht nur die Entfernungen der Erde spielend überwinden, mehr noch! Er wird sich auch den Ozean der Luft erobern und den menschlichen Geist zum unumschränkten Herrscher machen über Zeit und Raum!'

Vor dem Eingangstor des Gebäudes, in dessen Hof die Werkstatt sich befand, stießen wir auf eine nicht unbeträchtliche Menschenansammlung. Wie ich später erfuhr, war der ‚Spinnerich' schon früher einmal zu einer ersten Probefahrt mit seinem selbstfahrenden Wagen gestartet, die aber insofern nicht als völlig geglückt gelten konnte, als der durch das Triebwerk verursachte Lärm unliebsames Aufsehen in den Straßen erregt und die Polizei sogar zu einer Verwarnung veranlaßt hatte, derartige Ruhestörungen in Zukunft zu unterlassen. Nun hatte an diesem Tage die durch Zufall in die Öffentlichkeit gedrungene Kunde davon, daß er eine neuerliche Ausfahrt auf einem Wagen mit verbessertem und minder geräuschvollem Antrieb plane, eine Menge Neugieriger angelockt, die gespannt der Dinge harrten, die da kommen sollten.

Wir mußten uns erst zwischen ihnen hindurchdrängen, um in den Hofraum zu gelangen, wo denn in der Tat das Fahrzeug schon bereit stand, das den Auflauf auf der Straße verursacht hatte und dazu bestimmt schien, sozusagen der Held des Tages zu werden.

Bei seinem Anblick, ich gesteh' es, bemächtigte sich meiner eine gewisse Ernüchterung. Denn es war ein ziemlich roh aus Holz gezimmertes Vehikel, dem man nicht viel Gutes hätte zutrauen mögen, und das auf alle Fälle meiner Vorstellung von einem Wunderwagen wenig entsprach. Der Mechaniker aber, nachdem er die für mich unverständlichen Bestandteile des Triebwerkes noch einer letzten, flüchtigen Musterung unterzogen, schien befriedigt und voll Zuversicht. Entschlossen schwang er sich auf den Lenksitz und lud mich ein, auf dem dahinter befindlichen Bänklein Platz zu nehmen. Das ließ ich mir denn auch nicht zweimal sagen und kletterte ebenfalls hinauf, mehr allerdings aus Pflichtgefühl als aus Lust an der Sache; denn meine Begeisterung war keine so unbedingte mehr wie noch eben vorhin. Daß mein Wankelmut bald würde beschämt werden, konnte ich nicht ahnen, so schäbig der Wunderwagen aussah, das Wunder sollte doch nicht ausbleiben.

Zunächst allerdings erhob sich nur ein fürchterliches Getöse. Es war, als ob zehn ratternde Lokomotiven zugleich in dem engen Hofraum versammelt wären, und der Schreck fuhr mir dermaßen in die Glieder, daß ich mich ängstlich am Ärmel meines Begleiters festklammerte. Dieser aber, der in dem höllischen Lärm nichts Ungewöhnliches zu erblicken schien, nickte mir ermutigend zu – und da setzte sich auch schon das sonderbare Fahrzeug selbsttätig in Bewegung.

Langsam rollte es über den holprigen Hof, rasselte

durch die widerhallende Torfahrt, die angesammelten Zuschauer wichen kreischend auseinander, die Bahn lag frei, und wir befanden uns mitten im lebhaftesten Wagenverkehr der Straße. Im Nu war all meine Zaghaftigkeit verflogen, die alte Begeisterung kehrte zurück. Wir fuhren, fuhren ohne Pferde, fuhren wie durch geheime Zauberkraft getrieben auf der Mariahilfer Straße dahin!

Freilich ging's nur recht bedachtsam vorwärts, Schritt für Schritt sozusagen, das war nicht abzustreiten, jeder Einspänner überholte uns. Und um den Lärm, den wir selbst machten oder verursachten, erträglich zu finden, mußte man schon halbtaub oder, wie ich selbst, ein Ausbund an Voreingenommenheit sein. Das Triebwerk brüllte wie eine ganze Menagerie von Pumas, die man ununterbrochen in den Schwanz kneifen würde. Die Räder, selbstverständlich noch ohne Gummibereifung, rasselten, als ob Batterien schwerer Feldgeschütze hinrollten über das harte Granitpflaster, das wie von einem Erdbeben heimgesucht unter uns schütterte und schwankte. Dazu noch das Gejohle der Gassenbuben, die uns scharenweise nachliefen, das Geschrei der Menschenmenge, die, beiderseits der Fahrbahn Spalier bildend, unsere Ausfahrt mit Zurufen der Begeisterung oder des Abscheus begleitete, das Schimpfen und Fluchen der Fiakerkutscher und sonstigen Fuhrleute, die allen im zottigen Busen aufgestapelten Haß auf uns geworfen hatten, teils aus dem Grunde, weil ihre Pferde vor unserer Teufelskalesche scheuten, teils vielleicht auch deshalb, weil sie mit dem bewundernswerten Ahnungsvermögen des Geschäftsneides in uns die ersten Urheber jener Götterdämmerung erblicken mochten, die ein halbes Jahrhundert später über ihren Stand hereinbrechen sollte.

Dies alles zusammen bewirkte ein wahrhaft unterweltliches Getöse und einen Aufruhr, den jene Gegend der Stadt seit der Revolution von 1848 noch kaum wieder erlebt hatte. Mir aber war's gleichgültig, ich hörte und sah nichts Mißliebiges mehr. Die Größe des Augenblicks erfüllte mich so vollständig, daß keinerlei üble Nebenumstände mich beirren konnten, nur die denkwürdige, geschichtliche Tatsache stand mir vor Augen, die zum ersten Male hier in Erscheinung trat: Wir fuhren! Fuhren ohne Pferde dahin! Fuhren wie durch geheime Zauberkraft getrieben auf einem schäbigen Benzinwagen mitten auf der Mariahilfer Straße spazieren! Und es war ein königliches Gefühl, an einer so außergewöhnlichen, einer schier magischen Fahrt teilnehmen zu dürfen.

Aber der Herrlichkeit sollte, ach, eine allzu kurze Frist gesetzt sein. Die Behörde war stets eine Freundin des Stillstandes gewesen, es gefiel ihr nicht, daß sich etwas bewegte, noch dazu auf bisher ungewohnte Art. Sie war auch immer eine Freundin der Ordnung gewesen, scheuende Pferde oder Menschenansammlungen, die die herkömmliche Gleichförmigkeit des Straßenbildes gefährden konnten, kränkten sie. Und sie war endlich von jeher auch eine Freundin der Ruhe gewesen. Gegen die Klaviere, deren Geklimper oft gleichzeitig aus vielen Fenstern schallt, schützte sie zwar den gutgesinnten Staatsbürger damals so wenig wie heute; gegen minder zwecklose Straßengeräusche aber, die einem gesteigerten Verkehr, einem lebendigeren Leben dienten, waren ihre Ohren zu jener Zeit noch von einer schier mimosenhaften Empfindlichkeit. Wer könnte sich darüber wundern, daß aus allen diesen Gründen mit klugem Vorbedacht ein ungewöhnlich großes Aufgebot an Wache auf die Mariahilfer Straße beordert worden war?

Wenn das Gerücht sich bewahrheitete, daß der unbequeme Mensch, der eine selbstfahrende Droschke erfunden haben wollte, sich mit seinem verrückten Karren abermals auf die Straße wagen würde, so mußte selbstverständlich die Öffentlichkeit dagegen in Schutz genommen werden. Und nun, da der vorhergesehene Fall tatsächlich eintrat, stürzte die bereitstehende Hermandad sich mit Heldenmut in ihre staatsrettende Sendung.

Wir waren auf unserer im Schneckentempo einherratternden Benzinkutsche kaum ein paar hundert Ellen weit gekommen, als sich auch schon eine geschlossene Kette von Polizisten unserem weiteren Vordringen mannhaft entgegenstellte und den schuldigen Wagenlenker von seinem Sitz herunterholte.

Bestürzt verantwortete der Mechaniker sich dahin, daß es ihm ohnedies gelungen sei, die durch den Antrieb verursachten Geräusche erheblich herabzusetzen. Vergebens! Er wurde, da den Ohren der Behörde der Unterschied unmerklich geblieben war, wegen öffentlicher Ruhestörung und sträflicher Nichtbeachtung der amtlichen Verwarnung in Haft genommen, das Wunderfahrzeug selbst als verfallen erklärt und mit Beschlag belegt. Mir halb und halb Mitschuldigem schenkte man weiter keine Beachtung und ließ mich laufen.

Als ich mich aus dem Staube machte und noch einmal zurückblickte, konnte ich gerade noch wahrnehmen, wie der erste Benzinkraftwagen, den die Welt gesehen, der ehrwürdige Ahne aller heutigen Benzinautomobile, durch einen mageren Droschkenklepper, den man von einem Einspännerkutscher ausgeborgt hatte, unter dem tollen Jubel der Menge fortgezogen wurde. Eine kleine Armee von Polizeimannschaft umringte ihn und marschierte stramm neben ihm her. Und dahinter, ebenfalls von einem Trupp Sicherheitswache geleitet, als handle sich's um die Einbringung eines Schwerverbrechers, schritt mit gesenktem Haupt der ,Spinnerich' dahin. Er hatte das Unglück gehabt, seine Erfindung ausgerechnet in Wien, auf österreichischem Boden zu machen, dafür ereilte ihn jetzt die verdiente Strafe...

Es war ein Bild, das sich in meinem Gedächtnis wie mit glühenden Eisen eingebrannt hat. Ein Bild von mehr als tatsächlicher Bedeutung: Ein Symbol, leider nicht bloß den Einzelfall widerspiegelnd, sondern ein ganzes System...

Lang, lang ist's her, seit dies alles sich ereignete; aber nicht lange, daß ich einmal an der Seite eines Freundes das Wiener Technische Museum besuchte, dessen großartiger Prunkbau sich heute am äußersten Ende der Mariahilfer Straße erhebt, nicht allzuweit entfernt von der Stelle, wo einst der ‚Spinnerich' seine Werkstatt aufgeschlagen hatte. Nachdenklich und mehr bedrückten als erhobenen Gemütes durchschritten wir die endlosen Säle, die wie ein Friedhof des technischen Ingeniums wirken, ein Massengrab fehlgeschlagener Hoffnungen, eine Schädelstätte grausam hingemordeter Begabungen. Denn unter den zahlreichen bedeutsamen Erfindungen, deren erste Idee auf einen Österreicher zurückgeht, gibt es nur verhältnismäßig wenige, die in diesem merkwürdigen Vaterland, das von jeher nicht einmal an sich selbst, geschweige denn an andere glaubte, auch ihre Verwirklichung und Ausgestaltung gefunden haben. Die meisten wurden in ihrer Heimat nicht beachtet oder gar angefeindet, der Ruhm und der materielle Gewinn, den sie in der Folge mit sich brachten, fielen dem Ausland in den Schoß.

Gerade war ich in die Betrachtung der ersten, unglaublich zuverlässig arbeitenden Schreibmaschine vertieft, die ein Tiroler schon zur Zeit des Kaiser Franz mit aller Kunst zusammengefügt hat, als durch einen Anruf des Freundes meine Aufmerksamkeit auf einen anderen Gegenstand abgelenkt wurde. ‚Sieh dir bloß einmal den Kilometerfresser da an!' forderte er mich lachend auf.

Und zu meiner größten Überraschung fand ich mich vor dem hölzernen Benzinkraftwagen, auf dem ich vor Jahrzehnten an der Seite des ‚Spinnerich' meine erste Autofahrt unternommen hatte, lange bevor Karl Benz seinen ersten Wagen baute, viele Jahre bevor französischer Geschäftsgeist unter Ausnützung der Patente Daimlers und Unterschlagung seines Namens sich vor der Welt als den eigentlichen Erfinder des Autos aufspielte. Die wunderliche Karre kam mir jetzt primitiv, unzulänglich, allzu kindlich vor; aber mein Freund, der mehr von der Sache versteht als ich, belehrte mich, daß bei ihrer Konstruktion bereits das Wichtigste von alldem zum ersten Male in Anwendung gekommen sei, was als die Voraussetzung für die Entwicklung des modernen Automobilismus betrachtet werden müsse: Die magnetelektrische Zündung, die Schneckenradsteuerung, der Kühlwasserbehälter für die Kühlung des Zylinders, die Regelung der Fahrtgeschwindigkeit durch Drosseln des Gasgemisches und vor allem die Verwendung des Benzins als Betriebsstoff, die den überraschenden Aufschwung des gesamten Kraftwagen- und Flugzeugwesens überhaupt erst ermöglicht habe.

‚Bloß zwei wesentliche Dinge', sagte er, ‚gehen diesem Wagen, der mit Rücksicht auf den damaligen Stand der Wissenschaft geradezu Bewunderung verdient, noch ab: das Pneu und eine vermehrte Anzahl von Zylindern. Dieses Fehlen ist auch die Ursache der übermäßigen Geräusche gewesen, durch die eure Spazierfahrt damals Anstoß erregte'.

Mir fiel die Redewendung ein, die von einem Narren sagt, er habe eine Schraube zu wenig im Kopf. Immer hatte ich die Meinung verfochten und verfechte sie nach wie vor, daß es bei jeder Leistung, wenn sie sich über das Mittelmaß erheben wolle, gerade auf die eine Schraube ankomme, die eben unter keinen Umständen fehlen darf, wo etwas Rechtes gedeihen soll. Darum meinte ich, daß dem „Spinnerich", wenn seinem Wagen nur gleich zwei, noch dazu wesentliche Dinge fehlten, vielleicht nicht einmal so arg Unrecht geschehen sei, wie ich ursprünglich angenommen. Der Freund aber widersprach mit Lebhaftigkeit.

‚Wie weit war dieser geniale Mann doch in allem übrigen seiner Zeit voraus!' gab er zu bedenken. ‚Hätte man seine Erfindung gefördert, statt sie umzubringen, es ist hundert gegen eins zu wetten, daß er in kurzer Zeit selbst darauf gekommen wäre, wie die noch vorhandenen Mängel zu beheben seien. Dann hätte unsere gesamte Wirtschaft Vorteile daraus gezogen, bis zu welchem Maße, das magst du dir nach Belieben ausmalen. Aber so viel steht fest: Bei nur einigermaßen größerer Ehrfurcht vor der geistigen Leistung hätten wir in Österreich um zehn Jahre früher als jedes andere Land eine blühende Automobilindustrie besitzen und die ganze Welt mit Kraftwagen beliefern können! Statt dessen haben andere geerntet, was dieser große technische Denker säte, er selbst ist in Dürftigkeit verkommen, an bitterer Enttäuschung gestorben, irre geworden in seinem späteren Alter vielleicht an sich selbst und seinem Lebenswerk. Ist es nicht traurig, daß dergleichen sich immer aufs neue wiederholen muß?'

Ach ja, es ist traurig, ich mußte es zugeben. Traurig für die Allgemeinheit, traurig für den einzelnen, der es am eigenen Leibe erlebt.

Und doch dünkt mich, wir sollten nicht allzu wehleidig sein, wo es um das Schicksal zu spät erkannter, bei ihren Lebzeiten nicht genügend gewürdigter, schöpferischer, also irgendwie künstlerisch veranlagter Menschen handelt. Mit vollem Recht verfährt das Leben mit ihnen strenger und härter als mit dem Durchschnitt, der vom Brote allein lebt. Dieses Unabwendbare auf sich zu nehmen, ist ihr stolzes Vorrecht.

Denn was sie schaffen, das schaffen sie nicht um Erfolg und Lohn. Sie schaffen es, weil sie nicht anders können und weil es ihnen Freude macht, zu schaffen. Und diese Freude ist so groß, daß sie mit keiner anderen den Vergleich aushält. Es ist eine Freude, die den Sterblichen emporhebt bis zur Glückseligkeit, indem sie ihn mit einem so starken Bewußtsein der hervorbringenden Kraft durchdringt, die ihm verliehen ist, daß er, für Augenblicke wenigstens, sich eins fühlt mit dem Urquell alles Schaffens: der Gottheit.

Für solch süße Vermessenheit muß es doch auch eine Sühne geben. Und es gibt sie in jenen heimtückischen Wirklichkeiten, wie der vorstehende Rinnstein eine war, über den ich den ‚Spinnerich' stolpern sah."

*

Diese Schilderung eines wichtigen Ereignisses im Leben von Siegfried Marcus, das auch bei dem damals jungen, unerfahrenen Erzähler einen unauslöschlichen Eindruck hinterlassen hat, sagt über den Erfinder und seine Zeit mehr aus als so manch andere der spärlichen Überlieferungen. Es deutet vor allem viel darauf hin, daß er aufgrund seiner vorsichtigen, eher verschlossenen Art, zu Kindern und jungen Leuten weit leichter Zugang fand als zu den erwachsenen Zeitgenossen.

Vielleicht war es ihm früh klar, daß seine Ideen erst die nächste Generation richtig verstehen werden können und er deshalb bestrebt war, mit der Saat für eine neue Zeit selbst so früh wie möglich zu beginnen. Eine Biographie wird umso eingängiger sein, je umfassender die im Mittelpunkt stehende Persönlichkeit und ihr Schaffen in den entsprechenden Zeitrahmen gestellt wird. Jede Epoche hat ihre eigenen Realitäten und Gesetze und fordert demnach von den Zeitgenossen jeweils eine ureigene Entwicklung.

Stellt ein schöpferischer Mensch aufgrund seiner individuellen Vorstellung von dieser Zeit höhere Forderungen an sich als die Zeitgenossen, dann besteht die Gefahr, daß er auf Unverständnis stößt, denn er wird dann – wie es so schön heißt – seiner Zeit voraus sein, obwohl er eigentlich nur zu Ende denkt, was die Gegenwart vorbereitet. Seine Phantasie eilt voraus und schöpft die gegebenen Möglichkeiten besser aus als andere. Hier besteht die Gefahr, daß er von seinen Zeitgenossen als Fremdkörper, ja als Kuriosum empfunden wird.

Siegfried Marcus war zwar in vielem seiner Zeit weit voraus – wie etwa mit dem Automobil –, in so mancher Beziehung aber wurde sein unbändiger Wille, alles um ihn herum zu vervollkommnen und zu rationalisieren, auch willkommen geheißen, da man in dieser Zeit des absoluten Fortschrittwillens seine zielsichere Genialität für vielerlei Problemlösungen dringend benötigte.

Auf diese Weise war Siegfried Marcus insgesamt eine Persönlichkeit, der man niemals gleichgültig gegenüberstand. Entweder man erkannte sein Genie und bewunderte ihn schon zu Lebzeiten, oder man lehnte ihn als unangepaßt ab. Und gerade diese Gegebenheiten haben sich über seinen Tod hinaus als ungewöhnlich zählebig erwiesen, obwohl man heute den gesamten Menschen Marcus mit all seinen schöpferischen Leistungen nur mehr dankbar zur Kenntnis nehmen kann, denn die Zukunft, die ihm klar vor Augen stand, leben wir heute und zwar besser, als es ohne ihn wahrscheinlich möglich gewesen wäre.

2. Eines der größten Genies des 19. Jahrhunderts

Wenn es jemals eine Zeit gegeben hat, in der auch die Allgemeinheit die vielschichtige Individualität großer Genies objektiv gelten ließ, ohne sie unbedingt mit dem Maß der weniger Begabten messen und beurteilen zu wollen, dann ist es am ehesten noch die Gegenwart. Es mußten erst viele Tabus, religiöse wie politische Zwänge fallen, bevor von einer gewissen Freiheit des einzelnen Individuums gesprochen werden konnte. Es wird aber kaum jemals möglich sein, jene Zwänge, die sich notgedrungen aus dem Zusammenwirken mit den Zeitgenossen ergeben, restlos abzustreifen.

Die weitreichende Zwanglosigkeit, die heute fast jeder genießt, bewirkt eine gewisse Loyalität den Eigenheiten anderer gegenüber. Und wenn dem auch Grenzen gesetzt sind – der Horizont hat sich in dieser Beziehung fühlbar geweitet. Eigenheiten werden eher toleriert und als Teil der Persönlichkeit gewertet, auch wenn sie der eigenen Sicht des Lebens fremd oder zumindest nicht unbedingt geläufig sind.

Siegfried Marcus hat zeit seines Lebens nicht nur an der Formung der Zukunft des Menschen intensiv mitgewirkt – er wäre vermutlich froh gewesen, in ihr leben zu können, denn dann wäre sein Schicksal in mancher Beziehung sicher anders verlaufen.

Wenn jemand Freiheit dringend benötigte, dann er. Freiheit, um all das ungehindert realisieren zu können, was in seiner außerordentlich exakten technischen Vorstellungswelt Gestalt annahm. Anscheinend konnte er praktische Erfahrung, angeeignetes Wissen und immer wieder zufließende Informationen zusammen mit dem göttlichen Funken einer neuen Idee so vorzüglich aufeinander abstimmen, daß stets eine weit in die Zukunft weisende Neuerung daraus resultierte. Sein technischer Instinkt sei untrüglich gewesen, heißt es, und deshalb ist es naheliegend, daß er nur an die Öffentlichkeit brachte, was auch zuverlässig funktionierte.

Betrachtet man sein Leben und seine Schaffenskraft, wird es gleichgültig, ob er Jude oder Nichtjude, Deutscher oder Österreicher, reich oder arm, berühmt oder verkannt war. Dies nicht zuletzt deshalb, weil es vor allem ihm selbst egal war. Das zeigt seine Art, durch das Leben zu gehen und mit den Mitmenschen zu kommunizieren. Marcus war zurückhaltend, ja bescheiden, was aber keinesfalls auf einen Mangel an Selbstbewußtsein schließen lassen darf. Auch sein gütiges Wesen, insbesondere in den späteren Lebensjahren, wurde an ihm gerühmt. Auffallend ist einerseits seine Geselligkeit und andererseits, daß er selbst seinen Freunden nur wenig über seine Erfindungen und fast gar nichts über sich selbst erzählte. Denn sonst gäbe es weit mehr Aussagen von ihm bzw. Hinweise von Zeitgenossen darauf.

Siegfried Marcus war kein geborener Österreicher, obwohl seine Mentalität fast auf eine „wienerische Seele" schließen ließe. Tatsächlich wurde er in Preußen, genauer in Mecklenburg, geboren.

Sein Genie fand in Österreich sogar bereits zu seinen Lebzeiten große Anerkennung, was bemerkenswert genug ist in einem Land, in dem die wahre Größe eines Genies meist erst posthum erkannt wird. Zuviel Neues, Weltbewegendes, das im alten Österreich seinen Ursprung hatte, mußte erst im übrigen Europa oder gar in Amerika seine Tauglichkeit beweisen, bevor es in der Heimat restlose Anerkennung fand.

Und ausgerechnet mit dem Automobil sollte es anders gewesen sein?

Aus heutiger Sicht hätte die Erfindung des Automobils Marcus vielleicht weit mehr Erfolg gebracht, wäre er nach Frankreich oder gar Amerika ausgewandert. Andererseits stellt sich die Frage, ob er in einer anderen Stadt als dem besonders zu dieser Zeit vor Leben sprühenden Wien genauso kreativ gewesen wäre.

Siegfried Marcus, am 18. September 1831 geboren, entstammte der wohlhabenden Familie des jüdischen Gemeindevorstehers in Malchin, Mecklenburg, Liepmann Marcus, und seiner aus einer ebenfalls begüterten Familie in Karlskrona, Schweden, stammenden Gattin Rosa, geb. Philip. Obwohl den Juden in Preußen längst weitreichendere Rechte zugesichert worden waren, durften sie in Mecklenburg, dem Land der Junker und Großgrundbesitzer, ein Handwerk weder erlernen noch ausüben. Gerade der Vater von Siegfried Marcus scheint sich sehr bemüht zu haben, diese Zustände zu ändern. Er hielt unter anderem 1833 im Landtag einen vielbeachteten Vortrag über die noch immer geringen Rechte der Juden.

So läßt sich annehmen, daß sich bei Marcus der Wunsch, aus diesen Verhältnissen auszubrechen, relativ früh bemerkbar machte. Dies wahrscheinlich umso mehr, als bereits im Knabenalter sein erfinderischer Geist deutlich zutage trat. Er muß aber auch anderweitig talentiert gewesen sein, da er – so wird berichtet – als Knabe eine schöne Singstimme besaß und überhaupt sehr musikalisch war. Diese Neigung könnte auch bei der Wahl seiner späteren Heimat eine nicht unbedeutende Rolle gespielt haben. So soll Marcus später noch oft und gern im Freundeskreis gesungen haben, wobei seine Stimme als schön und angenehm bezeichnet wurde.

Beruflich begann Marcus seinen Weg ganz unten. Er ging bei dem Mechaniker Lilge zuerst in Malchin und später in Hamburg in die Lehre, wo ihm die Grundkenntnisse der Mechanik vermittelt wurden. 1848 trat er in die eben gegründete Firma Siemens & Halske in Berlin ein. Dort besuchte er auch die Gewerbeschule. Ob dies regulär oder in Abendkursen erfolgte, wissen wir nicht. Sicher ist jedoch, daß er sich den überwiegenden Teil seiner tiefgründigen naturwissenschaftlichen Kenntnisse auf autodidaktischem Weg angeeignet hat.

Werner von Siemens muß das Können des jungen Mannes sehr rasch erkannt haben, da er ihn zu seinem unmittelbaren Gehilfen machte. In dieser damals vielleicht berühmtesten mechanischen Werkstätte tat sich Marcus bald durch die Erfindung eines Relais hervor, das beim Bau der Telegraphenleitung zwischen Berlin und Mecklenburg Verwendung fand. Er erhielt daraufhin von der Sächsischen Regierung als Anerkennung 1.000 Taler.

Marcus geht nach Wien

Drei Jahre verbrachte er bei Siemens und seine weitere Ausbildung machte gewaltige Fortschritte. Es heißt, seine von ihm mangelhaft empfundenen Kenntnisse der Chemie hätten ihn bewogen, die erfolgreiche Tätigkeit bei Siemens aufzugeben und nach Wien zu gehen. Obwohl er bewiesen hat, daß

ihm die Chemie tatsächlich ein wichtiges Anliegen war, mag er vor allem deswegen nach Wien übersiedelt sein, weil ihn diese Stadt allein schon aufgrund seiner eigenen Wesensart anzog und der Atmosphäre wegen, die er dort zu finden hoffte. Und nach allem, was wir von ihm wissen, wurden seine Erwartungen tatsächlich erfüllt. Er hat nie daran gedacht, diese Stadt jemals wieder zu verlassen.

1852, erst 21 Jahre alt, übersiedelte er ins kaiserliche Wien. Ein Jahr später nahm er eine Stellung

1874	**Marchetti** Carl	Wien. III. Obere Weissgärberstr. 1	Capitän weiter Fahrt. Ober-Inspector der I. Donau-Dampfschiffahrts-Gesellschaft.
1866	**Marckhl** Adalbert	Marburg, Bürgergasse 259	Sections-Ingenieur der Südbahn.
1863	**Marcus** Siegfried	Wien, VI. Mariahilferstrasse 107	Ingenieur und Mechaniker
1877	**Mařik** Wenzel	Jägerndorf, Bahnhof	Ingenieur, Zugförderungs- und Werkstätten-Vorstand der mährisch-schlesischen Centralbahn.
1877	**Martiensen** Ferdinand	Zell am See	Ingenieur.

Schon 1863 ist Siegfried Marcus Mitglied des „Österreichischen Ingenieur- und Architekten-Vereins" und wird als Ingenieur und Mechaniker geführt.

beim Hofmechaniker Kraft an. Bald arbeitete er sogar am Physikalischen Institut der k. k. medizinischen Josephsakademie – ein weiterer Beweis für seine überdurchschnittlichen Fähigkeiten, schließlich waren die Ansprüche, die einst in Wien gestellt wurden, sehr hoch. Nach einiger Zeit wurde Marcus sogar Assistent am Chemischen Laboratorium des damals berühmten Physiologen Prof. Karl Ludwig. Der Mitarbeit bei den Forschungen dieses großen Arztes und Physikers verdankte er wohl seine Erfahrungen und weitreichenden Erkenntnisse auf dem Gebiet der Chemie und Physik.

...und macht sich selbständig

Nachdem er sich bereits durch mehrere Erfindungen einen Namen gemacht hatte, beschloß Marcus, wie bereits erwähnt, sich in Wien selbständig zu machen.

Es ist wahrscheinlich, daß er einen selbständigen Wirkungskreis von allem Anfang an anstrebte, lange bevor er nach Wien gekommen war. Hier wurden damals solche Bestrebungen durch eine günstige Gewerbeordnung bewußt gefördert. Seine Selbständigkeit war die wichtigste Voraussetzung dafür, daß er seine Fähigkeiten und Bestrebungen voll entfalten konnte.

Im gleichen Haus befanden sich auch für lange Zeit seine privaten Räumlichkeiten, die man über die Haupttreppe im ersten Stockwerk erreichte und Vorraum, Wohn- und Schlafraum sowie ein privates Arbeitszimmer umfaßten. Der eigentliche Werkstättenraum war über eine Hintertreppe und einen Vorraum zu erreichen. Dort befand sich auch die maschinelle Ausrüstung, die aus einer Handbohrmaschine, einer Drehbank mit Fußbetrieb von etwa einem Meter Spitzenhöhe sowie aus einer Werkbank mit zwei Schraubstöcken bestand.

Marcus beschäftigte dort ständig zumindest zwei Gehilfen, die nach seinen eigenhändigen Skizzen meist nur Musterteile oder subtilere Details anfertigten, während die Herstellung größerer Teile oder Serienfertigungen auswärts vergeben wurden. Er achtete vor allem in den folgenden Jahren geradezu ängstlich darauf, daß sich kein Lieferant von einem seiner Apparate ein Bild machen konnte, weshalb Marcus die Fertigung einzelner Teile häufig auf mehrere Lieferanten aufteilte.

In der Regel nahm Marcus die Fertigmontage seiner technischen Geräte persönlich vor, und zwar in seinem privaten Arbeitsraum, den niemand betreten durfte – außer nach ausdrücklicher Aufforderung. Die Einrichtung dieses Raumes bestand aus einem großen Montage- und Zeichentisch, einem Pult sowie Glasschränken mit Modellen, später auch verkaufsfertigen Apparaten.

Da er sämtliche Kosten, die seine zahlreichen Erfindungen verursachten, aus eigenen Mitteln bestritt und niemals fremdes Kapital in Anspruch

nahm, mußte er auch Erwerbsarbeiten übernehmen. So war er insbesondere für äußerste Notfälle und schwierige Problemlösungen ein gesuchter Webstuhlmechaniker, der sich mit Erfolg der komplizierten englischen Webstühle der zahlreichen Wiener Seidenfabrikanten, etwa des nahen „Brillantengrundes" annahm.

Damals erforderte die Ausübung des noch jungen Mechanikergewerbes in vielfacher Weise Einfallsreichtum und im Verhältnis zu heute bedeutend weitreichendere Kenntnisse als man sich in unserer Zeit der meist ausgereiften Technik vorstellen kann. Heute genügen drei Lehrjahre, um so ziemlich alles zu erlernen, was zur Ausübung dieses Berufes erforderlich ist. Damals aber waren die zu erbringenden, weil geforderten Leistungen mit einer Ingenieurtätigkeit zu vergleichen.

Nicht nur in zeitgenössischen technikhistorischen Werken führte Marcus denn auch die Berufsbezeichnung „Ingenieur", auch sonst wird er abwechselnd als Mechaniker und Ingenieur bezeichnet. Sicher ist, daß sein Wissen und Können sogar weit über diese Standesbezeichnungen hinausgingen. Nur die Bescheidenheit, die er lebenslang bewahrte und ihn ohne weiteres auch Mechanikerarbeit verrichten ließ, trug später vielfach zu abwertenden Beurteilungen seiner Person bei.

1863 schien er bereits als Mitglied des Österreichischen Ingenieur- und Architekten-Vereins Wien auf und wurde dort als Ingenieur und Mechaniker geführt.

Für Wohnsitz und Werkstätte hatte Marcus den wirtschaftlich lebhaftesten und lebensvollsten Teil Wiens gewählt, der durch den Ringstraßenbau sogar noch eine weitere Belebung erfahren sollte.

Der Technikhistoriker Kurzel-Runtscheiner konnte für seine Marcus-Biographie von 1929 noch Zeitgenossen von Siegfried Marcus befragen, die ihn aus nächster Nähe kennenlernen durften. Über die für Außenstehende geradezu verwirrende Art seiner Tätigkeiten wird berichtet:

„...Marcus' Gehaben und die Arbeiten, die er in seiner eben bezogenen Werkstätte aufnahm, erregten naturgemäß die Neugierde der Nachbarn, und diese wuchs noch, als er begann, im allgemein zugänglichen Hof jene Vergasungsversuche vorzunehmen, von denen später ausführlicher die Rede sein wird. Es kann daher nicht wundernehmen, daß des Marcus persönliche Arbeitsleistung und überhaupt alles, was mit seinem Schaffen zusammenhing, nicht nur bei den Nachbarn, sondern selbst bei jenen Fachleuten, die mit ihm zu tun hatten, unklare Vorstellungen auslöste. Wußte Marcus doch, wie aus allen zeitgenössischen Berichten hervorgeht, seine Betätigung und die Gründe, warum er sich bald diesem, bald jenem Arbeitsgebiet zuwandte, mit einem solchen Schleier des Geheimnisses zu umgeben, daß selbst Berufsgenossen, die Marcus gut zu kennen glaubten, ihm nachsagten, er habe sich ziel- und wahllos auf jede ihm aufsteigende technische Idee geworfen und ihr in leerlaufender ‚Grundlagenforschung' nachgejagt, wenn sie nur neu und kaum lösbar schien. Heute aber, nachdem es gelungen ist, seine vielfältigen Bemühungen etwas genauer zu übersehen, scheint es, im Gegensatz zu jenen, bloß auf Grund von Äußerlichkeiten geschöpften Urteilen, beinahe als ob Marcus bei seinen hauptsächlichsten Erfindungen in methodischer Forscherarbeit alle Grenzgebiete des schon gelösten Teilproblems abgetastet und alle Möglichkeiten, Neugefundenes in seine Erfin-

Siegfried Marcus

Marcus 423 Marczybanyi

Oesterreichische National-Encyklopädie, herausg. von Gräffer und Czikann (Wien 1835, 8º.) Bd. III, S. 558 — Noch sind ein paar andere Personen dieses Namens, Marcus und Markus, erwähnenswerth: 1. Siegfried Markus, Mechaniker am k. k. polytechnischen Institute in Wien legte im Jahre 1856 der kaiserlichen Akademie der Wissenschaften ein von ihm erdachtes Instrument zum Verkehrtzeichnen vor, welches er, veranlaßt durch das umständliche Verfahren der Lithographen und Kupferstecher, Originalbilder verkehrt auf Stein- und Metallplatten zu übertragen, construirt hat. Es führt den Namen „Antigraph". Während bei der bisherigen Verfahrungsweise das zu zeichnende Bild mehrere Male copirt werden muß, wodurch nicht selten der Richtigkeit des letzten Bildes Eintrag geschieht, ermöglicht das von M. erdachte Instrument, durch einmaliges Nachfahren an den Conturen des Originals mit größter Präcision dasselbe verkehrt auf Stein oder Metall zu zeichnen, wobei das Original zur Rechten und die Platte zur Linken des Arbeitenden liegt. Das Wesentliche des Instrumentes bilden zwei zueinander rechtwinkelige Verschiebungen, deren eine zwei Stifte in entgegengesetzter Richtung führt, während die andere den Parallelismus der Bewegung derselben festhält. Die Einfachheit dieses Instruments macht es für Kupferstecher und Lithographen, sowie für Zeichner (Architekten u. s. w.), welche nicht selten in der Lage sind, zu einer gegebenen Figur eine andere, symmetrisch links liegende zeichnen zu müssen, sehr brauchbar. Ganz in neuester Zeit, im Mai 1865, hielt M. in einer Sitzung der

mathematisch-naturwissenschaftlichen Classe der kaiserlichen Akademie der Wissenschaften einen Vortrag über die von ihm erfundene Thermosäule. Es ist dieß ein Apparat, welcher es ermöglicht, durch Wärme Electricität zu erzeugen, sowie man bei den bekannten galvanischen Ketten chemische Kräfte zur Erzeugung der Electricität benützt. Einen wesentlichen Fortschritt an dem zuerst genannten Apparate durch geschickte Auswahl von Metall-Legirungen, die als Electricitäts-Erreger fungiren, begründet zu haben, ist das Verdienst des Herrn Markus, dem auch über Antrag der math.-naturw. Classe, in Anbetracht der Wichtigkeit seiner Erfindung, sowohl für die praktische Verwendung, als auch wegen der dadurch bereits erzielten und angebahnten Erweiterung der Wissenschaft, ein Betrag von 2500 fl. bewilligt wurde. Nach seiner Angabe erzeugen 30 Elemente seiner Combination einen Electro-Magneten von 150 Tragkraft, eine Batterie von 125 Elementen entwickelt in einer Minute über 25 Kubik-Centimeter Knallgas; und ein Platindraht von ½ Millimeter Dicke, in den Schließungsbogen derselben Kette eingeschaltet, wird zum Schmelzen gebracht. Die Wärme, welche bei ihrem Durchgange durch den Apparat in Electricität umgewandelt wird, wird durch Gasflammen geliefert, und M. beschäftigte sich nach der Hand damit, einen Gasofen auszuführen, der für 768 Elemente berechnet ist.

[Sonntags-Zeitung (Pesth, gr. 4º.) 1856, Nr. 14. — Sitzungsberichte der kaiserlichen Akademie der Wissenschaften (in Wien), mathem. naturw. Classe. XVII. Bd. S. 282.]

Auszug aus Constant. von Wurzbachs „Biographischem Lexikon des Kaiserhauses Österreich", 16. Theil, S. 422, Wien 1867.

Links oben:
Pferdebespannter Weinwagen aus dem 19. Jahrhundert.

Oben:
Dampfgetriebener Schnellpostwagen (16 km/h) aus England um 1830, konstruiert von Goldsworthy Gurney.

Früher Eisenbahnverkehr auf der Strecke Paris-Versailles (Ausschnitt aus einem zeitgenössischen Plakat).

Zu Anfang des 19. Jahrhunderts wickelte sich der Verkehr wie seit eh und je bei einer nur unbedeutenden Weiterentwicklung von Gerät und Straße ab. Die Fortbewegung der Transportgeräte und des darauf befindlichen Transportgutes erfolgte ausschließlich durch animalischen Krafteinsatz, also durch Mensch, Pferd oder Ochse. Über den Einsatz von Maschinen zur Beförderung von Mensch und Last begann man Ende des 18. Jahrhunderts nach der Erfindung der Dampfmaschine ernsthafte Versuche anzustellen. Das erste uns bekannte, dampfgetriebene Fahrzeug wurde 1771 von dem Franzosen Nicolas Joseph Cugnot gebaut (siehe Seite 75).

Einige Jahre später, zu Beginn des 19. Jahrhunderts, gab es schon eine Reihe mehr oder weniger gut funktionierender Dampfwagen im permanenten Einsatz. Trotzdem konnte aber von einer Straßenmotorisierung bis zum Ende des 19. Jahrhunderts keinesfalls gesprochen werden.

Anders verhielt es sich mit der schienengebundenen Eisenbahn, die zwar aus dem Straßendampfwagen hervorgegangen war, aber binnen kurzer Zeit bereits eine bedeutende Rolle im Wirtschaftsleben spielte. Je funktioneller die Eisenbahn ihre Transportaufgaben – namentlich die der Lastenbeförderung – zu lösen begann, umso unbefriedigender wurde der Verbund Schiene – Straße mit den doch recht unflexiblen, langsamen und sehr gewichtsbeschränkten Transportleistungen der Pferdetraktion. Es ist daher nicht verwunderlich, daß man sich immer intensiver mit dem Gedanken auseinandersetzte, ein der Eisenbahn adäquates Straßenfahrzeug zu entwickeln. Die Dampfmaschine für den Antrieb eines solchen Fahrzeuges einzusetzen, war naheliegend. Die entsprechenden Konstruktionen konnten aber wegen der Unhandlichkeit der Bedienung und des Gewichts nicht so richtig befriedigen.

Etwa um die Mitte des 19. Jahrhunderts befaßten sich bereits einige Erfinder mit einer neuen Antriebsmaschine, bei welcher die an sich unwirtschaftliche äußere Verbrennung unter einem Kessel, wie sie bei der Dampfmaschine erfolgt, in eine innere Verbrennung umgesetzt wurde. Das erreichte man dadurch, daß man Gas durch die Kolbenbewegung in einen Zylinder saugte und in demselben zur Zündung brachte. Den dadurch ansteigenden Druck verwendete man zur Fortbewegung des Kolbens. Das klassische Vorbild der Verbrennungsmotoren war die Feuerwaffe, bei der das Geschoß (Kolben beim Verbrennungsmotor) durch den Druck des Verbrennungsgases aus dem Lauf (Zylinder beim Verbrennungsmotor) ausgeschoben wird.

Die ersten Gasmotoren waren zum Antrieb von Fahrzeugen ungeeignet, denn sie mußten zwangsweise an eine stationäre Gasleitung angeschlossen werden. Diese Motoren waren für den Einsatz in Fahrzeugen unbrauchbar, solange sie sich nicht vom netzabhängigen Gas befreien konnten. Und hier beginnt 1864 die Geschichte des heute weltweit in Gebrauch befindlichen Benzinmotors von Siegfried Marcus. Trotz des ersten Einsatzes von Benzin als mobilem Kraftstoff für den in Fahrzeugen nunmehr brauchbaren „Explosionsmotor", wie man ihn damals nannte, dauerte es noch mehr als zwei Jahrzehnte, bis durch die beiden Deutschen Karl Benz und Gottlieb Daimler die ersten Fahrzeuge mit dem neuen Benzinmotor angeboten wurden.

Bis Ende des 19. Jahrhunderts war also immer noch der unbefriedigende Zustand im Straßenverkehr aufrecht, der eine Transportkoppelung zwischen leistungsfähiger und ständig im Ausbau begriffener, maschinell betriebener Eisenbahn und dem in der Entwicklung stagnierenden, weil animalisch angetriebenen Straßentransport ergab. Die Folge dieser Ungleichgewichtigkeit war ein rapides Ansteigen des Pferdebestandes. Es war leicht abzusehen, daß damit und durch die zugleich progressiv anwachsende Weltbevölkerung ein Engpaß in der Versorgung unausbleiblich war. Die Motorisierung des Straßenverkehrs wurde demnach zur unabdingbaren Notwendigkeit.

dungen einzubeziehen, im Rahmen einer wohl-durchdachten ‚Zweckforschung' in Erprobung ge-zogen hätte..."

Ein Mechaniker, der gleichzeitig ein technischer Wissenschaftler war und „systematische For-schungsarbeiten aufgrund von Versuchsreihen" an-stellte, das war nicht nur damals unvereinbar, da-mit können manche Technikhistoriker bis zum heutigen Tag nichts Rechtes anfangen.

Benzin – der neue Kraftstoff

Als er die Arbeit in seiner eigenen Werkstätte auf-nahm, begann er im Hof vor allem mit seinen Ver-suchen mit Benzin. Die Neugierde der Nachbarn, die entweder selbst im Hof tätig waren oder in ihn Einblick hatten, war begreiflicherweise groß. Denn Marcus ließ Fachkollegen und Nachbarn prinzipi-ell darüber im unklaren, welchen Sinn seine Versu-che hatten und was sie letzten Endes bezweckten.

Die Versuche mit der Benzinvergasung müssen über Jahre gelaufen sein. Vermutlich hatte er die Möglichkeiten, die dieses Petroleumderivat bietet, bereits im Physikalischen Institut kennengelernt. Hier in der Mariahilfer Straße hatte er nun Gele-genheit, das bis dahin ungezähmte und in seiner Gefährlichkeit damals kaum einschätzbare Benzin zu zügeln. Hierzu mußte er vor allem die richtige Mischung mit Luft herausfinden. Das erfolgte auf recht einfache Weise.

Marcus wußte um die Kraft dieses Gemisches. Deshalb zündete er es mittels einer langen Stange, an deren Ende die Zündflamme angebracht war. Sein damaliger Gehilfe, Christian Blum, berichtete von mehreren kleinen Explosionen.

Erster Benzinmotor der Welt

Anfangs soll Marcus die Absicht gehabt haben, die-sen neuen Brennstoff für die von ihm erdachte „Vergasungslampe" einzusetzen. Aber schon bald muß er die Verwendung in einem Motor ins Auge gefaßt haben, sonst hätte er nicht bereits 1864 die erste magnetelektrische Zündung und ein Jahr spä-ter einen Vergaser schützen lassen und den ersten Benzinmotor der Welt in einem Versuchsfahrzeug in Betrieb nehmen können.

Was Marcus hier in wenigen Jahren ohne Vorbilder schuf und entwickelte, das würde heute noch trotz allen Wissens, Erfahrung und Computerhilfe länge-re Zeit erfordern als er dafür benötigte.

Und dazu kommt noch die Benzinvergasung!

Da die wenigen stationären Gasmotoren der dama-ligen Zeit die unmittelbare Nähe einer Gasanstalt erforderten, suchten die Motorenbauer ausnahms-los, diese einschränkende Abhängigkeit in den Griff zu bekommen. Versuche mit Preßluft, Was-serstoff, Spiritus usw. brachten jedoch keinen Er-folg. Siegfried Marcus fand als erster die Lösung des Problems: das richtige Benzin-Luft-Gemisch und auch das für jedermann sichere Hilfsgerät zur ge-fahrlosen Anwendung.

Vergaser und Zündvorrichtung waren die ersten Aggregate, die Marcus vor der Konstruktion des Motors sowie eines damit angetriebenen Fahrzeu-ges schuf.

Der „Apparat zum Karbonisieren der atmosphäri-schen Luft", wie er den Vergaser nannte, bestand in der „Wesenheit in einer Kombination eines ei-gentümlichen Zellengefäßes mit einem neuartigen Balg-Gasometer, wobei aus diesem Luft unter leichtem Überdruck in das Zellengefäß geleitet und in diesem mit dem von der anderen Seite unter Flüssigkeitsdruck einströmenden Benzin gemischt wurde..."

Die für den Privilegienschutz notwendige Eingabe schrieb er noch mit eigener Hand. Der in Öster-reich übliche „Privilegienschutz" wurde erst 1895 durch den Patentschutz abgelöst.

Marcus war bewußt, daß er nicht der erste war, der auf diesem Gebiet Versuche angestellt hatte. Die ersten Sätze der Eingabe lauten denn auch:

„Das in chemischen Laboratorien längst bekann-te Experiment, Gase zu karbonisieren, hat, seitdem in neuerer Zeit viele Erdölquellen aufge-funden wurden, die äußerst ergiebig flüchtige kohlenstoffreiche Flüssigkeiten billig in den Han-del lieferten, viele Techniker veranlaßt, Apparate zu konstruieren, welche in größerem Maßstabe das Karbonisieren der atmosphärischen Luft be-werkstelligen sollten. Es zeigte sich indessen, daß, so leicht auch das Experiment ausführbar, die Anwendung desselben im Großen mit man-nigfachen Schwierigkeiten verbunden ist. Hier-von zeugen die Versuche Bealès (1842), Manfields (1849), Evans und anderer, welche auf ihre Me-thoden Patente erwarben, dieselben jedoch nicht zur Geltung zu bringen vermochten. Seit neuerer Zeit hat auch Mongruel einen Atmosphärischen Gasapparat patentieren lassen, welcher nach mei-nem Dafürhalten, weil zu kostspielig und zu kompliziert, ebenfalls als nicht praktisch zu be-zeichnen ist. Diese Umstände bewogen mich, ei-nen Apparat zu konstruieren, welcher äußerst

Wien, 30 März 186[5]   Siegfried Marcus

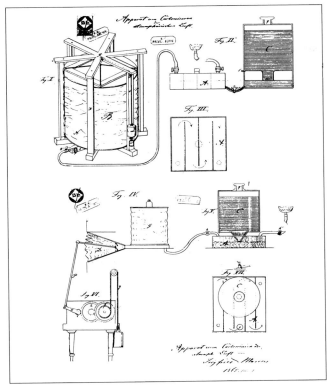

spänen, Kohle" ausgefüllt sein sollte, aus dem „den flüssigen Treibstoff enthaltenden, sturzflaschenähnlichen Standgefäß" sowie dem „zylindrischen Blasebalg, dessen Mantel nicht aus Leder, sondern aus einem mit Kautschuk imprägnierten Zeugstoff" gefertigt ist (diesen Teil nennt Marcus an anderer Stelle auch „Gasometer"), der entweder durch ein Gewicht belastet oder durch einen von einem Uhrwerk in Bewegung gehaltenen Blasebalg unter Überdruck gehalten werden sollte.

Heute muß uns dieses erste Vergasungsgerät kompliziert erscheinen. Auch Marcus, stets auf größte Einfachheit und Rationalität bedacht, fand bald eine weit fortschrittlichere Lösung in Form des „Carbourateur Marcus", des Bürstenvergasers für schwerere Treibstoffe.

Es ist zwar nicht bekannt, auf welche Weise die elektrische Zündung des Benzin-Luftgemisches tatsächlich erfolgte. Jedenfalls erhielt Marcus am 21. Juni 1864 ein Privileg auf einen „Magneto-elektrischen Zündapparat". Der Patentanwalt Ing. Viktor Tischler, der Marcus jahrzehntelang vertrat, sagt hierüber:

„...Schon in den sechziger Jahren baute Marcus Funkeninduktorien, die im Prinzip auf dem Abreißen eines Ankers von Stahlmagneten beruhten, die er (Marcus) nach einem von ihm geheimgehaltenen Verfahren besonders kräftig her-

einfach und billig herzustellen ist und dem Zweck, Leuchtgas in größeren Mengen zu erzeugen, vollkommen entspricht..."

Dieses Gerät bestand aus dem „Carbonisator", der mit „kapillarem Material, z. B. Schwamm, Säge-

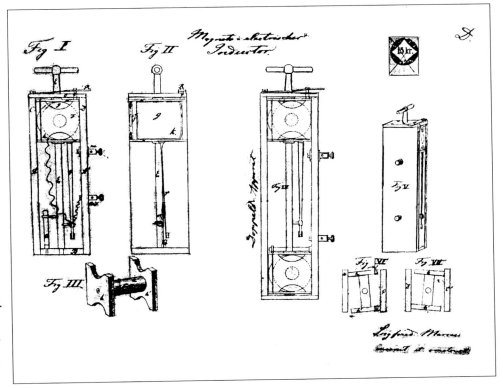

zustellen wußte. Diese verwendete er unter anderem auch für seine Minenzündapparate, für Feuerzeuge und – wie gleich hier festgestellt werden soll – auch als Zündung für zerstäubtes Benzin bei Gasmotoren, um das explosive Gas-Luft-Gemisch zu entzünden..."

Marcus war es früh klar, daß es hauptsächlich darauf ankam, Strom von „möglichst hoher Intensität" zu erhalten, „deren Aktion vergleichbar mit der Wirkung eines Hammerschlages oder eines Stoßes" auftrat. All das genügte Marcus aber immer noch nicht, um einen ihm ausreichend zündfähig erscheinenden Funken zu erzeugen.

„...Die Bedingungen aber, unter welchen ein elektrischer Funke entsteht, sind: Jähes Ansteigen oder Abfallen des den Leiter durchziehenden Stromes; um nun diesen Bedingungen zu genügen, versah ich den Apparat mit einer Vorrichtung, welche erst im Moment jenes Maximums der Stromstärke den Strom in die Feuerleitung einführte".

Die Idee der Verwendung der magnetelektrischen Zündung bei Motoren hat er als erster verwirklicht, wurde vor ihm niemals von anderen in Erwägung gezogen und ging erst Jahrzehnte später, nämlich ab der Jahrhundertwende, in modifizierter Form in den Automobilbau ein. Dazwischen wurden von zahlreichen Erfindern verschiedene Methoden der Motorzündung probiert, aber letzten Endes erwies es sich einmal mehr, daß allein Mar-

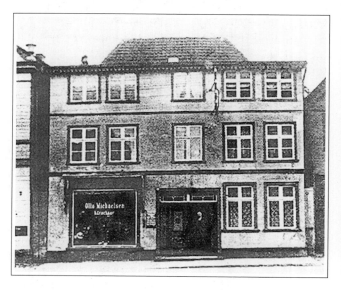

cus früh auf der richtigen Spur gewesen war und ohne Vorbild die einzig richtige Lösung erkannt hatte.

Spätestens 1864 hatte Marcus aber auch den nach dem Prinzip der atmosphärischen Zweitaktmaschine arbeitenden Benzinmotor – den ersten der Welt – fertiggestellt.

Oben:
Das Geburtshaus von Siegfried Marcus in Malchin, das heute nicht mehr steht.

Links und rechts:
So sahen die der Mariahilfer Straße zugewandten Häuserfronten dort aus, wo Siegfried Marcus lange Zeit wirkte. Auch die gegenüberliegende Straßenseite bietet heute ein anderes Bild.

Jeder andere Erfinder der damaligen Zeit hätte sich nun mit Sicherheit vor allem auf die Nutzung seiner Patente zusammen mit dem neuen Benzinmotor konzentriert, um diese ungeheuren Möglichkeiten zu lukrieren, die der neue Motor als Antriebsmaschine für Industrie und Gewerbe geboten hätte. Ein weltumspannendes, leistungsfähiges Unternehmen, das den Namen des Erfinders bis zum heutigen Tag berühmt gemacht hätte, wäre die logische Folge gewesen.

Erstes Benzin-Automobil der Welt

Nicht so Siegfried Marcus! Denn er hatte ein ganz anderes Ziel im Auge: Er konstruierte zu dem gut funktionierenden Benzinmotor ein einfaches Versuchsfahrzeug – das erste Benzin-Automobil der Welt war geboren!

Wer meint, der erste Marcusmotor wäre ohne weiteres auf einen Handwagen zu setzen gewesen, dem nur zwei Räder abmontiert wurden und an de-

ren Stelle die Schwungscheiben der Maschine traten, der sieht derlei doch etwas zu einfach. Dieser angebliche „Handwagen" mußte jedenfalls zuvor auf Motor, Schwungräder und sonstige technische Vorrichtungen genau abgestimmt werden. Man kann deshalb bestenfalls von einem „handwagenähnlichen Fahrgestell" sprechen.

In einem senkrechten Rahmen wurden Zylinder und Triebwerk des atmosphärischen Zweitaktmotors aufgebaut. Die erwähnten Schwungscheiben waren von Anfang an als Antriebsräder vorgesehen. Die an der senkrecht geführten Kolbenstange angelenkten beiden Pleuelstangen wirkten unter Zwischenschaltung einer Federspirale direkt auf die Kurbelwelle ein, die in diesem Fall gleichzeitig die Hinterachse war.

Ein langjähriger Gehilfe von Marcus, Christian Blum, bestätigte später, daß er dieses Fahrzeug bereits 1864 bei seinem Eintritt in die Werkstätte in fertigem Zustand gesehen habe.

39

Es ist aber auch der Bericht eines Teilnehmers an einer Fahrt mit diesem Wagen erhalten geblieben. Hoflieferant Albert H. Curjel (später bei Sportsleuten bekannt, weil er die ersten Hochräder nach Österreich brachte) erzählte über die 1866 – in ähnlichen Schilderungen nannte er auch das Jahr 1865 – stattgefundene Ausfahrt:

„Im Jahre 1866 lud mich Marcus eines Tages ein, sein erstes Automobil zu probieren. Ich folgte dieser Einladung mit dem größten Vergnügen. Man darf nicht glauben, daß Marcus seinen Wagen nur anzukurbeln brauchte, und daß wir vom Hause Mariahilfer Straße 107, wo er damals seine Werkstätte hatte, wegfuhren. Um das Vehikel zu versuchen, mußten wir uns an einen möglichst menschenleeren und womöglich finsteren Platz begeben. Zu dem gedachten Zwecke war die Schmelz – der damals noch unverbaute Exerzierplatz Wiens – der beste Ort. So zogen wir, als es gegen Abend wurde, hinaus zum Schmelzer Friedhof. Voran ein Hausknecht, der das Automobil zog, hinterdrein Marcus und ich. Auf der Schmelz angelangt, begannen die Manipulationen der Inbetriebsetzung, die keineswegs einfach waren. Aber schließlich begann der Motor pfauchend seine Arbeit und Marcus lud mich ein, auf dem Handwagen Platz zu nehmen. Er selbst betätigte die Lenkung. Es gelang tatsächlich, das Fahrzeug in Betrieb zu setzen, und wir fuhren eine Strecke von gut 200 Meter. Dann aber versagte die Maschine und unsere Probefahrt war endgültig zu Ende. Anstatt des Motors trat wieder der Hausknecht in Aktion und fuhr den Wagen wieder in die Garage."

1870 ließ Marcus von Fahrzeug und Maschine allein Fotos anfertigen. Ab diesem Zeitpunkt verlautete über dieses Fahrzeug nichts mehr. Man kann jedoch annehmen, daß Marcus Teile dieser Maschine weiterverwendet hat, wie er es aufgrund seiner sparsamen, damals sicher nicht alltäglichen, rationellen Arbeitsweise immer wieder praktiziert ha-

ben soll. Auf jeden Fall scheint er den noch unvollkommenen Vorläufer als überflüssig empfunden zu haben. Schließlich war bewiesen, daß dieser Motor ein Fahrzeug antreiben konnte. Der erste Entwicklungsschritt auf dem Weg zum motorbetriebenen Straßenfahrzeug war abgeschlossen. Er hatte ihm vermittelt, wie es beschaffen sein mußte, um den gestellten Anforderungen zu entsprechen.

Der zweite Marcuswagen

Mit der Arbeit an seinem zweiten Straßenfahrzeug bzw. Motor soll Marcus schon 1868 begonnen haben. Nach einigen Versionen hat er 1870, sicher aber 1871 bereits Versuche mit einem völlig neuen Fahrzeug angestellt. Dabei handelt es sich um den heute noch existierenden zweiten Marcus-Wagen, der zu dieser Zeit noch durch einen anderen Motor angetrieben wurde. Nach Augenzeugenberichten stammt der lange mit 1875 datierte Wagen demnach bereits aus dem Jahr 1871. Zu diesem Zeitpunkt war mit Sicherheit bereits jener Zweitaktmotor im Fahrzeug eingebaut, den der damals anerkannte Motorfachmann, Professor G. F. Radinger, nach der Weltausstellung von 1873 in seinem Ausstellungsbericht beschrieb und sehr positiv beurteilte.

Der Grund, weshalb Marcus diesen Motor nicht auf einem regulären Stand im Rahmen dieser Weltausstellung zeigte, war vermutlich in dem Umstand zu suchen, daß der Wagen, in dem dieser Motor eingebaut war, zu diesem Zeitpunkt vor der Rotunde selbst „vorgeführt" wurde, denn die „Allgemeine Automobilzeitung" schrieb 1909 in der Ausgabe 51 auf Seite 41:

„Der auf der Wiener Weltausstellung 1873 und der Wiener Spiritusausstellung 1904 vorgeführte Marcus-Wagen, jetzt im Besitz des Österreichischen Automobilclubs, ist nicht der erste Typ..."

Aber auch in der „Illustrierten Wiener Gewerbezeitung" vom 15. Juli 1898 stand zu lesen:

„...Schon in den sechziger Jahren beschäftigte er (Marcus) sich mit dem Problem eines solchen Motorwagens, und im Jahre 1872 konnte er mit seinem interessanten Vehikel die Mariahilfer Straße, eine der lebhaftesten Verkehrsstraßen Wiens, befahren..."

Eine weitere Bestätigung dieser Jahreszahl liefert die Erzählung von Emil Ertl unter dem Titel „Geschichten aus meiner Jugend", Kapitel „Der Kilometerfresser" (1927 in Leipzig erschienen). Er

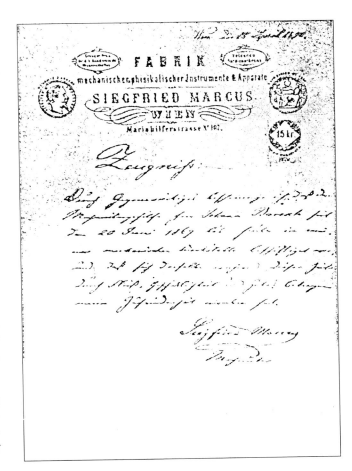

Von Marcus handschriftlich ausgestelltes Zeugnis für einen Mitarbeiter.

Kurzes Schreiben an Prof. Czischek wegen einer Rotationspumpe von 1897.

schildert darin eine Ausfahrt mit dem zweiten Marcuswagen auf der Mariahilfer Straße (siehe Seiten 21, 160), die entweder 1871, spätestens 1872, stattgefunden haben muß.

Aus dieser Erzählung geht in mehrfacher Weise hervor, daß zu diesem Zeitpunkt bereits ein neu entwickelter, benzinbetriebener atmosphärischer Zweitaktmotor eingebaut war. Es handelte sich also sicher nicht mehr um den stehenden Motor von 1864, sondern vielmehr um jenen, über den Radinger im Bericht von 1873 (erschienen 1874) referierte.

Er und andere hoben stets die große Lärmentwicklung dieser Maschine hervor. So heißt es etwa bei
Ertl darüber: „...Zunächst allerdings erhob sich nur
ein fürchterliches Getöse...". Und gerade diese
große Lärmentwicklung war es ja vor allem, die
Marcus damals Schwierigkeiten mit der Behörde
eintrug. Er war also gezwungen, in dieser Richtung
etwas zu unternehmen. Dieser Zwang führte nicht
zuletzt zur Entwicklung des heute im Fahrzeug
eingebauten Viertaktmotors, der sich allerdings
rein äußerlich kaum von seinem Zweitakt-Vorgän-
ger unterschied (siehe schematische Darstellungen), und der aufgrund mehrerer Zeitzeugen mit
1875 zu datieren ist.

Der Viertaktmotor

Interessanterweise bedurfte es beim Marcusmotor
nur einer geringen Veränderung des Übersetzungsverhältnisses von Kurbelwelle, Steuereinrichtungen und Zündung, um die atmosphärische Zweitaktmaschine in einen Viertaktmotor umzuwandeln. Sicher erreichte Marcus damit, daß er nun
längere Erprobungsfahrten mit seinem Wagen unternehmen konnte, weil die Lärmentwicklung nun
weit geringer war als vorher (der 1950 geprüfte
Viertaktmotor von 1875 war so leise, daß ihn die
Rollgeräusche der eisenbeschlagenen Räder auf
dem Straßenpflaster völlig übertönten – Anm. des
Autors).

Das beweisen unter anderem die nächtlichen Ausfahrten, die er daraufhin anscheinend lange Zeit
hindurch ungestört durchführte. Von Zeitgenossen
werden mehrmals Fahrten mit einem oder mehreren Bekannten bestätigt, die über die Mariahilfer
Straße, auf die Schmelz, in den Prater und nach
dem zwölf Kilometer entfernten Klosterneuburg
geführt haben. Letztere soll sogar mit der damals in
Wien sehr bekannten Persönlichkeit, Graf Hans
Wilczek, stattgefunden haben. Wie sicher muß sich
Marcus damals der Funktionstüchtigkeit seines
Wages bereits gewesen sein, um so lange Fahrten
überhaupt ins Auge zu fassen!

Die Geräuschentwicklung des Marcuswagens bzw.
seiner Motoren, die anscheinend mehrmals zu
Fahrverboten durch die Polizei führten, muß objektiv – insbesondere beim Viertaktmotor – gar nicht
so besonders groß gewesen sein. Sie war nur ganz
und gar ungewohnt. Marcus wollte bei seinen
nächtlichen Fahrten wahrscheinlich weniger polizeiliche Verbote umgehen als das Scheuen der Pferde verhindern. Denn die Vierbeiner reagierten
übermäßig auf das ihnen unbekannte und für ihre
Nasen nicht angenehm riechende Vehikel. Aufgrund der größeren Zahl der Gespanne am Tag

Polytechnische Mittheilungen.

— Ein neuer Motor. Ein neuer Motor,
von dem man sich viel verspricht und dessen
Prinzip wirklich als interessant bezeichnet
werden muß, ist von H. Siegfried Marcus
in Wien erfunden. Die Erfindung besteht
darin, daß man in den Cylinder anstatt
Wasserdämpfe Luft, die durch Petroleum gegangen ist, einführt. Man bringt das Feuer
durch einen elektrischen Funken hervor. Nach
den gemachten Erfahrungen wird die Entzündung durch den Funken, welcher aus der
Unterbrechung des Kreislaufes einer In-
duktionswelle entspringt, bewirkt, und zwar
in dem Augenblicke, als das im Innern der
Welle liegende Eisen seine Polarität wechselt.
Zu diesem Zwecke sind die äußeren Enden
der Drähte der Welle, zwischen welchen der
Funke durchgehen soll, so angeordnet, daß sie
sich dem Innern des Recipienten, wo die
Explosion stattfinden soll, nähern, und eins
nach dem andern gleitet, um sich nachher rasch
wieder zu trennen.

Der Petroleummotor vereinigt zwei haupt-
sächliche Vortheile: Schnelles Funktioniren
und Abstellen der ganzen Anlage. In Folge
dessen ist er an jedem Ort und zu jedem
Augenblicke, Dank seiner Beweglichkeit, an-
wendbar, wodurch er selbst einen Vorzug vor
den Gas- und Wassermotoren erhält. Wie
diese kann er jeden Augenblick aus dem Zustande der Ruhe treten und funktioniren ohne
vorhergehende Vorkehrungen und bildet für
den Industriellen nicht das schreckliche „Stall-
pferd", welches auch dann, wo es nicht
arbeitet, kostspielig ist. Die Dampfmaschinen
dagegen können nicht in Bewegung gesetzt
werden, ohne daß der gehörige Druck, welcher
den Dampf liefert, vorhanden ist. In dem
Augenblicke, wo man auf sie verzichtet, wird
kein Kohlenverlust mehr stattfinden.

Ohne daß man den Petroleummotor als
letzten Fortschritt und einzigstes Mittel hin-
stellen will, muß man doch gerechterweise
bekennen, daß er einen Fortschritt bedeutet.
Gut ausgedacht, kann er seinen Platz zwischen
Dampf- und Wassermotoren einnehmen und
in der Erwartung, daß die Uebertragung der
elektrischen Kraft nicht zögern wird, ihr letztes
Wort zu sprechen, wünschen wir dem Motor
weitere Erfolge.

*Hinweis im „Centralblatt für Holzindustrie" von 1885 auf einen neuen
Marcusmotor.*

42

mußten Verkehrsstörungen naturgemäß weit unangenehmer ausfallen als bei Nacht.

Jahrzehnte später, als das Automobil im Straßenverkehr keineswegs mehr eine Seltenheit darstellte und der Mensch sich wegen der sonstigen Vorzüge an die typische Geräuschentwicklung gewöhnt hatte, scheuten die Pferde immer noch in gleicher Weise. Dafür hatten sich die Kutscher mittlerweile mit der immer größer werdenden Konkurrenz zwangsläufig abgefunden und brachten ihre Pferde ohne viele Klagen zur Räson.

Marcus hatte aber auch noch einen anderen Grund für seine nächtlichen Ausfahrten: Die Dunkelheit half ihm, selbst ohne Patentschutz technische Details geheimzuhalten.

Der zweite Marcuswagen vermittelt dem Betrachter den Eindruck eines nicht ohne weiteres verständlichen Dualismus: Ein hochentwickelter, wassergekühlter Benzin-Antriebsmotor, der erstmals nach dem Viertaktprinzip arbeitet und bereits elektrisch gezündet wird, sitzt in einem eher einfachen, wenn auch soliden Fahrgestell aus Eichenholz. Diese Bauweise erlaubte jedoch auf die rationellste Weise das rasche Ein- und Ausbauen beliebiger Motoren und deren jeweils richtige Einstellung. Damit war sie technisch hochfunktionell.

Man hat es hier mit dem Prototyp des Automobils an sich zu tun. Dieses Fahrgestell erinnert nicht an die damals üblichen Fahrwerke für Kutschen, Lastkarren oder an Militärfuhrwerke, sondern stellt eine eigenständige, rein zweckgebundene Konstruktion dar, geeignet auch für den Einbau schwererer Motoren.

Die Berichte über Fahrten mit dem zweiten Marcuswagen in Wien können bis 1877 verfolgt werden. Dann wird abermals über Schwierigkeiten mit der Behörde berichtet, die Marcus schließlich die Ausfahrten verbot. Danach wurde über dieses erste Motorfahrzeug moderner Auffassung nur noch anläßlich von Ausstellungen oder in Beiträgen über die Anfänge des Automobilismus berichtet.

Nachteilige Otto-Patente

Es mag Zufall sein, daß Marcus nach Inkrafttreten des Otto-Patentes mit dem mit Viertaktmotor ausgestatteten Wagen anscheinend nicht mehr an die Öffentlichkeit trat. Dabei ist aber auch nicht auszuschließen, daß Nicolaus August Otto ihm mit seinem Patent auf den Viertaktmotor zuvorkam und sich Marcus auf keinerlei Patentschwierigkeiten einlassen wollte. Dies umso mehr, als Deutz für seine Prozeßfreudigkeit bekannt war. Allein in

Wien, noch dazu in der Umgebung des Wohnsitzes von Marcus, gab es etliche Motorenbauer, die von Deutz geklagt wurden. Marcus blieb interessanterweise davon verschont. Der Deutzer Firmenhistoriker Goldbeck begründet dies damit:

„...Marcus selbst mußte an der Vernichtung der Otto-Patente gelegen sein, davon hing die Fabrikation seines Motors ab. Er hat nicht dazu beigetragen. Deutz hat ihn bei der Geringfügigkeit seiner Motoren nicht verklagt...“

Mit dieser eigenartigen Formulierung wird Marcus das zumindest zeitgleiche Vorhandensein des Viertaktmotors bestätigt. Ein Beweis auch, wie sehr man den Könner Marcus genau im Auge behielt, was umso leichter fiel, als es in Wien eine Außenstelle von Deutz gab – die Firma Langen & Wolf.

Wenn man die Mentalität von Marcus berücksichtigt, wäre eine andere Erklärung gerechtfertigt: Er verzichtete auf den Patentantrag aus der Überzeugung, daß der Schutz ohnehin nicht halten würde.

Die Entwicklung gab ihm recht – Otto und Langen konnten das Recht auf den Viertaktmotor nur ein paar Jahre halten. Das gleiche Schicksal traf auch den benzinbetriebenen Straßenwagen. Daimler ließ sich lediglich das Motorrad schützen, Benz immerhin ein originelles Dreirad.

Der einzige, der ein Patent auf einen vierrädrigen Straßenwagen besessen hat, war der zweifelhafte Ehrenmann Selden in Amerika, dem es bekanntlich aberkannt wurde. Es stellt sich überhaupt die Frage, ob sich „Naturereignisse“ wie Viertaktmotor oder Automobil wirklich schützen ließen. Und wenn, hätte eine weltweite Patentierung die finanziellen Mittel des Einzelkämpfers Marcus bei weitem überschritten.

Außerdem – was sollte auch geschützt werden? Der Wagen mit vier Rädern war seit Jahrhunderten Standard, wenngleich von Pferden gezogen. Seit Jahrzehnten gab es selbstbewegliche, vierrädrige Straßenfahrzeuge, wie etwa Dampfwagen in England und Frankreich (hier auch mit anderen Antriebssystemen wie Preßluft, Spiritus etc.). Worauf es letztlich wirklich ankam, war vor allem der benzinbetriebene Viertaktmotor und die ohne jedes Vorbild konstruierte und im Gleichklang funktionierende Zünd- und Vergasungsanlage – und auf diese besaß Marcus ohnehin Privilegien. Kein fortschrittlicher Fahrzeugmotor konnte in Zukunft ohne sie betrieben werden. Daß ihm bei der Patentierung des aus dem Zweitaktsystem heraus entwickelten Viertakters Nicolaus August Otto eventuell zuvorkam, kann Marcus mehr getroffen haben als er je zugab. Schließlich war der Otto-Motor ein reiner Stationär-Motor, nach wie vor von der Gaszuleitung abhängig, Zündung und spätere Vergasung lange Zeit mehr als mangelhaft.

Ohne den Hemmschuh des Otto-Patents wäre das Auto um einige Jahre früher zum Laufen gekommen und auch die österreichische Motorenindustrie – dadurch gleichfalls bis 1893 gehemmt – hätte zu einem blühenden Zweig der Wirtschaft werden können. Die Bemühungen, diese Schranke niederzureißen, waren vor allem in Wien sehr intensiv.

Gottlieb Daimler

Gottlieb Daimler, der 1872 von der Deutzer Gasmotorenfabrik als technischer Direktor engagiert worden war, verstand sich mit dem schwierigen Nicolaus August Otto all die Jahre in keiner Weise. Als die Verhältnisse untragbar wurden, trat Daimler 1881, nachdem er an dem ziemlich unfertigen Viertaktmotor zusammen mit Maybach notwendige Entwicklungsarbeit geleistet hatte, eine längere Reise nach Rußland an. Auf der Rückfahrt besuchte Daimler nach Lemberg und Krakau auch die Kaiserstadt Wien. In Baku hatte er gesehen, „wie ein bereits reger Handel die Ausbeute der Petroleumquellen umsetzte...", und war dadurch überzeugt, daß die Lieferung von Petroleumderivaten wie Benzin in Zukunft gesichert sein würde.

In Wien besuchte er vor allem die Deutzer Niederlassung Langen & Wolf und ließ sich sicher auch über die Bestrebungen von Marcus unterrichten, die ihm ja zum Großteil schon von Deutz bekannt waren. Wie man weiß, war er ein sehr systematisch und überlegt vorgehender Techniker, der die Situation nach allen Richtungen hin auslotete, bevor er eine größere Sache in Angriff nahm.

Leider fehlen (nach Rückfrage des Technischen Museums Wien von 1950) in seinem noch heute erhaltenen Tagebuch gerade jene Seiten, die über seinen sechstägigen Besuch in Wien Auskunft geben könnten.

1882 kündigten Daimler und Maybach in Deutz und machten sich selbständig. Daimler richtete sich in Cannstatt eine kleine, bescheidene Werkstätte ein und nahm die Arbeit am schnellaufenden Motor (600 U/min) auf, einer wichtigen Voraussetzung für den Antrieb eines Fahrzeuges. Damals konnte man außerdem bereits absehen, daß das Patent auf den Otto-Motor nicht mehr lange halten konnte – tatsächlich wurde er in Deutschland 1883 erstmals und 1886 endgültig frei.

Bis 1950 nahm man allgemein an, auch der Motor von Siegfried Marcus von 1875 wäre mit 200 bis 300 U/min noch ein relativ langsam laufender Motor gewesen. Anläßlich der Untersuchungen des Marcus-Viertakters zeigte sich jedoch, daß er bereits bis 500 U/min drehte.

Man sah und sieht bis heute geflissentlich darüber hinweg, daß Daimler 1885 lediglich ein zweirädriges, einspuriges Straßenfahrzeug patentieren ließ. In der Patentschrift ist von einem anderen Fahrzeugtyp auch nicht die Rede. Erst nach Erscheinen des Benz-Dreirades im Jänner 1886 trat Daimler im Herbst des gleichen Jahres mit seiner vierrädrigen Motorkutsche in Erscheinung, einer vom Wagenbauer Wimpff hergestellten, üblichen Pferdekutsche, in die nachträglich der Motor eingesetzt wurde. Die Bezeichnung „Motorkutsche" war deshalb sehr gerechtfertigt.

Man hätte annehmen können, daß ein Jahrzehnt nach Marcus das Publikum für diese technische Neuerung aufgeschlossener gewesen wäre. Aber davon konnte in Deutschland fast noch weniger als in Wien die Rede sein. Daimler wurde für seine Neuerung regelrecht angefeindet. Und wäre nicht das damals tempobesessene Frankreich gewesen, das dem Benzinantrieb gegenüber allen anderen Systemen letztlich den Vorzug gab, weiß niemand, wie alles gekommen wäre.

Der bereits erwähnte Graf Hans Wilczek stellte die Verbindung zu den Blanskoer Eisenwerken in Mähren her, die zu den Fürst Salm'schen industriellen Betrieben gehörten und später in die Prager Firma Märky, Bromovsky & Schulz übergingen. Beide Betriebe haben für Marcus gearbeitet. Für ihn wäre es sicher weit einfacher gewesen, hätten Wiener Maschinenfabriken seine Interessen wahrnehmen können, und es gibt mehrere Hinweise darauf, daß dies vielfach versucht wurde. Aber das Otto-Patent erwies sich hier als größtes Hindernis.

Wie berichtet wird, wurde der zweite Marcuswagen in insgesamt drei Exemplaren hergestellt. Das erste fertigte Marcus selbst an.

In Blansko sollen die beiden anderen Marcuswagen hergestellt worden sein, von denen einer nach J. C. Ackermann angeblich zusammen mit seinen deutschen Patenten an einen „holländischen Capitalisten" verkauft worden sein soll, während der andere nach Amerika ging, wo ihn der Legende nach Henry Ford, vielleicht auch Selden, gesehen haben und von ihm angeregt worden sein sollen, sich der Konstruktion von Automobilen zu widmen. Es erhebt sich die Frage, für wen die beiden Wagen

Nr. 14
Siebenundzwanzigster Jahrgang
Wien, 15. Juli 1898.

Abonnement pro Jahr 5 fl. — Für Deutschland 10 Mk. — Für die Schweiz, Frankreich und Belgien 14 Frcs. — Für Rußland 5 Rubel.
Einzelne Nummern 30 kr.
Conto Nr. 803320 des k. k. Postsparcassen-Amtes.

Im Anschlusse an den obigen interessanten Aufsatz wollen wir nur constatiren, daß die Priorität der Erfindung des Automobiles oder Motorwagens dem österreichischen Mechaniker und Ingenieur Siegfried Markus zugesprochen werden muß, welcher am 30. Juni 1898 im 67. Lebensjahre in Wien gestorben ist. Markus kam vor mehr als 40 Jahren aus Deutschland, wo er unter Werner Siemens thätig war, nach Wien und machte hier eine Reihe wichtiger Erfindungen und Entdeckungen auf dem Gebiete der Mechanik, Physik und Elektrotechnik, die seinen Namen weit über die Grenzen seiner neuen Heimat bekannt und berühmt machten. Markus war der Erste in Europa, dem es gelang einen Straßenwagen zu construiren, der von einem sinnreich erdachten Benzin-Motor angetrieben wurde. Schon in den Sechziger-Jahren beschäftigte er sich mit dem Problem eines solchen Motorwagens und im Jahre 1872 konnte er mit seinem interessanten Vehikel die Mariahilferstraße, eine der lebhaftesten Verkehrsstraßen Wiens, befahren. Leider gab es damals noch keinen „Automobilismus", der sich heute zu einem modernen Sport herangebildet hat; seine Erfindung gerieth in Vergessenheit. Markus verkaufte seine deutschen Patente an einen holländischen Capitalisten, der jedoch durch den Tod verhindert wurde dieselben zu verwerthen und dessen Nachfolger unterließen es, die Patente durch Zahlung der fälligen Jahrestaxen aufrecht zu erhalten. Bald darauf tauchten neue Constructionen auf, die auf Grundlage der Markus'schen Erfindung basirten und heute können wir das Entstehen einer neuen Industrie beobachten.

Wir entnehmen die vorstehenden interessanten Ausführungen dem in Vorbereitung befindlichen 18. (Ergänzungs- und Register-) Band zur fünften Auflage von Meyer's Conversations-Lexikon, welcher neben neuen Artikeln die während des Erscheinens sich ergebenden Neuerungen, Veränderungen und Berichtigungen nachträgt und durch Nachweis derjenigen Namen, Thatsachen und Materien, die nicht unter eigenen Stichwörtern behandelt werden konnten, das Werk um ca. 25.000 Artikel bereichert. Jedem Besitzer des siebzehnbändigen Hauptwerkes wird diese Fortführung, die in ihren größeren Beiträgen gleichzeitig die Bewegung der Gegenwart getreulich widerspiegelt, gewiß willkommen sein.

Die Hof-Wagen- und Automobil-Fabrik von Jakob Lohner & Comp. in Wien hat das Original-Benzin-Automobil von Siegfried Markus, das in einem „Museum der Geschichte der österreichischen Arbeit" einen Ehrenplatz verdient, in der diesjährigen Jubiläums-Ausstellung exponirt, wo es das Interesse aller Fachleute erregt.   R. A.

Die Enkelin Siegfried Markus, des Erfinders des
ersten Autos war meine beste Freundin.
Meine Eltern hatten im VI. Bez. Ziegengasse ein Gasthaus
und gegenüber auf der Gumpend... haben ihre
Eltern gewohnt. Eugenie und ich gingen mitsammen
in die Volksschule auf der Gumpendorferstraße und
waren täglich auch nach der Schule beisammen
entweder bei ihr oder bei meinen Eltern.
Herr Markus kam immer per Fiaker zu seiner
Tochter und Enkelin zu Besuch und da kamen
ihm die Kinder der Umgebung ..., denn diese
bekamen immer 10 - 20 Kreutzer von ihm
und für uns war es ein großer Freudentag
wenn Großpapa kam, meine Geschwister und
ich durften auch nur Großpapa zu ihm sagen.
Dann ließ er seine Enkelin und uns in den
Wagen einsteigen und wir fuhren ganz sein
... Soweit ich mich heute noch erinnere
waren wir im Hotel Kummer Mariahilfer...
... Kummer am Ring; Kaffee Kummer u.s.w.

Da erzählte er uns öfter, wie er das erstemal
mit seinem Auto über die Mariahilferstraße
fuhr und von der Polizei aufgehalten wurde,
weil er ohne Pferde fuhr. Auch die Hörrohre für
die Ärzte war seine Erfindung, auch erzählte er
uns von einer Schutzwaffe die am Schiff verwendet
werden sollte und die in einer Minute 30 Schuß
abgegeben hat. Auf seine vielen anderen
Erfindungen kann ich mich leider nicht mehr
erinnern. Er erzählte uns auch, daß er
Kronprinz Rudolf in Physik unterrichtet hat.
Dafür bekam er vom Kaiser goldene Manschettenknöpfe und 3 goldene Hemdknöpfe mit
Brillanten, diese hat er uns auch gezeigt.
Jeden Heiligen Abend wurden meine Geschwister
und ich abgeholt und verbrachten diesen im
Kreise seiner Familie und wurden auch immer
beschenkt. Die Sommerferien verbrachte die
Fam. Markus in Speising und da war ich
auch immer bei ihnen.

tatsächlich bestimmt waren. In ferne Länder war
also die Kunde vom ersten Automobil der Welt gedrungen, aber im eigenen und benachbarten Land
sollte fast niemand davon gehört haben, wie später
gern behauptet wurde!

Meisterhafte Motoren

In der Folge muß Marcus in der Weiterentwicklung
seines Wagens wie seiner Motoren fühlbar beengt
gewesen sein. Im stillen scheint er aber unablässig
an der Verbesserung seiner Maschinen gearbeitet
zu haben, denn 1880 führte Marcus dem bekannten
Sprengtechniker Oskar Guttmann den seines Wissens ersten Kleinmotor vor, einen Viertakter, der
1884 auch in einer Ausstellung der Gartenbaugesellschaft in Wien gezeigt und später in Blansko erzeugt worden ist. Er soll ausgezeichnet funktioniert haben.

Erst nach dem Fall des Otto-Patents 1883 im Ausland widmete sich Marcus endlich auch der Sta-
tionärmaschine, an der der Bedarf immer dringli-
cher wurde. Er gestaltete seine Motoren nun
immer einfacher und kompendiöser. 1888 ließ er

schließlich eine Konstruktion mit vertikalem Zylinder schützen, die als Zwei- und auch als Viertakter einzusetzen war.

Ab 1887 besaß die Firma Märky, Bromovsky &
Schulz in Adamsthal die Produktionsrechte für
Österreich. Das Unternehmen legte einen 16seiti-
gen Prospekt auf, in dem Marcusmotoren von
1 bis 250 PS angeboten wurden. Damit war Marcus
abermals den anderen Motorkonstrukteuren weit
voraus.

Die Firma führt unter anderem an:

„...Seit der kurzen Zeit seiner Ausführung wurde
der Motor auf der Ausstellung im Jahr 1887 zu
Warschau, Prag, Krakau, Jungbunzlau und Jaromer als eine sensationelle Erscheinung am Gebiet der Motoren begrüßt und mit Medaillen und
Ehrendiplomen ausgezeichnet...“

Die Haupteinkünfte des Erfinders bestanden aus
dem Verkauf der Stationärmotoren, deren hohe
Qualität allgemein gerühmt wurde. Eine größere
Anzahl wurde nach Italien verkauft.

Niederschrift einer Freundin der Enkelin von Siegfried Marcus

Die Enkeline Siegfried Markus, des Erfinders des ersten Autos, war meine beste Freundin.

Meine Eltern hatten im VI. Bez. Stiegengasse ein Gasthaus und gegenüber auf der Gumpendorferstr. haben ihre Eltern gewohnt. Eugenie und ich gingen mitsammen in die Volksschule auf der Gumpendorferstraße und waren täglich auch nach der Schule beisammen, entweder bei ihr oder bei meinen Eltern.

Herr Markus kam immer per Fiaker zu seiner Tochter und Enkelin zu Besuch und da kamen schon die Kinder der Umgebung herbei, denn diese bekamen immer 10–20 Kreutzer von ihm und für uns war es ein großer Freudentag, wenn „Großpapa" kam, meine Geschwister und ich durften auch nur Großpapa zu ihm sagen. Dann ließ er seine Enkeline und uns in den Fiaker einsteigen und wir fuhren ganz fein Mittagessen. Soweit ich mich heute noch erinnere waren wir im Hotel Kummer Mariahilferstr., Restaurant Kürer am Ring, Kaffee Kremser usw.

Da erzählte er uns öfter, wie er das erstemal mit seinem Auto über die Mariahilferstraße fuhr und von der Polizei aufgehalten wurde, weil er ohne Pferde fuhr. Auch die Hörrohre für die Ärzte, war seine Erfindung, auch erzählte er uns von einer Schußwaffe, die am Schiff verwendet werden sollte und die in einer Minute 30 Schuß abgegeben hat. Auf seine vielen anderen Erfindungen kann ich mich leider nicht mehr erinnern. Er erzählte uns auch, daß er Kronprinz Rudolf in Physik unterrichtet hat, dafür bekam er vom Kaiser goldene Manschettenknöpfe und 3 goldene Hemdknöpfe mit Brillanten, diese hat er uns auch gezeigt.

Jeden Heiligen Abend wurden meine Geschwister und ich abgeholt und verbrachten diesen im Kreise seiner Familie und wurden auch immer beschenkt. Die Sommerferien verbrachte die Fam. Markus in Speising und da war ich auch immer bei ihnen.

Leider starb meine Freundin mit 19 Jahren im Jahre 1897. Herr Markus starb 1898 und leider war ich zu dieser Zeit in Ungarn. Ich bekam den Zeitungsabschnitt von seinem Ableben nachgeschickt. Mein Vater schrieb noch darauf, Großpapa tot. Die Werkstätte von Herrn Markus war im VI. Bez. Mondscheingasse 4.

Clementine Schmid (geb. Hayder)
Wien 22, Aspern
Langobardenstr. 207

Der dritte Marcuswagen

Nach dem Fall des Otto-Patents war Marcus wieder bestrebt, seinen mobilen Straßenwagen weiterzuentwickeln und produktionsfähig zu machen. Zu diesem Zweck reiste er mehrmals nach Adamsthal. 1887 fertigte er drei Zeichnungen an, nach denen ein stärkerer Motor in ein drittes Fahrgestell eingebaut werden sollte.

Schon 1888 wurde von Märky, Bromovsky & Schulz ein Motor gebaut und erprobt, der um ein Drittel stärker war als der im zweiten Marcuswagen. Es war der erste Motor, der für diesen Zweck in Adamsthal erzeugt wurde und ganz sicher nicht jener, der sich bereits seit 1875 im Fahrzeug befunden hat.

Wäre dieser Motor erst 1888 geschaffen worden, wie Goldbeck und Seper seit den 60er-Jahren behaupten, dann würde er u. a. die Firmenbezeichnung des Herstellers tragen – so wie die anderen Motoren aus dieser Zeit. Der erste Benzin-Viertaktmotor von Marcus weist jedoch keinerlei Herstellungshinweise auf, woraus man schließen kann, daß seine einzelnen Teile von verschiedenen Herstellern erzeugt und von Marcus selbst zusammengebaut worden sind.

Der von Marcus in Auftrag gegebene stärkere Motor erwies sich für die in den Plänen vorgegebene Leistung von 1,0 PS als zu schwach. Deshalb wurde entweder ein weiterer Motor mit 1,4 PS in Angriff genommen oder zumindest geplant. Dieser hätte die erforderliche Leistung gebracht, um die neue Fahrzeugkonstruktion, von der eine Zeichnung aus 1889 existiert, mit der gewünschten Leistung anzutreiben.

Bevor Marcus aber seine diesbezüglichen Pläne verwirklichen konnte, verschlechterte sich sein Gesundheitszustand so sehr, daß an Reisen nach Adamsthal nicht zu denken war. Es besteht aber auch die Möglichkeit, daß das Werk in Adamsthal Forderungen stellte, die Marcus unter Umständen zu dieser Zeit nicht erfüllen konnte. Es gibt dafür keinen anderen Anhaltspunkt als die Aussagen seiner Tochter nach seinem Tod, nach denen er seinen Wagen verpfänden mußte. Es wäre also möglich, daß die Maschinenfabrik den Wagen wegen offener Forderungen als Pfand forderte.

Die Verschlechterung seines Gesundheitszustandes kann letzten Endes dazu geführt haben, daß er auf keine entsprechenden Einnahmen mehr hinweisen konnte, um eine Verpfändung zu verhindern. Dieser Umstand würde auch erklären, wieso sich der Wagen später im Depot der Adamsthaler Eisenwerke in Wien befand. Von dort wurde er 1898 in die große Jubiläumsausstellung gebracht. Dies war unter Umständen nur deshalb möglich, weil der Österreichische Automobil-Club (heute ÖAMTC) das Fahrzeug gegen Bezahlung von 100 Gulden (umgerechnet ca. öS 12.000,–) auslöste. Seither ist der Marcus-Wagen im Besitz des ÖAMTC.

Die Besucher dieser großen Jubiläumsausstellung zu Ehren des 50jährigen Regierungsjubiläums von Kaiser Franz Joseph waren betroffen bis begeistert, daß es bereits ein Vierteljahrhundert zuvor ein österreichisches Straßenfahrzeug mit allen zur Jahrhundertwende typischen Attributen des Benzinautomobils gegeben hatte. Die „Collektivausstellung der österreichischen Automobilbauer" umfaßte außer diesem neuentdeckten Juwel nur noch drei neue Wagen, deren Motoren jedoch importiert worden waren. Aus Österreich stammten also nur die Fahrgestelle. Ohne die hier viel zulange bestehenden Patent-Barrieren hätte diese Ausstellung wohl anders ausgesehen. Tatsächlich holte die österreichische Autoindustrie in den darauffolgenden Jahren stark auf.

„Vater des Automobils"

Dem ersten Benzinautomobil der Welt aber wurde nun international jene Aufmerksamkeit gewidmet, die es längst verdient hätte. Siegfried Marcus, damals bereits von Alter und Krankheit gezeichnet, freute sich bei seinem Besuch über die Aufmerksamkeit, die seiner frühen Konstruktion zuteil wurde, aber auch darüber, daß seine Idee in den neuen Fahrzeugkonstruktionen eine solche Ausformung gefunden hatte und auf dem Weg zum Sieg war.

Man bezeichnete ihn nun endlich als „Vater des Automobils". Es gab kaum eine Fachzeitschrift des In- und Auslandes, die Siegfried Marcus nicht eine längere Abhandlung gewidmet hätte – und das sogar bis vor dem Ersten Weltkrieg. In den 20er-Jahren begannen jene, die Marcus noch gekannt hatten, durch genaue Schilderungen seines Lebens und Schaffens die Erinnerung an diesen großen Mann neuerlich zu wecken und zu erhalten.

Wenn man allerdings die Vorgänge nach der Jubiläumsausstellung bzw. nach dem bald darauf erfolgten Ableben des Erfinders analysiert, wird man

den Eindruck nicht los, daß bereits damals großes Interesse bestanden haben muß, die Beweise für seine größten Leistungen einzuziehen und schließlich ganz zu vernichten. Entweder die Nachfahren und näheren Bekannten von Marcus legten diesen Vorgängen gegenüber eine grenzenlose Leichtgläubigkeit an den Tag oder es gab ganz andere Gründe.

So hat etwa sein Patentanwalt, Ing. Viktor Tischler, der noch 1900 neben einer großen Zahl an Marcus-Modellen auch eine reiche Sammlung der auf Marcus und sein Werk bezughabende Dokumente verwahrte, dem Patentanwaltsbüro Richards & Cie in New York diese Unterlagen zukommen lassen. Angeblich sollten sie die Patentansprüche Seldens zunichte machen. Die Dokumente wurden nicht rechtzeitig zurückverlangt, das Büro Richards & Cie. aber noch vor dem Ersten Weltkrieg geschlossen. Der Verbleib der Unterlagen konnte nicht mehr geklärt werden.

Aber auch die beglaubigten Abschriften einiger dieser Dokumente gerieten in Verlust. Sie wurden in der Kanzlei des Wiener Rechtsanwaltes Dr. Adolf Ritter von Ofenheim verwahrt, die nach dessen Freitod rigoros aufgelöst wurde. Die Kanzlei eines anderen Patentanwaltes von Marcus wiederum brannte um diese Zeit völlig aus.

Prof. Ludwig Czischek-Christen hatte sich um die Ausstellung des Marcuswagens verdient gemacht und verfaßte auch nachher manch positiven Beitrag über Marcus. 1901 wandte sich der Chefingenieur von Daimler, New York, Charles W. Moffet, anläßlich eines Besuches in Wien an Czischek, „gegen Ersatz jeglicher Kosten" nach Beweisen wie Patenten, Publikationen usw. über den Marcuswagen von 1875 zu forschen. Das tat dieser anscheinend auch und berichtete nach New York, seine Bemühungen wären negativ verlaufen. Das war 1901 kaum glaubhaft, da es damals zumindest noch zahlreiche Zeitzeugen gegeben hat, die er bei einigem guten Willen leicht hätte befragen können. Interessant ist in diesem Zusammenhang, daß er ab diesem Zeitpunkt mit keinem einzigen Marcus-Beitrag mehr an die Öffentlichkeit trat. Was eventuell noch auf ihn hinwies, stammt nicht mehr aus seiner Feder.

Dies und noch einiges mehr scheint als zu große Anhäufung von tragischen Zufällen, als daß dahinter nicht auch gewisse Interessen hätten stehen können.

Weit später gab es allerdings auch einen glücklicheren Zufall, der sich rechtzeitig vor der Wiederinstandsetzung des Marcuswagens 1950 ereignete.

Allgemeine

Automobil-Zeitung.

Herausgeber: Felix Sterne und Adolf Schmal-Filius.

Nr. 41. Band II.   Wien, 9. Oktober 1904.   V. Jahrgang.

Siegfried Marcus
der Konstrukteur des ersten Benzin-Automobils der Welt.
Text und weitere Illustrationen auf Seite 13, 14 und 15.)

Die Berichterstattung über die Erfindung des Automobils mit Benzinmotor durch Siegfried Marcus war insbesondere in den Fachblättern überaus rege. Die Veröffentlichungen erfolgten demnach unter der Kontrolle durch alle jene Erfinder und Konstrukteure, die auf dem gleichen Gebiet um einen Erfolg bemüht waren. Da auch von dieser Seite keine wie immer geartete Berichtigung oder gar Proteste bekannt wurden, darf diese Tatsache allein schon als Beweis dafür gelten, daß Siegfried Marcus tatsächlich der erste war, der das Problem „Automobil" umfassend gelöst hat.

Die reiche Modellsammlung von Marcus' Patentanwalt Tischler galt nach dessen Tod 1921 aufgrund von Erbstreitigkeiten als verloren. Auch Nachforschungen von Kurzel-Runtscheiner in Mechanikerläden, die ihm als Käufer genannt worden waren, brachten kein Ergebnis. 1948 bot der Sohn Tischlers dem Wiener Technischen Museum einige der verloren geglaubten Erinnerungsstücke von Marcus zum Kauf an. Mit Unterstützung des ÖAMTC wurden sie tatsächlich erworben und im Museum verwahrt. 1950 erwies sich der Umstand, daß sich darunter auch ein Original-Marcus-Motorzündapparat befand (aufgrund des sichtlich in Handarbeit hergestellten Stückes wohl tatsächlich das seinerzeitige Modell), als entscheidend für die

Wiederinstandsetzung des zweiten Marcuswagens, bei dem lediglich der Magnetzünder gefehlt hatte. Nach Durchforstung des Depots wurde der Original-Bestandteil entdeckt und montiert. Er erwies sich als absolut passend und ohne weiteres Zutun funktionstüchtig. Davon, daß dieser Magnetzünder von dem gleichfalls im Museum befindlichen Stationärmotor von Marcus entnommen wurde, wie Goldbeck und Seper einmütig ausfüh-ren, kann daher keine Rede sein.

Der Multi-Erfinder Siegfried Marcus

Hätte Marcus in seinem ganzen Leben nur den Benzin-Straßenwagen erfunden, hätte ihm das allein weit mehr Ruhm einbringen müssen als er für seine genialen Leistungen insgesamt geerntet hat. Wohl sind heute noch 38 österreichische Patente bekannt, aber diese Zahl wird von den ausländischen Patenten bei weitem übertroffen. Man weiß von ungefähr 158 Privilegien und Patenten, wobei sogar diese Zahl sein Lebenswerk keineswegs umfaßt. Denn zahlreiche Neuerungen hat er sich überhaupt nicht schützen lassen.

Dr. Max Grunwald, der Marcus noch persönlich gekannt hat, schrieb in einem Beitrag über den Erfinder in der Neuen Freien Presse 1908:

„Durch eine einzige Firma (Patentanwaltskanzlei) erwarb Marcus in den Jahren 1876–96 27, durch eine zweite zwischen 1892–98 nicht weniger als 76 Privilegien, in Österreich 12, Ungarn 4, Belgien 9, England und Frankreich je 8, Deutschland 7, Amerika 6, Italien 4 der Schweiz und Finnland je 3, Spanien, Rußland und Norwegen je 2 usw...."

Sein Wissen und Können erwies sich insbesondere auf dem Gebiet der Elektrotechnik als ganz außergewöhnlich. Nicht umsonst wurde er „Pionier des Beleuchtungswesens" und „Vater der Elektrizität" bezeichnet. Welche Schwierigkeiten in den 70er-Jahren auf dem Gebiet der elektrischen Zuleitung und Beleuchtung weltweit zu überwinden waren, das kann man sich heute, da Elektrizität für uns eine Selbstverständlichkeit ist, kaum vorstellen.

Die beiden schwierigsten Fragen betrafen die sogenannte „Teilung des Lichts", wie man die Vielfachleitungen bezeichnete, die jede Wohnung, jede Werkstätte und Straße mit Strom versorgen sollten, sowie die elektrische Lampe. Marcus, „dessen technischer Instinkt sich niemals betrügen ließ" (Kurzel-Runtscheiner), gehörte zu den ersten, die den zu beschreitenden Weg klar erkannten. 1877 erhielt er ein österreichisches Privileg auf eine

49

„elektrische Lampe" für Straßenbeleuchtungen, um 1878 ein weiteres für geringere Kerzenstärken. Im Oktober des gleichen Jahres berichtete die Neue Freie Presse schließlich:

„...Während in London die Gaspanique noch andauert, die infolge der Nachricht ausgebrochen ist, daß Edison, dem Erfinder des Phonographen, die Teilung des elektrischen Stromes zur Erzeugung einer größeren Anzahl von Lichtern gelungen sei, sind wir heute in der Lage, unsere Leser mit einer neuen Sensationsnachricht zu überraschen! Ein Wiener Techniker, Herr Siegfried Marcus, hat jenes für die Beleuchtungstechnik hochwichtige Problem tatsächlich, wenn auch in aller Stille, bereits früher gelöst...".

Im Biographischen Lexikon von Constantin Wurzbach, „Denkwürdige Personen des Kaiserhauses Österreich", erschien bereits 1867 ein längerer Beitrag über ihn, der seine Stellung im öffentlichen Leben kennzeichnete.

Die Erfindung des „Wiener Zünders", einer revolutionierenden magnetelektrischen Zündvorrichtung, die von der k. k. Marine ebenso wie von den Pionieren und auch in der preußischen Armee eingesetzt wurde, fand ebenso bei der russischen Armee Eingang und brachte ihm großen finanziellen Erfolg. Anläßlich der 4. Weltausstellung 1867 in Paris wurden seine Zündapparate in verschiedenen Ausführungen gezeigt, ebenso seine Thermosäule und magnetelektrische Rotationsapparate zum elektrischen Licht. Kaiser Franz Joseph zeichnete Marcus durch die Verleihung des Verdienstkreuzes aus, die internationale Jury mit einer silbernen Medaille.

Auf dem Gebiet der Telegraphie setzte er mehrmals Marksteine. So schuf er 1861 die ersten Telegraphenschreiber mit Selbstauslösung, die im Telegraphendienst der österreichischen Eisenbahnen Verwendung fanden.

Für seine Thermosäule, die er später noch verbesserte, erhielt er die Goldene Medaille der Wiener Akademie und einen Preis von 2.000 Gulden (umgerechnet ca. öS 250.000,–). Für seinen Feldtelegraphen sowie den „Wiener Zünder", der auch im deutsch-französischen Krieg in Gebrauch war, fand er durch den Generalstabschef der Armee des preußischen Kronprinzen, von Blumenthal, höchste Anerkennung. Die Payer-Weyprecht-Nordpolexpedition 1892–1894 bediente sich seiner Zünder zur Sprengung von Eisbarrieren sowie eines speziellen Walfischmessers, das Marcus entwickelt hatte. Er schuf aber auch Vorrichtungen zur besseren Beobachtung des Meeresbodens. Seine Verbesserung der Torpedotechnik wurde bei der österreichischen Kriegsmarine eingeführt. Marcus erfand auch ein lautsprechendes Mikrophon, eine Faustpistole, die hintereinander 100 Schuß abzugeben vermochte und vieles mehr.

Phantasie, Vorstellungsgabe und praktischer Sinn müssen in diesem genialen Gehirn in seltener Harmonie zusammengewirkt haben. Er konnte anscheinend nur schwer widerstehen, fast alles, mit dem er in Berührung kam, zu verbessern, zu modernisieren und zu rationalisieren. Kaum einer seiner Zeitgenossen nahm das Schlagwort „Fortschritt" so ernst wie er. Marcus war also nicht nur der Visionär einer zukünftigen technisierten Welt, er gestaltete sie in bedeutendem Maß mit. Wie kurzsichtig erscheinen da die Meinungen mancher Kritiker, er wäre nicht gründlich genug, flatterhaft und unbeständig in der Durchführung seiner Ideen

Die Siegfried-Marcus-Berufsschule für Kraftfahrzeugtechnik in Wien hat unter großem Einsatz von Lehrern und Schülern ein betriebsfähiges Modell des ersten Marcuswagens im Verhältnis 1 : 1 nachgebaut. Nach anfänglichen Schwierigkeiten ist es den Rekonstrukteuren, Maschinenbauern ebenso wie Elektrofachleuten gelungen, mehrmalige Zündungen des Motors zu erreichen.

Ein Oesterreicher — Erfinder des Automobils.

Es hat sich wieder einmal bewahrheitet, daß ein „Genie" erst nach seinem Tode die ihm gebührende Anerkennung findet. Es dürfte unsere Leser interessiren, daß der am 30. Juni 1898 im Hause Nr. 4, Lindengasse, verstorbene Mechaniker Siegfried Marcus, dessen Portrait wir hier lebenwahrend bringen und der auf den verschiedensten Gebieten wirklich ursprüngliche Erfindungen gemacht hat, auch den ersten Benzin-Explosionsmotor Ende der Sechziger-Jahre construirte und einen solchen in der Wiener Weltausstellung vom Jahre 1873 in einer Vervollkommnung ausstellte, welche der heutigen Type beinahe gleichkommt. Marcus montirte diesen Benzinmotor auf einen vierräderigen Wagen ohne Federn und ohne Gummireifen mit allen nöthigen, zumeist heute noch in Gebrauch stehenden Anordnungen und schuf so ein Automobil, mit dem er in der seiner Werkstätte, Mariahilferstraße 95 (?) zunächst gelegenen Gassen von Mariahilf und Neubau Probefahrten unternahm, zu denen er einige seiner Freunde, hauptsächlich Gäste des von ihm frequentirten Café Gabeliam, einlud; mehrere dieser Augenzeugen können sich erinnern, daß diese Fahrten in den Jahren 1875—1878 zumeist nur nächtlicherweile stattfinden konnten und der durch den federlosen Wagen und Motor verursachten Geräusches halb schließlich polizeilich verboten wurden. Obenstehende Abbildung veranschaulicht den Marcus-Wagen genau so, wie er damals in den Straßen Wiens und anläßlich der in diesem Jahre stattgefundenen Spiritusausstellung im Westportal der Rotunde zu sehen war. Daß Marcus den Motorwagen nicht weiter ausgestaltet hat, mag zum Theile auf jenes polizeiliche Verbot, zum Theile darauf zurückzuführen sein, daß zu gleicher Zeit zahlreiche andere Projecte den Geist dieses genialen Erfinders beschäftigten, ganz besonders die Idee, seinen Benzinmotor für ein lenkbares Luftschiff zu verwenden; diese Absicht dürfte auch die Ursache gewesen sein, daß Marcus seine Erfindung möglichst geheim hielt und sein Automobil in keinem Lande zum Patent anmeldete, was umsomehr zu bedauern ist, als gegenwärtig ein Amerikaner die Urheberschaft eines durch einen Benzinmotor getriebenen Automobils, im Wesen dem Marcus'schen Motorwagen gleich, beansprucht und seinen Anspruch darauf gründet, daß er in den Vereinigten Staaten von Nordamerika Mitte 1879 die „Erfindung" zum Patent anmeldete; jedenfalls war jener Amerikaner weise genug, die Ertheilung dieses Patentes bis zum Jahre 1895 hinaus-

zuschieben und dann an alle jene Fabriken mit seinen Rechten heranzutreten, welche in den Vereinigten Staaten Benzinautomobile ähnlicher Art erzeugen oder dort nach exportiren. Nicht nur allein im Interesse des verstorbenen

wirklichen Erfinders Marcus, sondern auch um zu beweisen, daß einem Oesterreicher der Titel eines Pioniers des Benzin-Automobilismus zukommt, appellirt der mit dem Verstorbenen befreundet gewesene Ingenieur und Patentanwalt Victor Tischler, Wien, VII., Siebensterngasse Nr. 39, an alle Diejenigen, welche Zeichnungen, Photographien oder Zeitungsartikel aus den Jahren 1870 bis 1879 besitzen, die entweder die Construction oder die Ausfahrten des hier abgebildeten Marcus'schen Wagens beschreiben, und besonders an den Photographen, welcher im Jahre 1870 die Aufnahme des ersten Automobils im Hofe des von Marcus bewohnten Hauses, entweder Mariahilferstraße oder Lindengasse, machte, mit der Bitte, ihm durch Uebermittlung derartigen Materials sein Vorhaben zu erleichtern; auch ist Herr Patentanwalt Tischler gern bereit, für die Auslieferung von zweckdienlichem Beweismaterial eine entsprechende Vergütung zu zahlen.

Der Teufelswagen von 1875

E.W.   «The Motor».

Haben Sie schon etwas von Siegfried Marcus gehört? So nämlich hiess der Mann, der
zehn Jahre vor Carl Benz und Gottlieb Daimler ein Automobil konstruiert hatte, das die Eigenschaft besass, wirklich zu gehen und womit der geniale Erfinder den Zorn der Wiener Polizei auf
sein Haupt herabbeschwor. Wie er gekommen, so verschwand der Teufelswagen wieder. Von diesem seltsamen Kauz Marcus, der sich bei aller Genialität nicht durchzusetzen vermochte, handelt
unser Artikel auf Seite 2.

Der in der Schweizer „Automobilrevue" 1937 erschienene
Artikel zog den auf den folgenden Seiten wiedergegebenen
Schriftverkehr nach sich.

gewesen, wozu die Vielfalt seiner Interessen und Bestrebungen sie verleitete. In Wahrheit wurde alles, was Marcus auch immer in Angriff nahm, mit wissenschaftlicher Präzision vorerst auf sämtliche Möglichkeiten untersucht und dann mit untrüglichem Sinn für das Machbare bis zur sicheren Funktion durchgeführt. Das Resultat war stets seiner Zeit voraus.

Marcus privat

Nicht nur über seine jeweiligen Arbeiten ließ Marcus – hier aus guten Gründen – nichts oder nur wenig verlauten. Auch vieles aus seinem Privatleben, das uns heute interessieren würde, bleibt verborgen.

So muß Marcus bereits um 1861 mit einer jungen, geschiedenen Frau namens Eleonore Baresch ein enges Verhältnis eingegangen sein. Die Begleiterin des Erfinders gebar ihm zwei Mädchen, die er, wie es in einem Polizeibericht vom September 1890 heißt, „erziehen ließ und bisher unterstützte". Weshalb er diese Verbindung, von der viele seiner Bekannten nichts wußten, nicht legalisieren ließ, bleibt unbekannt.

Aufgrund des Testaments erhielten Mutter und Töchter jedenfalls seinen gesamten Besitz, ausgenommen einige Erinnerungsstücke für Verwandte in Hamburg.

Die Freundin seiner Enkelin berichtete als betagte Dame, daß Marcus allwöchentlich mit einem Fiaker vor deren Elternhaus vorgefahren sei und die Mädchen zum Essen in ein gutes Restaurant ausgeführt habe. Danach unternahm „Großpapa", wie er liebevoll genannt wurde, mit den Mädchen noch etwas „Unterhaltsames", weshalb jede Ausfahrt von ihnen als Festtag empfunden wurde.

Der Besuch eines russischen Obersten mag der Grund dafür gewesen sein, daß das Polizeipräsidium vom Kommissariat Neubau (dem 7. Wiener Gemeindebezirk) einen Bericht anforderte. Marcus war wegen des Umbaues des lange bewohnten Hauses Mariahilfersstraße 107 in die Mondscheingasse 2 (später Lindengasse 4) übersiedelt. Marcus wird in dem Bericht der beste Leumund bestätigt und angeführt, daß er „in guten Vermögensverhältnissen lebt und ihm die Erzeugung von Petroleum-Motoren, die er erfunden hat, nicht wenig einträgen".

Kostbare Geschenke von Mitgliedern des Kaiserhauses beweisen die Wertschätzung, die sie Marcus entgegenbrachten.

Im übrigen verkehrte er, wahrscheinlich aus beruflichen Gründen, vielfach mit Offizieren, aber auch Aristokraten, unter denen er einige ausgesprochene Gönner hatte. Seine Verdienste um die techni-

Siegfried Marcus

der Mann, dessen „Teufelswagen" schon 1875 durch die Strassen Wiens ratterte

Man schrieb das Jahr 1875, als eines Tages im Frühling auf der Mariahilferstrasse in Wien unter scheusslichem Geknatter ein Fahrzeug auftauchte, das von einem gewissen Siegfried Marcus kutschiert wurde. Wenn es weiter nichts als ein hochbeiniges, vierrädriges Gefährt gewesen wäre, ausgerüstet mit Bänken und einem Lenkrad — aber das Ding lief ohne äussere Hilfe und gehorchte sozusagen willig der seltsamen Erscheinung jenes Mannes, der hinter dem Lenkrad dieser diabolischen Maschine sass. dem ersten Gehversuch auf der Mariahilferstrasse folgte eine ganze Menge weiterer Probefahrten. Bis eines Tages die Wiener Polizei auf dem Schauplatz erschien und Marcus eröffnete, er habe die Experimentiererei mit seinem Teufelswagen schleunigst einzustellen, weil er damit die öffentliche Ruhe und Sicherheit gefährde und störe. «Geschieht mir ganz recht», sagte sich Marcus, der das Veto der hohen Hermandad völlig in Ordnung fand und darin eine wohlverdiente Zurechtweisung erblickte. Und so geschah es, dass er seine Benzinkarosse — das erste richtiggehende, mit Benzin betriebene Automobil — seelenruhig und ohne ihr auch nur einen Moment nachzutrauern, in einem Schopf hinter seiner Werkstatt verstaute, dem Rost zum Frass. Schliesslich gab es ja noch andere Probleme, in denen sich sein Erfindungsgeist austoben konnte.

Als 14jähriger Junge war Marcus bei Meister Geefken, einem biederen Schlosser in Hamburg in die Lehre geschickt worden. Zwei Jahre später hätten die Rollen vertauscht sein können: der Lehrbub wusste und konnte mehr als der Meister selbst. Worauf Marcus' Vater seinem zu den schönsten Hoffnungen berechtigenden Sprössling bei Siemens und Halske in Berlin ein Unterkommen verschaffte. Tagsüber werkte und wirkte Siegfried mitten unter seinen geliebten Maschinen, die Nacht aber sah ihn über Berge von Büchern über Maschinenbau usw. gebeugt, die er sich aus seinen mageren Ersparnissen erstanden hatte. Vier Jahre später rückte er zum ersten Assistenten und Berater Herrn Siemens' empor. Eine glänzende Karriere tat sich vor dem jungen Mann auf. Der aber fragte nicht die Bohne nach Karriere, Aufstieg und Zukunft. Zehn Jahre später stellte er sich in Wien auf eigene Beine.

Zu Geld ist Marcus nie gekommen, wiewohl sein technisches Genie die Erfindungen am laufenden Band produzierte, wie zum Beispiel einen Kopierapparat für Lithographen, ein Telegraphenrelais, eine Rotationspumpe, ein Galvanoskop, das er auf den Namen «Thermossäule» taufte. Seine grosse Leidenschaft und in gewissem Sinn sein Lebenswerk jedoch blieb das von Motorkraft angetriebene Fahrzeug. Weil er aber für Geld und Ruhm nichts übrig hatte, gelang es ihm nie, seinen Teufelswagen zu popularisieren. Bei alledem entsprang indessen seinem genialen Kopf doch manche Schöpfung, welche zu den wesentlichen Bestandteilen des Automobils der Gegenwart zählt. So besass sein Wagen einen wirksamen Vergaser, ein eigenes Zündsystem und eine Vorrichtung zur Regulierung der Benzinzufuhr, der Lenkmechanismus bestand aus Schnecke und Segment. Mochte auch Marcus sein «Automobil» irgendwo in einem Schuppen verrosten und vermodern lassen, so hinderte ihn das doch nicht, ein Patent darauf zu nehmen. 1882 brachten die deutschen technischen Fachblätter eine ausführliche Beschreibung darüber.

Acht Jahre später versetzte Carl Benz mit seinem ersten Auto die Einwohner Mannheims in gelinden Schrecken und in gaffendes Staunen, und kurz hernach erregte Daimler mit seinem ersten Wagen in Cannstadt Aufsehen. Dem einen wie dem andern schien es dabei entgangen zu sein, dass nicht lange zuvor ein Franzose ein motorisch betriebenes Vehikel erfunden und auch vorgeführt, und dass zehn Jahre früher Siegfried Marcus mit den Fahrten auf seinem Teufelswagen die Wiener aus ihrer Gemütlichkeit aufgeschreckt hatte.

Immerhin, in seinen Memoiren erinnert sich Benz seines Vorläufers, wenn er schreibt, dass dieser in Wien lebende Mecklenburger Siegfried Marcus einige ausserordentlich wichtige Entdeckungen im Gebiet der Explosionsmotoren gemacht habe. «Der Marcus-Wagen litt an einem unverzeihlichen Mangel: er ging nie. Marcus selbst war vom praktischen Wert seiner Erfindung so wenig überzeugt, dass er bis zu seinem Tod dem hoffnungslosen Projekt nie die mindeste Aufmerksamkeit schenkte.» Womit nun freilich Benz einem Irrtum zum Opfer fällt, denn der Marcus-Wagen ist tatsächlich gelaufen.

sche Ausrüstung der k. k. Armee, darunter auch der Marine, müssen beachtlich gewesen sein. Daß darüber nicht allzu viel verlautete, ist nur zu verständlich. Privat bevorzugte er nach allem, was man von ihm weiß, eher typisch wienerische Krei-se des mittleren Bürgertums. Dort fühlte er sich wohl und soll überhaupt mehr Wiener gewesen sein als so mancher in dieser Stadt Geborene. Mit zunehmendem Alter trat sein gütiges Wesen mehr und mehr zutage. Es wird berichtet, daß er nun

An die

Automobil-Revue Bern

B e r n - (Schweiz)

--   --   Abt.Ausstellungen   23.Dezbr.1937
                   Hist.Rck/Me.

In der Nummer 102 Ihrer Zeitung vom 21.12.37 lasen wir
den Artikel über den "Teufelswagen von Siegfried Marcus"

Da uns nun die fast allgemein bekannte Tatsache der
Existenz des Marcus-Wagens näher interessiert, wären wir
Ihnen dankbar, wenn Sie uns die deutschen technischen
Fachblätter von 1882 nennen würden, die über den
Marcus-Wagen berichteten, - wie Sie dies in Ihrem Artikel
zum Ausdruck bringen.

Mit bestem Dank im voraus begrüssen wir Sie

                        mit vorzüglicher Hochachtung
                        Daimler - Benz Aktiengesellschaft

An die

Automobil-Revue Bern

B e r n /Schweiz

            Abt.Ausst.-Hist.   13.Januar 1938
                Rck/Mo.
Artikel "Teufelswagen von
Siegfried Marcus".

Am 23.12.37 baten wir Sie, uns die deutschen technischen Fachblätter von 1882 zu nennen, die über den Marcuswagen berichteten.

Da wir bis heute noch keine Nachricht von Ihnen erhielten, erlauben wir uns, Sie an die Angelegenheit höflich zu erinnern.

Für Ihre Bemühungen danken wir Ihnen im voraus bestens und
begrüssen Sie mit

                    vorzüglicher Hochachtung !
                    Daimler-Benz Aktiengesellschaft

auch jüngeren Kollegen bei der Bewältigung technischer Probleme bereitwillig zur Seite stand.

Im übrigen aber war sein Schöpfungsdrang und -wille bis zuletzt ungebrochen – dies trotz peinigender Krankheit.

Krankheit und Tod

Als er kurz nach dem Besuch der Jubiläumsausstellung in der Nacht vom 30. Juni zum 1. Juli 1898 an Herzversagen starb, ging ein überreiches Leben im

---

AUTOMOBIL-REVUE
BERN BREITENRAINSTRASSE 97
TELEPHON 28.222

BERN, den 17. Januar 1938.
Red.Lo/Ha.

An die
Daimler - Benz A.-G.,
S t u t t g a r t - Untertürkheim.

Sehr geehrte Herren,

    Auf Ihren Brief vom 13. dies beehren wir uns, Ihnen mitzuteilen, dass die Veröffentlichung der Patentanmeldung für den Wagen von Siegfried Marcus, sowie die Beschreibung des Patentes in den " Blättern des deutschen Patentamtes " vom Jahre 1882 erfolgt ist.

    Wir hoffen, Ihnen mit diesen Angaben gedient zu haben und begrüssen Sie

mit aller Hochachtung:
AUTOMOBIL-REVUE
Die Redaktion:

(Dr.A. Locher)

D B A-G. UNTERTÜRKHEIM
18. JAN. 1938   015358

Herrn
Dr. A. L o c h e r
Automobil-Revue

B e r n /Schweiz

Breitenrainstr.97

Abt.Ausst.- Hist.   19.Januar 1938
Rck/Mo.

Sehr geehrter Herr Doktor !

Wir danken Ihnen vielmals für die liebenswürdige Beantwortung unserer Frage betreffs Beschreibung eines Marcus-Patentes aus dem Jahre 1882.

Obwohl wir in unserem Archiv ziemlich vollständiges Material über Siegfried Marcus besitzen, ist es für uns jedoch neu, dass Marcus ein deutsches Patent auf seinen Wagen erhalten haben soll.

Mit nochmaligem Danke begrüssen wir Sie mit

vorzüglicher Hochachtung !
Daimler - Benz Aktiengesellschaft

Das im Briefverkehr von 1937 zwischen Daimler-Benz und der Schweizer „Automobilrevue", Bern, angeführte Patent war nach 1945 nicht mehr auffindbar.

mer noch zu früh zu Ende. Es war von Erfolgen geprägt, aber auch von versäumten Möglichkeiten.

Marcus litt viele Jahrzehnte unter den qualvollsten Nervenschmerzen in der linken Gesichtshälfte. Er hatte sich bereits bei den Versuchen mit Benzin eine Nervenverletzung an der Wange zugezogen, die nie mehr zu beheben war. Mehrere Operationen brachten keine Erleichterung. Elektrische Behandlungen, die er selbst an sich vornahm, erleichterten nur kurzzeitig sein Dasein. Vielfach wird behauptet, er hätte sich bei Versuchen die Verletzungen durch einen Dynamo zugezogen. Man scheint hier aber die Behandlung mit der Ursache zu verwechseln. Zeitweise waren seine Schmerzen so unerträglich, daß er sich sogar erschießen wollte, als er sich in einer Klinik aufhielt. Ein Mitpatient berichtete über diesen Vorfall.

Wahrscheinlich weniger aus Eitelkeit als zum Schutz vor Zugluft und sonstigen Einwirkungen trug Marcus eine künstliche Wange aus Fell, die sicher von ihm selbst so kunstvoll verfertigt war, daß man sie kaum bemerkte.

Bereits im Juni 1885 verfaßte Marcus sein Testament, „zwar kranken Körpers, aber im Vollgenuß seiner geistigen Kräfte", in dem er u. a. versuchte, den Fortbestand seiner Wirkungsstätte auch nach seinem Tod sicherzustellen, indem der Onkel seiner Töchter, Hans Baresch, deren Fortführung übernehmen sollte. Dies nicht zuletzt deshalb,

weil er den Betrieb aus eigener Erfahrung bereits kannte, da er dort tätig war. Dazu scheint es nach dem Tod von Marcus jedoch nicht gekommen zu sein. Trotz der vorhandenen Konstruktionen und zahlreichen Schutzrechte, die mit dieser Werkstätte verbunden waren, vermochte anscheinend nur er selbst diese Wirkungsstätte in Betrieb zu halten.

So wurde verkauft, was zu verkaufen war. Einige Lizenzrechte blieben noch einige Jahre aufrecht, aber bereits 1901 scheint der Name Siegfried Marcus im österreichischen Privilegienregister nicht mehr auf.

Siegfried Marcus wurde auf dem Hütteldorfer Friedhof nach evangelischem Ritus beerdigt. Erst im Oktober 1932 wurde ihm vor der Technischen Hochschule Wien ein Denkmal in Form einer schönen Porträtbüste errichtet. Nachdem während des Hitler-Regimes das Denkmal entfernt worden war, konnte es in einem Depot der Gemeinde Wien 1945 wieder aufgefunden werden, worauf es im Juni 1948 am selben Platz wieder aufgestellt wurde.

Zur gleichen Zeit – anläßlich seines 50. Todestages – wurden seine sterblichen Überreste in ein von der Gemeinde Wien beigestellten Ehrengrab auf dem Wiener Zentralfriedhof umgebettet. Der Österreichische Patentinhaber- und Erfinderverband errichtete über dem Ehrengrab einen von Mario Petrucci ausgeführten Gedenkstein – ein verklärtes Antlitz....

„Dem Wiener Mechaniker Siegfried Marcus 1831–1898 Erfinder des Benzinautomobils 1864. Errichtet von seinen Freunden und Verehrern 1932"

1932 wurde zum Gedenken an Siegfried Marcus vor der Technischen Hochschule – heute Technische Universität – in Wien diese Büste enthüllt, 1938 entfernt und Mitte 1948 abermals aufgestellt. Die Inschrift lautet:

Siegfried Marcus wurde 1948 in ein Ehrengrab der Stadt Wien auf dem Wiener Zentralfriedhof umgebettet. Die Grabplatte zeigt ein verklärtes Antlitz.

Von Siegfried Marcus eigenhändig
unterzeichnete Abschrift seines Testaments:

Bin zwar kranken Körpers, aber im Vollgenuss meiner geistigen Kraft errichte ich, Siegfried Marcus, frei von Zwang und Ueberredung, ernst und bestimmt meinen letzten Willen wie folgt:

Erstens: Ich widerrufe hiemit alle von mir frueher errichteten letztwilligen Anordnungen, insbesondere meine Testamente ddo. Wien 10. Mai 1871 (in Handen meines Freundes M. Oppenheimer). Ferner ddo. 21. August 1872 und ddo. 20. April 1882 und erklaere hiemit alle meine früher errichteten letztwilligen Anordnungen für null und nichtig.

Zweitens: Ich setze zur Erbin eines Viertels meines gesammten wie immer Namen Habenden Vermögens ein meine mir am 4. Oktober 1861 von Fraeulein Eleonore Baresch geborene und in der Kirche St. Josef in Mariahilf auf den Namen Eleonore Marie Baresch getaufte Tochter, welche derzeit eine verehelichte Tosler ist.

Drittens: Ich setze zur Erbin von zwei Viertel meines gesammten wie immer Namen Habenden Vermögens, somit von der Hälfte, meine mir von Fraeulein Eleonore Baresch am 6. April 1869 geborene und in Fünfhaus auf den Namen Rosa Marie Anna Baresch getaufte Tochter ein.

Viertens: Ich setze zur Erbin des letzten Viertels meines gesammten wie immer Namen Habenden Vermögens die Mutter meiner vorgenannten beiden Kinder, Fraeulein Eleonore Baresch ein.

Ich vermache meinem Bruder Emanuel Marquis in Greencastle in Amerika, Staat Indiana, meine goldene Uhr sammt goldener Kette.

Ich vermache meiner Nichte Minna Marcus, Tochter meines verstorbenen Bruders Eduard Marcus in Hamburg, meinen Ring mit Smaragd und Diamanten.

Meiner jüngsten Tochter, Rosa Baresch, praelegiere ich die mir vom Kronprinzen Rudolf v. Österreich geschenkten zwei Manschett-Knöpfe und zwei Chemisette-Knöpfe mit Diamanten und blauen Steinen.

Unter der Bedingung, dass der Bruder der Eleonore Baresch, Onkel meiner beiden Töchter, Hans Baresch, Mechaniker in der Ditmar'schen Fabrik sich verpflichtet meinen beiden Töchtern zusammen und deren Mutter jährlich Zweihundert Fünfzig Gulden zu gleichen Theilen auszubezahlen, vermache ich demselben mein Mechanikergeschäft mit den in demselben befindlichen Werkzeugen und der Geschäftseinrichtung, jedoch ohne die daselbst befindlichen fertigen Waren, welche letztere meinen Erben zuzufallen haben. Die vorhandenen unfertigen Waren sind hingegen unter der oben angegebenen Bedingung dem Hans Baresch vermacht.

Sollte Herr Hans Baresch die von mir vorstehend gemachte Bestimmung nicht eingehen wollen, so fällt das gesammte ihm in vorstehendem Absatze bedingungsweise zugedachte Legat meinen Erben zu.

Auch ist es mein Wunsch, dass Herr Hans Baresch im Falle meines Todes zum Vormunde meiner Toechter waehrend ihrer Minderjaehrigkeit bestellt werde.

Urkund dessen habe ich die vorstehende Erklärung meines letzten Willens nachdem mir selbe in gleichzeitiger, ununterbrochener Gegenwart der mitgefertigten drei Zeugen des letzten Willens vorgelesen worden war, von diesem als meinen Willen gemäss bestätigt und eigenhändig gefertigt und von drei Zeugen des letzten Willens mitfertigen lassen.

Wien, am 6. Juni 1885

Ludwig v. Hoenigsberg m.p.
Als Zeuge des letzten Willens

Carl Walter m.p.
Als Zeuge des letzten Willens

Heinrich Brandstetter m.p.
Als Zeuge des letzten Willens

Siegfried Marcus m. p.

Vorstehende richtige Abschrift meines Testamentes signiere ich (dasselbe bestaetigend) unter dem heutigen Datum, eigenhaendig.

Wien am 4,ten Mai 1886

Siegfried Marcus

3. Die Gesamterfindung des Automobiles durch Siegfried Marcus

Vorläufer des maschinell angetriebenen Selbstbewegers

Die maschinell betriebene Straßentraktion hat weder mit Marcus noch mit Daimler oder Benz begonnen. Auf dem Weg zur Erfindung jener Fahrzeugkategorie, die heute als Automobil bezeichnet wird, hat es einige erwähnenswerte Stationen gegeben.

Wenn mit der vorliegenden Marcus-Biographie auch nicht beabsichtigt ist, die Geschichte der Kraftfahrt bis zur Jahrhundertwende im Detail zu erfassen, so erscheint es doch notwendig, sich die wichtigsten Stationen dieser weltumspannenden Bemühungen zu vergegenwärtigen. Sie nahmen ihren Ausgang von Westeuropa und haben das Leben des Menschen vielleicht am weitreichendsten beeinflußt und verändert.

Bereits 1663 schlug der Engländer Isaac Newton einen Reaktionsdampfwagen vor, der jedoch nicht zur Ausführung kam.

Der dreirädrige Dampfwagen von Nicolas Joseph Cugnot aus dem Jahre 1771, der als Zugfahrzeug für Geschütze der französischen Armee eingesetzt werden sollte, war ein weiterer Schritt zur schienenlosen Traktion. Der „Fardier á vapeur" war der erste Dampfwagen, der eine kurze Strecke auf der Straße zurücklegte. Aber bereits nach einigen Metern fuhr Cugnot damit wegen der schweren Lenkbarkeit eine Mauer nieder.

1807 erhielt der Schweizer Isaac de Rivaz ein Patent auf einen Wagen, der mittels eines Flugkolbenmotors angetrieben wurde. Die Zündung des Gasgemisches erfolgte durch eine Volta'sche Säule. Das Fahrzeug kam jedoch über das Versuchsstadium nicht hinaus.

Auch der vom Franzosen Jean Joseph Etienne Lenoir 1863 gebaute, von einem Gasmotor angetriebene Wagen fuhr nur einmal und wurde dann niemals wieder benützt.

Das erste Fahrzeug, das tatsächlich den Beginn der Weltmotorisierung einleitete, war der von Siegfried Marcus ab 1861 bis 1866 gebaute Versuchswagen, der die Bezeichnung „erster Marcuswagen" trägt. Er wurde bereits mit einem elektrisch gezündeten Benzinmotor angetrieben und stellte den Beginn einer konstanten Konstruktionsentwicklung bis etwa 1890 dar.

Mit dem „zweiten Marcuswagen" nahm eines der vielfältigsten technischen Geräte der modernen Zeit schlagartig Gestalt an. Er verfügte bereits 1870/71 über ein zweckgebundenes, viersitziges Fahrgestell für ein motorgetriebenes Straßenfahrzeug und einen für automobile Zwecke speziell konstruierten Benzinmotor, der 1875 durch einen Viertaktmotor ersetzt wurde.

Erst 1885 und 1886 folgten dann Carl Benz und Gottlieb Daimler mit ihren Fahrzeugen, die fälschlich immer als die ersten Automobile bezeichnet werden. Unbestritten ist aber, daß mit diesen beiden Konstruktionen die Weltmotorisierung ihren bis heute nicht mehr unterbrochenen Anfang nahm.

Vorläufer des Verbrennungsmotors, die Geschichte machten

Wie aus dieser kurzen Darstellung der Entwicklung der Selbstbeweger bereits hervorgeht, kam der Motorkonstruktion entscheidende Bedeutung zu. Erst der benzinbetriebene Verbrennungsmotor verlieh dem Automobil die für ein Straßenfahrzeug unerläßliche Mobilität, da er von fixen Versorgungszentren unabhängig ist.

Die Geschichte dieses Motors mit innerer Verbrennung, bei dem das in einen Zylinder eingebrachte Gas bzw. der durch die Zündung desselben entstehende Expansionsdruck über einen Kolben in Arbeit umgesetzt wird, hat aber in Wirklichkeit weder mit dem Franzosen Lenoir oder dem Wahlösterreicher Marcus noch mit den Deutschen Otto, Daimler, Maybach oder Benz begonnen.

Der Explosionsmotor steht mit der Erfindung des Schießpulvers durch den um 1300 lebenden Pater Berthold Schwartz in enger Beziehung, obwohl dieses lange vor ihm in China bekannt war.

Das Schießpulver war der erste „Kraftstoff", mit dessen Hilfe maschinelle Prozesse in einem „Zylinder" in Gang gebracht wurden.

Die erste Explosionsmaschine war demnach eindeutig jener Mörser, aus dem durch explodierendes Pulver erstmals ein Stein ausgeschleudert wurde. Die Geschichte des Explosionsmotors beginnt daher eigentlich bereits im vierzehnten Jahrhundert. Seine erste Entwicklungsstufe war die Feuerwaffe, ein Motor mit Einbahnfunktion. Er arbeitete folgendermaßen:

Erster Takt: Laden

1. Phase: Händisches Einbringen des „Kraftstoffes" (Schießpulver) in den „Zylinder" (Mörser)

2. Phase: Händisches Einbringen des „Kolbens" (Geschoß) in den „Zylinder" (Mörser).

Zweiter Takt: Zünden und Arbeit

3. Phase: Händisches Zünden des „Kraftstoffes" (Schießpulver)

4. Phase: Durch Ausdehnung des heißen Gases (Arbeit) wird der „Kolben" (Geschoß) unter Verlust desselben aus dem „Zylinder" (Mörser) ausgeschleudert.

Auf diese Weise funktioniert bereits jahrhundertelang die primitivste Form des „Explosionsmotors". Bei der Feuerwaffe wird der Kolben (Geschoß) nicht dazu verwendet, produktive Arbeit zu leisten, sondern es wird die ihm vermittelte Energie dazu benützt, um Zerstörung zu bewirken.

Der erste, dem der gewaltige Schritt von der Feuerwaffe zum Motor gelang, war der Schweizer Militäringenieur Isaac de Rivaz. Er baute 1807 einen Flugkolbenmotor, bei dem es erstmals gelang, das Geschoß, das zum Kolben umkonstruiert worden war, nicht nur in dem von ihm zum Zylinder weiterentwickelten Mörser zu behalten, sondern unter Abgabe von Arbeit auch wieder in die Ausgangsstellung zurückzubringen. Dieser Vorgang ließ sich nach Belieben wiederholen: die Grundvoraussetzung für den Verbrennungsmotor.

Den ersten Kurbeltrieb-Verbrennungs-Gasmotor baute der Franzose Jean Joseph Etienne Lenoir.

Er leitete seine 1859 gebaute Maschine nicht von der Feuerwaffe, sondern eindeutig von der Kolbendampfmaschine ab, nur daß Lenoir statt der äußeren Verbrennung und der dabei nowendigen Druckerzeugung in einem separaten Dampfkessel den Verbrennungsvorgang und den damit verbundenen Druckanstieg direkt in den Arbeitszylinder verlegte. Die durch den Druckanstieg eines elektrisch gezündeten, expandierenden Gases ausgelöste Kolbenbewegung wurde ebenso wie bei der Dampfmaschine über einen Kurbeltrieb an die Zapfwelle weitergeleitet. Damit war der erste Schritt zum ortsgebundenen, stets von einer Gasanstalt abhängigen Verbrennungsmotors getan.

Siegfried Marcus aber baute ab 1861 den ersten mobilen Benzinmotor der Welt. Er schuf mit diesem atmosphärischen Zweitaktmotor nicht nur den ersten von einer Gasanstalt unabhängigen Motor. Diese Maschine ist gleichzeitig auch der Prototyp aller klassischen Automobilmotoren, da er bereits ein elektrisch gezündeter, zwangsgesteuerter Benzinmotor mit Kurbeltrieb und damit kein Explosions-, sondern ein Verbrennungsmotor war. Außerdem wurde diese Maschine von allem Anfang an für den Antrieb eines Straßenfahrzeuges gebaut und auch nur für diesen Zweck eingesetzt.

Nicolaus August Otto schuf nach jahrelangen Versuchen mit verschiedenen Verbrennungsmotoren 1867 einen brauchbaren atmosphärischen Zweitakt-Flugkolben-Explosions-Gasmotor. Diese Maschine hatte seine Konstruktionswurzeln in dem bereits 1807 geschaffenen Flugkolbenmotor von de Rivaz und daher auch eine direkte Verwandtschaft zur Feuerwaffe.

Christian Reithmann baute im Jahr 1873 einen kleinen Viertakt-Gasmotor für den Eigenbedarf in seiner mechanischen Uhrmacher-Werkstätte. Diese Maschine, die nicht auf den Markt kam, war aber trotzdem der Grund dafür, daß Otto im Jahr 1884 das Patent auf den Viertaktmotor aberkannt wurde.

Fast zur gleichen Zeit stellten Siegfried Marcus (1875) sowie Nikolaus Otto und Eugen Langen (1876) einen nach dem Viertakt arbeitenden Verdichtermotor fertig. Der von Marcus geschaffene Benzinmotor war eine für damalige Begriffe relativ leichte, mobile Maschine, die für den Antrieb eines Straßenfahrzeuges konzipiert war, während der von Otto gebaute, eher schwere Motor als stationäre, gaswerkabhängige Industriemaschine geschaffen wurde.

Der „Explosionsmotor"
ab etwa 1860

Ab Mitte des 19. Jahrhunderts wurde demnach der Explosionsmotor von einer Reihe von Männern erfunden und weiterentwickelt.

Der neue Verbrennungsmotor unterschied sich, wie ersichtlich, von der bis dahin verwendeten Dampfmaschine dadurch, daß die Verbrennung, die bei der Dampfmaschine unter einem Kessel stattfand (äußere Verbrennung), beim Verbrennungsmotor in

Links:
Späte Darstellung des Paters Berthold Schwarz, der als der Erfinder des Schießpulvers gilt und damit auch des ersten „Kraftstoffes". Tatsächlich war Schießpulver in China jedoch längst bekannt, Jesuiten brachten die Kunde davon nach Europa.

Rechts:
Erster Viertakt-Gasmotor der Welt von Christian Reithmann aus dem Jahr 1873. Diese Maschine war bereits vor dem funktionierenden Viertaktmotor von N. A. Otto aus dem Jahr 1876 in einem kleinen Gewerbebetrieb in Verwendung.

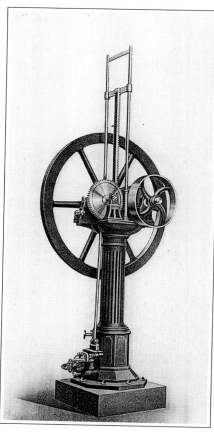

Links außen:
Der erste Benzinmotor der Welt von Siegfried Marcus aus dem Jahr 1864/65 war eine direkt arbeitende, stehende atmosphärische Zweitaktmaschine.

Links:
Der Flugkolben-Gasmotor von Nikolaus August Otto aus dem Jahr 1867 war eine indirekt arbeitende, stehende atmosphärische Zweitaktmaschine.

Rechts Mitte:
Erster Benzin-Viertaktmotor der Welt von Siegfried Marcus aus dem Jahr 1875, der außerdem speziell zum Antrieb eines Fahrzeuges konstruiert worden war. Er war somit auch der erste wirkliche Automobilmotor.

Rechts:
Erster verkaufsreifer stationärer Viertakt-Gasmotor der Gasmotorenfabrik Deutz aus dem Jahr 1877. Diese Maschine, deren Konstruktion unter Aufsicht von N. A. Otto erfolgte, wurde zuerst werksintern, später in Werbeschriften, als „Ottos neuer Motor" bezeichnet, woraus sich letztlich der Begriff „Otto-Motor" herleitet.

den Arbeitszylinder verlegt wurde (innere Verbrennung). Das bedeutete bessere Wärmeausnutzung, rasche Betriebsbereitschaft, geringer Platzbedarf, kompakte Bauweise und den Wegfall aufwendiger Zusatzbauten, wie etwa Kesselhäuser, hohe und teure Schornsteine und nicht zuletzt die Reduzierung an Arbeits- und Bedienungskräften.

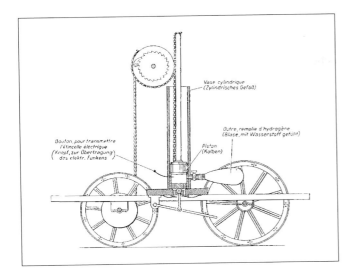

Oben:
Der erste indirekt arbeitende Flugkolben-Gasmotor der Welt von Isaac de Rivaz aus dem Jahr 1807.

Rechts:
Der von Jean Joseph Etienne Lenoir gebaute Gasmotor aus dem Jahr 1860 war eine direkt arbeitende, doppeltwirkende atmosphärische Zweitaktmaschine.

Aus der bisher schlagwortartigen und keineswegs kompletten Aufzählung der Vorteile, die der Verbrennungsmotor gegenüber der Dampfmaschine aufwies, ist leicht zu erkennen, daß ein echter wirtschaftlicher Bedarf an dieser neuen, handlicheren und stets unmittelbar einsatzfähigen Kraftmaschine bestand, die bei Nichtbenutzung auch keine Betriebskosten verursachte. Nicht verschwiegen darf allerdings werden, daß die Schaffung brauchbarer „Explosionsmotoren", wie sie damals genannt wurden, auf unzählige Schwierigkeiten stieß. Nur eine kleine Schicht an graduierten Technikern, hochbegabten technischen Laien und genialen Erfindern vermochte funktionstüchtige Maschinen zu schaffen. Die Bezeichnung „Explosionsmotor", die noch bis etwa 1930 für Maschinen mit innerer Verbrennung gebräuchlich war, beruht auf der fast zeitlosen Verbrennung und des damit explosionsartig ansteigenden Druckes der im Zylinder gezündeten und expandierenden Gasladung.

Die ersten Gasmotoren mit innerer Verbrennung waren alle atmosphärische Zweitaktmaschinen. Die Bezeichnung „atmosphärisch" trugen sie, weil das in den Zylinder eingebrachte (angesaugte), zündungsfähige Gas unverdichtet, also unter atmosphärischem Druck, gezündet und der dabei entste-

61

hende Expansionsdruck entweder direkt, wie beim Kurbeltriebmotor, oder indirekt, wie beim Flugkolbenmotor, zur Arbeitsleistung herangezogen wurde. Als Zweitaktmotoren wurden sie bezeichnet, weil der Prozeß vom Ansaugen des Gases und Zünden der Gasladung über das Expandieren derselben bis zum Ausstoßen der Verbrennungsrückstände nur zwei Kolbenbewegungen erforderte, und zwar von einem Totpunkt zum anderen und wieder zurück.

Der Kurbeltriebmotor

Bei dieser Konstruktion wurde der durch die Zündung des Gases im Zylinder entstehende Expansionsdruck über einen Kurbeltrieb, wie er von der Dampfmaschine her bekannt war, direkt zur Arbeitsleistung herangezogen.

Siegfried Marcus hat ab etwa 1861 neben dem Franzosen Lenoir den ersten brauchbaren, direkt wirkenden Kurbeltriebmotor geschaffen. Er war Lenoir allerdings aus zwei wesentlichen Gründen voraus: Lenoir baute nur an das Gasleitungsnetz angeschlossene, also stationäre Gasmotoren, die noch dazu aufgrund ihrer nicht zufriedenstellenden Gaswechselsteuerung – bestehend aus einem zwar thermisch wenig belasteten Einlaßschieber, aber aus einem thermisch stärker belasteten und schlecht zu kühlenden Auslaßschieber – zum „Fressen" neigten. Marcus hingegen verwendete bereits bei seinem 1864 laufenden Motor als erster den auch heute noch üblichen Kraftstoff Benzin, wodurch dieser Motor auch der erste vom Gasnetz unabhängige und damit mobile Verbrennungsmotor der Welt war. Über die Gassteuerung bei seinem ersten Motor wissen wir nur, daß sie funktionierte und zwangsgesteuert war. Über die konstruktive Auslegung jedoch gibt es keine Unterlagen. Die Gaswechsel-

steuerung seines Motors von 1873 ist bekannt. Der zwangsweise erfolgende Gaswechsel wurde mit Drehschiebern beordert. Spätere Motoren waren mit einer kombinierten Gaswechselsteuerung ausgestattet und bestanden aus einem „fresser"-unempfindlichen Einlaßschieber und einem ebensolchen Auslaßventil, wodurch diese Motoren gegen die hohen thermischen Belastungen eines Verbrennungsmotors weitgehend unempfindlich waren.

Die besondere Schwierigkeit, einen direkt wirkenden Kurbeltriebmotor zu schaffen, lag aber vor allem in der Beherrschbarkeit, den explosionsartig ansteigenden Expansionsdruck der gezündeten Gasladung für die Maschine zerstörungsfrei in einen nutzbaren, konstanten und rund laufenden Arbeitsrhythmus umzuwandeln. Um das zuwege zu bringen, waren nicht nur ein bedeutendes Ingenieurwissen erforderlich, sondern auch beachtliche chemische und vor allem physikalische Kenntnisse, um die Krafterzeugung und deren Ableitung so miteinander in Einklang zu bringen, daß ein klagloser, reparaturfreier Betrieb möglich war.

Ganz besonders galt diese Forderung bei dem von Anfang an von Marcus geschaffenen Benzinmotor, der mit dem hochexplosiven und in seiner Wirkung weitgehend unbekannten Benzin-Luftgemisch betrieben wurde, das noch dazu außerhalb des Zylinders in einem ebenfalls neu entwickelten „Vergaser" aufzubereiten war.

Trotz der großen praktischen Erfahrung, die Marcus mit dem gezündeten Benzin-Luftgemisch durch seine Benzinversuche sammeln konnte, fürchtete er, daß der „Explosionsdruck" bei der Gemischzündung im Zylinder Schaden an der Mechanik des Motors anrichten könnte. Um das zu vermeiden, verwendete er zur „Neutralisierung der

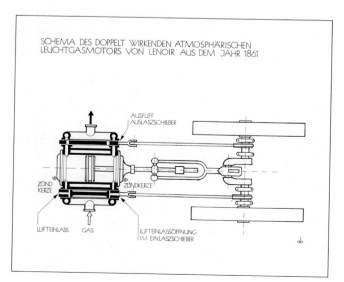

SCHEMA DES DOPPELT WIRKENDEN ATMOSPHÄRISCHEN LEUCHTGASMOTORS VON LENOIR AUS DEM JAHR 1861

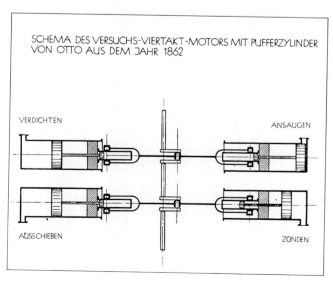

SCHEMA DES VERSUCHS-VIERTAKT-MOTORS MIT PUFFERZYLINDER VON OTTO AUS DEM JAHR 1862

Explosionsstöße" eine zwischen Kolbenstange und Pleuelstangenanlenkung eingebaute Pufferfeder.

Dieser erste von Siegfried Marcus bis 1866 betriebene Benzinmotor und die folgenden von 1868 bis 1875 waren die ersten Kurbeltrieb-Benzinmotoren der Welt. Erst nach mehr als zehn Jahren gelang es dem bedeutenden Motorkonstrukteur und damaligen Chefingenieur Wilhelm Maybach, in der Gasmotorenfabrik Deutz ebenfalls einen funktionierenden Benzinmotor, allerdings primitiverer Bauart, zu schaffen.

Der Flugkolbenmotor

Etwa um die gleiche Zeit als Marcus begann, atmosphärische Motoren zu entwickeln, hat auch der deutsche Erfinder Nicolaus August Otto Versuche mit dem Verbrennungsmotor begonnen. Nachdem Otto die Bemühungen, einen Kurbeltriebmotor in den Griff zu bekommen, mißlangen, wendete er sich dem zu diesem Zeitpunkt auch von anderen Konstrukteuren bevorzugten Flugkolbenmotor zu, und hier gelang es ihm endlich nach jahrelangen Versuchen und vielen Fehlschlägen 1867, eine solche Maschine funktionstüchtig zu bauen.

Der von Otto geschaffene Motor war indirekt arbeitend und damit auch recht unwirtschaftlich. Beim Flugkolbenmotor wurde nicht der bei der Zündung entstehende Expansionsdruck des erhitzten Gases direkt zur Arbeit herangezogen, sondern dieser erst indirekt über den äußeren Luftdruck zum Antrieb verwendet.

Über die genaue Funktionsweise der Kurbeltrieb- und Flugkolbenmotoren siehe die schematischen Darstellungen auf den Seiten 65 bis 68.

Der Viertaktmotor hat viele Väter

Vor allem vier Männer waren es, die einen wesentlichen Beitrag zum Viertaktmotor leisteten. Drei dieser Erfinder wurden später auf eher unerfreuliche Weise miteinander konfrontiert:
Dem ersten, dem Ideenbringer, widerfuhren Ehre und Anerkennung erst nach seinem Tod: Alphonse Beau de Rochas,

dem zweiten, Christian Reithmann, brachte er finanzielle Vorteile, die er gar nicht angestrebt hatte, und zwar in Form von Bußzahlungen, nachdem Otto einen Patentprozeß gegen ihn angestrebt und verloren hatte,

der dritte, Nicolaus August Otto, verlor sein Patent auf den Viertaktmotor nach wenigen Jahren,

dem vierten aber brachte er eine Verfolgung seiner Person und seiner Arbeiten bis zum heutigen Tag: Siegfried Marcus.

Alphonse Beau de Rochas

Er beschrieb als erster das Viertaktverfahren, ohne es jedoch zu verwirklichen. Der Technikhistoriker Kurzel-Runtscheiner schreibt darüber:

„...Das Jahr 1862 brachte in der Theorie der Verbrennungskraftmaschine ein neues Gedankenexperiment, indem der französische Eisenbahningenieur Beau de Rochas erstmalig das Viertaktverfahren beschrieb. Dies geschah in einem in kalligraphischer Schrift auf einem Stein abgezogenen Heftchen von 56 engbeschriebenen Seiten, das in kleiner Auflage erschien und von den Zeitgenossen kaum beachtet wurde. Denn nur ein kleiner

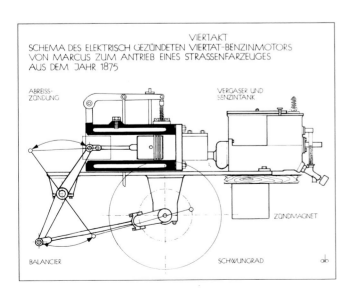

VIERTAKT
SCHEMA DES ELEKTRISCH GEZÜNDETEN VIERTAT-BENZINMOTORS VON MARCUS ZUM ANTRIEB EINES STRASSENFARZEUGES AUS DEM JAHR 1875

ABREISS-ZÜNDUNG

VERGASER UND BENZINTANK

ZÜNDMAGNET

BALANCIER

SCHWUNGRAD

Links außen:
Doppelt wirkender atmosphärischer Kurbeltriebgasmotor des Franzosen Lenoir von 1861.

Links Mitte:
Letztlich nicht funktionierender Vierzylinder-Viertakt-Gasmotor (erster Versuch) von Otto 1862.

Links:
Erster Viertakt-Automobil-Benzinmotor der Welt (heute noch voll betriebsfähig) von Siegfried Marcus 1875.

Rechts:
Nicht entwicklungsfähiger, aber in einigen tausend Stück gebauter atmosphärischer Flugkolben-Gasmotor von Otto aus den Jahren 1867 bis 1875.

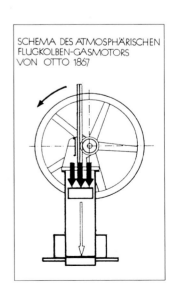

SCHEMA DES ATMOSPHÄRISCHEN FLUGKOLBEN-GASMOTORS VON OTTO 1867

Teil des Textes dieser „Nouvelles Recherches sur les Conditions Pratiques de plus grande utilisation de la Chaleur et en general de la force motrice avec application au chemin de fer et à la navigation" befaßte sich mit dem wirklich wertvollen Viertaktverfahren, während alles übrige aus einem Wust von utopischen Vorschlägen bestand, die sich zum allergrößten Teil als unbrauchbar erwiesen. So blieb es so gut wie unbekannt, daß der geniale Gedanke des Viertakts schon 1862 dargelegt worden war und die Entwicklung ging nicht von Beau de Rochas aus, sondern an ihm vorbei..."

Effektiv kam sein Gedankengut erst anläßlich der von Otto gegen Reithmann eingeleiteten Patentstreitigkeiten an die Öffentlichkeit.

Beau de Rochas schlug vor:

1. Ansaugen während eines Kolbenhubes;
2. Kompression während des darauffolgenden Hubes;
3. Entzünden im toten Punkt und Explosion während des dritten Hubes;
4. Herausschieben der verbrannten Gase aus dem Zylinder beim vierten und letzten Hub.

Christian Reithmann

Christian Reithmann aber, gebürtiger Österreicher und späterer Uhrmacher in München, ist der Erbauer des ersten Viertaktmotors der Welt. Er nahm die grundlegenden Gedanken des „Otto-Motors" vorweg, als er 1873 seinen Viertaktmotor mit Kompressionspumpe baute.

Christian Reithmann wurde am 9. 2. 1818 in Fieberbrunn bei St. Johann in Tirol geboren. Er war der Sohn eines Uhrmachers, der den Beruf eines „Mühlenarztes" ausübte, der allem Anschein nach in der Familie erblich war. Das technische Talent, das bei Reithmann schon früh zutage trat, war ihm also von Generationen her vererbt. Nachdem er bei seinem Vater in die Lehre gegangen war, verließ er siebzehnjährig Fieberbrunn, um nach Salzburg zu gehen. Die Wanderjahre brachten ihn anscheinend 1842 nach München, wo er seine Wahlheimat fand. Er war ein tüchtiger, anerkannter Uhrmachergeselle und später Geschäftsführer einer Uhrmacherwerkstatt in Schwabing. 1848 glückte es ihm, ein Unternehmen zu gründen, das bald großen Anklang fand. Es gelang ihm, einzelne Bauelemente der Uhren zu verbessern und seinen Betrieb durch Zuhilfenahme von Maschinen leistungfähiger zu gestalten. So war er bemüht, seine neuartigen Arbeitsvorrichtungen auf mechanische Weise zu be-

treiben. 1852 kam er auf die richtige Fährte, indem er einen doppeltwirkenden Flugkolben-Zweitaktmotor mit Batteriezündung entwarf. Vorerst diente ihm ein Gemisch aus Luft und Wasserstoff als Betriebsmittel, das nach der Eröffnung der Städtischen Gaswerke billigerem Leuchtgas weichen mußte. Nachdem ihn aber diese Methode noch nicht befriedigte, baute er alles um. 1873 lief der erste, das angesaugte Gasgemisch komprimierende Viertaktmotor der Welt.

Als die Gasmotorenfabrik Deutz, Otto und Langen, die damalige Patentinhaberin, Reithmann im Jahr 1883 aufgrund dieses Motors wegen Patentverletzung klagte, stellte das Gericht fest:

„...Wenn sonach feststeht, daß schon im Jahre 1873 der Beklagte (Reithmann) einen Motor erbaut hat, bzw. seinem jetzigen Motor konstruktive Beschaffenheit gegeben hat, wonach derselbe im Viertakt arbeitet und unter Mitverwertung der Verbrennungsrückstände seine Arbeitskraft erzeugt, so kommt die zweite Frage zu untersuchen..."

„...In der Tat ist aber auch nachgewiesen, daß der Motor des Beklagten in dem Zustande, in dem er sich vor Anmeldung des klägerischen Patentes befand, nicht nur in Betrieb gesetzt, sondern auch zu gewerblichen Verrichtungen, wenn auch nur in beschränktem Umfange, verwendet wurde..."

Dieses Urteil bedeutete letztlich für Otto den Verlust des Patentes auf den Viertaktmotor.

Nicolaus August Otto

Nicolaus August Otto, ein junger Kaufmann aus Köln am Rhein, unternahm 1861 – angeregt durch die Versuche Lenoirs in Paris – mit einer kleinen Gasmaschine den Versuch, für Ansaugen und Expandieren einen vollen Kolbenhub verfügbar zu haben, um die Leistung zu steigern. Er ließ also ein Gas-Luftgemisch solange in den Zylinder einströmen, bis der Kolben mit seinem Boden vom Zylinderkopf am weitesten entfernt war, schloß das Ansaugventil und drehte langsam das Schwungrad zurück, bis er vermeinte, die größtmögliche Verdichtung erreicht zu haben. Dann drückte er die elektrische Taste, der Funke zündete. Es erfolgte eine derart heftige „Explosion", daß der Kolben geschoßartig im Zylinder nach rückwärts geschleudert wurde und das Schwungrad in tollen Wirbel versetzte. Die Resultate blieben nach Wiederholung des Versuches die gleichen. Diese heftigen Stöße glich er mittels eines Pufferzylinders aus.

Obwohl er einige Verbesserungen vornahm, gelang es ihm jedoch noch nicht, die Maschine wirklich in Gang zu bringen. Nach dem Umweg über den Flugkolbenmotor, der von 1867 bis 1876 gebaut wurde, gelang es Nicolaus August Otto in der Gasmotorenfabrik Deutz, 1877 den ersten brauchbaren stationären Viertakt-Gasmotor für industrielle und gewerbliche Zwecke zu schaffen.

Für einige Jahre hatte Deutz nun die Patentrechte inne, die aufgrund des Reithmann-Motors erstmals 1884, endgültig 1886 zu Fall gebracht wurden.

Siegfried Marcus

Siegfried Marcus baute den ersten mobilen Viertakt-Benzinmotor der Welt zum Antrieb eines Straßenfahrzeuges. Er betrieb seinen Viertakt-Automobilmotor laut dem Technikhistoriker F. M. Feldhaus bereits 1875, dem 1888 ein gleicher, aber um 33 % stärkerer Motor folgte. Der Motor vom Jahre 1875 befindet sich heute noch im gleichen Fahrgestell, das Marcus seinerzeit für seine Versuchsfahrten verwendete. Technikgeschichtlich läuft dieses Gefährt allgemein unter der Bezeich-

VERGLEICH DER BEIDEN VON OTTO UND MARCUS GEBAUTEN MOTOREN		
DARSTELLUNG DER ARBEITSWEISE DER BEIDEN MOTOREN	OTTO FLUGKOLBEN-MOTOR	MARCUS KURBELTRIEB-MOTOR
KONSTRUKTEUR	Nicolaus A. Otto	Siegfried Marcus
BAUJAHR	1867 – 1876	1864
MOTORBEZEICHNUNG	Flugkolben Explosionsmotor	Kurbeltrieb Verbrennungsmotor
MOTORANORDNUNG	stehend ortsgebunden	stehend mobil
ARBEITSWEISE	Zweitakt atmosphärisch	Zweitakt atmosphärisch
TREIBSTOFF	Gas	Benzin
GASWECHSELSTEUERUNG	Einlaß zwangsgesteuert Auslaß selbständige Auspuffklappe	Einlaß zwangsgesteuert Auslaß zwangsgesteuert
ZÜNDUNG	Gasflamme	elektrischer Funke
ARBEIT	indirekt durch atmosphärischen Druck im II. Takt	direkt durch Expansionsdruck im I. Takt
UMSETZUNG DER GERADEN KOLBENBEWEGUNG IN DIE DREHENDE DER ZAPFWELLE	Schaltwerk	Kurbelwelle
BEDEUTUNG FÜR DIE TECHNISCHE ENTWICKLUNG	Interimslösung bis 1876	erster Benzinmotor der Welt

Gegenüberstellung der grundsätzlichen Unterschiede

nung „zweiter Marcuswagen". Sowohl Motor als auch Fahrgestell sind nach den Restaurierungsarbeiten, die der Autor 1950 im Rahmen des Technischen Museums in Wien durchführte, bis heute voll betriebsfähig.

Marcus hat von allem Anfang an Automobil-Motoren gebaut, die er nur für seine Fahrversuche in den von ihm erfundenen beiden ersten Automobilen verwendete. Er schuf aber ab etwa 1882 auch eine Reihe von Industriemotoren in stehender, liegender und der vom Fahrzeugmotor abgeleiteten Balancier-Bauweise. Diese Maschinen wurden nach seinen Angaben in einem Prospekt mit Leistungen von 0,5 PS bis über 100 PS angeboten. Sie konnten außerdem auf Wunsch als Zweitakt- oder Viertakt-Motoren geliefert werden, da Marcus jeden der angebotenen Motoren durch einfache und daher auch nicht allzu teure Veränderungen des Steuerantriebes wahlweise in die gewünschte Gangart umrüsten konnte. Damit war er sämtlichen Motoren-

bauern seiner Zeit abermals weit voraus (siehe schematische Darstellungen auf Seiten 226, 227).

Die Erfindung des Automobils

Auch der angetriebene Selbstbeweger, bestehend aus einem Antriebsaggregat, dem Fahrgestell sowie einem zur Beförderung von Personen und Lasten dienenden Aufbau, hat eine nicht unbeträchtliche Anzahl von Vätern. Wer von ihnen ist vom technikgeschichtlichen Standpunkt als der wahre Schöpfer des „Automobils", einer der bedeutendsten Erfindungen der Menschheit, anzusehen? Um dieser Frage nähertreten zu können, muß erst einmal klargestellt werden, was eine Erfindung überhaupt ist.

Wenn es nach dem ehemaligen Direktor des Technischen Museums in Wien, Dr. Niederhuemer, geht, der in der Antwort auf einen Leserbrief anklingen ließ, daß eine Erfindung im Grunde ge-

Arbeitsweise des Marcus- und des Ottomotors

Der atmosphärische Kurbeltriebmotor von Marcus zündete etwa in halber Ansaughöhe das unter dem Kolben eingeströmte Benzinluftgemisch und verwendete den dabei entstehenden Expansionsdruck direkt, also wirtschaftlich, über Kolbenstange, Pleuelstangen und Kurbelwelle zum Antrieb der Räder.

Der atmosphärische Flugkolbenmotor von Otto zündete etwa in halber Ansaughöhe das unter dem Kolben eingeströmte Gas, verwendete aber den dabei entstehenden Expansionsdruck nicht zum Antrieb, sondern ausschließlich dazu, den Kolben und die Kolbenstange hochzuschleudern.

Der zum Antrieb notwendige Impuls erfolgte aufgrund der rasch abkühlenden, heißen Zylinderladung indirekt und damit unwirtschaftlich über ein Sperrradgetriebe. Durch den entstehenden Unterdruck im Zylinder wurde der Kolben durch den atmosphärischen Luftdruck in den Zylinder gedrückt. Dieser Vorgang wurde nunmehr über das Sperrradgetriebe zum Antrieb des Motors herangezogen.

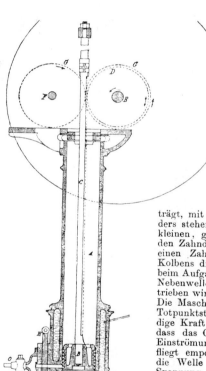

Fig. 2.

Aber grössere Verbreitung im Kleinbetriebe konnte sich erst die atmosphärische Maschine von Otto und Langen erwerben, welche die Erfinder zuerst 1867 in Paris vorführten. Diese Maschine (Fig. 2) war so angeordnet: In dem aufrechten, oben offenen Cylinder A bewegt sich der Kolben B, dessen Bahn nach oben hin durch Gummibuffer begrenzt ist, damit er nicht etwa aus dem Cylinder herausfliegen kann. Die gezahnte Kolbenstange C, welche oben ein Querstück trägt, mit dem sie sich an zwei auf der Deckplatte des Cylinders stehenden Säulen führt und welche ausserdem durch einen kleinen, gleichfalls auf dieser Platte befestigten Bock gegen den Zahndruck gestützt wird, überträgt ihre Bewegung auf einen Zahnkranz D; dieser nimmt beim Niedergange des Kolbens die Hauptwelle E durch eine Reibungskupplung mit, beim Aufgange des ersteren aber gleitet er lose an ihr. Eine Nebenwelle F, welche durch die gleichen Stirnräder GG betrieben wird, besorgt die Steuerung des Vertheilungsschiebers H. Die Maschine arbeitet nun folgendermassen: Aus der unteren Totpunktstellung wird der Kolben zunächst durch die lebendige Kraft der Welle angehoben und der Schieber so gestellt, dass das Gemisch eintreten kann. Unmittelbar nachdem die Einströmung vollendet ist, folgt die Entzündung; der Kolben fliegt empor und der Zahnkranz geht rechts herum, während die Welle sich unbehindert weiter nach links dreht. Die Spannung unter dem Kolben sinkt nun infolge der Verpuffung und der gleichzeitig stattfindenden Kühlung schnell; so dass, wenn der Kolben nach Verbrauch seiner ihm anfangs erteilten lebendigen Kraft zur Ruhe kommt, dieselbe beträchtlich unter den äusseren Luftdruck gesunken ist. Nun wechselt der Kolben seine Bewegung und geht infolge des äusseren Luftdruckes und seines Eigengewichtes nieder, indem er die Welle beschleunigt. Dabei wächst die Spannung unter ihm allmälig, und zwar der Wasserkühlung wegen verlangsamt. Die auf den Kolben wirkende Kraft ist also eine abnehmende, so dass seine Geschwindigkeit nachgerade kleiner wird als die Umfangsgeschwindigkeit der Welle. Dadurch löst sich die Verbindung beider selbstthätig, und der Kolben treibt nun, indem er wegen seines Eigengewichtes weiter niedersinkt, die Verbrennungsgase aus. Die Kolbenbewegung besteht demnach aus vier Abschnitten: Im Anhube verzehrt derselbe einen Teil der lebendigen Kraft der Triebwelle, während des Aufluges ist er unabhängig von dieser, im ersteren Teile des Niederganges steigert er ihre lebendige Kraft, im letzteren Teile desselben ist er wieder frei von ihr. Die nützliche Arbeit ist also gleich dem Unterschiede der Arbeiten in dem dritten und in dem ersten Abschnitte.

66

nommen erst durch den unmittelbaren Impuls zu einer industriellen Entwicklung zu einer solchen wird, dann kann diese Behauptung nicht unwidersprochen bleiben. Eine Erfindung ist ein Schöpfungsprozeß, der unabhängig von jeglicher Verwertbarkeit oder Verwertungsnotwendigkeit die Umsetzung eines neuen gedanklichen Prozesses in die Realität darstellt. Wenn er dann auch noch industriell verwertbar ist, umso besser, aber Voraussetzung ist es jedenfalls nicht. Ebenso ist das Kriterium einer Erfindung nicht unbedingt gleichzusetzen mit einem Patent. Es ist durchaus möglich, daß der wahre Erfinder nicht der Patentinhaber ist, wie andererseits ein Patentinhaber überhaupt kein Erfinder zu sein braucht. Einige klassische Beispiele dafür gibt es u. a. hinsichtlich der Erfindung des Automobils.

Nachdem Marcus von Anfang an einen Selbstbeweger für die Straßentraktion schaffen wollte, benötigte er zuerst einmal einen für damalige Be-

griffe „handlichen" Motor, der unabhängig vom Gasnetz war und bei dem der zum Betrieb notwendige Kraftstoff mitgeführt werden konnte, um die kontinuierliche Mobilität zu gewährleisten, die für einen ortsungebundenen Motor Voraussetzung ist.

Den dafür geeigneten Kraftstoff fand er im Benzin. Seine Bemühungen galten daher schon ab 1861 der Konstruktion eines Motors, der mit Benzin zu betreiben war. Um das Benzin so aufzubereiten, daß es zum motorischen Antrieb verwendet werden konnte, benötige Marcus zuerst einmal einen Apparat, den er als „Apparat zur Karbonisierung der atmosphärischen Luft" bezeichnete und auf den er am 16. Mai 1865 ein Privileg erhielt. Es war dies der legitime Vorläufer des heutigen Vergasers.

Damit das im Zylinder befindliche, durch den „Vergaser" aufbereitete Benzin-Luftgemisch im richtigen Moment gezündet wurde, erfand er eine Einrichtung, die mittels eines elektrischen Fun-

ATMOSPHÄRISCHER ZWEITAKT-
FLUGKOLBEN-GASMOTOR
VON NICOLAUS OTTO 1867-1875

DER MOTOR BENÖTIGT FÜR VIER PROZESSE
ZWEI KOLBENHÜBE

I VOM UNTEREN ZUM OBEREN TOTPUNKT

1 ANSAUGEN UND ZÜNDEN DES GASES

2 DURCH AUSDEHNUNG DES HEISSEN GASES
HOCHSCHIESSEN DES KOLBENS

II VOM OBEREN ZUM UNTEREN TOTPUNKT

3 ABKÜHLUNG DES HEISSEN GASES. DURCH
DEN ENTSTEHENDEN UNTERDRUCK WIRD DER
KOLBEN IN DEN ZYLINDER GEDRÜCKT (ARBEIT)

4 AUSSTOSSEN DER VERBRENNUNGSRÜCKSTÄNDE

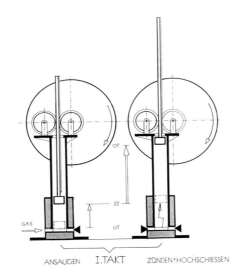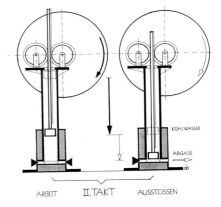

ANSAUGEN   I. TAKT   ZÜNDEN·HOCHSCHIESSEN   ARBEIT   II. TAKT   AUSSTOSSEN

ATMOSPHÄRISCHER ZWEITAKT-
KURBELTRIEB-BENZINMOTOR
VON SIEGFRIED MARCUS 1861-1870

DER MOTOR BENÖTIGT FÜR DREI PROZESSE
ZWEI KOLBENHÜBE

I VOM UNTEREN ZUM OBEREN TOTPUNKT

1 ANSAUGEN U. ZÜNDEN D BENZIN-LUFTGEM

2 DURCH AUSDEHNUNG DES HEISSEN GASES
WIRD DER KOLBEN HOCHGEDRÜCKT (ARBEIT)

II VOM OBEREN ZUM UNTEREN TOTPUNKT

3 AUSSTOSSEN DER VERBRENNUNGSRÜCKSTÄNDE

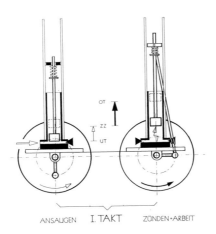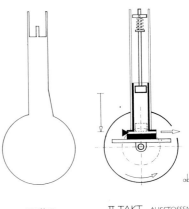

ANSAUGEN   I. TAKT   ZÜNDEN·ARBEIT   ENTFÄLLT   II. TAKT   AUSSTOSSEN

kens hoher Intensität den notwendigen Vorgang zeitgerecht einleitete und beim laufenden Motor die Zündung in gegebenen Intervallen präzise wiederholte (Privileg vom 21. Juni 1864).

Um den auf den Kolben einwirkenden Expansionsdruck des gezündeten Benzin-Luftgemisches in verwertbare Arbeit umsetzen zu können, bediente er sich des von der Dampfmaschine her bekannten Kurbeltriebes, den Marcus motorischen Zwecken entsprechend anpaßte.

Dieser Motor war in seinem Grundkonzept bereits der Prototyp des bis heute in Milliarden Stückzahlen weltweit zum Einsatz kommenden Benzinmotors. Mit diesem „automobilen" Motor begannen auch gleichzeitig die ersten Versuche, ein Straßenfahrzeug anzutreiben.

Um aber die Frage bezüglich der Erfindung des Automobils überhaupt beantworten zu können, muß zuerst einmal definiert werden, was der Begriff „Automobil" überhaupt bedeutet.

VERGLEICH DER ARBEITSWEISE EINES KURBELTRIEB- UND EINES FLUGKOLBENMOTORS

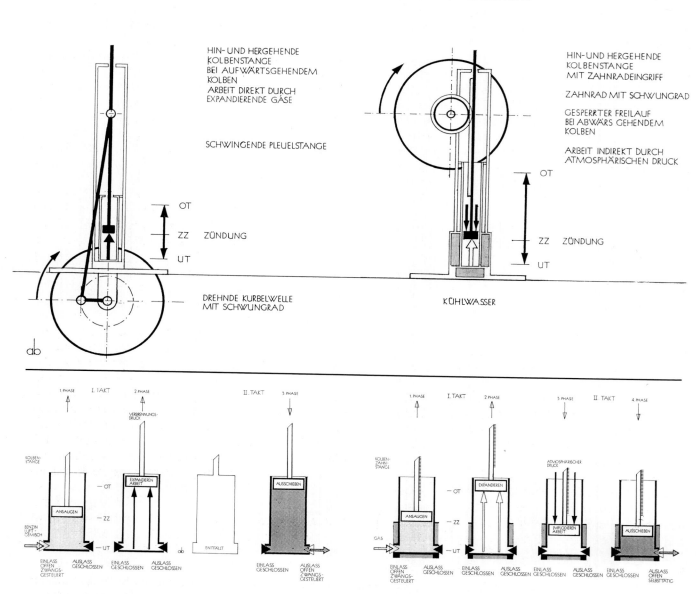

Was ist ein Automobil?

Nach unserem heutigen Verständnis ist unter dieser Bezeichnung jener klassische Selbstbeweger zu verstehen, dessen Antriebsaggregat ein Verbrennungsmotor ist. Bis in die dreißiger Jahre unseres Jahrhunderts war damit eindeutig der Benzinmotor gemeint, wie ihn Siegfried Marcus bereits bei seinem ersten Wagen ansatzmäßig und in seinem späteren Wagen als weiterentwickelten, wassergekühlten Viertakt-Benzinmotor verwendete. Dazu gehört ein ebenfalls für die Straßentraktion speziell entwickeltes Fahrgestell, das sich durch seine spezifische Fortbewegungsart – nicht gezogen, sondern durch einen an Bord befindlichen Motor angetrieben – merkbar von anderen Fahrzeugen der damaligen Zeit, wie etwa den pferdegezogenen Wagen, unterschied. Diese Fahrzeugkonstruktion von Marcus wies bereits alle jene Kriterien auf, die auch heute noch die Charakteristika für einen Kraftwagen darstellen.

Hatte sein erster Wagen noch ein als Motorträger adaptiertes, handwagenähnliches Fahrgestell, so war sein aus den Jahren 1870/71 stammender, heute noch vorhandener zweiter Wagen bereits durch ein für die motorische Straßentraktion eigens konstruiertes Fahrgestell gekennzeichnet. Bei diesem Fahrzeug handelt es sich tatsächlich um das erste Automobil, das diese Bezeichnung auch nach unserem heutigen Sinn verdient.

Der Begriffsbestimmung „Automobil" liegt demnach eine Konstruktion zugrunde, die nicht nur durch ein mehr oder weniger geglücktes Einzelexemplar in Erscheinung trat, sondern das Endprodukt einer konsequenten, erkennbaren Weiterentwicklung darstellte.

Siegfried Marcus ging den Weg von der imaginären Idee über die Zweidimensionalität der Konstruktion zur Dreidimensionalität des Basismodells und die notwendigen Anpassungen bis zur endgültigen Reproduktionsreife über viele Jahre allein und konsequent bis zu Ende. Die Stationen dieses Entwicklungsprozesses waren seine Motorkonstruktionen bzw. Automobile von 1864, 1871, 1873, 1875, 1888 und 1889 (siehe Tabelle).

Die von Siegfried Marcus konstruierten, gebauten und probegefahrenen Automobile waren sowohl was die Zeitspanne (1864–1889) als auch die Art der Motoren – zuerst Zweitakt-, später Viertakt-Maschinen – sowie den verwendeten Kraftstoff Benzin und das nicht aus dem Kutschenbau übernommene Fahrgestell anbelangt, völlige Neukonstruktionen. Dazu kommt noch, daß das von Marcus konstruierte Fahrgestell es erlaubte, es bei Weiterentwicklungen des Motors jeweils an diesen anzupassen, ohne besondere Umbauten vornehmen zu müssen. Durch die gute Zugänglichkeit zu allen Teilen des Motors konnten kleine Reparaturen, Anpassungen, Einstellungskorrekturen usw. jederzeit ohne Schwierigkeiten vorgenommen werden, ein Faktor, der nicht nur bezüglich der Entwicklungskosten, sondern auch der Entwicklungzeit große Vorteile und Einsparungen brachte. Vor allem aber konnten bei jeder Änderung am Motor exakte Leistungsvergleiche angestellt werden.

Bei der Erfindung des Automobils haben wir es – so paradox das klingen mag – mit vier Personen zu tun, die diese Urheberschaft für sich in Anspruch nehmen:

Siegfried Marcus – Erfinder ohne Patent?

Siegfried Marcus war technikgeschichtlich der erste, der das klassische, von vornherein vierrädrige Automobil mit Viertakt-Benzinmotor über eine Entwicklungszeit von etwa einem Jahrzehnt schuf. Obwohl er angeblich auf das Automobil zur Straßentraktion kein Patent nahm, wird von verschiedenen Zeitgenossen immer wieder auf ein solches hingewiesen. Der bedeutende Technikhistoriker F. M. Feldhaus gibt in seinem 1910 herausgekommenen Standardwerk „Ruhmesblätter der Technik" an, daß Siegfried Marcus in Deutschland am 23. Mai 1882 ein Patent auf eine Kraftmaschine „zum Betrieb aller Arten Fahrmittel zu Wasser und zu Lande" anmeldete. Was mit dieser Anmeldung geschah, ist heute nicht mehr verifizierbar. Fest steht jedenfalls, daß Marcus für seinen „Magnetoelektrischen Zündapparat" am 21. Juni 1864 und für seinen „Vergaser" am 16. Mai 1865 Patente erhielt. Die heute nicht mehr verfolgbare Patenteinreichung in Deutschland über den angestrebten Schutz einer Kraftmaschine „zum Betrieb aller Arten Fahrmittel zu Wasser und zu Lande" ist nicht nur glaubwürdig, weil sie von Feldhaus stammt, sondern auch wegen des genauen Einreichdatums und der Zweckdefinition. Was aber besonders für diese Einreichung spricht, ist die Tatsache, daß Marcus vor dem eben genannten Einreichdatum vom 18. Mai 1882 keinen Patentanspruch auf einen Motor anmeldete, obwohl er sich seit etwa 1861 mit der Schaffung eines brauchbaren Fahrzeugmotors beschäftigt hatte. Weiterhin spricht für diese Anmeldung, daß er am 24. Juli 1883 ein Patent „über Neuerungen an Explosionsmotoren" erhielt. Es ist einfach nicht logisch, daß Marcus als erstes Patent für seine langjährige Entwicklungsarbeit am „Explosionsmotor" (Verbrennungsmotor) wohl ein Zusatzpatent, aber kein vorausgehendes Grundpatent eingereicht haben sollte, das Feldhaus zitiert.

Unbestritten ist aber jedenfalls, daß Siegfried Marcus den ersten Benzinmotor der Welt schuf, diese Maschine von Anfang an zum Antrieb eines Straßenfahrzeuges vorsah und verwendete und sie für die Straßentraktion konstant bis 1889 weiterentwickelte. Er war auch der erste, der von vornherein kein zwei- oder drei-, sondern sofort ein vierrädriges Motorfahrzeug schuf.

Wenn es daher bei der Definition einer Erfindung darum geht, wer der erste war, der eine Vision in die Realität umgesetzt hat und diese geistige Vorstellung konstant und systematisch bis zur Produktionsreife weiterentwickelte, dann heißt der Erfinder des Automobils eindeutig Siegfried Marcus. Er ist demnach Erfinder des Automobils ohne Patent.

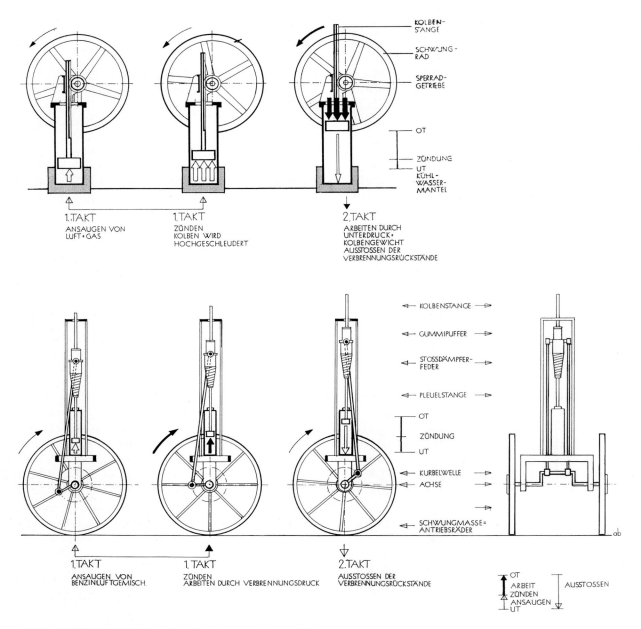

ATMOSPHÄRISCHER FLUGKOLBENMOTOR UM 1870 VON NICOLAUS AUGUST OTTO

SCHEMATISCHE DARSTELLUNG DES ERSTEN MARCUS-MOTORS
VON 1864

Gottlieb Daimler, Carl Benz, Erfinder und Patentinhaber

Die beiden Deutschen schufen ebenfalls Fahrzeuge für den Straßeneinsatz, u. zw. vom Prototyp bis zur Produktionsreife, und gründeten darüber hinaus die ersten Automobilfabriken, die später zu Daimler-Benz fusionierten. Heute noch werden in diesem Unternehmen internationale Spitzenprodukte auf dem Kraftfahrzeugsektor hergestellt.

Gottlieb Daimler in Cannstadt meldete am 29. August 1885 ein Patent auf ein „Fahrzeug mit Gas- bzw. Petroleum-Kraftmaschine", das erste Motorrad der Welt, an. Es war ein einspuriges, zweirädriges, motorbetriebenes Fahrzeug (mit zwei Stützrollen).

Carl Benz, wohnhaft im nahen Mannheim, reichte am 29. Jänner 1886 ein Patent auf ein dreirädriges „Fahrzeug mit Gasmotorbetrieb" ein, dessen relativ schwacher Motor ein leichtes, einfach herzu-

---

Flugkolben-Gasmotor von Nicolaus August Otto

Sowohl der bereits 1865 betriebsfähige Verbrennungskraftmotor von Siegfried Marcus als auch der um etwa die gleiche Zeit von Otto geschaffene Motor sind atmosphärisch wirkende Maschinen. In beiden Motoren wurde das im Zylinder befindliche Gas – bei Marcus ein Benzin-Luftgemisch, bei Otto Leuchtgas – vor der Zündung nicht verdichtet. Der von Otto gebaute und industriell verwertete Gasmotor war ein dem Stand der Technik entsprechender Flugkolbenmotor, bei dem das unter dem Kolben befindliche Gas einfach gezündet und der Kolben sowie die mit ihm starr verbundene Kolbenstange durch den „Explosionsdruck" hochgeschleudert wurden. Durch die Abkühlung der im Zylinder unter dem Kolben befindlichen Verbrennungsrückstände entstand ein Unterdruck, der zusammen mit dem auf das Kolbenoberteil einwirkenden atmosphärischen Druck und dem Eigengewicht von Kolben und Kolbenstange diese nach unten bewegte, wobei über ein Sperrgetriebe ein Schwungrad angetrieben wurde, dessen Drehung für Antriebszwecke genutzt werden konnte.

Bei diesem Motor handelte es sich um eine technisch wenig befriedigende Konstruktion, die im Betrieb sehr laut war und außerdem recht unwirtschaftlich arbeitete.

Kurbeltrieb-Benzinmotor von Siegfried Marcus

Anders der atmosphärische Motor von Marcus, der nicht mit dem sehr problematischen Flugkolben arbeitete, bei dem der Verbrennungsdruck nicht direkt zur Arbeit herangezogen, sondern die Arbeit indirekt über den in den Zylinder einfallenden Kolben geleistet wurde. Schon der erste von Marcus gebaute Verbrennungskraftmotor wies einen Kurbelbetrieb auf, mittels welchem es anstandslos möglich war, den „Explosionsdruck" direkt zur Arbeitsleistung heranzuziehen. Nachdem der Kurbelantrieb schon lange vor dem Verbrennungsmotor bei den Dampfmaschinen in Verwendung stand, stellt sich natürlich die Frage, weshalb er nicht auch beim „Explosionsmotor" von Otto eingesetzt wurde.

Der Grund dafür waren Bedenken, den „Explosionsdruck" direkt auf die Kurbelwelle einwirken zu lassen. Marcus hatte diesbezüglich offenbar keine Besorgnisse, wenn auch er bei seinem Motor vorsichtshalber zwischen Pleuel- und Kolbenstange einen Gummipuffer und ein Federelement vorsah. Nachdem er schon jahrelang mit Benzin experimentierte, verfügte er über praktische Erfahrungen, mit welchen Kräften er es bei der „Explosion" seines verwendeten Benzin-Luftgemisches zu tun hatte und konnte bereits ohne Zwischenlösungen sofort einen Verbrennungsmotor mit Kurbelantrieb bauen, bei dem der Verbrennungsdruck direkt zur Arbeit herangezogen wurde, was gleichbedeutend war mit rundem Lauf und wesentlich besserem Wirkungsgrad. Außerdem wies diese Maschine bereits einen zwangsgesteuerten Gaswechsel auf, – der erste Schritt zum späteren Viertaktmotor.

Marcus war mit diesem Konstruktionsprinzip seinen Konkurrenten weit überlegen, obwohl ihre Stationärmaschinen bereits auf recht ordentliche Marktanteile hinzuweisen hatten. Es wäre ihm ein Leichtes gewesen, hier mitzuhalten, sein Interesse galt aber von Anfang an ausschließlich dem ortsungebundenen Motor, während sich der Flugkolbenmotor für den Einsatz in einem Fahrzeug nicht eignete, weil er nur stehend betriebsfähig war, wozu noch ein erschütterungsintensiver Lauf, hohe Lärmentwicklung und besondere Unwirtschaftlichkeit kamen.

ANSAUGEN

VERDICHTEN ENTFÄLLT

ZÜNDEN (ARBEIT)

AUSSCHIEBEN

OT

ZZ

UT

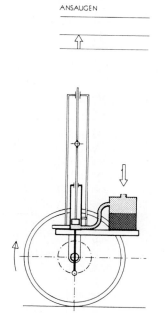
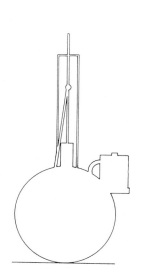
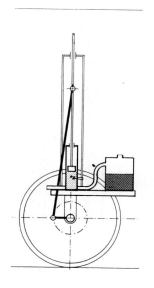
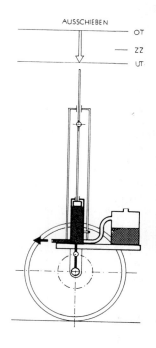

ZWEITAKT-BALANCIER-MOTOR MIT ZWANGSGESTEUERTEM GASWECHSEL ·

SYSTEM MARCUS 1872

OT ZZ UT

1. TAKT
ANSAUGEN

OT ZZ UT

1. TAKT
ZÜNDEN (ARBEIT)

OT UT

2. TAKT
AUSSCHIEBEN

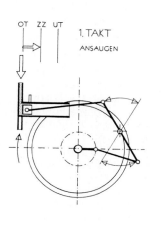
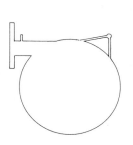
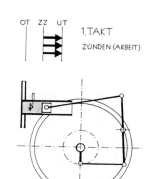
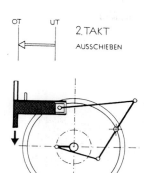

OT UT

1. TAKT
ANSAUGEN

OT UT

2. TAKT
VERDICHTEN

OT=ZZ UT

3. TAKT
ZÜNDEN (ARBEIT)

OT UT

4. TAKT
AUSSCHIEBEN

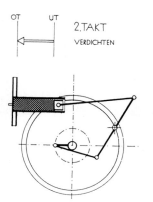
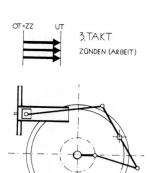
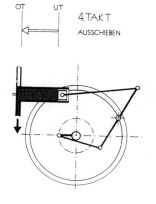

VIERTAKT-BALANCIER-MOTOR

SYSTEM MARCUS 1875

Siegfried Marcus hat nie
einen Flugkolbenmotor
gebaut, da dieser für den Antrieb eines Fahrzeuges nicht
verwendbar war.

Links:
Der erste Benzinmotor der
Welt von Siegfried Marcus,
1864–70, war bereits ortsun-
gebunden und wies einen
Kurbeltrieb auf, durch den
die hin- und hergehende Bewegung des Kolbens unmit-
telbar in eine drehende Bewegung der Kurbelwelle und
damit von Antriebsrädern
umgesetzt wurde.

Links Mitte:
Der Motor von 1870 war bereits auf den Antrieb von
Fahrzeugen hinkonstruiert.
Dank der (komplizierten)
Einrichtung in Kurzbauweise
war er für den Einbau in ein
mechanisches Fahrzeug gut
geeignet. Dieser atmo-
sphärische Zweitaktmotor
stellte den Erfinder aber
nicht zufrieden.

Links unten:
Der aus dem atmosphäri-
schen Zweitaktmotor heraus
entwickelte Viertaktmotor,
der, wie auch alle vorher,
elektrisch gezündet wurde,
stellte schließlich die vollendete Konstruktion eines
Fahrzeugmotors dar, die bis
heute in ihrer Grundkonzeption unverändert ist.

stellendes Fahrgestell zu betreiben hatte. Durch
das gelenkte Vorderrad ersparte er sich die komplizierte und aufwendige Lenkung und zusätzliches
Gewicht. Benz schuf damit ein fortschrittliches automobiles Gefährt, das nicht der Pferdekutsche
nachempfunden war.

Erst im August desselben Jahres trat Daimler mit
seiner – wie er sie bezeichnete – „Motorkutsche"
an die Öffentlichkeit. Diese Bezeichnung war insofern richtig, als er eine von einem Wagenbauer angefertigte Pferdekutsche mit einem stehenden
Viertaktmotor und einigen sonstigen technischen
Details ausstattete. Darauf nahm Daimler kein Patent, das er angesichts des bereits mehr als zehn
Jahre zuvor existenten, vierrädrigen Marcuswagens
auch nicht ohne weiteres erhalten hätte können.

Zur Patentfrage auf das vierrädrige Automobil wären an dieser Stelle vielleicht noch einige Überlegungen angebracht.

Siegfried Marcus bekundete ja bereits mit seinen
wiederholten, auch vor größerem Publikum stattgefundenen Ausfahrten vor und nach 1875 in
Wien, daß er an einem Privileg für den vierrädrigen
automobilen Straßenwagen nicht interessiert war,
denn es wäre sicher schwierig bis unmöglich gewesen, nachher noch ein Privileg darauf zu erhalten.
Bei seinen Erfahrungen mit und den Kenntnissen

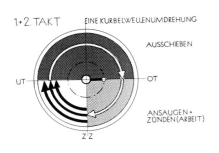

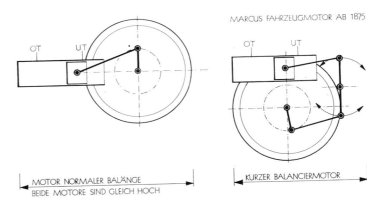

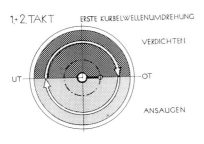

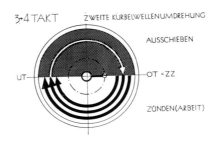

Schematische Vergleichs-
darstellung der Bauweise
eines über einen normalen
Kurbeltrieb angetriebenen
Einzylindermotors und des
von Marcus für den Fahr-
zeugbetrieb speziell ent-
wickelten Kurzmotors.

73

über die Bedingungen und Erteilungen von Privilegien kann angenommen werden, daß er sich über die Tragweite seiner Handlungsweise vollkommen im klaren gewesen ist. Allem Anschein nach interessierten ihn tatsächlich zu diesem Zeitpunkt nur die Rechte auf die magnetelektrische Zündung sowie den Vergaser, ohne die ein solches Fahrzeug kaum zu betreiben gewesen wäre.

Daß ihm das Fahren mit seinem Wagen wegen der Störungen, die es verursachte, immer wieder verboten wurde, mag auf eventuelle Interessenten tatsächlich abschreckend gewirkt haben. Seine Aktivitäten könnten – ganz abgesehen davon, daß sie zu früh in der falschen Großstadt stattfanden – ohne Widerhall bei jenen geblieben sein, die die Mittel und Möglichkeiten besessen hätten, um ein solches Projekt zum Laufen zu bringen.

Zehn Jahre später war die Reaktion auf die „selbstfahrende Kutsche" Daimlers in seiner Heimat um nichts besser als auf jene von Marcus in Wien, wenn nicht noch ablehnender.

Ein paar Jahre danach aber hatten in Frankreich die Rennen mit selbstfahrenden Wagen verschiedener Antriebsarten ein enormes Interesse erweckt. Daimler konnte mit Hilfe französischer Geschäftspartner mit seinen sich dank Benzinbetrieb selbstversorgenden und daher sichtlich im Vorteil befindlichen Fahrzeugen bald reüssieren. Erst der zunehmende „Geschwindigkeitsrausch" der Franzosen zwischen 1890 und der Jahrhundertwende bewirkte schließlich den Durchbruch des benzinbetriebenen Automobils.

George B. Selden, kein Erfinder, aber Patentinhaber

In Amerika wird Selden vereinzelt heute noch als Erfinder des Benzinkraftwagens genannt. Man bezieht sich dabei auf das Datum seiner Patentanmeldung, die tatsächlich vor den darauf Bezug habenden Patenten von Daimler und Benz erfolgte.

Dabei wird aber übersehen, daß Selden aufgrund ganz allgemeiner Angaben und Konstruktionsdetails, die keineswegs etwas Neues zu bieten hatten, einen völlig ungerechtfertigten Patentanspruch geltend machte. Selden war selbst Patentanwalt in Syracuse, New York, und hat, zugegebenermaßen mit großem Weitblick begabt, am 8. Mai 1879, um die Erteilung eines Patents auf eine „road locomotive" mit einer „liquid hydrocarbon gas engine of the compressiontype" nachgesucht. Durch 23 Verbesserungen der Anmeldung und andere Praktiken zog er die Angelegenheit hin, was schließlich am

15. November 1895 tatsächlich zur Erteilung eines Patents führte.

Nicht nur, daß aufgrund der ursprünglichen Patentanmeldung niemals ein fahrbares Fahrzeug zustande zu bringen gewesen wäre, ergänzte er anhand der inzwischen voll eingesetzten Entwicklung des Benzinautomobils – vor allem in Europa – seine ursprüngliche Anmeldung immer wieder mit Hilfe der jeweils bekanntgewordenen Konstruktionsdetails und baute erst 1906 ein erstes fahrbares Modell.

Dennoch war es den Urhebern der Selden-Schutzrechte, der „Association of Lincensed Automobile Manufacturers", einer Vereinigung tüchtiger Geschäftsleute, aufgrund dieser Gegebenheiten möglich, insbesondere nach 1900 gegen alle jene vorzugehen, die sich ihr nicht gefügig zeigten. Siebzehn Jahre hing dieses Patent „wie ein Damoklesschwert" über der werdenden Automobilindustrie. Erfinder des Automobils war Selden mit Sicherheit nicht, obwohl amerikanische Richter wiederholt auf dieser Annahme weittragende Urteile aufbauten. Aber Selden besaß in hervorragendem Maß die Eigenschaften eines Taktikers und Geschäftsmannes – gute Voraussetzungen für die erfolgreiche Auswertung einer Erfindung. Im gewaltigsten Patentprozeß aller Zeiten hat Henry Ford schließlich 1911 diesem Zustand ein Ende bereitet.

Selden war, obwohl Patentinhaber, weder Erfinder des Automobils noch hatte er eine positive Wirkung auf die Weiterentwicklung der Kraftfahrt, ganz im Gegenteil. Durch sein geschickt erreichtes Patent war er lange Zeit hindurch das größte Hindernis für die Entwicklung dieses Industriezweiges in Amerika.

Das Automobil mit Benzinmotor

Die Gründe, weshalb Siegfried Marcus fallweise als Erfinder des Automobils in Frage gestellt wurde, sind mehrfacher Art. Historisch sind sie aber weder beleg- noch haltbar, wie dargelegt werden soll.

Im folgenden wird eine möglichst übersichtliche Darstellung des technikgeschichtlichen Hergangs und Materials gegeben, das die Gegner von Marcus ins Treffen führen, um ihm seine Verdienste an der Erfindung des Automobils abzusprechen.

Es handelt sich um:

Siegfried Marcus als in Frage gestellten Erfinder des Automobils und des dazugehörigen Viertakt-Benzinmotors,

Nicolaus August Otto als nominellen Erfinder des stationären Viertaktmotors,

die als Erfinder des Automobils geltenden Gottlieb Daimler und Carl Benz.

Wenn man sich dazu bekennt, daß eine Erfindung dann als solche anzuerkennen ist, sobald es sich um einen konstanten Entwicklungsprozeß folgender Art handelt, dann ist zweifellos Siegfried Marcus der Erfinder des Automobils mit Benzinmotor, auch wenn daraus unmittelbar keine Industrie hervorgegangen ist, wie dies bei Daimler und Benz der Fall war:

1. Geistige Erfassung der insbesondere beim Automobil außerordentlich komplexen Probleme.

2. Theoretische Problemlösung.

3. Umsetzung der theoretischen Erkenntnisse in die dreidimensionale Realität.

4. Zielstrebige und konsequente Weiterentwicklung des realisierten Erstproduktes.

5. Systematische Behebung der in der Praxis auftretenden Mängel und Anpassung an erkannte Notwendigkeiten, ein Vorgang, der einem natürlichen Wachstumsprozeß nicht unähnlich ist.

6. Ein- und Anpassung an die Erfordernisse des Umfeldes.

7. Entwicklung des Prototyps bis zur Fertigungsreife, wenn es sich um ein Produkt handelt, das zur allgemeinen Nutzung bestimmt ist.

Ist man bereit, diesen weitgesteckten Entwicklungsablauf von der Idee bis zur Produktionsreife als das Kriterium einer Erfindung anzuerkennen, dann hat zweifellos Siegfried Marcus das Automobil mit Benzinmotor erfunden.

Wann Marcus die Idee hatte, ein motorgetriebenes, schienenungebundenes Straßenfahrzeug zu bauen, wissen wir nicht. Wann er allerdings begann, seine Idee in die Praxis umzusetzen, kann mit ziemlicher Genauigkeit um das Jahr 1861 geortet werden. Jedenfalls ist das erste von Marcus gebaute Fahrzeug mit einem Benzinmotor bereits 1864 von einem Augenzeugen in seiner Werkstätte in Wien gesehen worden.

Aus dem Jahr 1866 existiert ein Bericht über eine Ausfahrt mit diesem motorbetriebenen, handwagenähnlichen Gefährt. 1870 wurde sowohl ein Foto

von dem Fahrzeug als auch vom Motor allein angefertigt und von Siegfried Marcus datiert und signiert.

Sicherlich ist dieses Fahrzeug noch kein Auto nach unserem Verständnis. Aber ebensowenig ist ein Embryo bereits ein fertiger Mensch. Beiden ist jedoch gemeinsam: Sie weisen in ihrem absolut unfertigen Zustand bereits die wichtigsten Charakteristika ihrer späteren, ausgereiften Existenz auf.

Das embryonale „Auto" von Marcus wurde nämlich, wie man weiß, von einem zwangsgesteuerten, elektrisch gezündeten Kurbeltrieb-Benzinmotor angetrieben, Kriterien, die auch die heutigen Automobile noch kennzeichnen.

Für seinen zweiten Wagen von 1870/71 bzw. 1875 hat Siegfried Marcus zumindest drei verschiedene Fahrzeugmotoren entwickelt, die er immer weiter verbesserte. Sie stellen jeweils einen bedeutenden Fortschritt zum Vorgängermodell dar. Marcus hat in dieser Reihe auch eindeutig als erster den von ihm konstruierten und gebauten Viertakt-Benzinmotor in einem Automobil verwendet. Zusammen mit der Konstruktion eines speziell für die Straßentraktion vorgesehenen Fahrgestells hat er das Automobil in die Zukunft gestartet.

Durch seinen letzten, verstärkten Viertakt-Automobil-Benzinmotor in Verbindung mit einem 1889 für die Serienproduktion vorgesehenen neuen Fahrgestell hat Siegfried Marcus das von ihm 1861 begonnene „Automobil" in seiner Gesamtheit bis 1889 zur Produktionsreife gebracht, an der sich bis heute zwar vieles, im Grunde genommen aber im Prinzip doch nichts geändert hat.

Die Systematik der weltbewegenden Erfindung „Automobil"

Das ab dem Jahr 1875 mit einem von Marcus konstruierten und gebauten Viertakt-Benzinmotor angetriebene, viersitzige Fahrzeug ist das Endergebnis einer konstanten Entwicklung, die 1861 mit der ersten Konstruktion eines Benzinmotors begann, der von allem Anfang an zum Antrieb eines Fahrzeuges vorgesehen war. Dieser Benzinmotor wurde auch historisch belegt erstmals in der Geschichte des Verkehrs zum Antrieb eines Selbstbewegers verwendet. Sowohl die gewonnenen Erfahrungen mit diesem Versuchsmotor als auch jene mit dem noch unzureichenden Fahrgestell von 1864, das eine starke Ähnlichkeit mit einem Handwagen aufwies, reichten Marcus aber aus, um etwa 1868 mit den Arbeiten an seinem zweiten Wagen zu beginnen.

War der erste von Marcus gebaute Motor noch aus einem Guß konzipiert und gebaut, ohne in der Folge fortentwickelt zu werden, so tritt dieses Konzept bei den weiteren Motoren nicht mehr in dieser klaren Form zutage.

Wie ist das zu verstehen?

Marcus war erstens ein Alleinerfinder, zweitens verfügte er wohl über entsprechende, aber doch

ner Reihe anderer Aggregate oder Teile dieser Maschine. Wenn wir auch die grundsätzliche Motorentwicklung der Marcusmaschinen kennen, verschwimmen die Balanciermaschinen, ob im Zweitakt oder Viertakt arbeitend, zeitlich ineinander. Was man wirklich orten kann: Marcus hat drei voneinander unabhängige Grundkonstruktionen für seine Automobilmotoren entwickelt.

Der erste von ihm gebaute Benzinmotor der Welt

  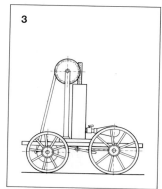

auch beschränkte Geldmittel, die er mit seinen anderen Arbeiten verdiente. Er war also allein aus finanziellen Gründen immer gezwungen, so rationell wie irgend möglich seine Ideen in die Praxis umzusetzen, was jeweils eine besondere Art der Weiterentwicklung bedingte. Marcus konnte es sich nicht leisten, eine teilweise überholte Konstruktion beiseitezustellen und mit einer ähnlichen Arbeit einfach von Grund auf neu zu beginnen. Außer seinem ersten Modell setzten sich seine Motoren aus einer Basiskonstruktion zusammen, die zuerst einmal funktionieren mußte. Tat sie das, dann wurde sie allmählich durch kleinere Veränderungen und Zubauten zu einer immer größeren Perfektion weiterentwickelt. Diese rationelle Systematik in der Weiterentwicklung war nicht nur technisch sehr effizient, sondern auch wirtschaftlich vernünftig, verkraftbar und letztlich, wie bewiesen, auch außerordentlich zielführend.

Sie hat allerdings für den Biographen den Nachteil, daß dadurch oft auch sehr bedeutende Verbesserungen zeitlich nur anhand intensiver Grundlagenforschung einzuordnen sind.

Das ist auch der Grund, weshalb am bestehenden Viertakt-Marcusmotor, der von mir untersucht wurde, z. B. ein Vergaser montiert ist, der 1883 patentiert wurde. Es ist aber auch nicht auszuschließen, daß der Zylinder und Teile des Triebwerks noch vom vorhergehenden atmosphärischen Zweitaktmotor aus den Jahren um 1873 übernommen wurden. Ähnlich verhält es sich auch mit ei-

war ein stehender atmosphärischer Zweitakt-Kurbeltriebmotor von 1861–1870, der äußerlich eher einem Stationärmotor glich, in Wirklichkeit aber von Marcus von allem Anfang an als Fahrzeugmotor vorgesehen war. Auf dem Erinnerungsfoto, das Marcus von diesem Motor 1870 anfertigen ließ, finden wir nämlich den von ihm stammenden, eigenhändigen Vermerk: „Petroleum (Benzin) Motor zum Antrieb eines Straßenwagens mit Federvorrichtung zur Neutralisierung der Explosionsstöße konstruiert von Siegfr. Marcus, 1870".

Der nächste Benzinmotor, von dem wir Kenntnis haben, war der atmosphärische Zweitakt-Balanciermotor von spätestens 1870 zum Antrieb eines Straßenfahrzeuges in Kurzbauweise, der dann systematisch weiterentwickelt wurde und aus dem schließlich im Jahr 1875 der Viertakt-Benzinmotor hervorging, der ebenfalls ausschließlich für den Antrieb eines Fahrzeuges bestimmt war.

Es folgte eine ganze Reihe verschiedener, richtungweisender Stationärmotoren.

Der nächste reine Fahrzeugmotor war der 1888 an Marcus gelieferte Viertakt-Balanciermotor, eine Weiterentwicklung des Motors von 1875, zwar mit den gleichen technischen Daten (Bohrung 100 mm, Hub 200 mm), aber mit einer Leistungssteigerung um etwa 33 % (von 0,75 PS auf 1,0 PS). Diese Maschine war nicht nur stärker, sondern auch bereits durch eine vom Führersitz aus zu bedienende Startvorrichtung anzuwerfen. Sie mußte also nicht mehr angekurbelt werden. Dieser Motor von 1888 wurde in Adamsthal gebaut. Durch diesen Neubau, der leider verschollen ist, blieb glücklicherweise der heute noch im Marcuswagen eingebaute Motor von 1875 komplett erhalten. Nur der Zündmagnet dürfte vom alten auf den neuen Motor übernommen worden sein, denn dieser fehlte am Motor von 1875 und konnte erst nach längerem Suchen im Fundus des Technischen Museums Wien entdeckt werden.

durch Nikolaus August Otto nicht gelungene Einsatz des von Marcus schon lange verwendeten Benzins als Kraftstoff für seine Motoren, obwohl Otto darüber informiert war. Er wurde bekanntlich durch einen an Langen gerichteten Brief von Prof. Franz Reuleaux mit dem Datum vom 21. 9. 1867 davon in Kenntnis gesetzt, in welcher Weise Marcus Benzin aufbereiten konnte, so daß es sich für motorische Zwecke einsetzen ließ. Reuleaux schrieb darüber unter anderem:

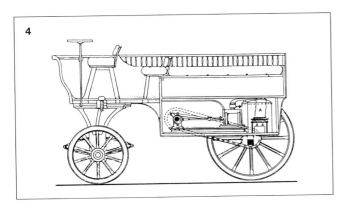

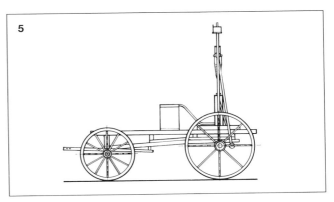

Aber nicht nur die große Ähnlichkeit aller Balanciermaschinen, ob im Zwei- oder im Viertakt arbeitend, erschwert die Auseinanderhaltung der einzelnen Modelle, auch die Tatsache, daß Siegfried Marcus als Alleinerfinder an und für sich wenige Zeugen seiner Entwicklungsarbeiten hatte und zudem auch noch bestrebt war, seine Erfindungen so lange wie möglich geheimzuhalten, u. a. auch um vermeidbare Patentkosten zu sparen.

Marcus' Patentanmeldungen waren vor allem durch zwei Kriterien gekennzeichnet: Erstens mußte der zum Patent anzumeldende Gegenstand wirklich fertig entwickelt sein, was von der Erfindung bis zur Reife erfahrungsgemäß einige Zeit benötigt, zweitens wurde überhaupt erst dann patentiert, wenn der Rechtsschutz aus wirtschaftlichen oder Konkurrenzgründen nicht mehr hinauszuschieben war, in beiden Fällen also meist relativ spät nach der eigentlichen Erfindung. Hauptsächlich aus diesen Gründen kann daher für einen ernst zu nehmenden Historiker ein Marcus-Patent nicht zwingend für die zeitliche Fixierung einer Erfindung herangezogen werden. Viele Erfindungen ließ Marcus überhaupt nicht schützen, einerseits wegen der hohen Kosten, andererseits wegen der eher geringen Gefahr einer Nachahmung. Denn Marcus war mit einigen seiner Konstruktionen seiner Zeit so weit voraus, daß sie auch bei Bekanntwerden nicht ohne weiteres nachzuvollziehen gewesen wären, einfach weil den eventuellen Nachahmern das notwendige Know-how fehlte. Ein besonders augenfälliger Beweis für diese Behauptung ist der

1. Reaktions-Dampfwagen laut Vorschlag von Isaac Newton aus dem Jahr 1663.

2. Dampfwagen von Nicolas Joseph Cugnot aus dem Jahr 1771, der wegen seiner schlechten Lenkbarkeit bei seiner ersten und letzten Fahrt eine Mauer umfuhr.

3. Selbstbeweger mit Flugkolben-Gasmotor-Antrieb von Isaac de Rivaz aus dem Jahr 1807.

4. Lenoir-Wagen, angetrieben durch einen atmosphärischen Zweitakt-Gasmotor aus dem Jahr 1863. Das Fahrzeug unternahm nur einen, nicht zufriedenstellenden Fahrversuch.

5. Erster Marcuswagen, angetrieben durch einen stehenden atmosphärischen Zweitakt-Benzinmotor aus dem Jahr 1864. Mit diesem Wagen begann eine nicht mehr abreißende Fahrzeug- und Motorenentwicklung durch Marcus bis zu seinem Tod.

6. Ab 1875 wurde der zweite Marcuswagen durch den liegenden Einzylinder-Viertakt-Benzinmotor zum Ur-Automobil. Bis dahin verwendete Marcus in dem von ihm 1870/71 geschaffenen Fahrgestell nur atmosphärische Zweitakt-Benzinmotoren.

"...Daß ich auf Deinen lieben Brief so bald antworte, geschieht nicht meinetwegen, sondern wegen Deiner. Ich habe nämlich den Mann gefunden, welcher das billige Gas, welches Du brauchst, herstellt. Grundstoff Petroleum-Destilate oder vielmehr -Rückstände ...

...Mengt ganz nach Belieben das Gas schon vor dem Eintritt mit der Luft, so daß die Mengeleierei am Schieber wegfällt...
...Der Erfinder ist Herr Marcus in Wien...
...Er hat eine ausgezeichnete Vergangenheit, nämlich seit langem Verbindung mit dem hiesi-

---

Entwicklung der Straßenfahrzeuge mit Maschinenantrieb von 1784 bis 1900

Einer der ersten Dampfwagen wurde 1784 vom Engländer William Murdock konstruiert und als betriebsfähiges Modell gebaut. Es ist dies bereits eine mit einem Kurbeltrieb arbeitende Dampfmaschine, bei der die hin- und hergehende Kolbenstangenbewegung über einen Kipphebel umgelenkt und über eine Pleuelstange mittels der unterhalb des Zylinders befindlichen Kurbelwelle in eine drehende Bewegung umgewandelt wird. Die Antriebswelle ist gleichzeitig die Radachse für die Antriebsräder.

Der erste Benzinmotor der Welt stellte eine sinnvolle Kombination aus Kurbelwellen-Dampfmaschine und Flugkolben-Explosionsmotor dar, konstruiert und gebaut von Siegfried Marcus 1861–1870. Diese Maschine wurde zuerst mit Leuchtgas, 1864 aber bereits erstmals mit dem heute noch in Verwendung stehenden Kraftstoff Benzin betrieben. Dieses Triebwerk war damit nicht nur der erste Motor der Welt, der von jedem Gaswerk unabhängig arbeitete, es war auch gleichzeitig der erste Benzinmotor und der erste Verbrennungsmotor der Welt, der ein automobiles Fahrzeug antrieb.

Marcus schuf um 1870/71 für seinen zweiten Wagen ein speziell für automobile Zwecke konstruiertes Fahrgestell, in das er auch die ersten, für die Straßentraktion geschaffenen Verbrennungsmotoren eigener Konstruktion einbaute und bis zur völligen Reife entwickelte. Von 1871 bis 1875 waren die Triebwerke für den zweiten Marcuswagen atmosphärische Zweitakt-Benzinmotoren, ab 1875 wurden sie durch verdichtende Viertakt-Benzinmotoren – übrigens ebenfalls die ersten der Welt – ersetzt.

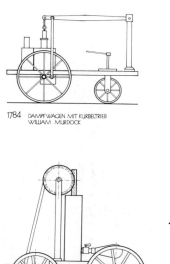

1784 DAMPFWAGEN MIT KURBELTRIEB WILLIAM MURDOCK

1807 FLUGKOLBEN-GASMOTOR DE RIVAZ

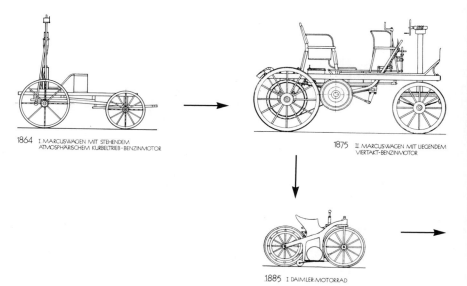

1864 I MARCUSWAGEN MIT STEHENDEM ATMOSPHÄRISCHEM KURBELTRIEB-BENZINMOTOR

1875 II MARCUSWAGEN MIT LIEGENDEM VIERTAKT-BENZINMOTOR

1885 I DAIMLER-MOTORRAD

1807, also 23 Jahre nach Murdock, baute der französische Militäringenieur Isaac de Rivaz das erste Straßenfahrzeug, das mit einem Explosionsmotor angetrieben wurde. Diese als Flugkolbenmotor konzipierte Maschine hat ihre Wurzeln in der Feuerwaffe. De Rivaz ist es als erstem gelungen, das „Geschoß" nach dem „Abschuß" im Zylinder einzuhalten und an den Ausgangspunkt vor der Zündung zurückzuführen, um neuerlich „abgeschossen" zu werden. Der nach der Zündung entstehende, den Kolben nach oben bewegende Expansionsdruck der heißen Gase wurde nach deren Abkühlung durch den nunmehr auf den Kolben einwirkenden atmosphärischen Druck in Verbindung mit der Kolbenstange und einem Schaltwerk zur Fortbewegung des Fahrzeuges verwendet.

Das erste mit einem Benzinmotor angetriebene Straßenfahrzeug, das nicht von Marcus geschaffen worden war, stellte das von Daimler im August 1885 patentierte „Erste Motorrad" der Welt dar.

gen Kriegsministerium (Berlin) wegen Zündkram und jede anderweitige Empfehlung...

„...Verabrede eine Zusammenkunft mit ihm irgendwo...".

Trotz dieser schriftlichen Hinweise und einer sicherlich noch genaueren mündlichen Information war es Otto nicht möglich, den für ihn so wichtigen Kraftstoff zur Anwendung zu bringen, obwohl Reuleaux den Aufbereitungsprozeß von Benzin zu Gas kannte, denn er schreibt darüber:

Von etwa 1880 bis 1889 wurde die Entwicklung des „Dritten Marcuswagens" in Adamsthal weitergeführt, aufgrund des angegriffenen Gesundheitszustandes von Marcus aber nicht mehr vollendet. Diese für den Verkauf bestimmte Fahrzeuggeneration war für die Entwicklungsgeschichte des Autos nicht mehr relevant.

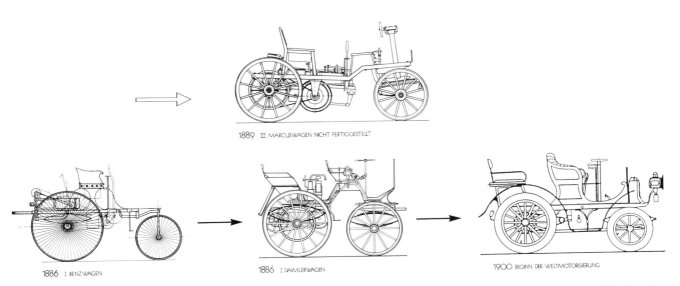

1889 III MARCUSWAGEN NICHT FERTIGGESTELLT

1886 I BENZWAGEN

1886 I DAIMLERWAGEN

1900 BEGINN DER WELTMOTORISIERUNG

Die Entwicklung des Autos ging im Jänner 1886 mit dem Dreiradwagen von Carl Benz weiter, bei dem sowohl das Fahrgestell als auch die Antriebsmaschine von ihm geschaffen worden waren.

Im Herbst 1886 kam Daimler mit seinem ersten vierrädrigen Motorwagen auf die Straße. Dabei ist zu erwähnen, daß der zweite und dritte Marcuswagen sowie der Benzwagen bereits einheitliche Fahrzeugkonstruktionen darstellten. Sie bestanden aus einem automobilgerechten Fahrgestell, das durch einen speziellen, dazupassenden Fahrzeugmotor angetrieben wurde, während der Daimler-Motorwagen insofern nicht homogen war, als er nur eine an die neuen Voraussetzungen angepaßte Pferdekutsche darstellte.

Ab dem Jahr 1900 begann vor allem in optischer Hinsicht die eigentliche Entwicklung automobilgemäßer Fahrzeugkonstruktionen.

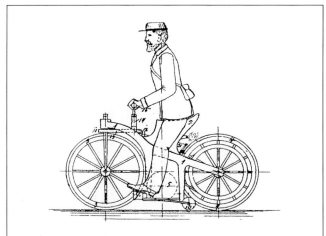

(Die von einem Neffen von Siegfried Marcus gemalte Darstellung einer Ausfahrt mit dem zweiten Marcuswagen ist zwar realistisch, aber nicht nach der Natur, sondern erst später gemalt worden.)

Der zweite Marcuswagen wurde zwar nicht patentiert, war aber trotzdem für alle Patentansuchenden durch seine Präsenz ein Hinderungsgrund zur Anmeldung eines mit dem Marcuswagen vergleichbaren Patentanspruchs. Es liegt daher die Vermutung nahe, daß aus diesem Grund weder Daimler noch Benz versuchten, ein adäquates Fahrzeug zur Anmeldung zu bringen und deshalb mit dem zweiten Marcuswagen nicht ver-

gleichbare zwei- und dreirädrige, motorisch betriebene Selbstbeweger patentieren ließen.
Die aus der Patentschrift Nr. 36423 „Fahrzeug mit Gas- bzw. Petroleum-Kraftmaschine" vom 29. August 1885 von Gottlieb Daimler stammende Zeichnung zeigt eindeutig, daß dieser wohl ein Motorrad, nicht aber das Automobil patentieren ließ.

„...er ist noch hier (Marcus in Berlin) wegen der Patentnahme und zeigte mir seine Apparate (zur Vergasung von Benzin) vor, die ganz außerordentlich gut ersonnen sind und Dir imponieren werden..."

Offenbar konnte Otto trotz einer sicherlich recht genauen Kenntnis dieser Benzinaufbereitungsanlage technisch damit nichts anfangen, weil er einfach nicht in der Lage war, die zugrundeliegende Technik für seine Zwecke umzusetzen.

Prof. Reuleaux, dem die Sache anscheinend keine Ruhe ließ, meinte in seinem nächsten Brief vom 31. 10. 1867:

„...Hast Du mit Marcus angeknüpft? Sein Patent ist ihm trotz meiner Bemühungen einstweilen nicht gewährt worden. Vielleicht wird er es reklamieren..."

Das in Rede stehende Patent muß jenes Privileg gewesen sein, das in Österreich bereits 1865 unter dem Titel „Erfindung eines Apparates zur Karbonisierung der atmosphärischen Luft" erteilt worden war.

Trotz der Marcus'schen Vorbildkonstruktion und

doch recht genauer Hinweise eines Fachmannes, wie es Reuleaux zweifellos war, sahen sich Otto und Langen sogar bis zur Aufnahme des Viertaktmotors in ihre Produktion 1876/77 nicht in der Lage, dieses Problem zu lösen. Erst unter Mitwirkung des erfahrenen Motorenbauers Wilhelm Maybach kamen 1875 die ersten atmosphärischen Benzin-Stationärmotoren zustande.

Ein weiterer, nicht unmaßgeblicher Verschleierungsfaktor der an sich schon optisch schwer erkennbaren und damit zeitlich schwierig einzuordnenden Motorentwicklung bei Marcus war das seit 1870/71 bis 1888 seinem äußeren Bild nach völlig gleichbleibende Fahrgestell, in das die diversen Motoren für den Versuchsbetrieb eingebaut wurden. Diese und die schwer erkennbaren kleinen Veränderungen an den Motoren müssen für einen unorientierten Betrachter unweigerlich den Eindruck der Gleichartigkeit erweckt haben, obwohl in den Jahren 1871 bis 1875 in Wirklichkeit eine bahnbrechende Entwicklung stattfand, nämlich die Umstellung vom atmosphärischen Zweitakt- auf den verdichtenden Viertaktmotor.

Die schwierige Unterscheidbarkeit der Fahrzeugmotoren von Marcus ist vermutlich auch der Grund dafür, daß Czischek-Christen den von

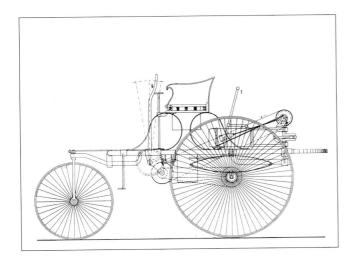

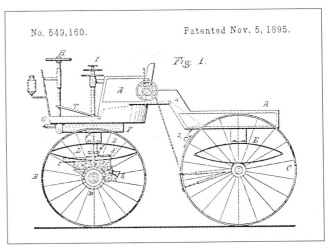

No. 549,160.   Patented Nov. 5, 1895.

Fig. 1.

Auch das von Carl Benz patentrechtlich unter der Nr. 37435 „Fahrzeug mit Gasmotorenbetrieb" vom 29. Jänner 1886 geschützte Dreirad kann nicht mit der Erfindung jener Fahrzeugkategorie gleichgestellt werden, die nach unserem Verständnis als Automobil zu bezeichnen ist. Immerhin handelt es sich aber bei beiden Konstruktionen um gebaute, betriebsfähige Fahrzeuge, bei denen eine bis in die Gegenwart nicht mehr abreißende Weiterentwicklung unter maßgebender Mitwirkung der später zu Daimler-Benz fusionierten Pionierunternehmen stattfand.

Der gefinkelte amerikanische Patentanwalt George B. Selden suchte am 8. Mai 1879 in den USA unter der Nr. 549.160 um ein Patent auf eine „road locomotive" mit einer „liquid hydrocarbon gas engine of the compressionstype" an, das er durch 23 Verbesserungen der Anmeldung und andere Praktiken bis zum 15. November 1898 hinauszog.
Dieses Patent war im Grund kein Schutzpatent auf eine Erfindung, sondern ein Verhinderungsschutz zugunsten Seldens, der es somit verstand, mit diesem nie wirklich realisierten Patent die gesamten amerikanischen Autohersteller zur Leistung von Lizenzgebühren zu zwingen. Erst 1911 gelang es Henry Ford im gewaltigsten Patentprozeß der damaligen Zeit, diesem unerträglichen Zustand ein Ende zu setzen.

Radinger geprüften atmosphärischen Zweitaktmotor von 1873 fälschlich mit dem Viertaktmotor von 1875 verwechselte.

Bei der Ortung der Entwicklungsschritte Marcus'scher Erfindungen auf dem Sektor des Selbstbewegers ist man daher nicht nur auf die spärlich festgehaltenen Aussagen von Zeitzeugen, sondern ebenso auf das eigene praktische Wissen und die Erfahrung um notwendige Entwicklungsabläufe und -zeiten angewiesen. Wenn auch die vorliegenden Augenzeugenberichte in einen logischen Zeitablauf zu integrieren sind, d. h. sich gegenseitig bestätigen, dann kann man trotz aller Schwierigkeiten mit großer Sicherheit zu einer richtigen Datierung kommen.

Diese zeitlich möglichen, wenn auch schwer zu ortenden Abläufe schaffen aber leider für alle jene „Historiker", die – um es vorsichtig auszudrücken – nicht gerade brennend daran interessiert sind, Marcus als den Erfinder des Automobils mit dem von ihm geschaffenen Viertakt-Benzinmotor anzuerkennen, eine gute Ausgangsposition. Denn wo nicht alles völlig klar erscheint, läßt sich gut im Trüben fischen. Dort aber, wo mit einer entsprechend aufwendigen Grundlagenforschung der notwendige Durchblick zu schaffen wäre, fehlt dann

diesen Technikhistorikern – wie leider immer wieder festzustellen ist – der Wille zur Klärung einer nicht sofort durchschaubaren Situation, in manchen Fällen vielleicht auch nur das technische Wissen.

Die Gesamterfindung des Automobils

Wenn man den heute allgemein bekannten und verwendeten Begriff des „Gesamtkunstwerkes" auf die Erfindung des Automobils anwendet, kommt man zu dem neuen Begriff „Gesamterfindung". Und um eine solche Gesamterfindung handelt es sich bei dem von Siegfried Marcus geschaffenen Automobil. Die Vielzahl der hier in einem Zuge gelösten Probleme ist bisher kaum von einem Einzelerfinder überboten worden.

Die für Siegfried Marcus geforderte Priorität der Gesamterfindung des Automobils bezieht sich daher auf die geniale Erfindung eines einzelnen, dem es gelang, ein außerordentlich komplexes technisches Gerät, wie es das Automobil darstellt, von allem Anfang an bis zur Verkaufsreife aus eigenen geistigen und finanziellen Mitteln geschaffen zu haben. Diese Leistung muß in der Technikgeschichte nun endlich die ihr zustehende Würdigung erfahren.

Die mit Recht für Siegfried Marcus geforderten Prioritätsansprüche beziehen sich demnach auf seine Gesamterfindung. Sie besteht aus einer für das Auto brauchbaren Maschine mit allen dazugehörigen Einrichtungen und Anlagen inklusive des Kraftstoffes und eines für die Straßentraktion geeigneten motorbetriebenen Fahrgestells sowie dem gesamten Management, das dazu notwendig war, um aus den vielen Einzellösungen ein homogen funktionierendes Ganzes zu schaffen, das letztlich zu einem die Welt erobernden, neuen Verkehrsmittel führte: dem Automobil.

Gesondert werden selbstverständlich auch alle jene Prioritätsansprüche aufrechterhalten, die durch Patente geschützt sind oder durch den Nachweis der Erstmaligkeit bestehen.

Begonnen hat der vorbildlose Erfindungsablauf, der den Begriff „Automobil" umfaßt, etwa im Jahre 1860 mit der Idee, einen von einem mobilen Motor angetriebenen Selbstbeweger für die Straßentraktion zu bauen. Abgeschlossen wurde der Erfindungsprozeß um 1890 mit einem produktionsreifen, verkaufsfähigen Automobil, das mit einem ebenfalls von Marcus erfundenen stärkeren Viertakt-Benzinmotor angetrieben hätte werden sollen.

Bis zum Jahr 1864 war ein für diesen Zweck vorgesehener Versuchsmotor fertiggestellt, der bereits im Ansatz alle Merkmale der auch heute noch in Verwendung stehenden Automobilmotoren aufwies, wenn er auch in seiner konstruktiven Auslegung noch anders aussah als man das später von einem Fahrzeugmotor gewohnt war. Ebenso ließ das handwagenähnliche Fahrgestell nur eine entfernte Ähnlichkeit mit einem „automobilen" Fahrzeug erkennen. Aber trotzdem wies dieser vorbildlose Prototyp bereits eine Reihe gravierender Einzelerfindungen auf, die das Automobil bis heute charakterisieren, wie:

• einen für einen mobilen Motor verwendbaren, leicht mitzuführenden und leicht zu ergänzenden Kraftstoff. Marcus fand diesen Kraftstoff. Er verwendete als erster auf der Welt Benzin zum Betrieb eines Motors.

• Dieser erste von Marcus gebaute Benzinmotor war ein stehender, luftgekühlter, atmosphärischer Zweitakt-Kurbeltriebmotor, der noch eine starke Verwandtschaft mit den späteren, von verschiedenen Konstrukteuren gebauten Stationärmotoren aufwies.

• Das flüssige, gefährliche, weil sehr explosive Benzin, mit dem man fast keine Erfahrung hatte und

das bis zu diesem Zeitpunkt als lästiges Nebenprodukt der Petroleumherstellung galt, mußte nicht nur für die motorische Verbrennung aufbereitet, sondern auch in seiner Aggressivität bei der Entzündung und damit in seiner Gefährlichkeit gebändigt und kontrollierbar werden. Seine Entzündung durfte nur beabsichtigt und jeweils zeitgerecht im Motorzylinder stattfinden.

• Dazu erfand Marcus einen Vergaser, der das flüssige Benzin so mit Luft aufbereitete, daß dieses Benzin-Luftgemisch über die im Zylinder notwendige Zündwilligkeit verfügte.

• Um die notwendige, zeitlich genau und präzise zu erfolgende Zündung sicherzustellen, erfand Marcus eine sehr zuverlässig funktionierende elektrische Zündanlage.

• Das für den motorischen Betrieb im Vergaser aufbereitete Benzin-Luftgemisch mußte durch eine neu zu entwickelnde Gaswechselsteuerung zeitgerecht in den Zylinder ein- und wieder ausgelassen werden. Marcus schuf für diesen unter hohen Temperaturen stattfindenden Gaswechselprozeß eine einwandfrei funktionierende, vom Motor angetriebene Zwangssteuerung für die Zylinderladung und -entladung.

• Die erste Versuchsmaschine wurde um 1870 von Marcus durch eine neue Motorkonstruktion ersetzt, die bereits spezifisch für die Erfordernisse eines automobilen Fahrzeuges ausgelegt war. Das Resultat dieser Bemühung war die als Kurzmotor geschaffene Balanciermaschine von 1870.

• Diesen Motortyp hat Marcus bis zu seinem letzten Viertakt-Automobilmotor um 1888 grundsätzlich beibehalten. Alle seine Motoren wurden ausschließlich mit Benzin betrieben.

• Die gegenüber dem ersten Motor höhere thermische Belastung seiner zweiten Maschine fing Marcus durch eine offen abdampfende Wasserkühlung ab.

• Die Zündung des ersten wirklichen Automobil-Benzinmotors der Welt, der aber noch als atmosphärischer Zweitakter arbeitete, erfolgte bereits mittels einer von ihm erfundenen elektrischen Zündung, die für den zweiten Motor zur elektromagnetischen Abreißzündung weiterentwickelt worden war.

• Dampfmaschinen können theoretisch mit den sie antreibenden Geräten fix verbunden bleiben, da ihr Anfahrdrehmoment weich einsetzt und

OFFICIELLER
AUSSTELLUNGS-BERICHT
HERAUSGEGEBEN DURCH DIE
GENERAL-DIRECTION DER WELTAUSSTELLUNG
1 8 7 3

DIE MOTOREN.
(Gruppe XIII, Section 1.)

BERICHT

J. E. RADINGER,
k. k. Professor der k. k. technischen Hochschule in Wien.

Die Petroleum-Maschine von Siegfried Markus in Wien arbeitet nicht mit zerstäubtem, sondern mit verflüchtigtem Petroleum, welches nach seiner Entflammung auf ähnliche Weise wirkt, wie das Gas in der Otto Langen'schen Maschine, das ist sich frei ausdehnen kann, und dann durch das entstehende Vacuum arbeitet. Die Erzeugung des explosiblen Gases geschieht einfach dadurch, dass der Kolben im ersten Theil seines Laufes atmosphärische Luft durch einen Petroleumkörper hindurch ansaugt und die Entzündung geschieht durch den Funken eines äußerst kräftigen Inductionsstromes, den ein Daumen auf der Schwungrad-Welle mit jeder Umdrehung neu erzeugt. Solch kräftige Funken zu erzeugen, um Petroleum damit zu entzünden, war bis heute eine ungelöste Aufgabe, aber der Apparat von Markus, welcher in einem kleinen Blechkasten an der Maschine angebracht ist, zündete sicher bei jedem Hub, wie ich mich während des Ganges dieser Maschine selbst überzeugte.

Diese Maschine dürfte aus doppeltem Grunde ökonomischer wirken, als die vorstehende. Denn wegen der freien Ausdehnung der entzündeten Gasmasse kann alle Wärme in Arbeit umgesetzt werden (wesshalb auch weniger Kühlwasser nöthig ist) und die Einbringung des Petroleums im verflüchtigtem Zustand sichert dessen vollkommen gleichartige Mischung, mit der dasselbe tragenden Luft, und eine vollkommenere Verbrennung als im zerstäubten Zustand, bei welchem ein Theil unverbrannt entweichen kann.

Auch kommen bei dieser Maschine durchwegs gezwungene Bewegungen der Abschlüsse (Drehschieber) und keine selbstwirkenden Klappen vor, welche stets nacheilen und lärmen.

---

außerdem ausreichend ist, um die anzutreibenden Geräte stoßfrei in Bewegung zu setzen. Anders liegen die Verhältnisse beim Verbrennungsmotor, der erst bei einer gewissen Drehzahl in der Lage ist, entsprechende Arbeit zu leisten und bei dem die Zuschaltung der zum Antrieb vorgesehenen Anlagen zum rasch laufenden Motor über eine spezielle Einrichtung, die Kupplung, stoßfrei erfolgen muß. Marcus schuf für diese notwendigerweise stoßfrei erfolgende Verbindung zwischen laufendem Motor und stehendem Fahrzeug die bei Verbrennungsmotoren bis heute unverzichtbare Friktionskupplung, die bei ihm so zu bedienen war, daß sie auch gleichzeitig das an sich ebenfalls notwendige Getriebe bei den von ihm durchgeführten Fahrversuchen ausreichend ersetzte.

• Aber nicht nur der erste spezielle Automobil-Benzinmotor war eine Erfindung von Marcus, auch der erste für die automobile Fortbewegung entwickelte Viertakt-Benzinmotor stammt von diesem bedeutenden Erfinder.

Aus seinem atmosphärischen Zweitakt-Benzinmotor entwickelte Marcus bis zum Jahr 1875 ohne ein entsprechendes Vorbild den auch heute noch im Wiener Technischen Museum zu besichtigenden und vom Autor 1950 restaurierten und entsprechenden Prüfstanduntersuchungen unterzogenen ersten Automobilmotor der Welt, der nach dem Viertaktprinzip arbeitet. Dieser Motor war demnach gleichzeitig der erste Viertakt-Benzinmotor der Welt mit dem ersten Vergaser der Welt und der ersten elektromagnetischen Abreiß-Zündung der

Welt, eingebaut in das erste Fahrgestell der Welt (1870/71), das für automobile Versuche von diesem Multi-Erfinder ausschließlich für diesen ganz speziellen Zweck konstruiert und gebaut worden war.

• Das für den automobilen Verwendungszweck geschaffene Fahrzeug besitzt an den Naben der angetriebenen Hinterräder eine Reibscheibenkupplung, die beim Kurvenfahren eine differentialähnliche Wirkung erbringt.

• Eine selbstsperrende Schneckenlenkung der Vorderachse erlaubt auch auf schlechten Straßen ein leichtes Lenken des Fahrzeuges.

• Aber damit nicht genug, schuf Marcus 1888 einen weiteren, etwa 33 % stärkeren Viertaktmotor, der bereits mit dem Blick auf ein industriell zu fertigendes Fahrzeug geschaffen, aber noch im Fahrgestell von 1870/71 erprobt wurde. Dieser letzte, historisch einwandfrei nachweisbare Automobil-Motor von Siegfried Marcus war dafür vorgesehen, in das neue, bereits konstruierte Fahrgestell eingebaut zu werden, das 1889 den Beginn einer Automobilproduktion hätte einleiten sollen.

Wenn es also eine Gesamterfindung gibt, dann ist ohne Zweifel Siegfried Marcus mit zeitlichem, konstruktivem, praktischem und ideellem Abstand eindeutig der Erfinder des Automobils. Alles was er schuf, entstammte ausschließlich seinem eigenen geistigen, finanziellen und zeitlichen Kapital. Niemals war ein Außenstehender, in welcher Form auch immer, Risikoträger oder Ideenlieferant.

4. Restaurierung und Wiederinstandsetzung des zweiten Marcuswagens 1950

Im Rahmen technikhistorischer Studien wurde der Autor 1950 auch mit Siegfried Marcus und dem im Wiener Technischen Museum befindlichen zweiten Marcuswagen konfrontiert. Nachdem dessen Vizedirektor, Dipl.-Ing. Dr. techn. E. Kurzel-Runtscheiner, zwischen den beiden Weltkriegen einer der bedeutendsten, wenn nicht überhaupt der bedeutendste Marcusforscher war, ergab sich damals die Erörterung des Fragenkomplexes „Siegfried Marcus und die Erfindung des Automobils mit Benzinmotor".

Die Frage lautete:

War dieser Wagen jemals gefahren worden? Wenn ja, wie betriebsverläßlich war er, und hatte demnach Marcus nicht nur ein „theoretisches" Automobil geschaffen, sondern ein wirklich betriebsfähiges?

Die Klärung dieses Unsicherheitsfaktors war wichtig, weil von involvierten Kreisen die nicht eindeutig bewiesene Fahrtüchtigkeit immer wieder als einzige ungeklärte Frage hinsichtlich der Erfindung des Automobils durch Siegfried Marcus geltend gemacht wurde.

Da Kurzel-Runtscheiner die historische Arbeit des Autors bekannt war, erteilte das Technische Museum den Auftrag, alle notwendigen Schritte zu unternehmen, um den Nachweis zu erbringen, ob dieses Fahrzeug von Marcus tatsächlich betrieben worden war oder aber nicht. Wenn möglich sollte auch der Versuch unternommen werden, den Wagen wieder in Betrieb zu setzen.

Die einzige, aber strikte Auflage der Direktion des Technischen Museums war, daß das Fahrzeug ausschließlich aus seinem historischen Aufbau heraus instandgesetzt werden durfte. Das heißt, der Autor mußte sich verpflichten, nichts an der Maschine zu manipulieren, um sie unter Einbringung modernen Wissens betriebsfähig zu machen.

Der Motor sollte also ausschließlich aufgrund seines historischen Aufbaues zum Laufen gebracht werden.

Anfang 1950 kam der Autor mit dem Direktor des Technischen Museums Wien, Dr. Nagler, überein, den zweiten von Marcus gebauten Wagen zu restaurieren und wenn möglich fahrbereit zu machen. Beiden war damals noch nicht klar, daß man in der Lage sein würde, dadurch einige historische Irrtümer zu bereinigen.

Sehr rasch war jedoch zu erkennen, daß hier ein großer Erfinder eine Maschine geschaffen hatte, die für den Motoren- und Automobilbau von Anfang an richtungweisend war, und das nicht nur wegen des erstmals verwendeten Kraftstoffes Benzin.

Das Fahrgestell, ein optimaler Motorträger

Nicht nur der Motor, auch das Fahrgestell wurde gründlich überholt, wobei nur geringe Ergänzungen an den Sitzen sowie Abstützungen an den etwas vermorschten Rahmenteilen erforderlich waren.

Man neigt bei Betrachten des Marcuswagens – beeinflußt von der scheinbaren Einfachheit des Fahrgestells – im ersten Moment dazu, dieses Fahrwerk als ein Provisorium zu betrachten. Aber schon nach kurzer Zeit muß man erkennen, daß die Primitivität in diesem Fall täuscht. Das von Marcus ohne entsprechende Vorbilder, aber auch nicht aus dem üblichen Kutschenbau heraus entwickelte Fahrzeug ist in Wirklichkeit ein sehr genau durchdachter, zweckgebundener Motorträger zur Erprobung verschiedener Maschinen unter gleichbleibenden Antriebs- und Lastbedingungen.

Der Wagen war von vornherein nicht für große Fahrten konzipiert, wenn auch die Viersitzigkeit diesen Eindruck erwecken könnte. Besonders die hinteren Sitze bilden in erster Linie die Voraussetzung für Transportleistungsprüfungen. Das geht auch aus dem während des Fahrbetriebes konstant mit der Hand zu haltenden Konuskupplungsprovisorium hervor. Dem Betreiber wird hier die Möglichkeit gegeben, durch diffizile Einflußnahme auf das Rutschen der Kupplung sinnvoll auf den Fahrbetrieb einzuwirken, der ja ohne Getriebe bewerkstellt werden muß. Die Kupplung ersetzt damit für streckenbegrenzte Fahrversuche ausreichend das nicht vorhandene Wechselgetriebe. Aber auch die Lenkung ist eine nur für den Kurzzeitbetrieb und geringe Geschwindigkeiten ausgelegte Drehschemelkonstruktion, die durch die selbstsperrende Spiralschnecke auch ein Fahren auf schlechten Straßen erlaubte, ohne deshalb unbedienbar zu werden. Das gleiche gilt für die Hinterachse, die nur mit Gummipuffern gegen den Rahmen stoßgedämpft wird und daher sehr kurze Federwege aufweist, um die Antriebsschnüre nicht über Gebühr zu dehnen.

Diese Fahrgestellkonstruktion hat Marcus nach durchaus modernen Ingenieurüberlegungen die Möglichkeit geboten, sich bei geringsten Kosten an die Problemlösungen der selbstbeweglichen Straßentraktion heranzuarbeiten.

Nicht nur, daß der Wagen für vier Fahrgäste adaptiert ist, also unter Volllastbedingungen erprobt werden konnte, ist seine übrige Bauweise so ausgelegt, daß der Motor fast von jeder Stelle aus ohne besondere Montagearbeiten zugänglich bleibt und sogar kleine Veränderungen am eingebauten Motor möglich sind. Wenn aber dennoch ein Motorausbau oder -tausch erforderlich oder erwünscht war, konnte das unter geringstmöglichem Zeitaufwand und ohne Schwierigkeiten durchgeführt werden. Damit war Marcus übrigens vielen heutigen Konstrukteuren weit voraus.

Wie man weiß, hat Marcus in diesem aus dem Jahr 1870/71 stammenden Fahrgestell mindestens drei verschiedene Motoren erprobt. Beginnend mit einem atmosphärischen Zweitaktmotor über den weiterentwickelten, derzeit im Fahrzeug befindlichen wassergekühlten Einzylinder-Viertaktmotor von 1875 bis hin zu dem stärkeren zweiten Fahrzeug-Viertaktmotor von 1888, der eigentlich für das dritte Fahrgestell von 1889 vorgesehen war.

Fest steht, daß zwischen dem genial konstruierten Motor und dem wohldurchdachten Fahrgestell keinerlei Entwicklungsgefälle besteht.

Das von Goldbeck und Seper genannte Baujahr 1888 für die Fahrgestellkonstruktion des zweiten Marcuswagens ist absurd und historisch unhaltbar.

Der Motor weist Spuren längerer Laufzeit auf

Am 11. Jänner 1950 wurden in Gegenwart von Dr. Nagler die Arbeiten am zweiten Marcuswagen im Wiener Technischen Museum in Angriff genommen.

Natürlich wurde zuerst der Motor aus dem Fahrgestell ausgebaut und teils durch mich teils unter meiner Leitung durch den Werkmeister des Museums, Opelka, in den Werkstätten des Museums bis auf die letzte Schraube zerlegt. Die ersten der zu klärenden Fragen lauteten nämlich:

Ist dieser Motor jemals längere Zeit in Betrieb gestanden oder war er nur bedingt betriebsfähig? Und: Wie war das von Marcus verwendete Benzin chemisch beschaffen?

An den bewegten Teilen der Maschine konnte aufgrund bestehender Abnützungserscheinungen einwandfrei festgestellt werden, daß der Motor längere Zeit in Betrieb gestanden haben mußte, denn an der Art der Abnützungsspuren am Kolben, den Kolbenringen und der Zylinderlauffläche war zu erkennen, daß es sich nicht nur um einige wenige Prüfläufe gehandelt haben konnte. Für diese Vermutung aufgrund des Abnützungsbildes der bewegten Teile sprach zusätzlich eine entsprechende Kesselsteinbildung in dem den Zylinder umgebenden Wassermantel, die zu ihrem Aufbau längere Zeit benötigt haben mußte, und weiters die starken Rußablagerungen an den auspuffführenden Abgasleitungen.

Um die Frage nach der Laufzeit des Motors noch weiter zu untermauern, wurden auch die im Zylinder befindlichen Zündstifte der Abreißzündung mikroskopisch untersucht. Auch sie bewiesen aufgrund ihrer Abnützungserscheinungen, daß der Motor längere Betriebszeiten hinter sich haben mußte. An ihnen konnten typische Verbrennungsmerkmale festgestellt werden, die durch die Funkenbildung bei der Zündung entstanden waren, sowie ein rein mechanischer Abrieb des sehr harten Materials, der vom Aneinandergleiten der federbelasteten Zündstifte vor dem Abreißen des Kontaktes und des dabei entstehenden Zündfunkens herrührte.

Die erste eindeutige Erkenntnis war daher, daß dieser Motor durch Marcus nicht nur sporadisch, sondern offenbar in einem regulären Versuchsbetrieb zum Einsatz gebracht worden war.

Chemische Analyse des verwendeten Kraftstoffes

Nachfolgend sollte geklärt werden, welchen Kraftstoff Marcus für den Betrieb seines Motors verwendet hatte. Um das festzustellen, wurde eine chemische Analyse des im Einfüllstutzen des Vergasers befindlichen Rückstandes vorgenommen, der auch gleichzeitig als Kraftstofftank dient. Sie brachte folgendes Ergebnis:

„Der Rückstand ist ein Pulver, das aus schwarzen, weißen und bräunlichen Teilchen besteht. Geruch nach aromatischen Verbindungen. Bei der Erwärmung der Probe entweichen schwere gelbliche Dämpfe, die sich an kalten Stellen kondensieren und schließlich zu einer weißlichgelblichen, kri-

Aus dieser chemischen Untersuchung geht hervor, daß Marcus demnach ein schlecht destilliertes Benzin, in dem noch Petroleumrückstände enthalten waren, verwendete. Da Benzin keine Rückstände hinterläßt, konnte es chemisch auch nicht festgestellt werden.

Beschriftete Darstellung des bereits betriebsfähigen Viertaktmotors von Marcus aus dem Jahr 1875, der anläßlich der vom Autor 1950 erfolgten Restaurierung ausgebaut, zerlegt und Prüfstanduntersuchungen unterzogen wurde.

Rechts unten:
Werkmeister Opelka vom Technischen Museum Wien stellt das Lagerspiel der Kurbelwellengleitlager nach.

Unten:
Draufsicht auf den im Fahrgestell eingebauten Motor.

VIERTAKT-BENZINMOTOR VON SIEGFRIED MARCUS AUS DEM JAHR 1875

TANKBELÜFTUNG
VERGASERTANK
AUSPUFF
BENZINANZEIGE
BENZINABLASS-SCHRAUBE
ANKER

SPRITZBÜRSTEN-ANTRIEB
ABREISS-ZÜNDUNG
GASREGULIERUNG ZUR GESCHWINDIGKEITS-VERÄNDERUNG
DREHSCHIEBER FÜR DIE GEMISCHREGULIERUNG
KIPPHEBEL MIT RÜCK-HOLFEDER FÜR DIE VENTILSTEUERUNG
NOCKENWELLE
ZÜNDMAGNET-ANTRIEB
KURBELSCHLEIFE
ZÜNDMAGNET

stallinen Masse erstarren, die in Benzol löslich ist. Der wässerige Auszug der Probe reagiert sauer (PH 5–6). Phenole nicht nachweisbar. Sulfatreaktion schwach, dagegen große Mengen an Chlorionen. Auch Eisenionen sind nachweisbar".

Durch diese Untersuchungen konnten wir uns ein empirisches Bild von der Gesamtbetriebsdauer des Motors machen, teilweise aber auch des Wagens, in dem er eingebaut war. Dasselbe galt für das von Marcus verwendete Benzin, dessen Einsatz allerdings generell nie in Frage gestellt wurde.

Sehr erfreulich war, daß am Motor, außer dem Zündmagneten und einigen minder wichtigen Kleinteilen wie Schrauben, Splinte usw., keine maßgeblichen Bestandteile fehlten. Die Maschine mußte nach dem Betrieb durch Marcus irgendwann später von einem Außenstehenden zerlegt und wiederum zusammengebaut worden sein. *)

---

*) Wie sich kürzlich herausstellte, wurde die Maschine im Rahmen genauer Untersuchungen während der Nazizeit zur Feststellung des technischen Aufbaues zerlegt und anschließend offenbar fehlerhaft wieder zusammengebaut.

Der fehlerhafte Zusammenbau konnte nun aber bereinigt werden, ohne irgendwelche Änderungen an der Maschine vornehmen zu müssen.

Messungen am Motor

Nach Abschluß der Untersuchungen am zerlegten Motor wurde er wieder zusammengebaut und am 28. Jänner 1950 vom Technischen Museum Wien an das Technologische Gewerbemuseum in Wien mit dem Ersuchen überstellt, die Maschine auf dem dortigen Motorenprüfstand entsprechenden Leistungsuntersuchungen zu unterziehen.

Da der Motor durch das Fehlen des Zündmagnets noch nicht mit eigener Kraft lief, wurde er, um die richtige Funktion aller Teile festzustellen, vorerst mit dem Elektromotor des Prüfstandes angetrieben. Dabei ergab sich, daß die Maschine bei richtiger Zündung einwandfrei laufen mußte, da alle Teile richtig arbeiteten und auch die Kompression gut war. Der inzwischen im Keller des Museums aufgefundene, von Marcus gebaute Originalzündmagnet wurde instandgesetzt und auf dem noch auf dem Prüfstand befindlichen Motor montiert, ohne daß irgendwelche Anpassungsmaßnahmen notwendig gewesen wären. Man kann deshalb mit Fug und Recht annehmen, daß er ursprünglich Teil dieses Motors war. Daraufhin nahm ich mit dem damaligen Fachvorstand der Abteilung Verbrennungskraftmaschinen des Technologischen Gewerbemuseums, Prof. Dr. Ing. Schlöss, die Prüfstandmessungen in Angriff.

Nach 75 Jahren lief der Marcusmotor wieder

Beim ersten Startversuch am 20. Februar 1950, der mit Hilfe des Prüfstandelektromotors vorgenommen wurde, lief der Motor gleich mit 400 Umdrehungen pro Minute, und dies bei einer Leistung von 0,33 PS. Als Kraftstoff wurde Zistersdorfer Benzin verwendet. Die Maschine konnte, ohne abzusterben, bis auf 200 U/min heruntergebremst werden. Nachdem noch einige Korrekturen an den Lagereinstellungen, Spannungserhöhung an den Andruckfedern des Einlaßschiebers usw. sowie Feineinstellung des Benzin-Luft-Gemisches durchgeführt, jedoch keinerlei Änderungen am Originalzustand der Maschine vorgenommen wurden, wie etwa eine Zündzeitpunktverstellung o. a., erreichte der Motor zwei Tage später sofort nach dem Start 500 U/min und eine Leistung von 0,75 PS. Er war auch bei diesem neuerlichen Versuch wiederum bis auf 200 U/min herunterzubremsen, ohne seinen ruhigen Lauf einzubüßen. Weiter konnte die Motordrehzahl leider nicht abgesenkt werden, da es sich bei der Prüfanlage noch um eine Wasserwirbelbremse älterer Bauart handelte, deren Maximum an Bremsfähigkeit damit erreicht war.

Bemerkenswert war es, daß der Motor in allen geprüften Drehzahlbereichen einen runden und stoßfreien Gang hatte und trotz längerer Laufversuche ohne Fehlzündungen oder Zündaussetzer arbeitete, ein Laufverhalten, das allmählich erst wieder nach 1900 bei den ersten im Handel erhältli-

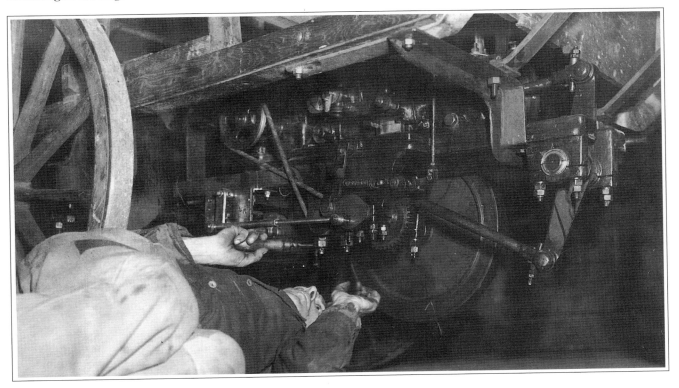

chen Automobilen erreicht wurde. Bei dem geprüften Marcusmotor handelte es sich zum Zeitpunkt seiner Entstehung für damalige Begriffe bereits um einen Schneläufer, der statt etwa 150–170 U/min, wie man bis 1950 annahm, mit seinen richtigerweise 500 U/min an die Drehzahl der ersten Daimlermotoren herankam, die bis heute noch als die ersten schnellaufenden Verbrennungsmotoren gelten.

Erster Automobilmotor der Welt

Die Tatsache, daß man sich mit der Marcus-Konstruktion intensiv auseinandersetzen mußte, ermöglichte es erst, an im ersten Moment oft eher als unbedeutend erscheinenden Konstruktionsdetails das Genie und den technischen Weitblick von Siegfried Marcus zu erkennen. In der folgenden Beschreibung des Motors, seiner Konstruktion und Funktionsweise wird deshalb immer wieder auf diese konstruktiven Feinheiten besonders hingewiesen.

Den wichtigsten Schritt zum „Automobilmotor" setzte Siegfried Marcus bereits um 1864, als er bei

seinem ersten Motor den Kraftstoff Benzin zum Einsatz brachte, damit den Verbrennungsmotor von fixen Standorten und den Gasanstalten befreite und zur mobilen Maschine machte. Diese Maschine konnte ihren leicht ergänzbaren Energieträger erstmals in einem handlichen Tank mit sich führen und war dadurch beweglich, unabhängig und jederzeit und überall einsatzfähig.

Welche Leistung es bedeutete, dieses damals gar nicht so leicht erhältliche Petroleumderivat als Kraftstoff für Maschinen so weit zu „zähmen", daß es einerseits gefahrlos zu verwenden und andererseits beherrschbar war, die zu betreibende Maschine nicht zerstörte oder sonstigen Schaden stiftete, ist für den heutigen Menschen kaum noch nachvollziehbar.

Erst nach 1875 gelang es dann auch Maybach in Deutz, funktionierende, stationäre atmosphärische Bezinmotoren herzustellen, obwohl Otto und Langen von Prof. Reuleaux bereits 1867 darauf hingewiesen worden waren, daß Marcus Benzin als Kraftstoff zum Antrieb seiner Motoren aufzubereiten verstand.

Links:
Diese Abbildung zeigt deutlich, wie einfach es ist, bei Reparaturen an alle Teile der Maschine heranzukommen. Es ist sogar möglich, den Kolben aus dem Zylinder auszubauen, ohne den Motor ausbauen zu müssen.

Rechts oben:
Seitenansicht des eingebauten Motors nach seiner Restaurierung 1950.

Alles, was Benzin gefügig und im richtigen Moment im Zylinder zündwillig machte, mußte von Siegfried Marcus ohne jegliches Vorbild erst gefunden, konstruiert, gebaut, erprobt und betriebssicher gestaltet werden.

Der „Carbourateur", wie Marcus den Vergaser nannte

Die Kraftstoffaufbereitung für den im Marcuswage eingebauten Viertaktmotor erfolgt durch einen Vergaser mit Mehrfachfunktion, den Marcus 1865 patentieren ließ und den er bis 1883 weiterentwickelt hat. Er besteht aus einem Benzintank und einer darin befindlichen, vom Motor über einen Rundriemen angetriebenen, mit Borsten versehenen Zerstäuberscheibe, die über eine fixe Kante das aus dem Kraftstoffreservoir mitgenommene Benzin abstreift und dabei fein zerstäubt. Nachdem Marcus aber diese Benzinanreicherung der Luft noch nicht als ausreichend und sensibel ge-

gaserbeheizung" nach Bedarf und Außentemperatur geregelt werden. Ein verschraubbarer, trichterförmiger Einfüllstutzen neben dem „Vergasertank" ermöglicht die leichte Befüllung des Spritzbürstenvergasers. Die „Tankverschraubung" ist im Einfülltrichter so angeordnet, daß ein Überfüllen jenes Teils des Vergasers, der als Kraftstofftank dient, verhindert wird. Selbstverständlich hat Marcus auch darauf Bedacht genommen, daß bei fallendem Benzinspiegel ein federbelastetes Ventil für einen Druckausgleich zwischen Tank und Außenluftdruck sorgt. Ein Benzinablaßhahn ermöglicht es, das Kraftstoffresevoir bei Bedarf zu entleeren. Außerdem ist der Tankinhalt durch ein den Kraftstoffstand anzeigendes Glasrohr, ähnlich der Wasserstandsanzeige bei Kesseln, jederzeit kontrollierbar. Dieser Motor verfügt demnach bereits über eine „Benzinuhr", eine Errungenschaft, die erst Jahrzehnte später generell im Automobilbau Eingang fand.

Unten:
Der Marcusmotor von unten gesehen. Balancier – Schubstange – Kurbelwelle mit Schwungrad sowie Nockenwellenantrieb.

Unten:
Abreißzündstifte, links der fest im Zylinder eingebaute, rechts der über ein Gestänge bewegliche Zündstift. Davor der Kolben mit konkavem Kolbenboden und drei um 60 Grad gegeneinander versetzten Kolbenringen. Liegend das Auslaßventil.

Rechts unten:
Teilweise zerlegter Motor mit abgenommenem Zylinderkopf, ausgebautem Einlaßschieber und teilweise ausgezogenem Kolben mit Pleuelstange. Vor dem Zylinder stehend das Auslaßtellerventil.

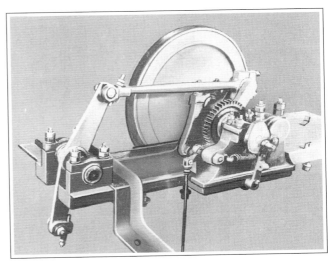

nug erschien, wurde der Vergaser ummantelt. Marcus leitete durch die so entstandenen Hohlräume zusätzlich die heißen Auspuffgase, um zur mechanisch erzeugten Vernebelung auch noch eine zusätzliche Gemischvergasung zu erreichen. Durch eine Steuerungseinrichtung kann die „Ver-

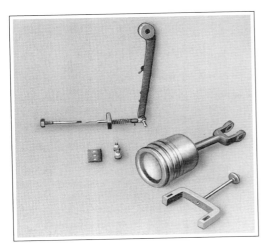

89

 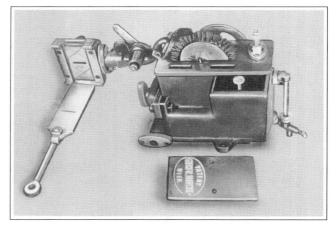

In den Anschluß der Saugleitung am Schieber-gehäuse ist ein fingerhutähnliches Sieb eingebaut, das verhindert, daß Schmutzteile in die Maschine gelangen und eine Flamme vom Zylinder eventuell in die Benzin-Luftgemisch führende Leitung zu-rückschlägt.

Das überaus fette Benzin-Luftgemisch, das im Ver-gaser erzeugt wird, kann über einen von Hand regelbaren Drehschieber soweit mit Zusatzluft ver-sorgt werden wie erforderlich ist, um ein zündwil-liges Gemisch aufzubereiten, das dann zwangsge-steuert über einen Flachschieber in den Motor ge-langt. Die Fahrgeschwindigkeitsregulierung erfolgt mit einem auf dem vorderen Teil der Führersitz-bank angeordneten Handrad, das die gleiche Funk-tion hat wie das heute in Verwendung stehende Gaspedal.

Bis hierher wurde der von Marcus verwendete

Spritzbürstenvergaser funktionell beschrieben, nicht eingegangen aber wurde auf die fortschritt-lichen Überlegungen, die dieser Konstruktion zu-grundeliegen.

Nachdem Eugen Langen bereits 1867 durch seinen Freund, Prof. Reuleaux, auf die erfolgreichen Bemühungen von Marcus aufmerksam gemacht wurde, Benzin so zu vergasen, daß es statt Leucht-gas als Kraftstoff für Motoren verwendet werden kann, hat Deutz begonnen, sich mit diesem Pro-blemkreis zu befassen. Wir wissen z. B., daß man sich 1875 mit der Schaffung eines Oberflächenver-gasers auseinandersetzte, die für die stationären Deutz-Benzinmotoren vorgesehen waren. Erst 1885 wurde der Deutzer Viertakt-Benzinmotor mit ei-nem solchen Oberflächenvergaser ausgestattet. Aber auch Benz und Daimler hatten bis etwa 1890 noch keine bessere Vergaservariante als den etwas weiterverbesserten Oberflächenvergaser für ihre

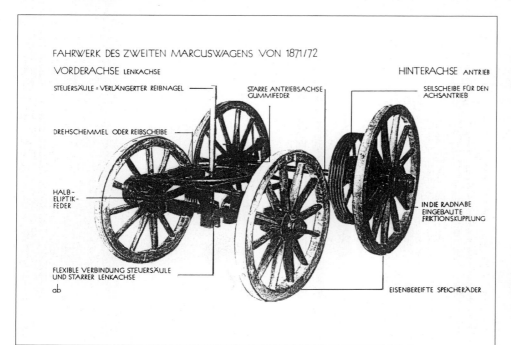

FAHRWERK DES ZWEITEN MARCUSWAGENS VON 1871/72

VORDERACHSE LENKACHSE

HINTERACHSE ANTRIEB

STEUERSÄULE = VERLÄNGERTER REIBNAGEL

STARRE ANTRIEBSACHSE GUMMIFEDER

SEILSCHEIBE FÜR DEN ACHSANTRIEB

DREHSCHEMMEL ODER REIBSCHEIBE

HALB-ELIPTIK-FEDER

INDIE RADNABE EINGEBAUTE FRIKTIONSKUPPLUNG

FLEXIBLE VERBINDUNG STEUERSÄULE UND STARRER LENKACHSE
ab

EISENBEREIFTE SPEICHERÄDER

Oben rechts:
Rechte Seite: Draufsicht auf den „Vergaser" mit ausgebauter Spritz-bürste und deren Antrieb. Zwischen Vergaser und Einlaßschieber-führung befindet sich die An-saugleitung mit der Gemischregu-lierung und dem „Gashebel", der mit einem Handrad vom Führersitz aus zur Geschwindigkeitsregulie-rung verstellt wird.

Oben links:
Draufsicht auf den Spritzbürsten-Tankvergaser mit abgenommenem Gehäusedeckel von der Einfüllstut-zenseite, Ausgleichsventil und Ben-zinstandsanzeige. Zwischen der of-fenen Einlaßschieberführung und dem Vergasergehäuse ist der „Gashebel" sichtbar.

Motoren zur Verfügung. Der Grund, weshalb Marcus sehr rasch von der absolut nicht zufriedenstellenden Oberflächenverdunstung abging, war der Umstand, daß bei diesem logischerweise immer zuerst die leichtflüchtigen Benzinanteile verdunsteten, wodurch allmählich die Benzinluftanreicherung immer schlechter wurde und damit eine qualitativ gleichbleibende Motorspeisung mit einem zündfähigen Gemisch nicht gewährleistet war. Diese Art der Vergasung war nicht nur unverläßlich, sondern auch teurer, denn es konnten ja nur die leichtflüchtigen Bestandteile effizient verwendet werden, wodurch Benzine mit vorwiegend schwer flüchtigen Anteilen nicht oder nicht zufriedenstellend eingesetzt werden konnten.

Der von Marcus konstruierte Rotationsbürstenvergaser bewirkte durch die mechanische Zerstäubung des Benzins und die damit verbundene enorme Oberflächenvergrößerung eine wesentlich bessere Verdunstung. Durch die zusätzliche Vergaserbeheizung mittels heißer Auspuffgase wurde die Verdunstung auch der schwerflüchtigen Benzinanteile ermöglicht, wodurch Marcus auch billige Benzine mit einem hohen Anteil an schwerflüchtigen Bestandteilen für seinen Motor anstandslos verwenden konnte. Dazu kam noch, daß von Anfang bis Ende die Gemischqualität kaum eine Verschlechterung erfuhr und damit die Zündwilligkeit weitgehend konstant erhalten blieb.

Rechts oben:
Die Schmierung des Motors erfolgt über Schmiervasen, ansonsten ausschließlich von Hand mit der Ölkanne.

Oben:
Die richtige Einstellung des Motors ist reine Gefühlssache und weitgehend von Gehörinformationen abhängig.

Rechts:
Die Abbildung von 1950 zeigt von links nach rechts den Direktor des Technischen Museums, Dr. Nagler, Frau Dr. Suk, die Bibliothekarin des Museums, den Kustos für Chemie, Dr. Burghardt, und den bekannten Fachjournalisten der Vorkriegszeit, Erich Schmale, davor den Autor am Motor.

Zylinder und Kolben

Der das Gas-Luftgemisch ansaugende und nach der Zündung den Verbrennungsdruck an den Kurbeltrieb weiterleitende Kolben weist bereits einen konvex gestalteten Kolbenboden auf. Vermutlich hat Marcus damit versucht, eine günstigere Brennraumgestaltung zu erreichen, denn vom Dampfmaschinenbau konnte er diese Kolbenbodenform sicherlich nicht übernommen haben.

Die Abdichtung des Kolbens gegen die Zylinderwand erfolgt hier schon durch drei um 120 Grad gegeneinander versetzte und in dieser Stellung gegen Verdrehung fixierte Kolbenringe.

Der Zylinder des Marcusmotors ist doppelwandig und wassergekühlt. Über einen unter der Rücksitzbank angebrachten Wassertank gelangt das Kühlmedium in den den Zylinder ummantelnden Hohlraum und kann bei entsprechender Erhitzung über ein am oberen Teil des Zylinders angebrachtes Rohr abdampfen. Es handelt sich bei dieser Art der Kühlung um ein offenes Kühlsystem. Am tiefsten Punkt des Zylinder befindet sich eine Wasserablaßschraube.

Der Zylinder wird durch einen abmontierbaren Zylinderkopf abgeschlossen, der auch in das Kühlsystem mit einbezogen ist. Der abnehmbare Zylinderkopf ist beim Automobilmotor erst Jahrzehnte später wieder eingeführt worden. In den Zylinderkopf ist das zwangsgesteuerte Auslaßventil inte-

92

griert, während seitlich am Zylinder die Führung für den mittels eines Flachschiebers ebenfalls zwangsgesteuerten Gaseinlaß angeordnet ist. Auf dem Oberteil des Zylinders befindet sich der Drehpunkt des Schwinghebels für die bewegliche, in den Zylinder ragende Zündnadel, die mit einem geschickt erdachten Mechanismus mit einigen Griffen ein- und auszubauen ist, vergleichbar dem unkomplizierten Ein- und Ausbau der Zündkerzen einiger moderner Autos, – heute leider nicht mehr bei allen.

Kurbeltrieb mit Balancier

Der Kurbeltrieb des Marcusmotors setzt sich zusammen aus dem Kolben und einer kurzen Pleuelstange, die am oberen Teil eines zentrisch gelagerten Balanciers angelenkt ist, durch welchen wegen der zweckmäßigen Kurzbauweise des Motors für automobile Zwecke eine Bewegungsumkehr stattfindet. Am unteren Teil des Balanciers ist eine längere Schubstange angelenkt, die nunmehr die rück-

geführte Kolbenbewegung an die unterhalb des Zylinders angeordnete Kurbelwelle weiterleitet, wodurch die hin- und hergehende Bewegung des Triebwerks in die zum Antrieb notwendige drehende Bewegung umwandelt wird. Die mit einem aufgesetzten Schwungrad versehene Kurbelwelle treibt über eine Zahnradübersetzung die Gaswechselsteuerung, die Zündnadel der Abreißzündung und den oszillierenden Zündmagnet sowie die Spritzbürste des Vergasers an.

Zwangsgesteuerter Gaswechsel

Der Einlaß des Benzin-Luftgemisches, das über den Vergaser und den von Hand einstellbaren, die Zusatzluft steuernden Drehschieber aufbereitet wird, erfolgt zwangsgesteuert über einen von der Kurbelwelle angetriebenen Flachschieber. Er ist zur besseren Dichtung blattfederbelastet und neigt trotz der satten Auflage durch die elastische Federbelastung bei Überhitzung weniger leicht zum „Fressen" als es bei einer starren Führung der Fall wäre.

Der Auslaß der Verbrennungsrückstände des im Viertakt arbeitenden Motors erfolgt ebenfalls zwangsgesteuert über ein nockenwellengesteuertes Tellerventil, das über eine Hebelübersetzung mit Zugfederbelastung geöffnet und geschlossen wird.

Wie überlegt Marcus auch im Detail konstruierte, ist daraus ersichtlich, daß er das Ventil mit einem am oberen Teil des Ventiltellers aufgesetzten und geschlitzten kleinen Schaft versah. Er dient dazu, den Ventilteller mittels eines Schraubenziehers und einer Schleifpaste auf seiner Auflagefläche so einschleifen zu können, daß er am Ventilsitz möglichst gut dichtet. Diesen Schlitz weisen zum gleichen Zweck in etwas veränderter Form auch noch die heute verwendeten Tellerventile auf.

Aber nicht nur diese Einschleifvorrichtung ist bemerkenswert, auch der Umstand, daß die zur Ventilsteuerung dienende Nocke im Verein mit dem auf einer Rolle laufenden Ventilsteuerhebel über eine ein- und ausschaltbare Dekompressionsvorrichtung verfügt. Sie hat den Sinn, beim Ankurbeln des Motors durch eine Druckreduktion im Zylinder den Handstartvorgang zu erleichtern. Übrigens ist die Druckreduzierung bei eingeschalteter De-

kompression gerade so groß, daß der Motor am Stand weiterläuft, ohne abzusterben. Es muß für Marcus damals keineswegs leicht gewesen sein, die Verdichtung des Gemisches gerade soweit zu reduzieren, um diesen gewünschten Effekt zu erreichen.

Wenn Marcus den notwendigen Krafteinsatz auch überschätzte, der zum Ankurbeln der Maschine erforderlich ist, so zeigt diese Vorrichtung doch, mit welcher bis ins letzte gehenden Überlegung er auch die scheinbar unbedeutendsten Kleinigkeiten konstruierte.

Im thermisch wesentlich höher belasteten Verbrennungsmotor als es die Dampfmaschine ist, können nicht wie bei dieser als Steuereinrichtungen Flachschieber verwendet werden. Beim Einlaß ist ein Flachschieber möglich, da er durch das einströmende, frische Benzin-Luftgemisch gekühlt wird und daher die an ihm auftretende Wärmeentwicklung und Wärmestauung in beherrschbaren Grenzen bleibt.

Anders bei der Verwendung eines Auslaßschiebers, der durch die kontinuierlich an ihn herangebrach-

Links:
Nachjustierung der Vergasertankbeheizung.

Rechts:
Lagebesprechung anläßlich einer der Versuchsfahrten mit dem zweiten Marcuswagen am 9. April 1950.

94

ten heißen Abgase enorm aufgeheizt wird. Dadurch treten kaum zu bewältigende Schmierprobleme auf, was – wie bei den Gasmaschinen von Lenoir – immer wieder zu „Fressern" des Schiebers führte. Daher entschloß sich Marcus, beim Auslaß statt eines Flachschiebers ein Tellerventil zu verwenden.

Auch mit der Konstruktion der Gaswechselsteuerung beschritt er demnach neue Wege. Der Franzose Lenoir hielt sich noch weitestgehend an das Vorbild der Dampfmaschine und steuerte daher seinen Gaswechsel im Ein- und Auslaßbereich mit Flachschiebern, womit er aber, wie erwähnt, immer wieder Schwierigkeiten hatte.

Was aber die Zwangssteuerung des Gaswechsels anbelangt, war sie sogar noch bei Daimler keine Selbstverständlichkeit. Er verwendete bei seinem Zweizylindermotor von 1889 noch automatische Ansaugventile, die weit weniger präzise arbeiteten, die Zylinderfüllung durch den größeren Ansaugwiderstand reduzierten und damit die Motorleistung verschlechterten. Ebenso Benz, der ebenfalls noch 1900 seinen Fahrzeugmotor mit einem automatischen Ansaugventil versah.

Die elektromagnetische Abreißzündung

Schon die ersten Konstrukteure von Verbrennungsmotoren waren sich klar darüber, daß die im Zylinder befindliche Gasladung am besten durch einen elektrischen Funken zu zünden wäre. Diese Erkenntnis wurde auch immer wieder in die Praxis umgesetzt, nur war sie bis zur Erfindung der elektromagnetischen Abreißzündung durch Siegfried Marcus so wenig zufriedenstellend, daß die Motorenbauer immer wieder gezwungen waren, auf andere Zündsysteme auszuweichen.

So verwendete etwa Gottlieb Daimler noch bei seinen ersten Automobilmotoren eine von Leo Funk erfundene und von Daimler wesentlich verbesserte Glührohrzündung. Ebenso nahm Carl Benz 1896/97 ein Patent auf eine Platin-Glühhut-Zündung „für Gas-, Benzin- und Petroleum-Maschinen", weil seine bis dahin mit Akkumulatoren ausgerüstete elektrische Zündung nicht einwandfrei funktionierte. Auch Otto hatte bei den Bemühungen, für seine Motoren eine einwandfrei arbeitende elektrische Zündung zu schaffen, kein Glück. Er wich deshalb auf eine von ihm 1865 erfundene,

sehr komplizierte, schiebergesteuerte Zündung mit „lebender" Flamme aus, die er im Prinzip über 20 Jahre beibehielt und sogar in seinen ersten Viertakt-Maschinen anwendete. Sie wurde 1882 von Rudolf Schlötter in seinem Werk „Die Gasmaschinen" beschrieben.

Die beim Motor des zweiten Marcuswagens auch heute noch einwandfrei funktionierende magnetelektrische Zündung wurde im Ansatz bereits 1864 patentiert. 1873 weist Prof. Radinger im Rahmen eines Gutachtens auf die hohe Betriebssicherheit dieses Zündsystems hin.

Als der vom Autor untersuchte und bis zur Betriebsfähigkeit restaurierte Marcusmotor bereits nach den ersten Startversuchen zu laufen begann, war vielleicht das Auffälligste die absolute Zuverlässigkeit der Zündung. Bei allen Laufversuchen des Motors und den späteren Fahrversuchen mit dem Wagen konnte keine einzige Fehlzündung oder gar ein Zündaussetzer festgestellt werden.

Die Funktionsweise der Abreißzündung

Der konstruktive Aufbau der Anlage setzt sich zusammen aus einem oszillierenden Magneten, der mittels eines auf der Auspuffnocke angelenkten Gestänges über eine zur Magnetbeschleunigung vorgesehene Kurbelschleife bewegt wird. Der dabei entstehende Zündstrom wird über ein isoliertes Kabel an den beweglichen Zündstift, der zum Teil in den Zylinder ragt, geleitet. Durch einen Hebelmechanismus wird die Abreißnocke so gesteuert, daß der Gleitvorgang der aufeinanderreibenden Zündstifte dann vehement abreißt, wenn die dadurch entstehende Funkenbildung für die zeitgerechte Zündung des im Zylinder befindlichen Benzin-Luftgemisches erforderlich ist.

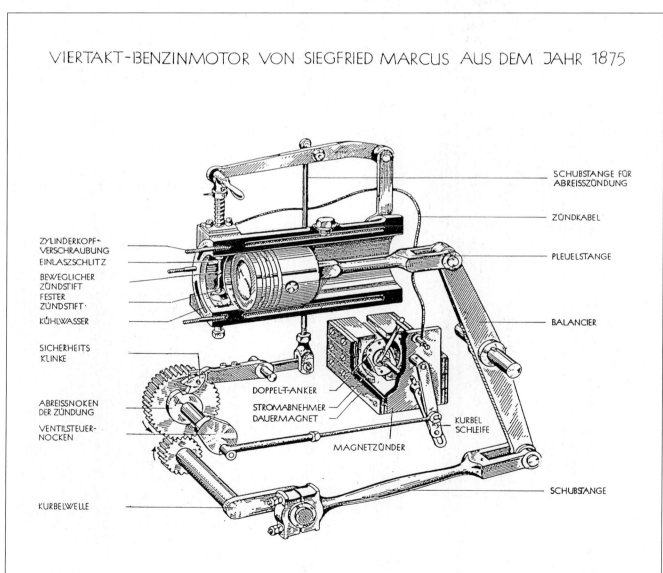

VIERTAKT-BENZINMOTOR VON SIEGFRIED MARCUS AUS DEM JAHR 1875

ZYLINDERKOPF-VERSCHRAUBUNG
EINLASZSCHLITZ
BEWEGLICHER ZÜNDSTIFT
FESTER ZÜNDSTIFT·
KÜHLWASSER

SICHERHEITS KLINKE

ABREISSNOKEN DER ZÜNDUNG
VENTILSTEUER-NOCKEN

KURBELWELLE

DOPPEL-T-ANKER
STROMABNEHMER
DAUERMAGNET
MAGNETZÜNDER
KURBEL SCHLEIFE

SCHUBSTANGE FÜR ABREISSZÜNDUNG
ZÜNDKABEL
PLEUELSTANGE
BALANCIER
SCHUBSTANGE

Beim Marcusmotor liegt der Zündzeitpunkt am oberen Totpunkt. Dafür, daß der von der Abreißnocke abschnappende Hebel mit dem damit angetriebenen beweglichen Zündstift eine möglichst dynamische Wirkung entfaltet, sorgt eine unter Vorspannung befindliche, am Zylinder und am Zündhebel angreifende Spiralfeder. Abgesehen davon, daß die Zündanlage eine für die damalige Zeit revolutionierende Konstruktion darstellte, beweist auch sie, wie verläßlich bei Marcus auch die schwierigsten Detaillösungen funktionierten.

Nachdem bei einem Verbrennungsmotor selbst dann, wenn er am oberen Totpunkt zündet, immer noch die Gefahr besteht, daß er zurückschlägt – bzw. wenn der Motor aus welchen Gründen immer zurückgedreht wird –, mußte Vorkehrung getroffen werden, um eine Beschädigung des abgeschnappten Hebels der Abreißzündung wirksam zu verhindern. Zu diesem Zweck hat Marcus an dem gefährdeten Hebel eine bewegliche, blattfederbelastete, drehbare Klinke angebracht, die bei Rückschlag oder zurückgedrehtem Motor gegen den Druck der sie haltenden Blattfeder umkippt, sodaß die Abreißnocke unter ihr durchlaufen kann, ohne Schaden anzurichten.

Die Schmierung des Motors erfolgt weitgehend in Anlehnung an jene der damals schon stark vertretenen Dampfmaschinen über vorgesehene Schmiervasen mittels Fett und Öl.

Die Kraftübertragung

Die Kraftübertragung des zwischen den Achsen des Fahrgestells liegend angeordneten, einzylindrigen Motors erfolgt unter Zwischenschaltung einer von Hand zu bedienenden Stahlkonuskupplung über

Links:
Funktionsdarstellung des „Ur-Automobilmotors", der von Anfang an ausschließlich zum Antrieb eines Motorfahrzeuges von Siegfried Marcus konstruiert, gebaut und erprobt wurde.

Rechts oben:
Funktionsschema der verläßlich arbeitenden Abreißzündung und deren Antrieb.

Rechts Mitte:
Magnetzündapparat mit oszillierendem Anker, Kurbelschleife und Antriebsgestänge zur Nockenwelle.

Rechts:
Längsschnitt des Spritzbürstenvergasers mit Auspuffvorwärmung. Benzinanzeige mit Ablaßhahn, auf dem Vergaserdeckel das federbelastete Druckausgleichsventil.

Rechts daneben:
Querschnitt, sichtbar der Spritzbürstenantrieb, die Heißluftkanäle zur Vorwärmung und der verschraubte Einfüllstutzen, der auch gleichzeitig das Tankniveau begrenzt.

zwei verschieden große Schnurscheiben und vier nebeneinander laufende, gedrehte Lederriemen auf die Hinterachse. Eine kleinere fünfte Schnurscheibe an der Hinterachse könnte eventuell dafür vorgesehen gewesen sein, das starre Übersetzungsverhältnis zu verändern.

In den Radnaben der Antriebsräder befinden sich Rutschkupplungen, die beim Kurvenfahren eine verschieden schnelle Drehung der Räder erlauben und damit eine differentialähnliche Funktion erfüllen.

Die Inbetriebsetzung des Motors

Um den Viertaktmotor des zweiten Marcuswagens anzustarten, sind eine Reihe von Handhabungen erforderlich, die in einer logischen Reihenfolge zu erfolgen haben:

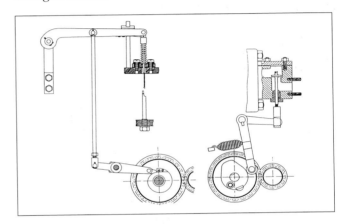

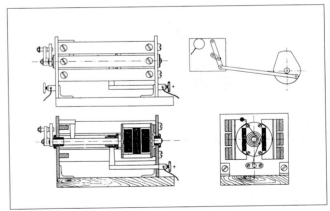

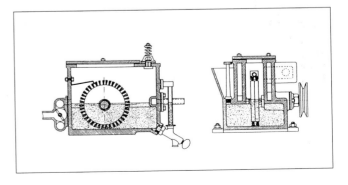

• Kühlwassertank unter dem Sitz füllen.

• Alle Schmierstellen mit Fett und Öl versorgen und die Maschine einigemale leer durchdrehen, um alle beweglichen Teile mit Fett zu versorgen.

• Befüllen des Benzintanks, der auch gleichzeitig der Vergaser des Motors ist, bis der Kraftstoffspiegel die verschraubbare, im Einfüllstutzen liegende Tankeinfüllöffnung erreicht, worauf der Tank mit der langschäftigen Verschlußschraube verschlossen wird.

• Im folgenden wird der zwischen dem Tankvergaser und dem Zylinder in die Ansaugleitung integrierte Benzin-Luft-Gemischregler auf maximale Zusatzluft gestellt, also komplett geöffnet, und der Gashebel mit dem am Fahrersitz angeordneten Handrad auf Vollgas gestellt.

Mit dieser Einstellung springt der Motor erfahrungsgemäß nicht an. Sie ermöglicht aber eine gute Ausgangsposition, um sich allmählich an die richtige Einstellung eines zündwilligen Benzin-Luftgemisches heranzutasten.

• Gestartet wird der Motor – wie auch noch alle Automobilmotoren einige Jahrzehnte später – mit einer Andrehkurbel, die an der Kurbelwelle eingesetzt wird und mit einer Klauenverbindung den Kraftschluß herstellt. Die Verbindungsklauen an der Andrehkurbel und der Kurbelwelle sind so gestaltet, daß sie die Kurbel bei anlaufendem Motor ausschieben, wodurch eine Verletzungsgefahr ausgeschlossen ist.

• Nach dem ersten Startversuch reduziert man die Zusatzluft solange, bis der Motor nach immer wieder versuchtem Ankurbeln ein zündwilliges Benzin-Luftgemisch erhält und anspringt.

• Normalerweise springt der Motor bereits nach einigen Einstellversuchen an. Sobald er läuft, muß man sich allerdings mit einigem Gefühl durch kleine Varianten bei der Einstellung der beiden Regler allmählich an jene Einstellungskombination herantasten, bei der die Maschine das bestmögliche Laufverhalten zeigt. Die jeweilige optimale Einstellung kann am Drehschieber, mit dem sie erfolgt, jeweils durch eine Schraube fixiert werden. Diese Einstellung kann aber nicht als „Standardeinstellung" angesehen werden, da sie auch vom herrschenden Wetter (worunter nicht nur die Temperatur zu verstehen ist) abhängig ist.

• Bei kalter Witterung kann durch Heizen des

„Vergasertanks", durch den die heißen Auspuffgase mittels einer teilweisen Doppelwandung geführt werden können, die Benzinvergasung intensiviert und damit das Laufverhalten des Motors verbessert werden.

• Theoretisch kann dann die Motorleistung durch ein vor dem Führersitz angeordnetes Handrad, das etwa die Funktion eines Gaspedals hat, geregelt werden. Theoretisch deshalb, weil der Motor, um das Fahrzeug überhaupt antreiben zu können, immer mit der Maximalleistung, also mit Vollgas, laufen muß, wodurch praktisch keine Möglichkeit einer Geschwindigkeitsveränderung besteht.

Der Fahrbetrieb

Wenn der Motor mit voller Leistung läuft, wird mit Hilfe eines Hebels, der sich hinter der Sitzbank des Fahrers befindet, der stehende in den vom Motor angetriebene Kupplungsteil allmählich mit der linken Hand eingeschoben, wodurch dieser stoßfrei mitgenommen wird und sich das Fahrzeug in Bewegung setzt. Nachdem der zweite Marcuswagen noch nicht über ein Wechselgetriebe verfügt, das lastbedingte Übersetzungen ermöglicht, kann das bei einer Verbrennungsmaschine unverzichtbare Getriebe provisorisch durch die mehr oder weniger rutschende Kupplung für Fahrversuche ausreichend ausgeglichen werden.

• Die Kraftübertragung erfolgt dann im weiteren über vier gedrehte Lederriemen auf die starre Hinterachse. Nachdem die Spannung der Antriebsriemen allmählich nachläßt, beginnen die Riemen, die ohne Spannvorrichtung in Schnurscheiben laufen, nach einiger Zeit zu rutschen und müssen von Hand nachgespannt werden.

• Gelenkt wird der Wagen mit einem kleinen, senkrecht stehenden Handrad, das über eine selbstsperrende Schnecke über die senkrecht stehende Steuersäule die starre Lenkachse um ihren Mittelpunkt dreht. Wenn es sich bei diesem einfachen Lenksystem auch um keine Komfortsteuerung handelt, ist sie nicht nur leicht bedienbar, sie ist auch auf schlechten Straßen stoßfrei, was besonders wichtig ist, da das Lenkrad sehr klein ist und außerdem das Fahrzeug nur mit der rechten Hand gelenkt werden kann, da die linke Hand dauernd den Kupplungshebel und damit die Kupplung im Eingriff halten muß. Die Kraftübertragung und ihre Bedienung ist beim zweiten Marcuswagen noch ein von Marcus in kauf genommenes Provisorium, das der Erfinder ganz offensichtlich erst als nächsten Schritt in Angriff zu nehmen beabsichtigte.

Darstellung der zum Betrieb dienenden Einrichtungen am zweiten Marcuswagen. Die Handhabung und der Fahrbetrieb sind im Text beschrieben.

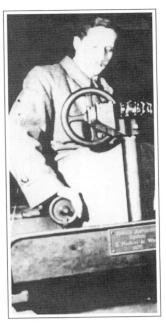

Unten:
Der Marcuswagen bei einer Probefahrt um das Museum im März 1950 mit einem Passagier in voller Fahrt. Am Steuer der Autor.

1. Sicht auf die selbstsperrende Schnecke und das mit ihr verbundene kleine Steuerrad der von Marcus konstruierten Drehschemellenkung.

2. Kupplungshebel, der während der Fahrt konstant mit der Hand in eingekuppeltem Zustand gehalten werden muß.

3. Mit diesem Handrad, das den heute gebräuchlichen Gashebel ersetzt, wird die Fahrgeschwindigkeit geregelt.

99

Links:
Lenksäule mit Schneckenrad und Lenkrad, darunter Handrad für die Gasregulierung.

Rechts:
Lenkgetriebe.

Oben:
Steuersäule mit Lenkgabel und Starrachse.

100

Oben:
Kleine und große Schnurscheibe mit vier gedrehten Lederriemen.

Unten:
Schnurantrieb von der Seite sowie Klotzbremsen auf den eisenbeschlagenen Rädern.

Oben:
Die in den Radnaben integrierte federbelasteten Reibscheiben, die beim Kurvenfahren eine differentialähnliche Wirkung auf die Antriebsräder ermöglichen. Das linke Bild zeigt die geschlossene Radnabe.

Untere Reihe: Zweiter Marcuswagen von vorn, von hinten und seitlich.

101

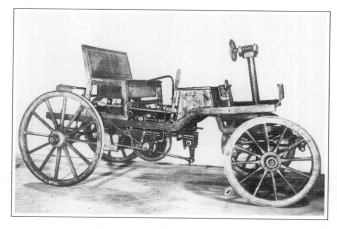

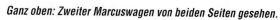

Ganz oben: Zweiter Marcuswagen von beiden Seiten gesehen.

Links oben: Draufsicht auf den eingebauten Motor, sichtbar: Abreißzündhebel und Einlaßschieber.

Oben: Draufsicht auf Kupplung mit kleiner Schnurscheibe und Kupplungshebel.

Links: Seitenansicht des Motors mit Zündmagnet.

Links unten: Zündmagnet von hinten gesehen.

Unten: Drei Ansichten des Vergasertanks: oben Belüftungsventil, darunter Einfüllstutzen, links unten Benzinstandsglas.

• Das gleiche gilt für die Fahrzeugbremse. Gebremst wird der schwere Wagen über eine Hebelhandbremse, die sich ebenfalls hinter dem Fahrersitz befindet, und ein entsprechendes Bremsgestänge, das auf zwei mit einer gemeinsamen Welle verbundene Holzbremsklötze wirkt. Sie werden beim Bremsen an die Hinterräder gedrückt. Die schlechte Bremswirkung ist nur deswegen akzeptabel, weil der Wagen auf Grund seiner geringen Motorleistung nur auf ebener Straße mit einer Geschwindigkeit von 6 – 8 km/h betrieben wird, was ein Anhalten immer noch ermöglicht.

Technische Daten des 1950 restaurierten zweiten Marcuswagens

Motor:
Liegender Einzylinder-Viertakt-Benzinmotor mit abnehmbarem Zylinderkopf. Ein- und Auslaß zwangsgesteuert – Einlaß durch einen Flachschieber, Auslaß durch ein Tellerventil – offene Wasserkühlung – Schmierung außer Zylinderlaufflächen von Hand – magnetelektrische Abreißzündung – Spritzbürstenvergaser mit integriertem Kraftstofftank und Auspuffheizung zur besseren Vergasung des Kraftstoffes.

Bohrung	100 mm
Hub	200 mm
Hubvolumen	1.570 mm
Zündzeitpunktob.	Totp.
Höchste Drehzahl (am Prüfstand)	500 U/min
Kleinste Drehzahl (am Prüfstand)	200 U/min
Höchstleistung (am Prüfstand)	0,75 PS
Verdichtungsverhältnis	3,5 : 1

Kraftübertragung:
Kolben – Kolbenbolzen – Pleuelstange – Balancier – Schubstange – Kurbelwelle – Kupplung (Stahlkonuskupplung), die auch gleichzeitig provisorisch das fehlende Getriebe ersetzt – kleine fünfrillige Schnurscheibe – 4 gedrehte Lederriemen – vierrillige große Schnurscheibe (Übersetzungsverhältnis 1 : 6,7) – starre Hinterachse – eisenbereifte Holzspeichenräder mit Differntial ersetzende Reibscheibenkupplungen in den Radnaben.

Fahrgestell:
Eichenholzrahmen teilweise mit Eisenverstärkungen armiert – eisenbereifte Holzspeichenräder – Vorder- und Hinterachse gefedert – zwei Sitzbänke aus Holz für vier Personen, rückwärtige Sitzbank mit Holzlehne (beide Holzbänke auf dem Rahmen aufgesetzt) – Motor liegend, zwischen den Achsen eingebaut.

Vier Gummipuffer dienen zur Abfederung des Rahmens gegen die angetriebene Hinterachse, während die Vorderachse mit zwei damals üblichen Halbelliptik-Blattfedern versehen ist.

Das Fahrgestell stammt aus dem Jahr 1870/71 und diente bis 1888 als Motorträger sowohl für die Zwei- als auch die von Marcus gebauten Viertakt-Fahrzeugmotoren.

Der heute noch im Fahrgestell des zweiten Marcuswagens eingebaute Motor ist der hier beschriebene, voll betriebsfähige Viertakt-Benzinmotor von 1875.

Bedienungshebel:
Lenkrad – Handkupplungshebel – Gemischregulierhandrad – Handbremshebel (wirkt auf zwei Holzklötze, die auf die Hinterräder gepreßt werden, und ist vom Führersitz aus zu bedienen) – Luftregulierung (am Motor einzustellen) – selbstsperrende Lenkung.

Fahrleistungen:

Höchste Geschwindigkeit mit zwei Personen	6 – 8 km/h
Steigvermögen	bis 1,5 %

Maße und Gewichte

Länge über alles	2.905 mm
Breite über alles	1.590 mm
Höhe über alles	1.600 mm
Bodenfreiheit	160 mm
Radstand	1.990 mm
Spurweite vorne	1.030 mm
Spurweite hinten	1.030 mm
Gewicht des Motor trocken	280 kg
Hinterräder	173 kg
Vorderräder	133 kg
Wanne mit Lenkstange und andere Teile	80 kg
Holzrahmen	90 kg
Gewicht des Fahrgestells	476 kg
Gesamtgewicht trocken	756 kg

Jahr	Motor	Typ	Erläuterungen	
1860 bis **1870**		**1**	Erster Fahrzeug-Benzinmotor von 1864 (stehend, Zweitakt, atmosphärisch, direkt wirkend), für Antriebsversuche eines Straßenfahrzeuges gebaut, jedoch von der Konstruktion her ungeeignet. Für die ersten Fahrversuche und die daraus gewonnenen Erkenntnisse hilfreich (siehe Seite 39).	
1870 bis **1874**		**2**	Zweiter Fahrzeug-Benzinmotor von 1868/70 (liegend, Zweitakt, atmosphärisch, direktwirkend, mit Balancier, Kurzbauweise). Eine völlige Neukonstruktion, aufgrund der Erfahrungen mit dem ersten Motor als ausgesprochener Fahrzeugmotor konstruiert. Dieser Bauweise ist Marcus bis zu seinem letzten Fahrzeugmotor treu geblieben. Auch diese Maschine war nur vom Ansatz her für den Antrieb geeignet.	
1875 bis **1888**		**3**	Dritter Fahrzeug-Benzinmotor von 1875 (liegend, Viertakt, direkt wirkend, mit Balancier, Kurzbauweise). Völlig neue, aus dem atmosphärischen Zweitakt-Motor heraus entwickelte Viertakt-Benzinmaschine. Dieser Motor ist der erste wirkliche Automobilmotor der Welt. Mit ihm wurden auch entsprechende Fahrversuche durchgeführt, obwohl auch er mit seinen 0,75 PS leistungsmäßig noch nicht wirklich entsprach.	
1876 bis **1888**		**4**	Vierter Fahrzeug-Benzinmotor von 1888 (liegend, Viertakt, mit Balancier, Kurzbauweise). Nachdem sich die Vorgängermaschine mit der Leistung von 0,75 PS im praktischen Betrieb als gerade ausreichend erwies, verbesserte Marcus durch uns nicht bekannte Maßnahmen diesen Motor auf 1,0 PS Leistung, ohne die grundlegenden technischen Daten des dritten Motors zu verändern. Der vierte Motor hatte als merkbare Verbesserung einen Starthebel, der vom Führersitz aus zu bedienen war. Die Maschine mußte also nicht mehr mit einer Andrehkurbel angeworfen werden (siehe Seite 183).	
1888 bis **1889**		**4**	Für ein zum Verkauf vorgesehenes Fahrzeug erwies sich aber offenbar auch der vierte Motor trotz der 33%igen Leistungssteigerung noch immer als zu schwach. Nach dem heutigen Stand der Forschung muß diese Maschine als letzte Fahrzeugmotorentwicklung betrachtet werden.	
1875 bis **–**		**3**	Der heute zum im Technischen Museum Wien ausgestellten, im Fahrzeug gehörige dritte Marcusmotor wurde 1950 komplett zerlegt, untersucht, die Verbrennungsrückstände chemisch analysiert und die Maschine entsprechenden Prüfstanduntersuchungen unterzogen. Sie ist voll betriebsfähig. Ohne Zweifel handelt es sich hier um den ersten wirklichen Automobilmotor der Welt.	

Fahrgestell	Typ	Erläuterungen
	I	Das für die Antriebsversuche verwendete Fahrgestell von 1864 war eine vom Handwagen abgeleitete, für den neuen Einsatz modifizierte Konstruktion. Die einzige Aufgabe dieses Primitivfahrgestells bestand darin, als Motorträger bei den ersten Fahrversuchen zu dienen (siehe Seite 148).
	II	Das zweite Fahrgestell von 1870/71 war bereits kein Provisorium mehr, sondern ein speziell für den motorbetriebenen Selbstbeweger geschaffenes Fahrzeug. Diese neuentwickelte Konstruktion war für den Transport von vier Personen ausgelegt. Durch die weitgehend unverschalte Bauweise war für Einstell- und Reparaturarbeiten am Motor genügend Raum. Auch ein Maschinentausch ließ sich rasch und problemlos durchführen (siehe Seite 84).
	II	Der Viertaktmotor von 1875 wurde ebenfalls in dem Fahrgestell von 1870/71 erprobt. Er war also der zweite Motor, der in diesem Fahrzeug im Versuchsbetrieb lief. Das unveränderte Fahrgestell bot Marcus gute Vergleichsmöglichkeiten zwischen dem alten Zweitakt- und dem neuen Viertaktmotor.
	II	Auch der vierte Motor von 1888 wurde im zweiten Fahrgestell von 1870/71 erprobt und schien im Versuchsbetrieb zu entsprechen.
	III	Das dritte Fahrgestell war nicht mehr für Fahrversuche bestimmt, sondern sollte sichtlich die zum Verkauf vorgesehene Serienproduktion der Marcusfahrzeuge einleiten. Es war so ausgelegt, daß es sich aufgrund einer möglichst unkomplizierten Bauweise leicht vervielfältigen ließ, ohne die Zugänglichkeit zu allen technischen Einrichtungen zu erschweren (siehe Seite 176).
	II	Der Marcusmotor von 1875 ist heute wieder im Fahrgestell von 1870/71 eingebaut, das ebenfalls 1950 mit dem Motor zusammen restauriert wurde und seit dieser Zeit betriebsfähig ist. Der Motor von 1875 muß jedenfalls vor 1898 wieder in das Fahrgestell von 1870/71 eingebaut worden sein, da er in dieser Variante als „zweiter Marcuswagen" im gleichen Jahr erstmals ausgestellt wurde.

Festakt im Technischen Museum

Nach Abschluß der Restaurierungsarbeiten am zweiten Marcuswagen beschloß die Direktion des Technischen Museums Wien unter Dr. Nagler, das Fahrzeug der österreichischen Öffentlichkeit anläßlich eines Festaktes vorzuführen. Nicht nur im statischen Zustand, in dem der Wagen schon seit Jahrzehnten in der Sammlung gezeigt worden war, sondern in vollem Betrieb, d. h. in fahrendem Zustand sollte das Publikum das erste Automobil erleben. Es traf sich auch gut, daß der zweite Marcuswagen mit dem Viertakt-Benzinmotor im Jahr 1950 fünfundsiebzig Jahre alt wurde, wodurch Vorführung und Festakt gleichzeitig als Jubiläum gefeiert werden konnten.

Der Zeitpunkt für eine solche Demonstration fiel in eine echte Aufbruchstimmung, nachdem in Österreich die größten Schwierigkeiten und Probleme, die sich aus dem Zweiten Weltkrieg ergeben hatten, langsam abzuklingen begannen.

Am 16. April 1950, einem Sonntag, fand im westlichen Wien eine kleine Völkerwanderung statt, und zwar in Richtung Technisches Museum nahe Schönbrunn, wo um 10 Uhr die Gedenkfeier für Siegfried Marcus, „75 Jahre Benzinautomobil" begann. Den Ehrenschutz hatte der damalige Bundesminister für Handel und Wiederaufbau, Dr. Ernst Kolb, übernommen. Die einleitenden Worte sprach der Generalsekretär des ÖAMTC, Graf Pachta-Reyhofen. Der Autor hatte die Ehre, den Festvortrag zu halten. Für 11 Uhr war die Ausfahrt mit dem „Original-Marcus-Wagen" geplant, die rings um das Museum führen sollte.

Die laut Polizeischätzung 20–25.000 Schaulustigen, fanden zum größten Teil nur mehr vor dem Museum Platz. Um sie aber dennoch am Festakt, der in Anwesenheit eines Teils der Bundes- sowie Wiener Landesregierung unter Bürgermeister Theodor Körner im Museum stattfand, teilhaben zu lassen, wurden die Ansprachen auf den Museumsplatz übertragen. Diese Veranstaltung war seit Bestehen des Museums die weitaus meistbesuchte.

Rechts:
Einladung und Sonderpoststempel zu dem am 16. April 1950 im Rahmen des Wiener Technischen Museums stattgefundenen Festakt anläßlich des Jubiläums des weltweit ersten Einsatzes eines Viertakt-Benzinmotors zum Antrieb eines Automobils.

Rechte Seite:
Die beiden Bilder zeigen, wie groß das Interesse des Publikums an der Vorführung des Marcuswagens war, der 1950 erstmals nach Siegfried Marcus wieder in Betrieb war, und interessanterweise abermals auf der Mariahilferstraße.

So reibungslos der Festakt nach außen hin ablief, erwies er sich „hinter den Kulissen" jedoch nicht. Der Autor erinnert sich nur ungern an die Minuten kurz vor dem Herausschieben des Wagens aus der Museumswerkstätte zur Ehrentribüne vor dem Haupteingang des Museums, wo die Vorführung stattfinden sollte: „Ich wollte den in der Werkstätte bereitstehenden Wagen routinemäßig noch einmal kurz anwerfen – obwohl er vorher bereits klaglos gelaufen war –, um sicherheitshalber nochmals alle Einstellungen zu überprüfen und später möglichst keine Überraschung zu erleben. Ich erlebte sie nicht erst später, sondern gleich: der Motor, der bisher noch nie Startschwierigkeiten bereitet hatte, dachte nicht daran, auch nur das geringste Lebens-zeichen von sich zu geben. So sehr ich und der mit mir von Anfang an zusammenarbeitende Werkmeister des Museums, Opelka, sich auch bemühten, er lief und lief nicht an. Es schien, als wäre er vor Lampenfieber in Ohnmacht gefallen. Was tut man in einem solchen Fall, unter nicht unbeträchlichem Zeitdruck? Eine Frage, die ich damals nicht einmal Zeit genug hatte, mir zu stellen. In einer solchen Situation helfen auch größte Praxis und Erfahrung nur bedingt, sondern am ehesten eine blitzartige Eingebung. Ich rief meinem Mitarbeiter Opelka in Eile zu ‚Fenster auf, der Motor benötigt mehr Sauerstoff!' Erneuter Startvorgang, und siehe da, der Motor lief nach der zweiten Kurbelumdrehung.

Mit dieser technisch fragwürdigen Problemlösung ließ mich der Motor über vierzig Jahre im Ungewissen, ob ich als Techniker richtig erkannt hatte, daß er zur Verbrennung mehr Sauerstoff benötigte, um anzuspringen, oder ob ich in diesem Fall als „Mediziner" richtig diagnostiziert hatte, daß ein in Ohnmacht Gefallener zur Wiedererlangung des Bewußtseins mehr Sauerstoff braucht. So wie es aussieht, werde ich diese Frage wohl nie klären können. Das wichtigste war mir damals allerdings, daß der Motor lief und es während der gesamten Vorführung und längerer Fahrten nachher keinen einzigen Ausfall gab."

Bis heute ist der zweite Marcuswagen immer noch

Diesmal wurde das Fahren mit dem Marcuswagen von der Polizei nicht verboten!

betriebsverläßlich zu fahren, – eine beachtliche Leistung des ältesten Automobils der Welt!

Diese Vorführung wurde in Fachkreisen international stark beachtet und stellte eine beginnende Rehabilitierung von Siegfried Marcus nach seiner Verfolgung durch das Dritte Reich dar. Außerdem war nun die Frage eindeutig beantwortet, ob der Motor überhaupt gelaufen war, ja sogar erwiesen, wie verläßlich er arbeitet.

Noch während der Feierlichkeiten und auch in den Tagen nachher gingen im Technischen Museum zahlreiche Glückwunschtelegramme von ausländischen Institutionen ein. Nach einigen Jahren hatte der Autor Gelegenheit, mit dem damaligen Generaldirektor von Daimler-Benz, Dr. Haspel, über die Marcusfeier zu sprechen. Seine Meinung dazu: Er würde Siegfried Marcus und seine Arbeiten nicht in Frage stellen, stehe aber auf dem Standpunkt, daß die Weltmotorisierung von Daimler und Benz ihren Ausgang genommen habe. – Eine Feststellung, mit der man zweifellos leben kann.

1950 Vorführung des zweiten Marcuswagens in Wien anläßlich des 75jährigen Jubiläums.
Am Steuer der Autor, neben ihm Frau Jellinek-Mercedes, die letzte noch lebende Schwester von Mercedes Jellinek-Mercedes, nach der die Automobilmarke Mercedes benannt wurde. Dahinter die Gattin des Autors, Elisabeth Buberl, und Kustos Dr. Burkhardt vom Technischen Museum Wien.

75 Jahre nach Siegfried Marcus
Das älteste Auto der Welt begegnet auf der Mariahilferstraße der jüngsten amerikanischen Limousine

Vor der öffentlichen Jubiläumsausfahrt mit dem Marcuswagen vor Angehörigen der österreichischen Bundesregierung und etwa 25.000 Zuschauern noch ein kurzes Radiointerview mit dem Autor.

Das Zeitungsecho auf die Jubiläumsveranstaltung war wesentlich größer als die Museumsleitung erwartet hatte.

Erstes Auto der Welt fährt durch Wien
Der Wagen Siegfried Marcus' macht am ersten Sonntag nach Ostern eine Fahrt quer durch Wien – Nach 75jähriger Pensionierung reaktiviert

In memoriam Siegfried Marcus

Das Licht unter dem Scheffel

ÖSTERREICH

Eine Mumie erwacht
Der Marcus-Wagen, Baujahr 1875, wird fahrbereit gemacht

Jubiläumsfahrt des ersten Automobils der Welt

Der Stammvater aller Autogenerationen
Das erste Automobil von Marcus fährt nach 75 Jahren wieder

Der Geburtstag des ersten österreichischen Autos

Siegfried Marcus' Benzinauto restauriert

Waltraut Haas fährt im Marcus-Wagen
Erste Vorführung des ältesten Automobils in Wien

Waltraut Haas im ältesten Auto der Welt

Siegfried Marcus wird geehrt
Vor 75 Jahren fuhr das erste Benzinautomobil der Welt aus

Auto und Motorrad

Marcus oder Daimler?

Autofahren machte ‚zu großes Geräusch'
Die Polizei verbot den Wagen von Siegfried Marcus

Dem Verdienste keine Krone

Ein Ahnherr fährt spazieren

Die Jubiläumsfahrt im 6-Kilometer-Tempo
Gedenkfeier für Siegfried Marcus

Parade der Autoveteranen

Marcus-Auto umrundet das Technische Museum
Aber das Auto des Kanzlers blieb stecken

Der „alte Marcus" rollte . . .
Erfolgreiche Ausfahrt des ersten Benzinautomobils der Welt – Die letzten Meter im – Schritt

Wiener Spezialitäten von heute:
Der Mann, der das billige Gas erfand

Die Wiege des Autos stand in Wien
Vor fünfundsiebzig Jahren fuhr Siegfried Marcus mit dem ersten Benzinauto

GROSSE
ÖSTERREICH

Oben:
Der würdige „Jubilar" wird von hübschen jungen Damen – später arrivierte Schauspielerinnen – okkupiert: Nadja Tiller, Erni Mangold und Hilde Stahl
(Titelseite der „Großen Österreich Illustrierten").

Rechts:
Beitrag aus der „Presse" vom 3. März 1950.

Links:
Das Zeitungsecho reichte von ausführlichen Meldungen bis zu mehrseitigen Zeitungsberichten in Tageszeitungen und Fachzeitschriften in- und ausländischer Provenienz. Es war so engagiert, daß es bald Marcus-Gegner auf den Plan rief.

Zusammenstellung von Zeitungs-
ausschnitten bzw. -überschriften
aus Publikationen, die dem Autor
von den Redaktionen zugingen:

Neue Wiener Tageszeitung
Die Presse
Schweizer Automobil Revue
Der Fahrzeughandel
Weltpresse
Das kleine Volksblatt
Der Abend
Volksstimme
Neues Österreich
Spezial Service INFO
Montag Morgen
Wiener Kurier
Arbeiter Zeitung

Samstag
Wiener Bilderwoche
THE TIMES
Welt am Montag
Montag
Tagblatt am Montag
Wiener Zeitung
Radio Wien
Fuhrwerker Zeitung
Shell Nachrichten
Neue Illustrierte Wochenschau
Große Österreich Illustrierte

Die in der Presse erschienenen
Beiträge über die Festveranstal-
tung begannen mit dem 23. Februar und endeten mit dem
10. Mai 1950.

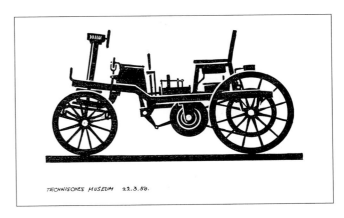

TECHNISCHES MUSEUM 22.3.50.

Vom Technischen Museum Wien angefertigte Zeichnung, die als Symbol für die Öffentlichkeitsarbeit eingesetzt wurde.

Erstes Auto der Welt fährt durch Wien

Der „Marcus-Wagen" soll über die Mariahilfer Straße rattern

Die Benzinkutsche, die der Wiener Mechaniker Siegfried Marcus im Jahre 1875 konstruiert hat, wurde vor einiger Zeit aus seinem Dornröschenschlaf im Technischen Museum in Wien aufgeweckt und auf einem Prüfstand des Technologischen Gewerbemuseums
in Anwesenheit seines Direktors, Prof. Doktor
Schoß, genauestens auf seine Leistungsfähigkeit überprüft.

Der bekannte technische Fachschriftsteller
und Verfasser des Buches „Automobile", Ing.
Buberl, plant nämlich, dieses älteste erhaltene
Benzinvehikel wieder instandzusetzen und
damit am 16. April, um 11 Uhr vormittags,
vom Technischen Museum bis zum Hause Mariahilfer Straße Nr. 107 zu fahren, in dem
sich einst die Werkstatt Marcus' befunden
hat. Der Wagen erwies sich trotz seines ehr-
würdigen Alters als durchaus gebrauchsfähig.
Bloß die Bremsen müssen erneuert und seine
einzelnen Teile endlich verschraubt und ge-
leimt werden, da dem kühnen Erfinder seinerzeit für solche „Nebensächlichkeiten" keine
Zeit mehr geblieben war und er mit dem sehr
baufälligen Vehikel bei der Probefahrt einfach mit 0.75 PS und 12 Stundenkilometern
„losgebraust" war und sie auch glücklich bestanden hatte.

Ing. Buberl will den Wagen ganz stilgerecht
dem Publikum zeigen. Darum ersuchte er nicht
nur den letzten noch lebenden Lehrling Marcus', der heute über achtzig Jahre zählt, an
der Fahrt teilzunehmen, sondern verzichtet auch
auf einen modernen Dynamo und ein hoch-
wertiges Benzingemisch und stellt beides ge-
treu nach den Anleitungen des Erfinders her.

Zwanzig Jahre vor Benz

Schon im Jahre 1861, also zwanzig Jahre vor
Benz, hatte sich der österreichische Erfinder
mit einer eigenen Konstruktion auf die Straße
gewagt, die aber leider nur mehr in Zeichnungen erhalten ist. Seine geniale Unbekümmert-
heit um Äußerlichkeiten kommt bei ihr noch
deutlicher als beim zweiten Modell zum Ausdruck, denn sie bestand aus einem einfachen
hölzernen Handwägelchen, auf das er ein
groteskes schafottartiges Gebilde mit einem

Kolben nach Muster der alten Preßluft-Vogel-
flinten aufmontiert hatte. Immerhin bildete
dieses Fahrzeug mit seinen 5 bis 6 Stundenkilometern bereits eine ernste Konkurrenz für
manch biederes Pferdegespann, deren Besitzer
ihr damaliges geringschätziges Urteil über die
verrückte Neuerung in der Zwischenzeit wohl
gründlich revidieren mußten.

Wenn auch Benz seinen Wagen unabhängig von Marcus entwickelt hatte, so ist dem
Wiener die Priorität nicht abzusprechen. Dieser hatte bereits alle grundlegenden Prinzipien des modernen Automobils herausge-
arbeitet. Er hatte das bisher nur für medi-
zinische Zwecke verwendete Benzin als hoch-
wertigen Treibstoff erkannt und den Vergaser
sowie den Viertaktmotor, der gleich dem ersten von Benz bereits 600 Umdrehungen erreichte, dabei aber auf 200 gebremst werden
konnte, ohne abzusterben, wie man nun an
dem zweiten erhaltenen Modell herausfand,
so daß hiemit Marcus die Ehre der Erfindung
des ersten hochtourigen Motors gebührt.

Da er in Wien keine Interessenten für sein
Werk fand, unternahm er im Jahre 1867 eine
Reise nach Berlin, blieb aber auch dort erfolglos, obwohl sich der berühmte Professor für
Mechanik, Reuleaux, dem sein Buch über die
Kinematik Weltruf verschafft hatte, seinet-
wegen eindringlich an seinen Freund, dem
Fabrikanten Eugen Lange schrieb, in dessen
Werken später Daimler arbeiten sollte. Dieser
uns erhaltene Brief ist ein eindeutiger Beweis
der Priorität des österreichischen Erfinders,
der, wie so viele andere in Armut und Vergessenheit endete, während seine Idee die
Welt eroberte und einigen Betriebsamen
enorme Reichtümer und Ruhm einbrachte. Die
zentrale Stelle des Briefes lautet:

„...Ich habe nämlich den Mann gefunden,
welcher das billige Gas, welches Du brauchst,
herstellt. Grundstoffe sind Petroleumdestillate
oder vielmehr -rückstände, der sogenannte
erste Sprung. Mit $^1/_{10}$ Liter Luft gemengt, sind
sie ausgezeichnet explosiv. Der Erfinder ist
Herr Marcus aus Wien..."

Fragwürdige Handlungen, falsche Fakten

Mit welchen Mitteln die Verdrängung von Marcus von dem ihm zustehenden Platz in der Technikgeschichte nicht nur erfolgte, sondern auch heute noch erfolgt, wird am nachfolgenden Beispiel erkennbar.

In einem 1988 erschienenen Sonderdruck der „ATZ Automobiltechnische Zeitschrift 90", Heft 9, Franckh'sche Verlagshandlung, Stuttgart, mit dem erstaunlichen Titel „Der Marcus-Motor nach 100 Jahren wieder in Betrieb" scheinen als Verfasser der aus Deutschland stammende Univ. Prof. Dr. Hans-Peter Lenz (Institut für Verbrennungskraftmaschinen und Kraftfahrzeugbau der Technischen Universität Wien) sowie Heinz Duelli und Richard Schwanzera auf, die dieses Thema für ihre Diplomarbeit gewählt hatten.

Bereits der Titel beinhaltet zwei falsche Aussagen, und zwar wurde der Motor nicht erst nach 100 Jahren wieder in Betrieb gesetzt, sondern erstmals nach Marcus im Jahr 1950, zweitens hat das 100jährige Jubiläum demnach bereits 1975 stattgefunden.

So heißt es etwa:

> „...Eines der ersten Kraftfahrzeuge mit Verbrennnungsmotor war der 1888 in Wien hergestellte Marcus-Wagen. Der Motor für dieses Fahrzeug wurde vermutlich von der Maschinenfabrik Märky, Bromovsky und Schulz in Adamsthal (heute CSSR) gebaut; er war bereits als Fahrzeug-Antriebsaggregat geblant..."

Tatsächlich weist der in Wien konstruierte, gebaute und erprobte zweite Marcuswagen bzw. -motor ein weit früheres Entstehungsdatum auf.

Das auch heute noch zum Technischen Museum Wien gehörige und fahrbereite Fahrgestell stammt spätestens aus den Jahren 1870/71. Der derzeit eingebaute und hier vor allem in Rede stehende Viertakt-Benzinmotor aber war 1875 fahrbereit und nicht erst 1888, wie mehrfach belegt ist. Die Begründung der im Jahr 1987/88 erfolgten Untersuchungen des Fahrzeuges lautet:

> „...Da 1888 das hundertjährige Jubiläum stattfindet und das Technische Museum nicht über die nötigen Mittel und Möglichkeiten verfügt, um diesen Motor in Gang zu setzen, erklärte sich das Institut für Verbrennungskraftmaschinen und Kraftfahrzeugbau der Technischen Universität Wien bereit, im Rahmen einer Diplomarbeit diesen Motor wieder zum Laufen zu bringen..."*)

Die Sicherheit, mit der man hier vom Entstehungsjahr 1888 ausgeht, ist völlig unangebracht, da allein schon die Vermutung, der untersuchte Motor wäre von der Maschinenfabrik Märky, Bromovsky & Schulz (heute Tschechei) gebaut worden, falsch ist. Dieser ist keineswegs identisch mit der angesprochenen, von der genannten Firma hergestellten Maschine mit 1,0 PS. Der Marcusmotor von 1875 war vielmehr eine Vorgängermaschine mit 0,75 PS (siehe darüber die Abhandlung auf Seite 183).
Weiter heißt es:

> „Nach der Demontage des Motors aus dem Wagen und dem Transport zur Technischen Universität Wien wurde der Motor auf seinen mechanischen Zustand untersucht und für eine Inbetriebnahme vorbereitet. Da der Motor unter Denkmalschutz steht, sollten möglichst keine Teile ergänzt oder erneuert werden. Der Motor zeigte sich jedoch in relativ gutem Zustand, so daß dies nicht erforderlich war ..."

Für Insider war es keineswegs erstaunlich, daß sich der „Motor in relativ gutem Zustand" befand, war er doch nicht nach 100 Jahren, sondern höchstens nach 37 Jahren und damals gründlicher Restaurierung wieder in Betrieb.

Wie auf den vorhergehenden Seiten ausführlich dargelegt, war der Marcusmotor 1950 im Rahmen des Technischen Museums Wien vom Autor nicht nur zerlegt, genauest untersucht, wieder zusammengebaut und anschließend entsprechenden Prüfstanduntersuchungen unterzogen worden, die bereits damals die gleichen Ergebnisse brachten wie sie 37 Jahre später durch die TU Wien ermittelt wurden. Im Februar und März 1950 unternahm der Autor auch mehrfach Probefahrten, die in Presse und Rundfunk große Beachtung fanden. Damals wurde damit die Fahrtüchtigkeit dieses ersten Automobils der Welt endgültig außer Frage gestellt.

Da mutet es eigenartig an, wenn die Autoren anführen:

> „...Am 30. Juli 1987 wurde dann der Motor vor einer Gruppe von Journalisten erstmals wieder in Betrieb genommen, wobei der Österreichische Rundfunk die ersten Zündungen aufnahm und die Inbetriebnahme übertrug..."

Sehr interessant erscheint es, daß sich das Institut

---

*) Die seinerzeit durch den Autor initiierten und durchgeführten Arbeiten am Marcuswagen kamen dem Museum 1950 kostenlos zugute und auch die notwendigen Prüfstandmessungen am Motor wurden von Prof. Schlöss und dem Autor im Wiener Technologischen Gewerbemuseum kostenfrei durchgeführt.

Diese in mehrfacher Hinsicht falsche Beschriftung befindet sich auf dem im Technischen Museum Wien ausgestellten zweiten Marcuswagen. Sein Fahrgestell stammt aus dem Jahr 1870/71, während der Vier-takt-Benzinmotor im Jahr 1875 fertiggestellt war und nicht, wie behauptet, im Jahr 1888. Die Fahrtauglichkeit mußte durch die Technische Universität Wien 1987 nicht erst nachgewiesen werden, denn sie stand bereits ab 1950 nicht mehr in Frage. Ausschließlich die ausgewiesenen technischen Daten sind richtig. Aber auch sie wurden bereits 1950 anläßlich der Restaurierung ermittelt.

der TU, das von der Wiederinstandsetzung des zweiten Marcuswagens 1950 keine Ahnung gehabt haben will, zur Illustration der erwähnten Arbeit eines vom Autor damals veranlaßten Fotos des zerlegten Spritzbürstenvergasers und einer über dessen Ersuchen angefertigten schematischen Darstellung (Ing. Albeck) über die Arbeitsweise der Marcusmaschine bediente.

Man kann schwer glauben, daß eine Diplomarbeit so uninformiert in Angriff genommen werden sollte, wie es hier allem Anschein nach zutrifft – aber es stimmt: Marcus und das Technische Museum

unmittelbar betreffende Arbeiten, die seinerzeit große internationale Beachtung fanden, wurden einfach ignoriert.

Es drängt sich notgedrungen die Frage auf, welche Begründung es für die historisch falschen Aussagen und die recht eigenartige Handlungsweise gegeben haben könnte. Tatsache ist: Hier wurden in einer renommierten deutschen Fachzeitschrift historisch unrichtige Fakten über eine österreichische Erfindung publiziert. Aber damit nicht genug:

Die hier erfolgende Berichtigung dieses sich selbst ad absurdum führenden Beitrages zur österreichischen Kraftfahrzeuggeschichte ist vor allem deshalb unerläßlich, weil die TU Wien in der Folge im Technischen Museum Wien eine neue Fahrzeugbeschriftung des zweiten Marcuswagens bewirkte, die die eingangs aufgezeigten falschen Behauptungen sozusagen „betonierte" und seither an die interessierten Museumsbesucher weitergibt, die sich nicht in jedem Fall eine eigene Meinung dazu bilden können. Eine Technische Universität besitzt für sie höchste Glaubwürdigkeit.

Es kann nicht angehen, daß in einem österreichischen Museum aufgrund einer offensichtlich nicht ausreichend informierten Autorität nicht zutreffende historische Beschriftungen angebracht werden, namentlich dann, wenn es sich ausgerechnet um eine weltweit so bedeutende Erfindung wie das Automobil handelt, die noch dazu von einem in Österreich schaffenden und hier naturalisierten Konstrukteur stammt.

Betont muß allerdings werden, daß es sich in vieler Beziehung um einen absoluten Ausnahmefall handelt. Der Autor kann auf eine mehrfache, äußerst fruchtbare wissenschaftliche Zusammenarbeit mit verschiedenen Mitgliedern der Technischen Universität Wien zurückblicken, die teilweise sogar über Jahrzehnte währte.

5. Siegfried Marcus und seine Gegner – Behauptungen und Tatsachen

Normalerweise ist das Abfassen einer Biographie eine meist klare, eher wissenschaftliche Arbeit, das abgesehen von der aufwendigen Grundlagenforschung und der nicht immer einfachen Aufgabe, sie auch für Laien möglichst gut lesbar zu gestalten, relativ problemlos abläuft.

Nicht so bei Siegfried Marcus. Hier ist alles anders.

Dieser bedeutende deutschsprachige Naturwissenschaftler und Erfinder aus dem vorigen Jahrhundert ist ohne sein Zutun, und auch nicht zu seinen Lebzeiten, sondern erst nach seinem Tod, in jeder nur denkbaren Form zwischen die Fronten mannigfaltiger Interessen geraten. Das hatte zur Folge, daß seine Biographie nicht nur das Porträt eines bedeutenden Menschen und großartigen Erfinders ist, sondern zur Auseinandersetzung mit Weltanschauungen, rassischen Ideologien, industriellen und wirtschaftlichen Interessen, nationalen Emotionen und persönlichen Ambitionen zwingt.

Marcus war ein technischer Visionär, um nicht zu sagen Prophet, der zu seiner Zeit zugleich auf mehreren technischen Gebieten erfolgreich wirkte, jedoch keine wirklichen Gegner hatte. Besonders augenfällig wird dies hinsichtlich der Erfindung des Benzinmotors wie auch der Gesamterfindung des Automobils, die in ihrer Komplexität in der Technikgeschichte einmalig dasteht.

Den ihm zukommenden Platz in ihr nimmt er – außer bei ausgesprochenen Insidern – bis heute immer noch nicht in vollem Umfang ein, weil sich hier einige Faktoren summieren und verstricken, die einer richtigen Einschätzung seiner einmaligen Persönlichkeit in vielfacher Weise entgegenwirken. Dazu gehören nicht zuletzt auch persönliche Eigenarten, wie etwa, daß er es in geradezu virtuoser Weise verstand, seine vielfältigen Erfindungen solange geheimzuhalten und erst patentieren zu lassen, bis sie völlig ausgereift waren bzw. wirtschaftlich genutzt werden sollten. Ein anderes Vorgehen wäre bei den mehr als 158 patentierten Erfindungen allein schon aus finanziellen Gründen kaum durchführbar gewesen.

Erleichtert wurde diese Methode dadurch, daß er an seinen Erfindungen ausnahmslos allein arbeitete und sie auch allein finanzierte, wodurch sich weder ein fachlicher Austausch noch eine frühzeitige Offenlegung als notwendig erwies. Marcus beschäftigte während seiner technischen Arbeiten in der Werkstätte nie mehr als zwei Gehilfen, während die Produktion seiner nicht geschützten Modelle in fremden Werkstätten und Maschinenfabriken erfolgte, die aus den in Arbeit gegebenen Bruchstücken kein Gesamtbild gewinnen konnten.

Die Geheimhaltung technischer Entwicklungen war im vorigen Jahrhundert aus einer Reihe von Gründen einerseits relativ einfach, weil die technische Bildung und das technische Verständnis der breiten Bevölkerung so gering waren, daß die Weiterleitung und Veröffentlichung einer technischen Neuerung eher auf die Auswirkungen als auf die Funktionsweise des Gerätes beschränkt blieben. Auf der anderen Seite war der Informationshunger der auf dem gleichen Gebiet Tätigen sehr ausgeprägt, da jede Bereicherung des technischen Ideengutes das eigene Fortschreiten auf diesem Sektor beschleunigen konnte.

Dann aber gab es noch jene Gruppen, die sich neue Ideen skrupellos aneigneten und sie verwerteten, da sich bald gezeigt hatte, wie leicht man mit der Herstellung technischer Neuerungen reich werden konnte. Sie waren es vor allem, die in erbitterte Patentstreitigkeiten verwickelt waren oder sie heraufbeschworen.

Trotz dieser für einen Erfinder nicht gerade erfreulichen Situation, in der Marcus sich zu dieser Zeit bewegte, sind in Verbindung mit seiner Person keine patentrechtlichen Schwierigkeiten irgendwelcher Art bekannt geworden.

Manches, für das ein möglichst frühzeitiger Patentschutz günstig gewesen wäre, ist Marcus aber auch für immer verlorengegangen.

Die bedeutendsten Schwierigkeiten, die sich einer Marcus-Biographie in den Weg stellen, begannen erst in der Zeit des Dritten Reiches. Bis zu diesem Zeitpunkt stand außer Frage, daß Siegfried Marcus der Erfinder des Automobils mit Verbrennungsmotor war, eine Tatsache, gegen die weder die großen deutschen Erfinder Daimler und Benz noch sonst jemand Bedenken anmeldete. Und auch bedeutende Lexika führten Siegfried Marcus als den Erfinder des Automobils an.

Warum wird Siegfried Marcus immer wieder in Frage gestellt?

Leben und Nachleben von Siegfried Marcus sind durch fünf markante Zeitabschnitte gekennzeichnet:

1831–1852
Am 18. September 1831 wurde Siegfried Marcus in der mecklenburgisch-schwerinischen Stadt Malchin als Sohn des wohlhabenden Vorstehers der dortigen jüdischen Gemeinde geboren. Da sich das technische Talent früh bemerkbar machte, besuchte er eine Mechanikerlehre in Hamburg, von der er – beachtlich genug – sofort zu Siemens nach Berlin wechselte, wo er unmittelbar Assistent Werner von Siemens' wurde und erste Patente zur Anmeldung brachte.

1852–1898
Als hätte er nur auf seine Volljährigkeit gewartet, ging er 1852 nach Wien, wo er vor allem seine physikalischen und chemischen Kenntnisse an einem führenden Institut vervollkommnete. Nach acht Jahren machte er sich selbständig. Bis zu seinem Tod 1898 brachte er in Österreich an die 40 Patente zur Anmeldung. In Wirklichkeit wissen wir von 158 zusammen mit den ausländischen, aber die wirkliche Zahl der Erfindungen läßt sich heute nicht mehr verifizieren.

Kaum selbständig, nahm er in seiner Werkstätte in Wien, Mariahilfer Straße, als noch nicht 30jähriger die Bändigung des gefährlichen Benzins in Angriff, schaffte den zugehörigen Vergaser, ebenfalls die magnetelektrische Zündung und zwischen 1861 und 1864 den ersten Benzinmotor der Welt, der von allem Anfang an für den mobilen Einsatz vorgesehen war. Auf die rationellste Weise stellte er unter Heranziehung eines handwagenähnlichen Fahrgestells ein mobiles Gefährt her, das ihm nur beweisen sollte, daß mit einer solchen Kombination das Fahren auf der Straße möglich war. Mehr war anscheinend von vornherein nicht vorgesehen, und tatsächlich ist aus dem Jahr 1870 zwar ein Foto als letzte Information erhalten, aber seit diesem Zeitpunkt hörte man nichts mehr über Fahrzeug und Motor.

Noch vor 1870 – angeblich um 1868 – begann Marcus einen speziell für den Einbau in Fahrzeuge vorgesehenen neuen Motor zu entwickeln und ein entsprechendes, dazupassendes Fahrgestell als Motorträger zu bauen. Von diesem aus dem Jahr 1870/71 stammenden Fahrzeug liegen uns zeitgenössische Berichte vor (siehe Seite 160). Dieses Fahrgestell mit einem Motor aus dem Jahr 1875 befindet sich heute im Wiener Technischen Museum – das erste Automobil der Welt!

Mit der Maschinenfabrik Märky, Bromovsky und Schulz in Adamsthal nahm er 1880 Verbindung wegen der Weiterentwicklung seines Automobils auf. Es wurde ihm 1888 zumindest ein weiterentwickelter Motor und 1889 ein neues Fahrgestell bzw. dessen Konstruktionszeichnung geliefert. Beide hätten eine Mehrfachproduktion einleiten sollen.

Seine fortschreitende Krankheit verhinderte jedoch den intensiven Einsatz, der erforderlich gewesen wäre, um das Projekt zu einem erfolgreichen Abschluß zu bringen.

Zu seiner Zeit war Siegfried Marcus in Wien nicht nur eine anerkannte, sondern auch bekannte Persönlichkeit und wurde u. a. sogar als „Vater der Elektrizität" bezeichnet. Seine Verdienste fanden nicht nur die Anerkennung der Wissenschaft sowie des österreichischen und deutschen Kriegsministeriums, sondern nicht zuletzt des Kaiserhauses, was in entsprechenden Auszeichnungen seinen Niederschlag fand.

Man muß es geradezu als Phänomen werten, daß Marcus zu Lebzeiten uneingeschränkte Anerkennung fand und keineswegs in Frage gestellt oder angefeindet wurde, denn in Österreich war es sehr oft umgekehrt: verdienstvolle Zeitgenossen sind nur zu oft erst nach ihrem Ableben zu Ruhm gelangt.

1898–1933
Mit seinem Ableben am 30. Juni 1898 in Wien wird er zur geschichtlichen Persönlichkeit. Erst mit den diversen Nachrufen, verfaßt von Zeitgenossen, die ihn und sein Wirken noch aus eigener Anschauung erlebt hatten, beginnt eine Würdigung des Verstorbenen auch als Schöpfer des Automobils, die diesem zu Lebzeiten nicht widerfuhr.

Er wurde unwidersprochen als der Erfinder und Vordenker des von Gottlieb Daimler und Carl Benz später zur industriellen Nutzung gebrachten Automobils bezeichnet und fand als solcher die entsprechende Anerkennung.

Da Marcus kein eigenes Unternehmen hinterließ, das seine Popularität auf natürliche Weise aufrecht erhalten hätte, geriet er insbesondere durch die gerade in Österreich einschneidenden Veränderungen nach dem Ersten Weltkrieg vorübergehend fast in Vergessenheit. Bald aber sorgten Berichte von Zeitzeugen in der Presse wieder dafür, daß die Verdienste von Marcus unvergessen blieben.

Aber gerade in Deutschland war diese Entwicklung nicht erwünscht, wie etwa bei der Nachfolgefirma der als Erfinder des Viertakt-(Otto)Motors geltenden Fabrik Otto & Langen, Klöckner-Humboldt-Deutz. Denn Marcus hatte zeitgleich mit Otto einen Viertakt-Benzinmotor eigener Konstruktion geschaffen und in Verwendung. Aber nicht nur diese Firma hatte Interesse an der Zurückdrängung des Einzelerfinders Siegfried Marcus, auch für die renommierte Automobilfabrik Daimler-Benz bedeutete Siegfried Marcus einen nicht unbedeutenden Störfaktor in ihrer Firmengeschichte.

Sowohl Klöckner-Humboldt-Deutz als auch Daimler-Benz zeigten in der Zeit zwischen den beiden Weltkriegen eine ihnen wohl anstehende Zurückhaltung bei unfairen Angriffen auf Siegfried Marcus.

Die einzige Frage, die in der Zwischenkriegszeit in Deutschland von Zweiflern gestellt wurde, war jene nach der Betriebsfähigkeit des zweiten im Wiener Technischen Museum ausgestellten Marcuswagens, ja man bezweifelte vereinzelt sogar, daß der im Fahrzeug eingebaute Motor je wirklich betrieben worden war. So entnehmen wir den Memoiren von Carl Benz, wenn er sich an seinen Vorgänger Siegfried Marcus erinnert:

> „...daß dieser in Wien lebende Mecklenburger Siegfried Marcus einige außerordentlich wichtige Entdeckungen im Gebiet der Explosionsmotoren gemacht habe... Der Marcus-Wagen litt an einem unverzeihlichen Mangel: Er ging nie. Marcus selbst war vom praktischen Wert seiner Erfindung so wenig überzeugt, daß er bis zu seinem Tode dem hoffnungslosen Projekt nie die mindeste Aufmerksamkeit schenkte..."

Was allerdings keineswegs den Tatsachen entspricht. Daß das Fahrzeug in Wirklichkeit sehr wohl von Marcus über längere Zeit betrieben wurde, konnte vom Autor 1950 einwandfrei bewiesen werden (siehe Seite 87). Außerdem spricht gegen diese Vermutung von Benz, daß Marcus seinen Wagen von 1862 bis 1889 konstant weiterentwickelte und zu diesem Zweck drei Fahrgestelle und mindestens vier verschiedene Motoren schuf, die auch noch ständig verbessert wurden.

1. Der stehende erste Benzinmotor von 1864–1870

2. Der liegende atmosphärische Zweitakt-Motor von 1868–1875

3. Der erste Viertakt-Motor von 1875–1888 mit 0,75 PS

4. Der um 33% stärkere Viertakt-Motor von 1888 mit 1,0 PS.

1933–1945
In dieser Zeit wurde vom Naziregime alles systematisch vernichtet, verboten oder gefälscht, was mit Siegfried Marcus in Verbindung stand. Obwohl er spätestens 1878 zum evangelischen Glauben konvertierte, blieb die rassische Zugehörigkeit ausschlaggebend.

Siegfried Marcus wurde auf höchsten Erlaß zur unerwünschten Person erklärt, die aus allen Lexika, Museen und dem entsprechenden Schrifttum zu entfernen war. Ab sofort waren „die beiden deutschen Ingenieure Gottlieb Daimler und Carl Benz als Schöpfer des modernen Kraftwagens zu bezeichnen" (Siehe Originale Reichsministerium für Volksaufklärung, Dr. Ing. Wunibald Kamm, o. Prof. f. Kraftfahrzeugwesen u. Fahrzeugmotoren an der T. H. Stuttgart).

Daß diese Ächtung aber auch aus der Sicht der nationalsozialistischen Führung keine uneingeschränkte Freude war, geht aus der Bestrebung hervor, ihn eventuell sogar zu „arisieren". Wie anders wären die Passagen aus dem Schreiben von Dr. Ing. e. h. Wilhelm Kissel (1926–1942 Vorsitzender der Daimler-Benz A.G.), „An die Leitung der Daimler-Benz Aktiengesellschaft, Verkaufsstelle München, z. Hd. Herrn Direktor Werlin vom 30. Mai 1940" zu verstehen:

> „...Um die Frage der Abstammung des Siegfried Marcus endlich einmal einwandfrei zu klären, hat unser Herr Neumann in den Archiven der Stadt Malchin, wo Marcus am 18. September 1831 geboren wurde, in meinem Auftrag eingehende Nachforschungen angestellt. Als Ergebnis übersende ich ihnen beiliegend:
>
> 1.) Photokopie des Sterbescheins der Mutter von Siegfried Marcus (Rosa Marcus, geb. Philip) in Form eines Auszuges aus dem Leichenregister der deutsch-israelitischen Gemeinde in Hamburg.
>
> 2.) Photokopie eines von Siegfried Marcus eigenhändig unterzeichneten Verhandlungsberichts

vom 2. April 1875 vor dem Nachlaßgericht der Stadt Malchin, woraus die jüdische Abkunft des Siegfried Marcus ebenfalls zweifelsfrei hervorgeht (vergl. die rot unterstrichene Stelle).

3.) Photokopie einer Bescheinigung des Bürgermeisters der Stadt Malchin, daß die Originale der unter 1 und 2 aufgeführten Urkunden sich im Besitz der Stadt Malchin befinden. Durch dieses Dokument ist nunmehr der einwandfreie Nachweis für die jüdische Abstammung des Siegfried Marcus erbracht.

Wie uns Herr Neumann mitteilte, ist seitens des Reichspropagandaministeriums inzwischen bereits eine Anweisung an die gesamte Tages- und Fachpresse ergangen, den Namen Marcus nicht mehr zu erwähnen. Darüber hinaus erscheint es uns geboten und erforderlich, auch das bereits vorhandene Schrifttum einer entsprechenden Durchsicht und Korrektur zu unterziehen...“

Nicht unerwähnt soll bleiben, daß diese Verfolgung weder von Klöckner-Humboldt-Deutz noch von Daimler-Benz initiiert worden war, sondern diese Werke durch Reichserlaß darauf hingewiesen wurden. Dem Verantwortungsgefühl einer Reihe von Museumsbeamten und anderer technikhistorisch interessierter Personen ist es zu danken, daß wenigstens ein kleiner Teil von Marcus-Dokumenten über die Nazizeit hinweg erhalten geblieben ist.

1945–1994
Nach dem zwölf Jahre dauernden „Tausendjährigen Reich“ hätte man annehmen können, daß man wieder an jene Zeit anschließen würde, die durch den Nationalsozialismus kurzzeitig unterbrochen worden war. In unserem Fall hätte das eine klare und unmißverständliche Rehabilitierung des deutsch-österreichischen Erfinders Siegfried Marcus bedeutet. Weit gefehlt. Nunmehr wurde Marcus nicht mehr offiziell als Jude in den Untergrund verwiesen – das ging ja nun nicht mehr –, jetzt begann man seine Verdienste um die Erfindung des Automobils und seiner Motoren anzuzweifeln, in Frage zu stellen und so umzudatieren, daß sie in den Bereich der Mittelmäßigkeit gedrängt wurden.

Die heutigen Gegner von Siegfried Marcus sind in drei Gruppen zu teilen:

Die Ewiggestrigen

Sie waren – die meisten von ihnen sind heute nicht mehr am Leben – nach wie vor im nazistischen Ideengut verankert und damit bemüht, unterschwellig gegen alles, was dieser Ideologie widersprach, leise, aber möglichst breitenwirksam Opposition zu betreiben. Diesem Personenkreis bietet sich Marcus besonders an, da man mit seiner Abqualifizierung gleich mehrere Fliegen auf einmal schlägt. Die Leistungen eines der ganz Großen der Technikgeschichte werden in Frage gestellt, oder er wird überhaupt vom Podest gestoßen bzw. in jene Versenkung verwiesen, in der er bereits durch die Nationalsozialisten verschwinden sollte. Damit wären die ohnehin nicht in Frage stehenden deutschen Erfinder, wie Otto, Daimler und Benz, zusätzlich aufgewertet worden.

Was damit gemeint ist, geht sehr deutlich aus einem Brief hervor, den der vom Autor wegen seiner hohen Qualifikation ansonsten sehr geschätzte seinerzeitige Kraftfahrzeug- und Firmenhistoriker von Mercedes-Benz, Paul Siebertz, am 22. Mai 1950 an Dipl.-Ing. Richard Lohner schrieb und in dem es u. a. heißt:

„...Gewiß ist, daß in den Publikationen Runtscheiners (gemeint ist der damalige Vizedirektor und äußerst seriöse Marcusforscher Hofrat Dipl.-Ing. Dr. tech. Kurzel-Runtscheiner) und anderer österreichischer Autoren die Anerkennung von Marcus als Erfinder des Automobils gefordert worden ist. Die Technik-Geschichte ist auf diese Forderung zugunsten Marcus' jedoch ebensowenig eingegangen, wie sie eine solche für den Franzosen Cugnot (um 1807), den Engländer Samuel Brown (um 1825) oder den Franzosen Lenoir (um 1863) anerkannt hat. Sie wissen selbst am besten, daß sich diese Liste von sogenannten Erfindern des Automobils beliebig vermehren ließe. Jeder von den Genannten hat eine Gruppe von Propagandisten um sich gehabt, die für seine Anerkennung ebenso gearbeitet haben, wie jetzt von Wien aus für die Priorität von Siegfried Marcus gearbeitet wird. Es hat aber keinen Zweck, sich über diese Fragen in irgend eine Polemik einzulassen. Wie ich gehört habe, ist in Wien ausgiebig gefeiert worden. Es hat mir Spaß gemacht, im ‚Doerschlag-Dienst‘ zu lesen, daß man den Motor des Marcus-Wagens zu einer Rundfahrt in Wien ‚hergerichtet‘ habe. Ich fürchte nur, nächstens werden die Franzosen einen Lenoir-Motor – an dem auch schon einmal eine elektrische Zündung versucht wurde und zu dem es sogar im Patent heißt, daß man ihn mit Kohlenwasserstoff betreiben könne – zu einer Rundfahrt durch Paris herrichten.
Wenn Lenoirs Vater auch Rabbiner in Parchim gewesen wäre, dann täten sie es sicher...“

(Dazu ist zu bemerken, daß der Vater Marcus' nicht Rabbiner war, sondern eine ehrenamtliche

Stellung in der jüdischen Glaubensgemeinschaft einnahm.)

Unternehmen mit Prioritätsinteressen

Hier geht es um jene Unternehmen, die ihre Firmengeschichte aus der Erfindung des Automobils bzw. des Ottomotors ableiten und daher an einem Vorgänger, der auf diesen Gebieten echte Pionierleistungen erbracht hat, nicht sonderlich interessiert sein können, obwohl die Leistungen dieser Konzerne ohnehin nicht in Frage gestellt werden.

Trotzdem stört ein genialer technischer Visionär, wie Siegfried Marcus, die Firmenhistorik und ist somit zumindest ein Schönheitsfehler, wenn nicht überhaupt ein Störfaktor, der unerwünschte Turbulenzen in die Firmentradition bringt.

Historiker mit Firmenbindung

Zu dieser Gruppe gehören alle jene Journalisten und „Historiker", die, wenn sie über Siegfried Marcus, aus welchen Gründen immer, schreiben oder berichten, entweder keine Zeit haben, ordentlich zu

Herrn H u c k e

31.März 1938

Dr.Ki/Ra

Herrn
Geheimrat Dr.A l l m e r s
Präsident des Reichsverbandes
der Automobilindustrie

Berlin-Charlottenburg 2

Hardenbergstrasse 8

Betrifft: Geschichte des Automobils.

Sehr geehrter Herr Geheimrat !
Ihr geschätztes Schreiben vom 28.d.Mts. habe ich erhalten.-

Ihrer Auffassung, dass durch die Eingliederung der Ostmark in das Deutsche Reich die Angelegenheit hinsichtlich der Klärung der Mitwirkung von M a r c u s in Wien bei der Schaffung des heutigen Automobils zurückgestellt werden soll, kann ich mich leider nicht anschliessen, ich bin vielmehr der Meinung, dass man auf diesem Gebiet schon viel zu viel versäumt hat. Bedauerlich ist, dass selbst in Schriften des Reichsverbandes der Automobilindustrie auf sogenannte Erfinder hingewiesen worden ist, die nach unseren Forschungen dabei an und für sich nichts zu suchen haben, die aber über Gebühr herausgestrichen worden sind.

Es ist nicht nur Ehrensache meiner Firma, welche die Pioniere des heutigen Automobils als Gründer hatte, baldmöglichst Klarheit in die Arbeiten von Marcus zu bringen, sondern auch Ehrensache der deutschen Automobil- und Motorenindustrie im allgemeinen.

Ich verrate Ihnen kein Geheimnis, wenn ich Ihnen sage, dass kein anderer wie unser Führer selbst sich mit der Geschichte des modernen Automobils eingehend befasst hat, und dass er Dr.Carl Ben

./.

recherchieren, es auch gar nicht wollen, oder aber zu einem Thema Stellung nehmen, zu dem ihnen das technische und historische Wissen ebenso fehlt wie das technikgeschichtliche Grundlagenmaterial.

Obwohl die Wiederherstellung der Anerkennung von Siegfried Marcus als Erfinder des Automobils 1950 erreicht schien, da der Beweis erbracht worden war, daß sein zweiter Wagen nicht nur fuhr, sondern nach seinem Entstehen sogar ausgiebig betrieben worden sein mußte, hat Marcus seit den 60er-Jahren bis heute nicht einmal jenen Grad der Anerkennung wiedererlangt, den er vor den Bestrebungen der nationalsozialistischen Machthaber besessen hatte.

Dies ist das „Verdienst" einiger weniger Technikhistoriker, die nur durch eine sehr eigenwillige, subjektive Auslegung des zur Verfügung stehenden Archivmaterials zu Ergebnissen gelangen konnten, die absolut nicht der historischen Wahrheit entsprechen. Die heute toten Zeitzeugen wurden fast durchwegs entweder angezweifelt, nach Belieben interpretiert, als unglaubwürdig diffamiert oder zu-

Herrn Geheimrat Dr.Allmers,   - 2 -   31.3.1938
Berlin-Charlottenburg

und Gottlieb Daimler als die Schöpfer des praktisch brauchbaren Automobils erkannt und herausgestellt hat. Wir wollen uns nicht der Gefahr aussetzen, dass unser Führer Veranlassung nehmen muss, in die schwebende Diskussion einzugreifen, und dann feststellen muss, dass wir bisher noch nicht einmal die Zeit gefunden haben, das vorhandene Material, das um Marcus diskutiert wird, zu sichten und zu klären.

Ich hoffe Sie deshalb mit mir einig darin, dass so schnell wie möglich die Kommission zusammenberufen und zur Prüfung des Materials nach Wien entsandt werden muss, so dass die Möglichkeit besteht, bei der Einweihung des Museums in München schon auch wegen der noch ungeklärten Frage Marcus Aufschluss geben zu können. Sie wissen, dass unser Führer den Aufbau des Museums fortwährend verfolgt, und dass er sich eines Tages auch von dieser Seite her der früheren Geschichte des modernen Automobilbaues mit besonderem Interesse zuwenden wird.

Ich wäre Ihnen dankbar, wenn Sie die ins Auge gefassten Männer sofort entsprechend unterrichteten und sehr bald einen Tag für ihre Ausreise ansetzten. Es ist aber nötig, dass diese Kommission auch von uns eingehend unterrichtet wird über das, was behauptet wird, über das, was bisher festgestellt worden ist, und über das, worauf es nun ankommt.

Da meine Firma einmal die Hauptträgerin der Geschichte des modernen Automobils ist, gebe ich zur Überlegung anheim, die Kommission hierher einzuberufen, weil wir in der Lage sind, mit allerlei wichtigem historischen Material zu dienen.

Indem ich Ihrer geschätzten Rückäusserung mit grossem Interesse entgegensehe, verbleibe ich mit
                    Heil Hitler !
                              Ihr sehr ergebener
                              gez. Kissel

Dieses Schreiben wurde vom Vorsitzenden des Vorstandes der Daimler-Benz A. G., Dr. Wilhelm Kissel, 1938 an den Präsidenten des Reichsverbandes der Automobilindustrie, Geheimrat Dr. Allmers, Berlin, gerichtet. Aus ihm ist zu ersehen, wie wichtig es Hitler war, Marcus als Erfinder des Automobils zu eliminieren.

REICHSVERBAND DER AUTOMOBILINDUSTRIE E V

BERLIN-CHARLOTTENBURG 2 / HARDENBERGSTRASSE 8

Postanschrift: Reichsverband der Automobilindustrie e.V.
Berlin-Charlottenburg 2, Hardenbergstr. 8

DRAHTWORT: MOTORVEREIN BERLIN
FERNRUF: 31 51 31
FERNVERKEHR: 31 80 86

BANK: DRESDNER BANK, D.-K. 40
POSTSCHECK: BERLIN NW 7, Nr. 121 14

An den
Heimat-Verlag

Brixlegg / Tirol

Postfach 10

Durchschlag

Ihre Zeichen	Ihre Nachricht vom	Unsere Zeichen	Tag
	29.4.38.	SCH/Do	2.5.38.

Betreff: **Marcus - Daimler - Benz.**

Das uns zur Besprechung vorgelegte Buch von Dr. Viktor Zatloukal über "Schöpfungen österreichischer Techniker" geben wir Ihnen zu unserer Entlastung in der Anlage wieder zurück, da wir es ablehnen müssen, den Titel desselben in unserer Bibliogrphie "Auto-Bücherschau" zu bringen.

In Hinblick auf das auf Seite 36 beginnende Kapitel "Das erste Auto" müssen wir darauf hinweisen, dass es die deutsche Automobilindustrie ablehnt, den Nichtarier Marcus als Erfinder des Kraftwagens anzuerkennen, da seine Versuche um die Lösung dieses Problems lediglich als Experiment zu werten sind und das Erfinderrecht einzig und allein Daimler und Benz zusteht, da sie ihre Erfindung zur Fabrikation gebracht und somit der Menschheit als brauchbares Verkehrsmittel geschenkt haben.

Wir bitten, von dieser Stellungnahme Kenntnis zu nehmen.

Heil Hitler!

REICHSVERBAND DER AUTOMOBILINDUSTRIE E.V.

Anlage.

Herrn Direktor Dr. K i s s e l .

Anbei Briefentwurf an den R.D.A. in Angelegenheit - Rückfrage desselben betreffs Campagne Bonneville.

Der Passus aus der Festschrift des R.D.A. 1926 betreffs Marcus, den Sie wünschten, lautet :

" Als erster, der sich mit der Verwendung eines Explosions- oder Verbrennungsmotors als Antriebsmaschine für selbstbewegliche Fahrzeuge beschäftigte, muss der Deutsche, in Österreich ansässi, gewesene Siegfried M a r c u s angesprochen werden. Über seine Arbeiten erfuhr man zuerst im Jahre 1864. Über verschiedene Probefahrten wird dann berichtet in den folgenden lo Jahren, ohne dass es Marcus gelang, seiner Erfindung zu einem Erfolg zu verhelfen oder über das allererste Anfangsstadium seiner Versuche fortzukommen. Immerhin aber arbeitete er unermüdlich weiter und stellte auf der Wiener Weltausstellung 1873 tatsächlich schon einen Motor aus, der mit verdampftem Benzin gespeist und elektri gezündet wurde.
1875 baute er einen Wagen neuer Konstruktion, einen Wagen, der noch heute als Museumsstück erhalten geblieben ist. Dieser Wagen besass Schneckenradsteuerung, Magnetzündung und viele andere hochinteressante Konstruktionsteile, die nach bis und nach später erst wieder neu erfunden und zum Leben erweckt werden mussten.
Unstreitig muss Siegfried Marcus als der Vater des modernen Automobils betrachtet und gerühmt werden. Es ist bedauerlich, dass sein Name und seine genialen Konstruktionen fast ganz der Vergessenheit anheimgefallen sind. "

Ut., den 29.Juli 1937
Hu./Mo.

Abt.Ausstellungen

Anlage: 1 Brief an den R.D.A. Berlin

mindest als uninformiert und inkompetent hingestellt. Dafür hat man andere Personen als vollwertige Zeugen anerkannt, wenn sie nur ins Konzept paßten. Zeugen, die sogar von den Nazis aus Alters- und Krankheitsgründen abgelehnt wurden – wie etwa Czischek-Christen – bzw. Zeitgenossen von Marcus, die historisch nachweisbar keine authentischen Angaben gemacht haben.

Auf diese Weise wurde die durch die Nationalsozialisten angestrebte Demontage eines Genies, die vorwiegend nach 1950 neu auflebte, von ganz und gar Unberufenen in „nacheilendem Gehorsam" fortgesetzt.

Dabei stützte man die ins Treffen geführten Daten der neuerlichen Kampagne gegen Marcus in den 60er-Jahren nicht zuletzt darauf, daß es nicht genug Beweise für seine Erfindungen gäbe, um daraus entsprechende Prioritäten ableiten zu können!

Was gab diesen Historikern das Recht, trotz ihnen selbst angeblich nicht zugänglichen technikgeschichtlichen Unterlagen, die abenteuerlichsten Mutmaßungen und Behauptungen aufzustellen, die, wie sie doch selbst feststellten, nicht entsprechend abgesichert werden konnten?

Reichsverband der
Automobil-Industrie e.V.

Berlin-Charlottenburg 2
Hardenbergstrasse 8

Sch/Do   22.7.38   Abt.Ausst.-Hist.   8.September 1938
                     Rck/Mo.

In Ihrem Schreiben vom 22.7.38 an den Verlag der Verkehrs-
wissenschaftlichen Lehrmittelgesellschaft m.b.h.,Leipzig C 1,
Goethestr.6, lesen wir, dass bereits seit dem Jahre 1936 eine
Anweisung des Reichsministeriums für Volksaufklärung und Propaganda vorliegt, auf Grund der das Thema Siegfried MARCUS
aus dem deutschen Schrifttum auszumerzen ist.

Wir wären Ihnen dankbar, wenn Sie uns eine Abschrift von
dieser Verfügung zuleiten würden.

                         Heil Hitler !
                Daimler-Benz Aktiengesellschaft

Das Auto wird zum vieldiskutierten Allgemeingut

Erst nachdem Daimler und Benz ihre ersten Automobile bauen und einige Jahre später – vor allem in
Paris – auch verkaufen konnten, setzte allmählich
eine stetig steigende „Öffentlichkeitsarbeit" durch
Tageszeitungen, Zeitschriften und die immer häufiger auf dem Markt erscheinenden neuen Fach-
publikationen ein.

Ab den 90er-Jahren des vorigen Jahrhunderts wurden auch bereits kleinere Automobilausstellungen
veranstaltet, vor allem aber begann man sich nach
und nach für die Entstehungsgeschichte dieses
neuen Verkehrsmittels zu interessieren. Nun wurde auch immer ausführlicher über den Pionier des
Automobils, Siegfried Marcus, berichtet. Viele der
Zeitgenossen von Marcus lebten noch und begann-
nen, sich an Erlebnisse mit ihm und seine nunmehr schon allmählich Geschichte gewordenen
Fahrzeuge zu erinnern. Diese Erinnerungen wurden
bereitwillig veröffentlicht und ermöglichen heute
eine geschichtliche Aufarbeitung des wirklichen
Ablaufes der Entstehung einer der bedeutendsten
Erfindungen der Menschheit.

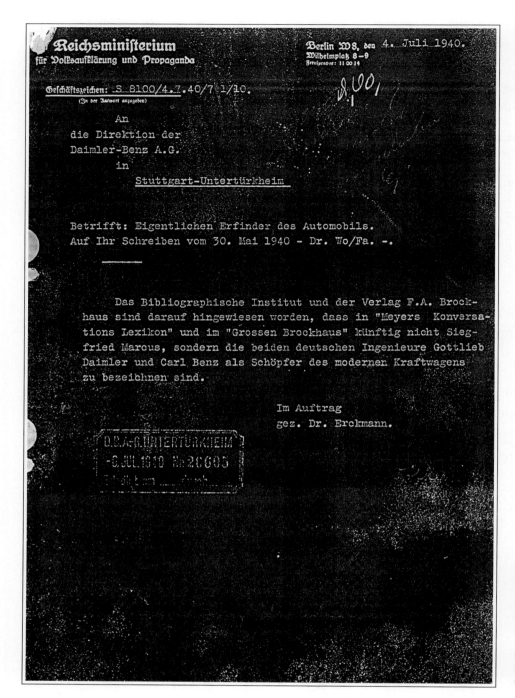

Reichsministerium
für Volksaufklärung und Propaganda

Berlin W 8, den 4. Juli 1940.
Wilhelmplatz 8—9
Fernsprecher: 11 00 14

Geschäftszeichen: S 8100/4.7.40/7 1/10.
(In der Antwort anzugeben)

An

die Direktion der

Daimler-Benz A.G.

in

Stuttgart-Untertürkheim

Betrifft: Eigentlichen Erfinder des Automobils.
Auf Ihr Schreiben vom 30. Mai 1940 - Dr. Wo/Fa. -.

Das Bibliographische Institut und der Verlag F.A. Brockhaus sind darauf hingewiesen worden, dass in "Meyers Konversations Lexikon" und im "Grossen Brockhaus" künftig nicht Siegfried Marcus, sondern die beiden deutschen Ingenieure Gottlieb Daimler und Carl Benz als Schöpfer des modernen Kraftwagens zu bezeichnen sind.

Im Auftrag
gez. Dr. Erckmann.

Die Leistungen von Marcus hinsichtlich Benzinmotorentwicklung wie auch produktionsreifer Entwicklung des Selbstbewegers wurden erst ab etwa 1961 vor allem durch Personen des Mittelmanagements namhafter Industrieunternehmen in Frage gestellt, sei es, um den eigenen Arbeitsplatz zu rechtfertigen oder einfach aus Geltungstrieb, der natürlich durch „neue" Forschungsergebnisse weit öffentlichkeitswirksamer befriedigt werden kann als durch Bestätigung bekannter Tatsachen.

Wie dem auch sei, um 1900 herum waren Siegfried Marcus und seine Leistungen noch in guter Erinne-rung aller jener, die sich mit dem Automobil befaßten.

Der Marcus-Biograph hat es ab diesem Zeitpunkt der verstärkten Marcus-Veröffentlichungen etwas leichter, weil ihm jetzt besseres Grundlagenmaterial zur Verfügung steht als in jenem Zeitabschnitt, als Marcus noch bestrebt war, möglichst wenige Nachrichten über seine Arbeiten an die Öffentlichkeit gelangen zu lassen. Besonders die damals sehr gefragten, über Siegfried Marcus und seine Erfindungen immer wieder berichtenden Automobil-Fachzeitungen, in denen Beiträge und geschichtliche Rückblicke erschienen, erlauben einen guten Ein- und Überblick über seine Leistungen und Schöpfungen.

Wen darf es daher wundern, daß sich selbstverständlich auch jene Historiker, die später in Marcus auf Grund ihrer Firmenabhängigkeit eine „Feindfigur" sehen mußten, ab diesem Zeitabschnitt wesentlich schwerer taten. Ein gewisser Informationsmangel über die Zeit davor ermöglichte es, relativ gefahrlos draufloszufabulieren.

Die damals veröffentlichten Beiträge sind weder

alles im deutschsprachigen Raum abspielte. Zu jener Zeit stand auch noch genügend Unterlagenmaterial zur Verfügung, um den Beweis der Unanfechtbarkeit der erschienenen Beiträge zu erbringen. Jeder dieser der öffentlichen Kritik ausgesetzte Artikel über Marcus und sein Schaffen, der unwidersprochen blieb, kann daher als historischer Wahrheitsbeweis gewertet werden.

Die Anfechtungen erfolgten beachtlicherweise in keinem einzigen Fall durch die damals noch lebenden, interessierten und oft sehr gut informierten Zeitgenossen bzw. sogar empfindlich tangierten

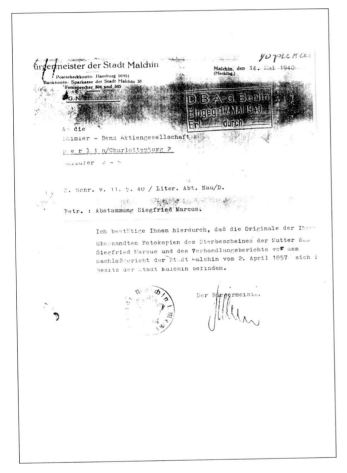

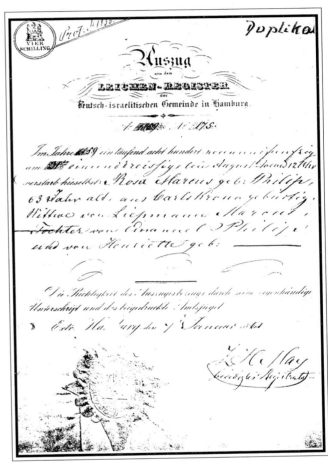

Erzählungen noch Behauptungen aus der Erinnerung einzelner, die relativ leicht in Frage gestellt und angezweifelt werden können, ohne daß dabei auch entsprechend fundierte historische Fakten angeführt werden müssen. Hier handelt es sich u. a. um Aussagen von Siegfried Marcus selbst sowie Fachleuten, die sich damals einer öffentlichen Kritik stellten, bedingt nicht zuletzt durch die entsprechenden Auflagenzahlen und die daraus resultierende Leserschar. Mit Sicherheit kann angenommen werden, daß die Konkurrenten von Marcus diese Artikel, die ihn als den Erfinder des Automobils auswiesen, gelesen haben, noch dazu sich fast

Konkurrenten von Marcus, sondern erst Jahrzehnte später durch – aus welchen Gründen immer – persönlich daran interessierte Historiker. Sie haben diese eindeutigen Beiträge auf eine Weise zu analysieren versucht, daß der Nachweis, zeitgeschichtliche Berichte wären nicht so zu verstehen wie sie geschrieben und auch gemeint waren, möglich wurde. Sie werden aus subjektiver Sicht gedeutet, interpretiert, vieles auch übergangen, um nach fast hundert Jahren ein völlig neues Bild von Siegfried Marcus zu zeichnen. Die negativ gefärbten Marcus-Darstellungen erleichtern es dann auch, die Unterlagenvernichtung durch die Nazis und die Abschaffung Siegfried Marcus' als Erfinder des Automobils eher hinzunehmen, weil die Gründe dafür glaubhaft gemacht werden. Dazu gehörte auch, alle jene, die für die historische Wahrheit eintraten, entweder unglaubwürdig erscheinen zu lassen, an ihrem Erinnerungvermögen zu zweifeln oder ihre fachliche Autorität in Frage zu stellen.

Siegfried Marcus und das Dritte Reich

Die Infragestellung von Marcus als Erfinder des Automobils begann mit der Judenverfolgung durch die Nationalsozialisten im Dritten Reich.

Daß ihnen der als Jude geborene Siegfried Marcus als Erfinder des Automobils nicht ins Bild paßte, war klar. Eine so bedeutende Erfindung, die die Weltmotorisierung einleitete, hatte ganz einfach eine Schöpfung rein arischen Ursprungs zu sein.
Ab 1936 wurde deshalb vehement gegen Siegfried Marcus und seine Erfindungen vorgegangen und die Archive so konsequent wie möglich von Unterlagen über ihn gesäubert.

Die damaligen Machthaber nahmen sich dabei erst

gar nicht die Mühe, Marcus als bedeutenden Erfinder, der zu seiner Zeit durchaus mit Edison vergleichbar war, historisch in Frage zu stellen oder gar zu widerlegen. Hitler ordnete einfach an, daß Siegfried Marcus in der Versenkung zu verschwinden habe.

Aber auch in Österreich hatten die deutschen Nazis offenbar schon kurz nach dem Einmarsch keine anderen Sorgen als alles, was an Marcus erinnerte, so schnell wie möglich von der Bildfläche verschwinden zu lassen. So liest man in einem Brief vom „RDA Reichsverband der Automobilindustrie E. V." an den Heimat-Verlag in Brixlegg/Tirol vom 2. Mai 1938, also bald nach dem Einmarsch deutscher Truppen in Österreich:

„Betreff: Marcus – Daimler – Benz.
Das uns zur Besprechung vorgelegte Buch von Dr. Viktor Zatloukal über Schöpfungen österreichischer Techniker geben wir Ihnen zu unserer Entlastung in der Anlage wieder zurück, da wir es ablehnen müssen, den Titel desselben in unserer Bibliographie ‚Auto-Bücherschau' zu bringen.

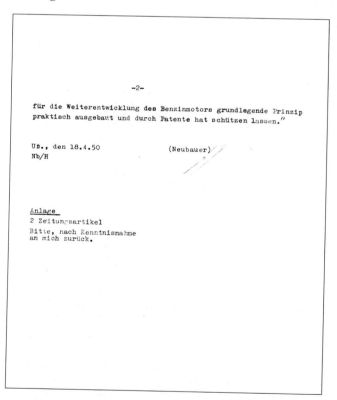

Die vom legendären Rennleiter von Mercedes, Ing. Alfred Neubauer, an den Generaldirektor von Daimler-Benz, Dr. Haspel, am 18. 4. 1950 sowie an den Leiter der historischen Abteilung, Paul Siebertz, von Daimler-Benz am 10. 5. 1950 gerichteten Briefe waren eine Reaktion auf die vorangegangene Marcus-Gedenkfeier. Das Resümee des Realisten Neubauer war „Man wird dem Marcus-Wagen das ihm zugesprochene Prädikat, das ‚älteste Automobil' zu sein, lassen müssen".

126

Im Hinblick auf das auf Seite 36 beginnende Kapitel ‚Das erste Auto' müssen wir darauf hinweisen, daß es die deutsche Automobilindustrie ablehnt, den Nichtarier Marcus als Erfinder des Kraftwagens anzuerkennen, da seine Versuche um die Lösung dieses Problems lediglich als Experiment zu werten sind und das Erfinderrecht einzig und allein Daimler-Benz zusteht, da sie ihre Erfindung zur Fabrikation gebracht und somit der Menschheit als brauchbares Verkehrsmittel geschenkt haben.
Wir bitten, von dieser Stellungnahme Kenntnis zu nehmen.

Heil Hitler!
Reichsverband der
Automobilindustrie E. V"

Wie ernst es dem Hitler-Regime mit der Verdrängung von Siegfried Marcus in die Vergessenheit war, geht auch noch aus zwei anderen Schriftstücken hervor, so aus einer Verfügung des „Reichsministeriums für Volksaufklärung und Propaganda" vom 4. Juli 1940, worin es heißt:

„Das Bibliographische Institut und der Verlag F. A. Brockhaus sind darauf hingewiesen worden, daß in Meyers Konversations Lexikon und im Grossen Brockhaus künftig nicht Siegfried Marcus, sondern die beiden deutschen Ingenieure Gottlieb Daimler und Carl Benz als Schöpfer des modernen Kraftwagens zu bezeichnen sind."

Einen weiteren Brief dieser Art richtete der damalige Vorsitzende der Daimler-Benz Aktiengesellschaft, Dr. Ing. e. h. Wilhelm Kissel, an Direktor Werlin von Daimler-Benz am 30. Mai 1940. Darin heißt es unter anderem:

„...Ferner finden Sie beiliegend einen von mir ebenfalls bereits unterschriebenen Brief an Herrn Reichskommissar und Gauleiter Josef Bürkel, Wien, worin wir ihn unter ausführlicher Darlegung des Sachverhaltes bitten, die erforderlichen Schritte zur Entfernung des Marcus-Wagens aus dem Wiener Gewerbe-Museum unter Berichterstattung des Führers in die Wege zu leiten. Ich bitte Sie freundlichst, auch diesen Brief gegenzuzeichnen und weiterleiten zu wollen..."

Herrn S i e b e r t z , Hist.Abt.
- - - - - - - - - - - - - - - - -

Betr.: "Marcus"-Wagen

Sie hatten in Zusammenhang mit einer Notiz über das Erscheinen des "Marcus"-Wagens in Mannheim anläßlich des 50-jährigen Jubiläums eine Mitteilung an Herrn Dir.Heim gesendet, in welcher Sie Ihre Befürchtungen bezüglich der Vorführung dieses "Ersten Automobils"der Welt" bei den Feierlichkeiten in Mannheim hegten.

Herr Dir.Heim hat mich zu einer Stellungnahme aufgefordert und habe ich eine solche mit dem Inhalt gesendet, daß man gegen dieses Auftreten nichts hätte unternehmen können.

Nun ist offiziell die Angelegenheit ins Wasser gefallen, denn der Sekretär des Österreichen Automobil-Clubs, Herrn Direktor J o n a s z , hat mitgeteilt, daß der Überführung des Wagens nach Mannheim Schwierigkeiten gegenüberstehen.

Es war ein zufälliges Zusammenfallen von 2 Vorkommnissen,welche Herrn Jonasz veranlaßten, an eine Entsendung des Wagens nach Mannheim zu denken. Auf seinen Tisch kam die Einladung des Allgemeinen Schnauferl-Clubs, der an alle Veteranen-Clubs von Amerika, England,Frankreich,Italien, Schweiz und Österreich das Ansuchen richtete, sich an diesem Jubiläum zu beteiligen. Da es in Österreich keine Veteranen-Clubs gibt und der Österreichische Automobil-Club die Tradition hütet, ging die Einladung an ihn. Die zweite Mitteilung,die Herr Jonasz erhielt, war die, daß am 16.3. anläßlich des 75-jährigen Jubiläums der "Marcus"-Wagen durch die Straßen Wiens fahren würde. Herr Jonasz kam daher auf die Idee, den Wagen nach Mannheim zu entsenden, wobei es sich um eine Teilnahme an der Zielfahrt in der Art gehandelt hätte, daß der Wagen per Lastwagen bis 200 m vor das Benz-Denkmal gefahren wäre und seine Zielplakette erhält.

Wie gesagt, ist die Angelegenheit als erledigt zu betrachten. Ich weiß nicht, ob Sie in der letzten Woche die Wochenschau, in welcher diese Wiener Feier des 75-jährigen Jubiläums des Marcus-Wagens im Bilde gezeigt wurde, gesehen haben und wobei ebenfalls vom "Ersten Automobil der Welt" gesprochen wurde. Ich habe Herr Dr. Haspel auch eine Reihe Wiener Zeitungen mit Abbildungen zugesendet, welche dieses Jubiläum behandeln.

-2-

-2-

Ich bin der letzte, der die Erfindung von Marcus verteidigt, umso mehr, als nach Ihren Ausführungen ungenügendes Tatsachenmaterial vorhanden ist, so ob das Geburtsjahr dieses zweiten Marcus-Wagens tatsächlich das Jahr 1875 war.

Immerhin kenne ich den Marcus-Wagen durch persönlichen Augenschein etwa seit 1911 und im Braunbeck'schen Lexicon ist diese Erfindung ebenfalls verankert. Sicher ist, daß Marcus ein Patent auf einen Benzinmotor bekam und es nicht so fern abliegt, daß er einen solchen Motor in ein kutschartiges hölzernes Fahrzeug einbaute.

Heute aber diesbezüglich irgendwelche Untersuchungen anzustellen, scheint mir aufgrund der Sachlage fast unmöglich. Man wird dem Marcus-Wagen das ihm zugesprochene Prädikat, das "Älteste Automobil" zu sein, lassen müssen.

Das Erscheinen in Mannheim hätte, wie gesagt, nicht verhindert werden können, weil die Einladung an den Österreichischen Club erfolgt ist und es wäre meiner Meinung nach ferner auch kein großes Unglück geschehen, denn Marcus hat ja die Sache selbst seinerzeit beiseite gelegt.

Meiner Ansicht nach sind Erfinder von Dingen, an die sich keine Entwicklung und Ingebrauchnahme schließt, lediglich Vorläufer einer Erfindung, denn würde sie vollkommen sein, so hätte man sie nicht wieder aufgelassen. Der Erfinder ist eben der, der letzte I-Tüpfelchen unter die Erfindung setzt, die eben mit diesem Pünktchen gebrauchsfähig wird, worauf sich dann eben ein ununterbrochene Entwicklung anschließt.

In diesem Sinne bleiben Daimler und Benz die Erfinder des Automobil-Motors und des Automobils.

(Neubauer)

Ut., den 10.5.50
Nb/H

Wenn es Hitler so wichtig erschien, sich in einer Zeit, in der Deutschland in einen existenzbedrohenden Krieg verwickelt war, Bericht erstatten zu lassen, wie weit die Sache Marcus fortgeschritten sei, dann muß ihm dieser Problemkreis ein persönliches Anliegen gewesen sein.

Unter dem Hitler-Regime wurden alle Unterlagen über das Schaffen von Siegfried Marcus, deren man habhaft werden konnte, aus Museen und Sammlungen eingezogen, manipuliert oder vernichtet.

So liest man z. B. in einem Brief, den Dr. Ing. Wunibald Kamm, O. Professor für Kraftfahrzeugwesen und Fahrzeugmotoren an der Techn. Hochschule Stuttgart, am 26. Februar 1941 an den Geheimrat Prof. Zennek geschrieben hat, unter anderem:

„...Bei der Gelegenheit möchte ich Sie vertraulich darauf aufmerksam machen, daß das Technische Museum in Wien von hoher Stelle die Weisung bekommen hat, den Wagen des Juden Marcus aus der öffentlichen Sammlung zu entfernen. Da wir im Deutschen Museum einige Hinweise auf Marcus und seinen Wagen ebenfalls haben, empfehle ich, auch diese aus der öffentlichen Sammlung stillschweigend zu entfernen..."

Wer um eine wahrheitsgetreue Marcus-Biographie bemüht ist, darf sich nicht wundern, wenn man damit Geister aus der Vergangenheit auf den Plan ruft, die erfahrungsgemäß in kürzester Zeit mit Gegenveröffentlichungen aller Art versuchen, Marcus abermals ins Abseits zu drängen. Bei ihnen kommt es weniger auf die historische Wahrheit an, als auf „ideologische Werte", die in ihren Augen anscheinend größeres Gewicht haben und in diesem Sinn auch weiter gepflegt werden. Hier war und ist bis heute für den zum Teil als Außenseiter betrachteten und damit störend empfundenen Siegfried Marcus kein Platz. Die damals gegebene Situation wurde für eigene Ziele und Interessen ausgenützt und sollte möglichst verlängert werden, wie ja die Kraftfahrzeuggeschichte mitunter weitgehend durch Firmentraditionen vereinnahmt wurde. Wie so vieles aus dieser Periode, haben auch die damals gegen Siegfried Marcus gesetzten Maßnahmen ihre Wirkung bis heute nicht verloren.

Die im Zusammenhang damit aufgestellten Behauptungen über angebliche Tatsachen und Daten müssen bei um Berichtigung bemühten Veröffentlichungen immer wieder möglichst lückenlos widerlegt werden. Daraus ist zu ersehen, daß eine einzige Marcus-Biographie bis dato nicht ausreichte, um den Erfinder, sein Ansehen und seine Prioritätsansprüche darzulegen, zu sichern und seine wahren historischen Dimensionen aufzuzeigen.

Die am besten zu erkennenden Gegner von Siegfried Marcus sind die kompromißlosen Antisemiten des Dritten Reiches. Sie brauchen in einer Marcusbiographie nicht widerlegt zu werden, denn bei ihnen ging es nicht um die Frage: Ist Marcus der Erfinder des Automobils oder nicht? Die Frage, auf die es ihnen einzig und allein ankam, lautete schlicht und einfach: War Marcus Arier oder Nichtarier. Nachdem die von den Nazis genauest durchgeführten Untersuchungen eindeutig ergaben, daß Siegfried Marcus Jude war, wurde per Dekret bestimmt, daß die Erfinder des Automobils die beiden deutschen Ingenieure Daimler und Benz sind. So einfach ist das, wenn man sich nicht mit historischen Tatsachen herumzuschlagen braucht.

128

„Aufbereitung" von historischen Wahrheiten

Im Fall Siegfried Marcus ist es für einen Nichthistoriker fast unmöglich und für einen in ein spezielles Fachgebiet nicht völlig eingearbeiteten Technikgeschichtler oft äußerst schwierig zu beurteilen, wie weit eine von einem „Experten" aufgestellte Behauptung in diesem Fachgebiet der Wahrheit entspricht, welche im Bestfall als Halbwahrheit zu werten ist, welche manipuliert wurde und welche schlichtweg eine historisch unabgestützte Unwahrheit darstellt.

Meistens sind die einzigen Garantien für die wertfreie Aufarbeitung eines technikgeschichtlichen Vorganges das Fachwissen, die charakterliche Integrität, vor allem aber die wirtschaftliche, politische und sonstige Unabhängigkeit des Historikers. Dies umso mehr, wenn es sich bei den gewonnenen „Erkenntnissen" und ihrem Transport um Gegebenheiten handelt, die von rein geschichtlichem Interesse sind und Verfälschungen daher, wie oft irrtümlich angenommen wird, kaum mehr jemandem Schaden zufügen können.

Dem kann aber nicht beigepflichtet werden, denn allein die Tatsache, daß die Unwahrheit offensichtlich jemandem nützen muß, ist bereits Beweis genug, daß sie auch jemand anderem schadet.

Diese Erkenntnis gilt in verstärktem Maß für die kraftfahrzeughistorische Forschung. Bei ihr geht es in Wirklichkeit erst in zweiter Linie um die unverfälschte Entwicklungsgeschichte der Fahrzeugverbrennungsmotoren und des Gesamtautos. Oft sind es Firmengründer noch bestehender Industrieunternehmen, die weder persönlich noch in ihren Leistungen oder Gewohnheitsrechten, schon gar nicht aber in ihren Prioritätsansprüchen in Frage gestellt werden dürfen.

Um eine solche Problematik erst gar nicht aufkommen zu lassen, unterhalten traditionsbewußte Industrieunternehmen vielfach nicht nur ein eigenes Firmenmuseum und ein umfangreiches Archiv, vor allem beschäftigen sie intern, fallweise auch extern, mehr oder weniger namhafte Historiker, denen allerdings zwei wesentliche Voraussetzungen für ihre wertfreie Tätigkeit fehlen: die rein wissenschaftliche Motivation und die wirtschaftliche Unabhängigkeit. Was diese Firmenhistoriker allerdings besitzen, ist ihr Fachwissen auf einem bestimmten Spezialgebiet, das durch „freischaffende" Technikhistoriker nicht ohne weiteres zu überbieten ist. So ziehen sie es meistens vor, sich auf eine fachliche Auseinandersetzung erst gar nicht einzu-

lassen, wie die lange vergeblich erwarteten Gegendarstellungen im Fall Marcus beweisen. Noch dazu würde das dem Opponenten kaum finanzielle Vorteile bringen, sondern schon eher das Gegenteil. Der Firmenhistoriker kann deshalb weitgehend sicher sein, daß seine „Erkenntnisse" kaum jemals einer öffentlichen Kritik unterzogen werden. Sie wäre aber die einzige Garantie dafür, daß geschichtliche Irrtümer richtiggestellt und nicht immer wieder kolportiert werden.

Einige Jahre nach dem Zweiten Weltkrieg wurden die Fragen um die Erfindung des Automobils und des Verbrennungsmotors aus zwei Gründen immer stärker emotionalisiert.

Zu dieser Zeit befand sich die deutsche Motoren- und Fahrzeugindustrie in völligem Neuaufbau mit weitgehend neuen Führungsgremien, die immer noch vor dem Scherbenhaufen ihrer vor dem Krieg unangetasteten internationalen Reputation standen und sich daher verständlicherweise keinerlei weitere Image- oder Traditionsverluste leisten wollten und konnten. Sie reagierten daher auf alle, ihre Pionierleistungen auch nur vorsichtig in Frage stellenden wissenschaftlichen Arbeiten heftiger als das normalerweise auf wissenschaftlicher Ebene der Fall ist.

Die Öffentlichkeitsarbeit der im Aufbau befindlichen Unternehmen besaß daher verständlicherweise auch eine stark traditionsbewußte Komponente.

Es kann daher kaum verwundern, daß nach der erfolgreichen Wiederinstandsetzung des zweiten Marcuswagens und des daraus resultierenden internationalen Interesses die Aufmerksamkeit der Fachkreise erregt wurde. Manche Firmenhistoriker wurden daraufhin nervös und begannen, diesen Bemühungen gegenzusteuern.

Das Resultat war eine Reihe von gegenteiligen und kritischen Veröffentlichungen, die teilweise in sehr sachlicher Weise, wenn auch gefärbt, erfolgten. Leider wurden auch einige Schriftwerke über Marcus herausgebracht, die hinsichtlich ihrer technikgeschichtlichen Aussage bei aller Großzügigkeit nicht mehr tolerierbar waren.

Dadurch entstand für den Marcus-Biographen der Zwang, sich mit sachlich falschen Behauptungen soweit auseinanderzusetzen, wie es im Interesse der geschichtlichen Wahrheit notwendig ist.

Es geht nicht darum, irgendeine Firmengeschichte in Frage zu stellen, Erfinderpersönlichkeiten, die für diese nachträgliche Auseinandersetzung nicht verantwortlich sind, abzuqualifizieren oder erbrachte Leistungen zu schmälern. Es geht ausschließlich darum, einen bedeutenden deutschsprachigen Erfinder wieder auf jenen Platz zu stellen, den er schon einmal unangefochten eingenommen hat und der ihm nur durch ein autoritäres System, ohne eine historische Widerlegung seiner Leistungen auch nur zu versuchen, aberkannt wurde.

Die Darstellung eines geschichtlichen Vorganges hängt also nicht unbedeutend davon ab, welcher Art die Motivation ist, mit der ein Historiker diese Arbeit in Angriff nimmt. Wenn es sich etwa um archäologische Ausgrabungen handelt, dann kann als Motivation die Neugierde, der Geltungstrieb, die Bemühung, eigene Theorien bestätigt zu finden oder aber erfolgreicher als der Konkurrent zu sein, angenommen werden.

Generell anders liegen die Verhältnisse bei der Durchleuchtung technikgeschichtlicher Vorgänge, wenn es sich z. B. um die Klärung von kompliziert liegenden Prioritätsansprüchen handelt. Massive wirtschaftliche Interessen namhafter Industrieunternehmen können dadurch tangiert werden. Sogar eine Korrektur der Firmengeschichte könnte drohen, sollte sich herausstellen, daß die neuen Forschungsergebnisse historisch nicht unwesentlich von der firmenseitig verbreiteten Darstellung abweichen.

Es darf daher nicht verwundern, daß Unternehmen, die historische Verdienste auch heute noch bei Öffentlichkeitsarbeit und Imagepflege einsetzen, den aufgebauten und inzwischen anerkannten technikgeschichtlichen Ablauf nicht durch neue Erkenntnisse stören lassen wollen.

Besonders schwierig liegen die Verhältnisse bei der Erfindung des Automobils, das nicht von Gottlieb Daimler oder Carl Benz erfunden wurde, sondern von Siegfried Marcus. Ebenso ist der mobile Verbrennungsmotor mit seinen Aggregaten nicht von Nicolaus August Otto, sondern ebenfalls von Siegfried Marcus erfunden worden. Diese lapidare Feststellung muß den Eindruck erwecken, als rangierten Otto, Daimler und Benz hinter Marcus. Das ist aber weder beabsichtigt noch stimmt es in dieser Vereinfachung. Diese drei Erfinderpersönlichkeiten sind richtungweisende, technikhistorische Fixpunkte, die durch die erbrachten Leistungen berechtigterweise unsterblich wurden. Aber ihre Arbeiten und Erfolge stünden hier gar nicht zur Debatte, wenn nicht „spätberufene" Firmenhistoriker versucht hätten, den Heiligenschein dieser drei Großen mehr und mehr aufzupolieren, bis allmählich die geschichtliche Wahrheit teilweise dahinter verblaßte.

Die vorliegende Marcus-Biographie kann deshalb nur dann historisch wahrheitsgetreu sein, wenn alle im Laufe der Zeit angesammelten und immer weiter ausgebauten, ergänzten und erweiterten, falschen oder halbwahren Behauptungen über den tatsächlichen historischen Ablauf der Erfindung des Automobils ausgeräumt werden.

Durch eine an sich unbedeutende Broschüre von 1961, „Siegfried Marcus – Ein Erfinderleben", die aber besonders geschickt abgefaßt wurde, ist es dem Firmenhistoriker von Klöckner-Humboldt-Deutz, vormals Otto und Langen, Ob. Ing. Dr. Gustav Goldbeck, gelungen, Marcus und seine richtungweisenden Arbeiten so zu unterlaufen, daß dieser heute in der Techikgeschichte nur mehr nebenbei erwähnt wird.

Das größte Problem ist aber, wenn durch falsche Gerätebeschreibungen und Datierungen Ansprüche zum Nachteil des Konkurrenten geltend gemacht werden, wie es im Fall Nicolaus August Otto – Siegfried Marcus durch Goldbeck zutrifft. So versucht beispielsweise dieser Historiker durch einen Vergleich zweier in ihrem technischen Aufbau und Konzept völlig verschiedener Motoren der beiden Erfinder Otto (atmosphärischer Flugkolbenmotor) und Marcus (atmosphärischer Kurbeltriebmotor) den Beweis zu erbringen, daß Marcus seinen Motor dem von Otto gebauten nachempfunden habe, nachdem er vermutlich dessen Pläne zu Gesicht bekommen hätte (siehe Seiten 68, 146).

Nur aufgrund einer peniblen Konstruktions- und Betriebsanalyse der beiden Motoren kann hier der Nachweis erbracht werden, daß das nicht der Fall gewesen sein kann. Dazu war eine technische Gegenüberstellung der beiden Konstruktionen unvermeidlich, die letztlich das Resultat erbrachte, daß der von Marcus gebaute atmosphärische Kurbeltrieb-Benzinmotor nicht nur keine Ähnlichkeit mit dem Flugkolbenmotor von Otto hatte, sondern diesem von Anfang an weit überlegen war. Außerdem war er bereits zwei Jahre vor dem Bau des Motors von Otto betriebsfähig. Als Beweis für diese Behauptung kann auch geltend gemacht werden, daß Otto einige Jahre später die Produktion seines Flugkolbenmotors zu gunsten eines von ihm von Grund auf neu konstruierten Kurbeltrieb-Gasmotors einstellte, der nunmehr vice versa große Ähnlichkeit mit dem von Marcus bereits früher gebauten Motor aufwies.

Otto muß es sich auf diese Weise nach über hundert Jahren gefallen lassen, daß durch die ungerechtfertigten Angriffe gegen Marcus der Nachweis erbracht wird, wie wenig zufriedenstellend sein

Flugkolbenmotor gegenüber der von Marcus schon früher gebauten Kurbeltriebmaschine in Wirklichkeit war.

Weder Otto noch Marcus, selbst Klöckner-Humboldt-Deutz bzw. der heutige Marcus-Biograph haben diese Vergleiche angestrebt, gewünscht oder ins Rollen gebracht. An dieser Entwicklung ist nichts Positives zu erkennen. In Bewegung gesetzt wurde diese unerfreuliche historische Gegenüberstellung von Otto und Marcus vor allem durch die vergleichenden, aber unrichtigen Behauptungen von Goldbeck, die dazu zwingen, die falschen Angaben technisch richtigzustellen.

Aber nicht nur Goldbeck sah sich veranlaßt, eine Broschüre, die im Grunde gegen Siegfried Marcus gerichtet war, herauszubringen, auch eine Reihe anderer Autoren tat das aus möglicherweise ähnlichen Motiven. Allerdings ist es Goldbeck mit seinem 88seitigen Heft gelungen, das historische Material über Marcus, sei es nun technischer oder chronologischer Art, so zu deuten, daß dieser große Erfinder plötzlich weitgehend zum Nachahmer von Nicolaus August Otto abqualifiziert wurde.

Ein gestörtes Verhältnis

Die Arbeiten von Goldbeck allein hätten allerdings kaum vermocht, Marcus international so zu schaden wie es dann tatsächlich der Fall war, wenn er nicht einen Verbündeten in der Gestalt des seinerzeitigen Kustos und späteren Vizedirektors des Wiener Technischen Museums für Industrie und Gewerbe, den bereits erwähnten Physiker und Meteorologen, Dr. Hans Seper, vorgefunden hätte.

Im Anhang seines 1968 erschienenen Buches „Damals als die Pferde scheuten" versuchte Seper unter dem Abschnittstitel „Das Ende einer Legende – Neue Ergebnisse der Marcus-Forschung" auf 26 Seiten nachzuweisen, weshalb Siegfried Marcus

Unbegreiflicherweise hatte nach der Direktionsübernahme durch Dipl. Ing. Niederhuemer als Nachfolger von Dr. Nagler das Technische Museum eine Vielzahl von Handlungen gesetzt, die alle dazu angetan waren, die österreichischen Prioritätsansprüche bezüglich der Erfindung des Automobils durch Marcus in Frage zu stellen. Ein Beispiel dafür ist der Leserbrief von Niederhuemer auf einen marcusfreundlichen Artikel in der Zeitschrift „trend".

Patriotische Begeisterung
Nr. 1/1986: „Wir haben das Auto erfunden"

Die patriotische Begeisterung, mit der Sie in Ihrem Artikel für Siegfried Marcus als Erfinder des Benzin-Automobils eintreten, mag vielleicht menschlich verständlich sein und bei uninformierten Lesern auch Anklang finden.

Wir müssen uns jedoch von Ihren Aussagen in diesem Artikel mit aller Deutlichkeit distanzieren, weil diese mit dem heutigen Stand des Wissens über das Schaffen von Siegfried Marcus in klarem Widerspruch stehen. Das von Ihnen genannte Baujahr 1864 für den ersten Versuchswagen geht vermutlich auf die widersprüchlichen Aussagen Prof. Czischeks zurück und wird auch in Ihrem Artikel nicht bewiesen, obwohl Sie dies im Inhaltsverzeichnis auf Seite 5 ankündigen. In unserem Archiv befindet sich ein Foto dieses ersten Versuchwagens, einem umgebauten Handwagen, dessen atmosphärischer Benzinmotor so eingebaut war, daß die beiden Schwungräder an Stelle der Hinterräder als Antriebsräder dienten. Das Foto ist von Marcus eigenhändig mit folgendem Wortlaut beschriftet: „Motorwagen konstruiert von Siegfr. Marcus. Wien, den 3ten September 1870. Photographiert von Löwy durch Assistent Jaffé."

Dieser Wagen ist als Versuchsträger für den Motor anzusehen und auch bei aller Nachsicht nicht als Automobil, weil dafür wichtige technische Merkmale, wie z. B. Lenkung, Sitze und Bremsen, fehlten. Dieser Wagen war für den ständigen Gebrauch auch völlig ungeeignet, weil zum Anwerfen des Motors die Hinterräder hochgehoben werden mußten.

Der am 23. Oktober 1904 in der „Allgemeinen Automobilzeitung" Nr. 43 veröffentlichte Artikel von Albert H. (nicht Anton!) Curjel, der in Ihrem Artikel als Beweis zitiert wird, stellt eine mehr als fragwürdige Quelle dar. So ist Marcus in der mecklenburgischen Stadt Malchin geboren worden und nicht in Hamburg, wie Curjel behauptete. Herr Curjel beschrieb überdies in seinem Artikel eine Begebenheit, die immerhin fast 40 Jahre zurücklag.

Die Pionierleistungen von Siegfried Marcus stehen aber außer Frage. Marcus ist 1870 der erste gewesen, der ein Fahrzeug mit einem Benzinmotor angetrieben hat, also lange vor Daimler und Benz.

Aber auch in vielen andern Ländern gab es Pioniere auf dem Gebiet des Automobilwesens. Wenn man von einer Erfindung verlangt, daß sie den unmittelbaren Impuls zu einer industriellen Entwicklung geben muß, sind zweifellos Benz und Daimler die Erfinder des Automobils.

Hofrat Dipl.-Ing. R. Niederhuemer
Technisches Museum für Industrie und Gewerbe
1140 Wien

nicht der Erfinder des Automobils gewesen sein kann. Er war bestrebt, darin den Beweis zu erbringen, daß der bis dahin mit 1875 datierte, im Technischen Museum Wien stehende zweite Marcuswagen erst 1888 gebaut worden wäre.

Daß er sich dabei teilweise buchstabengetreu die Goldbeck'sche Version zu eigen machte und sich auch dessen Materials bediente, ist nachweisbar und stellt von vornherein den wissenschaftlichen Wert dieser Arbeit in Frage.

Um ein historisch falsches Datum nicht unwidersprochen zu lassen, soll hier nur festgestellt werden, daß weder die Jahreszahl 1875 als das Entstehungsjahr des zweiten Marcuswagens richtig ist, schon gar nicht aber das Jahr 1888.

Die aus dem Technischen Museum Wien durch Seper weltweit verkündete Datumskorrektur bekam durch die von vornherein anzunehmende Glaubwürdigkeit einer international anerkannten Institution, wie es das Technische Museum Wien an sich zweifellos ist, ein entsprechendes historisches Gewicht. Dazu kommt noch, daß sich eine Reihe bedeutender Firmen über diese nun endgültige Abschiebung von Siegfried Marcus in die Bedeutungslosigkeit durch eine „kompetente" Stelle befriedigt zeigten, sie waren nun einen bedeutenden Störfaktor in ihrer Firmenpolitik und Öffentlichkeitsarbeit ein für allemal los. Von seiten der Industrie brauchten Goldbeck und Seper daher keinerlei Berichtigungen zu befürchten.

Von den Zeitgenossen und Zeitzeugen Marcus', die Einspruch erheben hätten können, war zu diesem Zeitpunkt kein einziger mehr am Leben und daher auch mit keinem kompetenten Einspruch zu rechnen. Der Spielraum für eine großzügige Auslegung historischer Fakten, aber auch bloße Vermutungen durch die Autoren, war dadurch unvergleichlich groß.

So gesehen gelang es also im wesentlichen zwei Männern gefahrlos, unwidersprochen das zu erreichen, was dem Dritten Reich trotz Verfolgung, Urkundenfälschung und Verboten nicht gelungen war, nämlich Marcus in die historische Bedeutungslosigkeit abzudrängen.

Die vorliegende Marcus-Biographie sieht daher ihre wichtigste Aufgabe darin, die beabsichtigten – oder aber auch unbeabsichtigten – Fehlleistungen insbesondere von Goldbeck und Seper in allen von ihnen aufgestellten Behauptungen durch historisches Unterlagenmaterial und die technischen Untersuchungen am zweiten Marcuswagen zu widerlegen.

Wirtschaftliche und politische Interessen beeinflussen die Marcus-Biographie

Sich mit allen fehlerhaften Marcus-Veröffentlichungen auseinanderzusetzen, ist unmöglich. Deshalb wurden drei in ihrer Darstellung verschieden angelegte, aber signifikante Arbeiten herausgegriffen.

Die diversen Veröffentlichungen über die bewiesene Betriebsfähigkeit des zweiten Marcuswagens wirbelten international eine Menge Staub auf. Das Resultat aber war, daß durch davon tangierte Kreise bzw. Firmenhistoriker vehemente Bemühungen anliefen, den neuen Gegebenheiten gegenzusteuern.

Nach einiger Zeit wurden daraufhin zwei Gruppen von Historikern aktiv, die gegen die neue Marcus-Euphorie anzulaufen begannen. Die einen waren die Neo- bzw. alten Nazis, die Marcus nicht rehabilitiert zu sehen wünschten. Die anderen waren Firmenhistoriker, die die Geschichte ihres Hauses gegen den Einbruch des neu erstandenen und nach der Naziverfolgung zu rehabilitierenden Marcus schützen wollten oder mußten, so genau läßt sich das nicht feststellen.

Selbstverständlich waren diese beiden Gruppen nicht so steng voneinander zu trennen, wie es wünschenswert gewesen wäre. Hier gibt es, wie sich immer wieder herausstellt, recht große Überschneidungen der Interessen politischer und wirtschaftlicher Natur.

Einer der in Zugzwang geratenen Firmenhistoriker war der bei Klöckner-Humboldt-Deutz beschäftigte, bereits erwähnte Dr. Gustav Goldbeck. Dieser besuchte den Autor bald nach Erscheinen seiner Kraftfahrzeuggeschichte Anfang der 50er-Jahre in Wien und unterbreitete den Vorschlag, für ihn eine neue Marcus-Biographie zu verfassen. Dies mit dem unmißverständlichen Hinweis, daß die bisherige Sicht des Autors in der Marcus-Forschung nicht richtig wäre und ihm daher eine entsprechende Revision notwendig erschiene.

Eine auch nur teilweise „Neubearbeitung" seiner Erkenntnisse über Siegfried Marcus und seine Arbeiten am Automobil, die gegen Bezahlung erfolgen sollten, lehnte der Autor selbstverständlich ab.

Von Goldbeck hörte er erst wieder im Jahr 1961, als er ihm freundlicherweise seine inzwischen selbst verfaßte Marcus-Biographie mit dem Titel „Siegfried Marcus – Ein Erfinderleben" zusandte.

Das nächste Mal wurde der Autor 1968 indirekt mit Goldbeck konfrontiert, als ihm ein im Österreichischen Wirtschaftverlag, Wien, erschienenes Buch zur Besprechung übermittelt wurde. Der Titel dieser Neuerscheinung lautete „Damals als die Pferde scheuten – Die Geschichte der Österreichischen Kraftfahrt", verfaßt vom damaligen Kustos am Wiener Technischen Museum, Dr. Hans Seper.

Was ist nun zu dem Buch von Seper im Prinzip zu sagen? Der allgemeine geschichtliche Teil hält sich weitgehend an ein kraftfahrzeugtechnisches Konzept des seinerzeitigen Nestors der österreichischen Motorjournalistik, Erich Schmale, wie Seper im Vorwort selbst anführt:

„...Es lag nahe, diese Lücke zu schließen, zumal bei den Vorarbeiten für dieses Werk noch der Nestor der österreichischen Motorjournalistik, Erich Schmale, am Leben weilte, der fast von den ersten Tagen an mit der Entwicklung der Kraftfahrt in Österreich aktiv verbunden war und somit das vorhandene Dokumentationsmaterial durch eigenes Wissen und Erinnerungen vervollständigen konnte. Ihm gilt vor allem der Dank des Autors..."

Es handelte sich dabei um Unterlagen, besser gesagt um ein Manuskript, von dem Schmale anläßlich eines Gesprächs, das der Autor mit ihm führte, berichtete, als 1950 dessen kraftfahrzeug-geschichtliches Buch „Auto mobile – Vergangenheit – Gegenwart – Zukunft" erschien und er bedauernd feststellte, daß ein von ihm seit Jahren in Arbeit befindliches, ähnliches Werk fast fertig sei und in seinem Schreibtisch ruhe.

Auf die Frage, warum er es nicht schon lange veröffentlicht habe, antwortete er: „Sie wissen ja selbst wie das ist. Man findet immer wieder Fakten, die man glaubt, auch noch mitverarbeiten zu müssen, bis man dann halt zu spät dran ist".

Dieses Manuskript dürfte nach dem Tod des bald darauf verstorbenen Schmale für Seper als Grundlagenmaterial gedient haben.

Bezüglich des Anhanges in dem Buch von Seper, „Das Ende einer Legende – Neue Ergebnisse der Marcus-Forschung", ist ein Rückgriff auf Goldbeck und seine gegen Marcus gerichtete Arbeit eindeutig nachweisbar. So wurden von Seper ganze Passagen in den Text aufgenommen oder eingebaut.

Analyse und Widerlegung dreier Publikationen, die Siegfried Marcus in Frage stellen

Von technischen Schriftstellern und Journalisten gibt es im Rahmen kraftfahrzeugtechnischer Beiträge und Publikationen auch immer wieder Stellungnahmen zu Siegfried Marcus. Da sie sich nicht auf eigene Forschungen stützen, sondern mehr oder weniger unkontrolliert bereits früher erschienene Veröffentlichungen verarbeiten, können sie hier unberücksichtigt bleiben, da sie der Wahrheitsfindung kaum dienen.

An Hand der folgenden drei Veröffentlichungen, die sich mit Marcus und der Erfindung des Automobils auseinandersetzen, soll historisch belegt aufgezeigt werden, wie wenig technikgeschichtliche Veröffentlichungen in großen und wichtigen Teilen oftmals den Tatsachen entsprechen. Die Gründe für die falschen, verzerrten oder an bestimmte Interessen angepaßten Beschreibungen sind insbesondere in diesen Marcus Darstellungen gut zu erkennen:

Von Archimedes bis Mercedes – Eine Geschichte des Kraftfahrzeugs bis 1900 von Schulz-Wittuhn. Internationale Motor-Edition I. M. E., Frankfurt am Main 1952.

Siegfried Marcus – Ein Erfinderleben von Ob. Ing. Dr. Gustav Goldbeck, VDI-Verlag G.m.b.H., Düsseldorf, Verlag des Vereins Deutscher Ingenieure 1961.

Damals als die Pferde scheuten – Die Geschichte der österreichischen Kraftfahrt von Dr. Hans Seper, Österreichischer Wirtschaftsverlag, Wien 1968.

Jeder der drei Autoren versucht auf eine andere Art zu beweisen, aus welchen Gründen Siegfried Marcus von dem ihm zustehenden Platz in der Technikgeschichte verdrängt werden sollte. Sie weisen wohl einen historischen Hintergrund, wenn auch eine breit angelegte, letztlich aber dennoch mangelhafte Grundlagenforschung auf, wobei noch ein starker Hang zum Fabulieren festgestellt werden muß.

Veröffentlichungen, die gezielt den Eindruck einer wirklich erarbeiteten und ernstzunehmenden wissenschaftlichen Untersuchung erwecken wollen und historische Bezüge herzustellen verstehen, werden in der einigermaßen gut unterrichteten Fachwelt auch relativ ernst genommen. Sie können zu Änderungen von vorher unbestrittenen Datie-

rungen führen, die u. a. einen kaum wieder gutzu-
machenden Schaden im tatsächlichen technikhistorischen Ablauf einer Erfindungskette bewirken.

Historisch bedenkliche Veröffentlichungen dieser
Art stellen vor allem die Arbeiten von Goldbeck
und Seper dar. Das ist auch der Grund, weshalb sie
genauer analysiert und in die vorliegende Marcus-
Biographie aufgenommen werden müssen.

Durch diese Arbeiten und etwa ihre „Neuen Erkenntnisse in der Marcus-Forschung" wurde aufgrund einer Umdatierung des zweiten Marcuswagens mit Viertakt-Benzinmotor von 1875 auf 1888
die Erfindung des Automobils durch Siegfried Marcus in Frage gestellt. Damit wurde aber auch
gleichzeitig der erste Einsatz des den Wagen antreibenden Viertaktmotors von Marcus auf das Jahr
1888 verlegt, obwohl er noch vor jenem der Deutzer Gasmotorenfabrik, zumindest aber gleichzeitig
mit diesem, geschaffen worden war.

Durch diese von den beiden Autoren „historisch
belegte" und darum notwendige Datumsberichti-
gung, wie Goldbeck und Seper meinen, wurde je-
denfall zwei großen Industrieunternehmen die Sorge abgenommen, ihre Öffentlichkeitsarbeit doch
noch ändern zu müssen. In beiden Fällen spielte
sowohl die Erfindung des Automobils durch Daimler und Benz als auch die Erfindung des Viertaktmotors durch Otto eine große Rolle.

„Von Archimedes bis Mercedes" 1952

Wie unhaltbar manch ein „historischer" Bericht
aussieht, der gegen Siegfried Marcus gerichtet ist,
soll im folgenden durch Auszüge und wortgetreue
Zitate aus dem von Schulz-Wittuhn verfaßten
Buch „Von Archimedes bis Mercedes – Eine Geschichte des Kraftfahrzeugs bis 1900" dokumentiert werden.

Der Beitrag über Siegfried Marcus läuft über mehrere Seiten, innerhalb welcher der Autor dieser
Kraftfahrzeuggeschichte in recht flüssiger Schreib-
weise in Verbindung mit geschickt eingebauten historischen Umweltbezügen für den unorientierten
Leser einen durchaus kompetent wirkenden und
fundiert erscheinenden Beitrag zur Geschichte des
Automobils vermuten läßt. In Wirklichkeit weist
diese Abhandlung jedoch eine Reihe bedeutender
historischer Irrtümer bezüglich Siegfried Marcus
auf, wodurch sie nicht nur in dieser Hinsicht, sondern auch in anderen geschichtlichen Aussagen unglaubwürdig wird. Mit Recht ist anzunehmen, daß
auch andere Passagen des Buches ähnlich nachläs-
sig recherchiert wurden.

So kann man mit einiger Verwunderung folgenden
Kommentar lesen:

„...Es klingt natürlich bestechend, wenn man
heute über das Marcus-Auto in der Automobiltechnischen Zeitschrift Nr. 4 vom Juli/August
1949 anläßlich des 50. Todestages von Marcus
liest:

,...Der von Marcus selbst konstruierte Viertakt-
Benzinmotor besitzt bereits magnetelektrische
Zündung und Wasserkühlung. Ein Vergaser eigener Konstruktion bereitet das Benzingemisch. Eine Andrehvorrichtung und eine Kupplung ermöglichen den Leerlauf des Motors bei stehendem
Fahrzeug und eine differentialartig wirkende Federvorrichtung ist zwischen den treibenden Hinterrädern eingebaut. Die Lenkräder an der vorderen Achse werden durch das Lenkrad einer
Schneckenlenkung betätigt'..."

Wittuhn stellt nun dazu fest:

„...Das Auto enthält also alles das, was später andere Erfinder mühsam noch einmal erfinden
mußten. Kein Mensch hat von allen diesen Dingen damals etwas erfahren, obwohl Marcus einen
kompletten Wagen gebaut hatte, der heute noch
in Wien zu sehen ist. Der Wagen macht einen
vorzüglichen Eindruck und steht in nichts den
Fahrzeugen nach, die mehr als zehn Jahre später
Daimler und Benz bauten. Aber er hat offenbar
einen entscheidenden Nachteil: Er ist anscheinend ein wegen seiner Unvollkommenheit ängstlich gehütetes Geheimnis des Erbauers geblieben!
Deswegen konnte ihn niemand kennen, so neu-
gierig auch sonst alle Welt jeden technischen
Fortschritt beobachtete. Woran es lag, daß der
Wagen sich nicht bewährte, wissen wir nicht. Es
läßt sich auch wohl nur schwer rekonstruieren.
Vielleicht lag es wie in allen bisherigen Versuchen dieser Art daran, daß der Motor wie viele
seiner Vorgänger auf die Dauer nicht funktionierte. Das ist nach Lage der Dinge das Wahrschein-
lichste..."

Wie tragfähig diese Vermutung ist, wird aus den
Untersuchungen am Viertakt-Marcusmotor durch
den Autor ersichtlich. Dieser laut Wittuhn niemals
gelaufene Motor funktioniert nachweisbar sogar
heute noch einwandfrei.

Im weiteren rätselt er über die elektrische Zündung von Marcus herum:

„...Aus diesem Tatbestand läßt sich schließen,
daß Marcus wohl einen Viertakt-Motor gebaut

134

hat, aber daß er nicht durchhielt, und das war das Entscheidende! Das kann im übrigen ganz oder doch zum Teil daran gelegen haben, daß die elektromagnetische Zündung nicht funktionierte, oder nur in der Theorie..."

Von dieser magnetelektrischen Zündung, deren Erfinder eindeutig Siegfried Marcus war, spricht etwa Robert Bosch mit großer Achtung. Man kann das in der „Bosch-Zünder-Zeitschrift für alle Angehörigen der Robert Bosch A. G." vom 30. September 1925, nachlesen:

„...Also ‚erfunden' hat den magnet-elektrischen Zündapparat ein anderer und ihm soll heute auch im ‚Bosch-Zünder' ein Denkmal gesetzt werden. Dieser andere ist Siegfried Marcus...

...Wenn wir Siegfried Marcus den Erfinder des Magnetzündapparates nennen, müssen wir gleich hinzufügen, daß er diesen Apparat geschaffen hat für seinen Benzinkraftwagen. Marcus hat nämlich auch große Verdienste um die Entwicklung des Automobilmotors und gilt als der Erbauer des ersten brauchbaren Benzinkraftwagens..."

Aber nicht nur Bosch hat sich über die elektrische Zündung, die Marcus für den von ihm konstruierten Motor entwickelte, sehr positiv geäußert.

Anläßlich der Überpüfung eines Marcusmotors weist der die Untersuchungen am Motor durchführende Prof. J. F. Radinger in Wien besonders auf die hohe Funktionstüchtigkeit dieser von Marcus entwickelten Zündung hin, indem er bereits 1873 im Prüfungsbericht über diesen Motor schrieb:

„...Solch kräftige Funken zu erzeugen, um Petroleum damit zu entzünden, war bis heute eine ungelöste Aufgabe, aber der Apparat von Marcus, welcher in einem kleinen Blechkasten an der Maschine angebracht ist, zündet sicher bei jedem Hub, wie ich mich während des Ganges der Maschine selbst überzeugte..."

Soweit die Meinung von außer Frage stehenden Experten, wovon der eine, Robert Bosch, sogar der Gründer eines der bedeutendsten Industriewerke der Welt auf dem Sektor der Automobilelektrik war. Ein Mann, der durch seine eigenen Erfindungen in der Pionierzeit der Kraftfahrt vielfach den „zündenden Funken" lieferte, um die damals noch recht anfälligen Motoren am Laufen zu erhalten.

Die historischen Ungereimtheiten bei Schulz-Wittuhn sind zum Teil aber so erstaunliche, daß sie auch einem mit der Materie nicht vertrauten Autor niemals hätten unterlaufen dürfen, wie etwa die vehemente Infragestellung der jüdischen Herkunft von Siegfried Marcus.

Wie erwähnt, haben bereits die Nationalsozialisten mit wenig Freude feststellen müssen, daß Marcus auch bei genauester Untersuchung nicht für die nationalsozialistische Imagepflege herangezogen werden konnte. Diese Tatsache müßte Schulz-Wittuhn durch die um 1950 laufenden Arbeiten an seiner Kraftfahrzeuggeschichte bekannt gewesen sein, noch dazu auch bei einer Kurzbiographie die Ermittlung der Religionszugehörigkeit der betreffenden Persönlichkeit eine sicher nicht unwesentliche Voraussetzung darstellt.

Dem Laien fällt es sicher schwer, einem Autor derartige Nachlässigkeiten zu unterstellen. Das umso mehr, als Bemerkungen über das politische Umfeld von Marcus in Österreich um 1870 im Ansatz – wenn auch negativ österreichisch gefärbt – teilweise richtig sind.

Nachdem die Behandlung der Beiträge immerhin auf journalistische Routine schließen läßt, muß beim unorientierten Leser der Eindruck erweckt werden, aus der Feder eines kompetenten Autors zu stammen. Wenn dann allerdings Ausschnitte folgen, die die jüdische Abstammung, die ihm bekannt sein mußte, in Frage stellen, tritt der Grund dieser augenfälligen Bemühungen offensichtlich zu Tage:

„...Man hört bisweilen, der Name Marcus sei später von interessierten Kreisen, insbesondere der deutschen Automobilindustrie, teils aus Konkurrenz-, teils aus ‚rassischen' Gründen totgeschwiegen worden. Unterstellen wir einmal, daß eine solche Möglichkeit für eine viel spätere Zeit bestand, das Dritte Reich Adolf Hitlers, so lagen damals die geistigen Voraussetzungen dafür in keinem Teil der Erde vor. Denn man lebte noch unter dem Einfluß der Aufklärung, deren Folgen Liberalismus und Emanzipation hießen. Reuleaux hat sich ja auch ganz unbefangen bereits 1867 mit Marcus beschäftigt. Es besteht keine Veranlassung anzunehmen, daß dieser weltoffene, vielerfahrene und weitgereiste Mann seine Meinung über die Universalität des Wissens und der Wissenschaft inzwischen, das heißt bis zum Jahre 1875, geändert haben sollte. Zudem spricht sehr vieles dafür, daß die späteren Verfechter der Behauptung, Marcus sei ein Jude, wie in vielen anderen Fällen, ihrer eigenen Unbildung und vorgefaßten Meinung zum Opfer gefallen sind. Noch trifft man nämlich in einigen Gegenden Europas, wie beispielsweise in Mecklenburg, in der Heimat von Marcus, Familien mit alttestamentarischen Namen, die ihren Ursprung in der Reformation haben, deren Wurzeln also Religion und nicht Rasse ist. Auch entstand bekanntlich die ‚völkische‘, das heißt antisemitische Bewegung in Europa erst nach dieser Zeit, nämlich in den achtziger Jahren des vergangenen Jahrhunderts. Im Jahre 1875 spielten solche Gedankengänge, wie sie Hitler später geläufig machte, noch keine Rolle. Das kam erst 23 Jahre später mit dem Wiener Bürgermeister Lueger..."

Einige Seiten später versucht Schulz-Wittuhn noch einmal Siegfried Marcus zu „arisieren":

„...Erst im Jahre 1898 erinnerte man sich seiner (Marcus, Anmerkung d. Red.), als eine ‚Kollektivausstellung der österreichischen Automobilbauer‘ geplant wurde. Damals, wenige Wochen vor seinem Tode, wurde Marcus aus der Vergessenheit geholt und er und sein Wagen ausgestellt...

...Und das zweite Interessante an der Glorifizierung von Marcus im Jahre 1898 ist, daß in diesem Jahre der berühmteste Bürgermeister von Wien regierte, Karl Lueger, das Vorbild Hitlers. Dieser Politiker Lueger hatte in den 80er-Jahren die Christlich-Soziale Partei in Österreich gegründet, als eine demokratische und antisemitische Partei des städtischen Kleinbürgertums, die den herrschenden Liberalismus bekämpfte. 1897 eroberte sie für Lueger den Bürgermeistersitz in Wien, nachdem er bereits 1895/1896 dreimal hintereinander gewählt, aber vom Kaiser nicht bestätigt worden war. Er gründete im Wiener Rathaus eine ausgesprochen christlich-soziale, demokratische, antisemitische Verwaltung. Lueger war also Bürgermeister in Wien, als die in Frage stehende österreichische Automobilausstellung im Jahre 1898 stattfand. Verständlich ist nunmehr ohne weiteres die ‚patriotische Note‘ dieser Aussteller, da ja die regierende Partei den bisher herrschenden Liberalismus bekämpfte und kurze Zeit nach der ‚Machtergreifung‘ Luegers die großösterreichisch-föderalistische Politik so stark betonte, daß sie in kurzem hoffähig wurde. Bei der ausgeprägten antisemitischen Einstellung der christlich-sozialen Partei Österreichs ist es unwahrscheinlich, daß man Marcus herausgestellt hätte – trotz aller patriotischen Beweggründe – wenn der Genannte Jude gewesen wäre..."

Nach dieser Schilderung der in vielem völlig falsch dargestellten und beurteilten Wiener Verhältnisse zu dieser Zeit bleiben eigentlich nur zwei Interpretationsmöglichkeiten zur Wahl:

Entweder der Autor war wirklich so unbedarft, daß es ihm nicht in den Sinn kam, durch eine einfache Anfrage bei der Gemeinde in Malchin, dem Geburtsort von Siegfried Marcus, dessen jüdische Konfession festzustellen, oder aber er verfolgte mit dieser Verdrehung historischer Tatsachen und deren Manipulation andere Absichten, die wesentlich naheliegender waren.

Nachdem Siegfried Marcus im Dritten Reich als Jude verfolgt und ihm die Erfindung des benzinbetriebenen Automobils aberkannt worden war, hatte er nach Beendigung der Ära Hitlers wie alle rassisch Verfolgten ein Recht auf volle Rehabilitierung, d. h. Siegfried Marcus hätte ab sofort wieder als der Erfinder des Automobils in der Technikgeschichte etabliert werden müssen. Manipulierte man allerding Marcus zum Nichtjuden, dann war selbstverständlich auch jede Rehabilitation hinfällig und Marcus konnte weiterhin solange diskreditiert werden, bis niemand mehr nach der Wahrheit forschte und er damit endgültig zum unbedeutenden „Auch"-Erfinder degradiert war.

An einer solchen Entwicklung waren aus einem falsch verstandenen Patriotismus natürlich nicht nur die „Ewiggestrigen" interessiert, sondern auch betroffene Unternehmen, sowohl aus wirtschaftlichen als auch in verstärktem Maß aus Imagegründen. Das heißt aber nicht, daß eines dieser Werke sich für solch eigenartige Geschichtsmanipulationen hergegeben oder sie sogar initiiert hätte. Man kann ihnen aber auch nicht verübeln, daß sie gegen eine solch fragwürdige Geschichtsschreibung von „Historikern" keine Einwände erhoben.

Mit dieser Erläuterung sollte nur aufgezeigt werden, daß es wesentlich massivere Interessen gab und gibt, Siegfried Marcus in Vergessenheit geraten zu lassen, als diesen durch niemand vertretenen, vor fast hundert Jahren verstorbenen, Zeit seines Lebens bescheidenen Erfinder zu rehabilitieren.

„Siegfried Marcus – Ein Erfinderleben"

Diese Biographie von Dr. Gustav Goldbeck weist viele chronologische, technische und damit historische Fehler auf. Sie vermittelt aber auch in anderer Beziehung ein falsches Bild von Siegfried Marcus.

Der begrenzte Rahmen des vorliegenden Buches macht es leider unmöglich, sich mit sämtlichen von Goldbeck historisch unbegründeten bzw. nicht bewiesenen Behauptungen auseinanderzusetzen. Unbedeutenderes muß deshalb im Interesse der unerläßlichen Klarstellung vor allem der chronologischen Abläufe, aber auch der technischen Ungereimtheiten übergangen werden, obwohl sich das meiste davon am Ende selbst beantwortet bzw. ad absurdum führt.

Nicht alle gegen Siegfried Marcus gerichteten Publikationen sind auch von Laien in ihrer mangelhaften Beweisführung so leicht zu durchschauen und problemlos zu widerlegen wie jene von Schulz-Wittuhn.

In der kleinen, 88seitigen Broschüre von Goldbeck fließen Wahrheit, falsche Sachverhalte, verzerrende Halbwahrheiten, unbewiesene Vermutungen, technische Fehlinformationen, manipulierte Zitate und psychologische Stimmungsmache gegen Marcus geradezu unentwirrbar ineinander. Eine sachliche Durchleuchtung ist überhaupt nur dann möglich, wenn man jahrelang Marcus-Forschung betrieben hat, über ein entsprechendes technisches Wissen über den frühen Motorenbau und ausreichendes historisches Grundlagenmaterial verfügt.

Vor allem einmal ist es ganz und gar ungewöhnlich, daß ein Firmenhistoriker von Klöckner-Humboldt-Deutz, welches Werk die Interessen seines bedeutendsten und namhaftesten Gründers, des Motorenbauers Otto, zu vertreten hat, ausgerechnet eine Biographie über Siegfried Marcus schreibt, der seinerzeit aufgrund seines überragenden Könnens der gefährlichste Konkurrent von Otto war. Genau diesen Weg aber hat Goldbeck gewählt, um fast ein Jahrhundert nach Otto den seinerzeitigen Konkurrenten Marcus endlich zu eliminieren.

Es ging demnach bei dieser Marcus-Biographie ausschließlich um den endgültigen Beweis, daß nicht Marcus, sondern Otto der wahre Erfinder des Verbrennungsmotors und in weiterer Folge des nach diesem benannten Viertaktmotors war.

Otto reagierte zur Zeit der Geltung seines Patentes auf den Viertaktmotor unerbittlich auf jeden geringsten Anschein einer Patentverletzung und führte zahlreiche Prozesse in Deutschland, aber auch in Österreich, und vor allem in Wien, wo es nach 1880 – sogar in der Umgebung von Marcus' Standort – etliche tüchtige Motorenbauer gab. Deutz muß allein aufgrund der Rechtsstreitigkeiten sehr genau über alles informiert gewesen sein, was sich auf diesem Gebiet insbesondere in Wien tat.

Daß Otto sehr wohl auch über den von Marcus gebauten Viertaktmotor Bescheid wissen mußte, geht allein schon aus der bereits zitierten Äußerung von Goldbeck hervor:

„...Marcus selbst mußte an der Vernichtung des Otto-Patentes gelegen sein, davon hing die Fabrikation seines Motors ab. Er hat nicht dazu beigetragen. Deutz hat ihn bei der Geringfügigkeit seiner Motoren nicht verklagt;..."

Viel logischer ist, daß der keinen Patentprozeß vermeidende Otto, Marcus einfach nicht klagen konnte, weil sonst dieser den Nachweis erbracht hätte, daß sein Motor bereits 1875 vorhanden war, während Otto auf seinen Viertaktmotor erst 1876, also ein Jahr später, einen Patentschutz anstrebte.

Wie Goldbeck seine Marcus-Biographie anlegt, geht bereits aus dem Vorwort hervor:

„...Siegfried Marcus, dessen Leben und Schaffen dieser Bericht schildert, gehört weder zu den bahnbrechenden Pionieren noch zu den erfolgreichen Fabrikanten. Seine Stellung in der Geschichte der Technik beruht nicht auf seinem Wirken, sondern auf dem inneren Wert seiner Persönlichkeit. In dieser Begrenzung erkennen wir in ihm jenen Typus des Technikers, dessen Ziel die Verwirklichung seiner Ideen ist, unabhängig vom wirtschaftlichen Ertrag. Wir lernen ihn schätzen als einen eigenwilligen, seines Wertes bewußten Menschen, der das Leben in seiner Gesamtheit sucht.
Unsere Darstellung stellt Marcus in den Zusammenhang des technischen Schaffens seiner Zeit und berichtigt teilweise die bisher als glaubwürdig angenommene Überlieferung. Das Technische Museum Wien hat liebenswürdigerweise die Einsicht in die in ihrem Archiv liegenden Belege über die Erfindungen von Siegfried Marcus gestattet. Bisher unbekannte oder unbenutzte Quellen konnten ermittelt werden, sie ergänzen die älteren Darstellungen wesentlich.
Gustav Goldbeck"

Das hier gezeichnete Bild eines weltfremden, in sich versponnenen Erfinders ist geradezu absurd, wenn man die zahllosen in- und ausländischen Patente berücksichtigt, die Siegfried Marcus innehatte. Einige davon waren so ertragreich, daß er davon nicht nur leben, sondern auch seine kostenaufwendigen Forschungen und Prototypen finanzieren konnte.

Was man von dieser Aussage Goldbecks im Vorwort aber wirklich zu halten hat, erkennt man spätestens einige Seiten nachher. Dort schreibt er nämlich:

„... Dem Kronprinzen Rudolf erteilte er naturwissenschaftlichen Unterricht, kam auch mit anderen

Mitgliedern des Hofes in Berührung. Marcus war also schon in den sechziger Jahren eine bekannte und angesehene Persönlichkeit in Wien geworden. Das biographische Lexikon von Wurzbach ‚Denkwürdige Personen des Kaiserthums Österreich' widmet ihm bereits 1867 einen längeren Artikel" (Siehe faksimilierten Druck Seite 31).

Also war nun Marcus ein versponnener und unbedarfter Erfinder oder ist er eine bekannte und angesehene Persönlichkeit mit engen Beziehungen zum österreichischen Kaiserhaus gewesen?

Aber darum geht es im Moment gar nicht so sehr, sondern vielmehr um die Behauptung Goldbecks, daß im Archiv des Technischen Museums „...unbenutzte Quellen ermitteln werden konnten ... die bisher als glaubwürdig angenommene Überlieferungen..." zu korrigieren Anlaß gaben.

Das Marcus-Archiv im Technischen Museum wurde jahrzehntelang durch den ersten bedeutenden Marcus-Forscher und Technikhistoriker, den Vizedirektor des Technischen Museums Wien, Hofrat Dr. tech. Erich Kurzel-Runtscheiner, aufgebaut. Es stellte die Basis aller von ihm zum Teil noch vor und nach dem Zweiten Weltkrieg erfolgten Veröffentlichungen dar, wie etwa:

„Siegfried Marcus" – Erweiterter Sonderdruck aus der Zeitschrift des Österreichischen Ingenieur- und Architektenvereins 1929.

„Siegfried Marcus – Lebensbild eines österreichischen Erfinders" als 2. erweiterte Auflage herausgebracht vom Österreichischen Automobil-, Motorrad- und Touringclub 1954.

Dazu kommt noch eine Vielzahl von Veröffentlichungen in in- und ausländischen Tages- und Fachzeitschriften.

Aber auch der Autor der vorliegenden Biographie hat 1950, wie erwähnt, eine Geschichte der Kraftfahrt herausgebracht, welche sich sehr ausführlich mit Marcus und seinen Fahrzeugen auseinandersetzt. Im Rahmen dieser Arbeit wurde – wie schon früher beschrieben – der Viertakt-Marcusmotor zerlegt und genau untersucht.

Diesen Arbeiten lag selbstverständlich eine genaue Sichtung und Bearbeitung aller im Technischen Museum Wien zur Verfügung stehenden Marcus-Dokumente und -Unterlagen zugrunde. Nachdem trotz des großen Altersunterschiedes zwischen Kurzel-Runtscheiner und dem Autor ein jahrelanges freundschaftliches Verhältnis bestand, kannte

der Verfasser das Marcus-Archiv des Museums sehr genau und kann daher mit Sicherheit behaupten, daß Goldbeck zwischen 1950 und 1960 kein Material finden konnte, das Kurzel-Runtscheiner oder dem Autor unbekannt gewesen wäre.

Die Behauptung, im Museum neues Grundlagenmaterial gefunden zu haben, konnte Goldbeck nur deshalb unwidersprochen aufstellen, weil zum Zeitpunkt der Abfassung seines Manuskriptes Kurzel-Runtscheiner ebenso wie alle anderen älteren Marcus-Kenner leider bereits verstorben waren (+1957). Der Autor der vorliegenden Biographie aber war beruflich in leitender Position in der Industrie tätig und später für Jahre als Herausgeber und Chefredakteur verschiedener Fachzeitschriften total absorbiert.

Angepaßte Beweise und Zitate

Nachdem aber Siegfried Marcus besonders dem zur gleichen Zeit auf dem Motorsektor bemühten Nicolaus August Otto immer zeitlich, vor allem aber technisch, voraus war, sah sich Dr. Gustav Goldbeck veranlaßt – ohne allerdings auf seine Firmenabhängigkeit hinzuweisen – eine Marcus-Biographie unter dem Titel „Siegfried Marcus – Ein Erfinderleben" zu verfassen, von der man notgedrungen annehmen konnte, daß sie nur den Zweck verfolgte, einen bedeutenden Erfinder und dessen erbrachte Leistungen zu ehren.

Diese Biographie hatte aber in Wirklichkeit nur ein Ziel, nämlich den Beweis zu erbringen, daß Siegfried Marcus weder den Verbrennungsmotor noch den Viertaktmotor erfunden haben konnte; denn diese Motorkonstruktionen wurden nach Goldbecks Darstellungen von Nicolaus A. Otto geschaffen und Siegfried Marcus hatte sie bestenfalls geschickt kopiert.

Auch ohne die offensichtlichen Bestrebungen Goldbecks wäre es an der Zeit, einige bestehende Irrtümer und Fehlmeinungen auszuräumen. Insofern kann man Goldbeck für seine Broschüre über Marcus fast dankbar sein, denn er liefert komprimiert alle jene Stichworte, die der Wiederherstellung der historischen Wahrheit dienen. Er schuf mit seiner Arbeit aber auch Beispiele, an denen man aufzeigen kann, wie technikgeschichtliche Vorgänge falsch dargestellt werden können, Zitate so gebracht werden, daß sie trotz Manipulation nur schwer anzufechten sind. Versucht wird, technische Prozesse und Konstruktionen, die an sich miteinander gar nicht vergleichbar sind, zueinander in Bezug zu bringen, etwa unter dem Motto: Äpfel und Birnen sind deswegen miteinander vergleichbare Früchte, weil beide auf Bäumen wachsen.

Sehr geehrter Herr Professor!

Entschuldigen Sie, wenn ich Ihren Brief vom 11. März 1959 mit dem Manuskript von Dr. G. Goldbeck über Siegfried Marcus erst heute mit bestem Dank bestätige. Die Ursache der Verzögerung war Erkrankung und Arbeitsüberhäufung.

Der Artikel von Dr. Goldbeck ist ausgezeichnet gearbeitet. Er hat seinerzeit die im Technischen Museum befindlichen Marcus- Akten und die Literatur gründlich studiert und die Ergebnisse seines Studiums geschickt in seiner Arbeit verwertet. Wie Sie aber sicherlich selbst aus der Arbeit entnommen haben, ist Herr Dr. Goldbeck vielleicht ein bißchen voreingenommen vorgegangen. Es ist richtig, daß Einiges in der Marcus-Forschung vielleicht nicht ganz geklärt ist. Sie wissen aber, daß Hofrat Dr. Kurzel-Runtscheiner ein äußerst gewissenhafter Forscher war, der nicht oberflächlich gearbeitet hat. Auch die Angaben von Prof. Czischek-Christen sind doch gewiß nicht leichtfertig gemacht worden.

Wir gehen mit Herrn Dr. Goldbeck völlig einig, daß "mit bloßen Behauptungen nichts getan ist. Von Gewicht sind allein klare, historische Beweise". Da diese bisnun nicht völlig erbracht werden konnten - auch von Dr. Goldbeck nicht - so werden Sie, sehr geehrter Herr

Professor, verstehen, daß ich leider nicht in der Lage bin, den von Dr. Goldbeck verfaßten Artikel in die "Blätter für Technikgeschichte" aufzunehmen. Ich erlaube mir daher das Manuskript mit bestem Dank zurückzustellen.

Mit dem Ausdruck der vorzüglichsten Hochachtung

Ihr

sehr ergebener

Jos. Nagler
9. 4. 59

Dr. Josef Nagler

1 Beilage:
Manuskript Dr. G. Goldbeck

Der Direktor des Technischen Museums Wien, Dr. Josef Nagler, konnte sich 1959 mit der von Univ. Prof. Dr. Ing. Ludwig Richter (damals Technische Hochschule Wien) vorgeschlagenen Veröffentlichung eines Marcus-Beitrages von Dr. Gustav Goldbeck in den „Blättern für Technikgeschichte" nicht einverstanden erklären, und dies wegen dessen Voreingenommenheit und ungeklärter Fragen.

Da Goldbeck dadurch der für sein Anliegen günstigste Weg verschlossen blieb, erschien 1961 seine Broschüre „Siegfried Marcus – Ein Erfinderleben" in Deutschland.

Das erste Marcus-Automobil.

Was den unmittelbaren Anstoß zur Konstruktion eines Automobils gegeben hat, glaube ich auch ausführen zu können. Marcus ist der erste Mensch, dem es gelungen ist, Gas auf andere Weise zu gewinnen als durch Verwendung von Kohle. Im Hofe seines Hauses stand eine Laterne, die er mit dem von ihm erzeugten Gas speiste. Er gewann das Gas aus Petroleum und nannte es Astralgas. Mit diesem Gas, so glaube ich, speiste er den für sein Automobil verwendeten Explosionsmotor.

Eines schönen Tages lud mich Marcus ein, sein erstes Automobil zu probieren. Ich folgte dieser Einladung mit dem größten Vergnügen. Es war im Jahre 1866. Marcus hatte den Benzinmotor auf einen gewöhnlichen Handwagen montiert. Es ist dies das erste Benzinautomobil, das Sie in Nr. 41 der „A. A.=Z." reproduziert haben. Man darf nicht glauben, daß Marcus seinen Motor nur anzukurbeln brauchte und daß wir vom Hause Mariahilferstraße Nr. 105 wegfuhren. Um das Vehikel zu versuchen, mußten wir uns an einen möglichst menschenleeren und möglichst finsteren Platz begeben. Zu dem gedachten Zwecke war die Schmelz der beste Ort.

Als es gegen Abend wurde, zogen wir hinaus zum Schmelzer Friedhofe. Voran ein Hausknecht, der das Automobil zog, hinterdrein Marcus und ich. Auf der Schmelz angelangt, begannen die Manipulationen der Inbetriebsetzung, die keineswegs einfach waren. Aber schließlich begann der Motor pfauchend seine Arbeit, und Marcus lud mich ein, auf dem Handwagen Platz zu nehmen. Er selbst betätigte die Lenkung. Es gelang tatsächlich, das Fahrzeug in Betrieb zu setzen, und wir fuhren eine Strecke von gut 200 m. Dann aber versagte die Maschine und unsere Probefahrt war endgiltig zu Ende. Anstatt des Motors trat wieder der Hausknecht als bewegende Kraft in Aktion und fuhr den Wagen wieder in die „Garage" Mariahilferstraße Nr. 105.

Links:
Das Originalzitat, wie es in der „Allgemeinen Automobil Zeitung" Nr. 43 auf Seite 26 vom 23. 10. 1904 erschienen ist.

Um das Vehikel zu versuchen, mußten wir uns an einen möglichst menschenleeren und möglichst finsteren Platz begeben. Zu dem gedachten Zwecke war die Schmelz der beste Ort.

Als es gegen Abend wurde, zogen wir hinaus zum Schmelzer Friedhofe. Voran ein Hausknecht, der das Automobil zog, hinterdrein Marcus und ich. Auf der Schmelz angelangt, begannen die Manipulationen der Inbetriebsetzung, die keineswegs einfach waren. Aber schließlich begann der Motor pfauchend seine Arbeit, und Marcus lud mich ein, auf dem Handwagen Platz zu nehmen. Er selbst betätigte die Lenkung. Es gelang tatsächlich, das Fahrzeug in Betrieb zu setzen, und wir fuhren eine Strecke von gut 200 m. Dann aber versagte die Maschine und unsere Probefahrt war endgiltig zu Ende. Anstatt des Motors trat wieder der Hausknecht als bewegende Kraft in Aktion und fuhr den Wagen wieder in die „Garage" Mariahilferstraße Nr. 105.

Außerdem führt Goldbeck vor, wie es möglich ist, Tatsachen so geschickt in Frage zu stellen, daß sie wie belegte Gegenbeweise erscheinen.

Um augenfällig zu demonstrieren, was im besonderen gemeint ist, sind im Folgenden einige solche Beispiele zusammengefaßt, deren Analyse verdeutlicht, wie man Gegebenheiten und Tatsachen ja sogar Zitate, so aufbereitet, daß sie zwar für die eigene Beweisführung, aber gegen den wahren Sachverhalt verwendbar werden.

Goldbeck beschloß eine Biographie zu verfassen, die von jedermann von vornherein als positive Wertung einer Persönlichkeit verstanden werden sollte und die daher auch gleichzeitig signalisierte, daß er zu den Freunden, Bewunderern und positiv eingestimmten Menschen gegenüber dem so Geehrten gehört. Zumindest aber sollte kaum jemand auf den Gedanke kommen, daß eine solche Biographie nur unter der Motivation verfaßt würde, dem Zitierten unter dem Mäntelchen einer positiven, objektiv erscheinenden Kritik den Boden unter den Füßen wegzuziehen.

Genau das aber ist Goldbeck in geradezu bewundernswerter Weise gelungen. Hinzu kam noch, daß die Glaubwürdigkeit der erschienenen Marcus-Biographie noch unterschwellig dadurch gefördert wurde, daß sie im angesehenen technischen Verlag des Vereins Deutscher Ingenieure, Düsseldorf, erschien.

Außer einer häufig völlig ungerechtfertigten, abfälligen Beurteilung des Charakters von Marcus sind es vor allem zwei auffällige Handhabungen von historischem Material, mit deren Hilfe Tatsachen „zurecht gebogen" wurden (siehe Seiten 140 bis 143).

. Eines ſchönen Tages lud mich Marcus ein, ſein erſtes Automobil zu probieren. Ich folgte dieſer Einladung mit dem größten Vergnügen. Es war im Jahre 1866. Marcus hatte den Benzinmotor auf einen gewöhnlichen Handwagen montiert. Es iſt dies das erſte Benzinauto= mobil, das Sie in Nr. 41 der „A. A.=Z." reproduziert haben. Man darf nicht glauben, daß Marcus ſeinen Motor nur anzukurbeln brauchte und daß wir vom Hauſe Mariahilferſtraße Nr. 105 wegfuhren.

Im Jahre 1904 teilte Herr *A. H. Curjel*, Vertreter der Automobilfabrik Laurin und Klement, seine Erinnerungen an einen Fahrversuch mit, dem er auf Einladung von Marcus beiwohnte [69]. *Curjel* schreibt:

„Um das Vehikel zu versuchen, mußten wir uns an einen möglichst menschenleeren und möglichst finsteren Platz begeben. Zu dem gedachten Zwecke war die Schmelz der beste Ort. Als es gegen Abend wurde, zogen wir hinaus zum Schmelzer Fried-hofe. Voran ein Hausknecht, der das Automobil zog, hinterdrein Marcus und ich. Auf der Schmelz angelangt, begannen die Manipulationen der Inbetriebsetzung, die keineswegs einfach waren. Aber schließlich begann der Motor fauchend seine Ar-beit, und Marcus lud mich ein, auf dem Handwagen Platz zu nehmen. Er selbst betätigte die Lenkung. Es gelang tatsächlich, das Fahrzeug in Betrieb zu setzen, und wir fuhren eine Strecke von gut 200 m. Dann aber versagte die Maschine, und unsere Probefahrt war endgültig zu Ende. Anstatt des Motors trat wieder der Hausknecht als bewegende Kraft in Aktion und fuhr den Wagen wieder in die Garage."

(Sämtliche Texte wurden in Faksimile wiedergegeben, um Unklarheiten von vornherein auszuschalten.)

Erstes Beispiel:

Wie Goldbeck einen historisch nicht zu übergehen-den Augenzeugenbericht, eine Ausfahrt mit dem ersten Marcuswagen, ändert und in der Aussage entschärft, ist aus der Gegenüberstellung des Ori-ginalzitates und des von Goldbeck bearbeiteten Zi-tates ersichtlich.

Links: Das Originalzitat, wie es in der „Allgemei-nen Automobil Zeitung" Nr. 43 auf Seite 26 vom 23. 10. 1904 erschienen ist.

Nachdem die Jahreszahl 1866 in das Zitat mit ein-gebunden und für Goldbeck ebenso störend war wie der Hinweis auf eine frühere Veröffentlichung über den gleiche Wagen, wird durch Weglassung der brisanten Textstellen so abgeändert wie es rechts daneben erscheint.

Die technikgeschichtlich wichtige Aussage, die ganz rechts ausgeworfen ist, wurde aus dem Ori-ginalzitat durch Goldbeck so entfernt, daß dies bei dem von ihm gebrachten Zitatfragment nicht als fehlend empfunden wird und damit in Wirklich-keit eine bewußte Fehlinformation darstellt, die aber historisch untermauert und daher glaubwür-dig erscheint.

Zweites Beispiel:

Ebenfalls kann Goldbeck, um in Fachkreisen nicht völlig unglaubwürdig zu werden, ein von Prof. Ra-dinger im „Offiziellen Ausstellungs-Bericht" der Weltausstellung 1873 in Wien erstelltes Gutachten über einen atmosphärischen Zweitakt-Benzinmo-tor von Siegfried Marcus nicht übergehen.

Links befindet sich der aus dem Ausstellungskata-

Originaltext von Prof. J.F. Radinger aus dem Ausstellungskatalog.

Zitatänderung durch Goldbeck.

Der faksimilierte Originaltext des historischen Gutachtens von Professor Radinger über einen Marcus-Motor, erschienen im Ausstellungskatalog der Weltausstellung Wien 1873

Die Petroleum-Mafchine von Siegfried Markus in Wien arbeitet nicht mit zerfträubtem, fondern mit verflüchtigtem Petroleum, welches nach feiner Entflammung auf ähnliche Weife wirkt, wie das Gas in der Otto Langen'fchen Mafchine, das ift fich frei ausdehnen kann, und dann durch das entftehende Vacuum arbeitet. Die Erzeugung des exploflblen Gafes gefchieht ein fach dadurch, dafs der Kolben im erften Theil feines Laufes atmofphärifche Luft durch einen Petroleumkörper hindurch anfaugt und die Entzündung gefchieht durch den Funken eines äufserft kräftigen Inductionsftromes, den ein Daumen auf der Schwungrad-Welle mit jeder Umdrehung neu erzeugt. Solch kräftige Funken zu erzeugen, um Petroleum damit zu entzünden, war bis heute eine ungelöfte Aufgabe, aber der Apparat von Markus, welcher in einem kleinen Blechkaften an der Mafchine angebracht ift, zündete ficher bei jedem Hub, wie ich mich während des Ganges diefer Mafchine felbft überzeugte.

Diefe Mafchine dürfte aus doppeltem Grunde ökonomifcher wirken, als die vorftehende. Denn wegen der freien Ausdehnung der entzündeten Gasmaffe kann alle Wärme in Arbeit umgefetzt werden (wefhalb auch weniger Kühlwaffer nöthig ift) und die Einbringung des Petroleums im verflüchtigtem Zuftand fichert deffen vollkommen gleichartige Mifchung, mit der dasfelbe tragenden Luft, und eine vollkommenere Verbrennung als im zerftäubten Zuftand, bei welchem ein Theil unverbrannt entweichen kann.

Auch kommen bei diefer Mafchine durchwegs gezwungene Bewegungen der Abfchlüffe (Drehfchieber) und keine felbftwirkenden Klappen vor, welche ftets nacheilen und lärmen.

Die Petroleum-Mafchine von Siegfried Markus in Wien arbeitet nicht mit zerfträubtem, fondern mit verflüchtigtem Petroleum, welches nach feiner Entflammung auf ähnliche Weife wirkt, wie das Gas in der Otto Langen'fchen Mafchine, das ift fich frei ausdehnen kann, und dann durch das entftehende Vacuum arbeitet. Die Erzeugung des exploflblen Gafes gefchieht ein fach dadurch, dafs der Kolben im erften Theil feines Laufes atmofphärifche Luft durch einen Petroleumkörper hindurch anfaugt und die Entzündung gefchieht durch den Funken eines äufserft kräftigen Inductionsftromes, den ein Daumen auf der Schwungrad-Welle mit jeder Umdrehung neu erzeugt. Solch kräftige Funken zu erzeugen, um Petroleum damit zu entzünden, war bis heute eine ungelöfte Aufgabe, aber der Apparat von Markus, welcher in einem kleinen Blechkaften an der Mafchine angebracht ift, zündete ficher bei jedem Hub, wie ich mich während des Ganges diefer Mafchine felbft überzeugte.

Auch kommen bei diefer Mafchine durchwegs gezwungene Bewegungen der Abfchlüffe (Drehfchieber) und keine felbftwirkenden Klappen vor, welche ftets nacheilen und lärmen.

OFFICIELLER
AUSSTELLUNGS-BERICHT

GENERAL DIRECTION DER WELTAUSSTELLUNG
1873.

DIE MOTOREN.

(Gruppe XIII, Section 1)

BERICHT

J. F. RADINGER,

Links:
Ausstellungskatalog, aus dem der Text stammt.

Rechts und ganz rechts:
Die Veröffentlichungen von Goldbeck und Seper, in denen das manipulierte Zitat erschien.

BEITRÄGE ZUR TECHNIKGESCHICHTE

DK 621.43/.92 Marcus

SIEGFRIED MARCUS
Ein Erfinderleben
Von
Dr. Gustav Goldbeck

88 Seiten mit 8 Bildern

VDI-VERLAG DÜSSELDORF
Verlag des Vereins Deutscher Ingenieure

DAMALS ALS DIE PFERDE
SCHEUTEN

DIE GESCHICHTE
DER ÖSTERREICHISCHEN KRAFTFAHRT

VON
DR. HANS SEPER

ÖSTERREICHISCHER WIRTSCHAFTSVERLAG, WIEN

---

log faksimilierte, komplette Originaltext, rechts der von Goldbeck in seinem Buch „Siegfried Marcus – Ein Erfinderleben" (1961) von ihm überarbeitete Textausschnitt, ebenfalls faksimiliert.

Darunter der aus dem Buch von Seper „Damals als die Pferde scheuten" – Anhang – „Neue Erkenntnisse aus der Marcus-Forschung" (1968), entnommene und ebenfalls faksimilierte Textausschnitt.

Für beide Autoren ist der Originaltext des Gutachtens von Prof. Radinger offenbar nicht annehmbar, in dem dieser zu dem Schluß kommt, daß der Motor von Marcus aus doppeltem Grund ökonomischer ist als der von ihm gleichfalls geprüfte Motor von Otto. Ganz unten rechts befindet sich nochmals das faksimilierte Radinger-Gutachten, rechts daneben die von Goldbeck und Seper kosmetisch bearbeite, entschärfte Version.

Der entfernte Absatz mit der für Goldbeck und Seper störenden Textstelle wurde aber nicht, wie das an sich bei Zitatunterbrechung üblich ist, gekennzeichnet, sondern im Gegenteil zusammengefaßt und als fortlaufender Text gebracht, so daß einem Außenstehenden, der keine Vergleichsmöglichkeit hat, die fehlende, historisch außerordentlich wichtige Aussage über die unterschiedliche Wirtschaftlichkeit der verglichenen Motoren einfach nicht zur Kenntnis gelangt und, was noch bedenklicher ist, auch niemandem abgeht – eine klassische Zitatmanipulation.

Allein diese Beispiele zeigen bereits augenfällig, wie Goldbeck es unter anderem versteht, Originalzitate, die für Marcus sprechen, so „aufzuarbeiten", daß sie den Bemühungen entgegenkommen, in der von ihm verfaßten „Marcus-Biographie" diesen bedeutenden Erfinder unauffällig zu unterlaufen.

142

„*Die Petroleum-Maschine von Siegfried Marcus in Wien arbeitet nicht mit zerstäubtem, sondern mit verflüchtigtem Petroleum, welches nach seiner Entflammung auf ähnliche Weise wirkt, wie das Gas in der Otto-Langenschen Maschine, das sich frei ausdehnen kann und dann durch das entstehende Vacuum arbeitet. Die Erzeugung des explosiblen Gases geschieht einfach dadurch, daß der Kolben im ersten Teil seines Laufes atmosphärische Luft durch einen Petroleumkörper hindurch ansaugt, und die Entzündung geschieht durch den Funken eines äußerst kräftigen Inductionsstromes, den ein Daumen auf der Schwungrad-Welle mit jeder Umdrehung neu erzeugt. Solch kräftige Funken zu erzeugen, um Petroleum damit zu entzünden, war bis heute eine ungelöste Aufgabe, aber der Apparat von Marcus, welcher in einem kleinen Blechkasten an der Maschine angebracht ist, zündete sicher bei jedem Hub, wie ich mich während des Ganges dieser Maschine selbst überzeugte. Auch kommen bei dieser Maschine durchwegs gezwungene Bewegungen der Abschlüsse (Drehschieber) und keine selbstwirkenden Klappen vor, welche stets nacheilen und lärmen.*"

Diese Maſchine dürfte aus doppeltem Grunde ökonomiſcher wirken, als die vorſtehende. Denn wegen der freien Ausdehnung der entzündeten Gasmaſſe kann alle Wärme in Arbeit umgeſetzt werden (wefshalb auch weniger Kühlwaſſer nöthig iſt) und die Einbringung des Petroleums im verflüchtigtem Zuſtand ſichert deſſen vollkommen gleichartige Miſchung, mit der dasſelbe tragenden Luft, und eine vollkommenere Verbrennung als im zerſtäubten Zuſtand, bei welchem ein Theil unverbrannt entweichen kann.

Die Petroleum-Maschine von Siegfried Marcus in Wien arbeitet nicht mit zerstäubtem, sondern mit verflüchtigtem Petroleum, welches nach seiner Entflammung auf ähnliche Weise wirkt, wie das Gas in der Otto-Langenschen Maschine, das sich frei ausdehnen kann und dann durch das entstehende Vakuum arbeitet. Die Erzeugung des explosiblen Gases geschieht einfach dadurch, daß der Kolben im ersten Teil seines Laufes atmosphärische Luft durch einen Petroleumkörper hindurch ansaugt, und die Entzündung geschieht durch den Funken eines äußerst kräftigen Inductionsstromes, den ein Daumen auf der Schwungrad-Welle mit jeder Umdrehung neu erzeugt. Solch kräftige Funken zu erzeugen, um Petroleum damit zu entzünden, war bis heute eine ungelöste Aufgabe, aber der Apparat von Marcus, welcher in einem kleinen Blechkasten an der Maschine angebracht ist, zündete sicher bei jedem Hub, wie ich mich während des Ganges dieser Maschine selbst überzeugte. Auch kommen bei dieser Maschine durchwegs gezwungene Bewegungen der Abschlüsse (Drehschieber) und keine selbstwirkenden Klappen vor, welche stets nacheilen und lärmen.

(Sämtliche Texte wurden in Faksimile wiedergegeben, um Unklarheiten von vornherein auszuschalten.)

Es darf daher nicht wundern, daß Goldbeck für die Marcus-Biographie auch einen Abschluß findet, der genau das aussagt, was er mit der ganzen Broschüre versucht, nämlich dem Leser den Eindruck zu vermitteln, daß es sich bei Siegfried Marcus um einen Menschen handelte, dessen Leben und Wirken im Grund nutzlos und erfolglos war. Daß er dabei eine Anleihe bei dem Mathematiker v. Mises macht, sollte der Abwertung einen gewissen literarischen Akzent verleihen, noch dazu Goldbeck völlig unbegründet eine Verbindung mit Josef Popper herstellt.

Dieser Abschluß der Goldbeck'schen Marcus-Biographie ist auch gleichzeitig der letzte Versuch, den Leser in der Überzeugung zu entlassen, daß Marcus als ambitionierter Mechaniker in einer großen Zeit gelebt hat, obwohl er von bedeutenden Männern u. a. als zweiter Edison bezeichnet wurde. Goldbeck schließt daher mit folgenden Worten:

„...Die Geschichte seiner Erfindungen haben wir mit einwandfreien Quellen belegen können, bei der Darstellung der Persönlichkeit mußte vieles nur auf Einfühlung beruhende Vermutung bleiben. Wir haben bereits den Charakter seines Freundes Josef Popper zur Analogie herangezogen, da dieser mit Marcus so verwandt erscheint. In dem Popper gewidmeten Lebensbild spricht der Mathematiker v. Mises einleitend davon, daß es nur wenigen verliehen sei, einen langen Lebensweg dem inneren Gesetz folgend zurückzulegen. Das Leben solcher Menschen erscheint wie ein Kunstwerk, unter Gebrauchsgegenständen zwecklos und doch unendlich wohltuend: ,Was ist eine Sammlung von Lebensbeschreibungen anderes als ein Verzeichnis der Nützlichkeiten, die die Gesellschaft einzelnen Toten verdankt oder zu verdanken meint. Von diesem Standpunkt gesehen fällt nur eine bescheidene

Rolle dem Mann zu, der von sich selbst sagte, er habe der Absicht nach für das Wohl der gesamten Menschheit gearbeitet, und der dabei ohne Widerhall und bis heute fast ohne jeden nennenswerten Erfolg geblieben ist. Allein wir fühlen, daß einem Leben, dessen Betrachtung uns ästhetischen Genuß verschafft, ein andersartiger Wert innewohnen muß, der sich nicht an den Erfolgen des Tages oder der Jahre messen läßt, sondern in zeitloser Gültigkeit eingeht in den Besitz der Menschheit.'

Diese Worte wollen wir auch für Siegfried Marcus gelten lassen.“

Viel besser kann man es gar nicht anstellen, wenn man einen Menschen um alle überragenden Leistungen und zeitlosen Erfolge bringen will, ohne als Verleumder dazustehen.

Diese von Goldbeck geschaffene „Antibiographie“ über Marcus dürfte in der Aufarbeitung der Technikgeschichte und ihrer Pioniere wohl weltweit ihresgleichen suchen.

Goldbeck zum Motor des ersten Marcuswagens

Wo Motoren, Aggregate oder technische Prozesse bewußt – oder auch unbewußt – falsch dargestellt, beschrieben und datiert werden, um einen Vergleich zu ermöglichen und daraus falsche Prioritätsansprüche ableiten zu können, ist eine technische und historische Klarstellung unverzichtbar.

So vergleicht z. B. Goldbeck zwei Motorkonstruktionen miteinander, die allein aufgrund ihrer Konzeption absolut unvergleichbar sind. Es handelt sich dabei um

– den stationären, im Zweitakt indirekt arbeitenden „atmosphärischen Flugkolben-Explosions-Gasmotor“ von Otto von 1872

– und den mobilen, im Zweitakt direkt arbeitenden „atmosphärischen Kurbeltrieb-Verbrennungs-Benzinmotor“ von Marcus aus dem Jahr 1864.

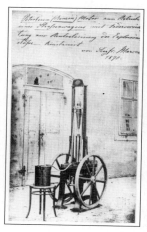 

Die beiden Bilder sind, wie ersichtlich, mit einem schriftlichen Vermerk, Datum und Unterschrift von Siegfried Marcus, versehen. Aufgrund einer der herausvergrößerten Beschriftungen wollen Gegner von Siegfried Marcus glaubhaft machen, das Fahrzeug wäre erst 1870 konstruiert und gebaut worden und nicht – wie historisch nachgewiesen – spätestens im Jahr 1864.

144

Beide sind, vergröbert ausgedrückt, atmosphärische Zweitakt-Motoren, bei denen sich bei aufwärtsgehendem Kolben ein unter atmosphärischem Druck in den Zylinder einstömendes Medium durch Zündung erhitzt, ausdehnt und den Kolben vom unteren zum oberen Totpunkt treibt.

Die atmosphärische Ladung und die stehend angeordneten Zylinder können gerade noch miteinander verglichen werden, obwohl durch die verschiedenen, zur Anwendung gelangenden Kraftstoffe (Gas bei Otto und Benzin bei Marcus) auch hier bereits gravierende Unterschiede bestehen.

Aber schon bei der Zündung des im Zylinder befindlichen Mediums zeigt sich der grundlegende konstruktive Unterschied. Otto zündete die Gasladung des Zylinders mittels Gasflämmchen, das durch einen Steuerschieber am Ende des Ansaugvorganges in den Zylinder „geschleust" wurde, während Marcus in fortschrittlicher Weise das im Zylinder befindliche Benzin-Luftgemisch bereits elektrisch zündete.

Bei dem von Otto gebauten Flugkolbenmotor erfolgte die nach oben gehende Kolbenbewegung nach der Zündung des sich explosionsartig ausdehnenden Gases geschoßartig (feuerwaffenähnlich), und damit weitgehend unkontrolliert. Die dabei entstehende aggressive Kolbenbeschleunigung konnte wegen der Beschädigungsgefahr für den Motor und der von ihm angetriebenen Geräte nicht direkt zur Arbeit herangezogen werden, sondern erst über einen Umweg, wie später noch dargelegt wird.

Beim Kurbeltriebmotor von Marcus (dampfmaschinenähnlich) hingegen fand eine durch den Kurbeltrieb gebändigte, mittels elektrischer Zündung eingeleitete Verbrennung des Benzin-Luftgemisches so kontrolliert statt, daß der den Kolben nach oben bewegende Verbrennungsdruck des expandierenden Gases direkt zur Arbeit herangezogen werden konnte, ohne eine Materialbeschädigung des Motors oder der angetriebenen Geräte befürchten zu müssen.

Der Flugkolbenmotor kann nur als stehender Motor gebaut werden. Der Kurbeltriebmotor kann stehend, liegend und hängend angeordnet sein.

Aus dieser kurzen Gegenüberstellung der beiden Motorkonstruktionen geht eindeutig hervor, daß es sich um verschiedene Funktionsweisen handelt, die trotz täuschender Ähnlichkeit in der Bezeichnung, nämlich atmosphärische Zweitaktmotoren, in Wirklichkeit nicht miteinander vergleichbar sind.

Flugkolbenmotor

Beim Flugkolbenmotor kann der explosionsartig auf den Kolben einwirkende Gasdruck, der den Kolben mit der Kolbenstange in Richtung des oberen Totpunktes schleudert, wie erwähnt, nicht direkt zur Arbeit genützt werden. Es ist daher der Umweg über einen zweiten atmosphärischen Vorgang nötig. Die vom Motor zu liefernde Arbeit kann nämlich zwangsläufig erst auf dem Umweg

In „Damals als die Pferde scheuten" sagt Seper:

„...Der Marcus-Motor, vorerst für den Antrieb eines Dynamos für die ortsunabhängige Erzeugung elektrischer Energie gedacht, eine sogenannte ‚Locomobile', mußte von fremder Gasbelieferung unabhängig sein und daher seine eigene Gasanstalt bei sich haben. Dies war auch die Voraussetzung für seine Fahrversuche. Darüber ist schon viel geschrieben worden, so daß hier nicht noch einmal die ganze Geschichte von Siegfried Marcus und seinen beiden Automobilen erzählt werden soll. Hier ist nur wichtig, daß er seinen atmosphärischen Motor bereits in den sechziger Jahren des 19. Jahrhunderts mit Benzin betrieb, welches er - relativ teuer - in Drogenhandlungen kaufen mußte..."

Weitere gravierende Merkmale, die die beiden Motorkonstruktionen voneinander unterscheiden, sind:

Der Flugkolben-Gasmotor von Otto benötigt für vier aufeinanderfolgende Phasen zwei Kolbenhübe (I. und II. Takt).

I. Takt:
Kolben bewegt sich vom unteren zum oberen Totpunkt

1. Phase: Ansaugen und Zünden des Gasluftgemisches etwa in halber Hubhöhe des Kolbens

2. Phase: Durch explosionsartige Ausdehnung des heißen Gases Hochschießen des Kolbens

II. Takt:
Kolben bewegt sich vom oberen zum unteren Totpunkt

3. Phase: Abkühlen des heißen Gases unter dem Kolben im Zylinder. Bei dem dadurch entstehenden Unterdruck, das Gewicht des Kolbens und dem auf ihm lastenden atmosphärischen Luftdruck wird der Kolben in den Zylinder geschoben (Arbeit)

4. Phase: Ausstoßen der Verbrennungsrückstände etwa im letzten Viertel der nach unten gehenden Kolbenbewegung.

Der Kurbeltrieb-Benzinmotor von Marcus benötigt nur drei Phasen für zwei Kolbenhübe (I. und II. Takt)

I. Takt:
Kolben bewegt sich vom unteren zum oberen Totpunkt

1. Phase: Ansaugen und Zünden: Kolben bewegt sich zum oberen Totpunkt. In etwa halber Hubhöhe Zünden des Benzinluftgemisches

2. Phase: Durch Ausdehnung des heißen Gases wird der Kolben ab etwa der halben Hubhöhe gegen den oberen Totpunkt gedrückt (Arbeit)

II. Takt:
Kolben bewegt sich vom oberen zum unteren Totpunkt

3. Phase: Der Kolben schiebt über den ganzen Takt die Verbrennungsrückstände aus dem Zylinder.

über den durch Abkühlung der Verbrennungsgase und dem damit unter dem Kolben entstehenden Vakuum (Unterdruck) erfolgen, bzw. ungleichgewichtig, aber stoßfrei durch den auf den Oberteil des Kolbens einwirkenden atmosphärischen Druck.

Dazu trägt auch eine Kraftverstärkung durch das ebenfalls zum unteren Totpunkt wirksam werdende Kolben- und Kolbenstangengewicht noch etwas bei (siehe schematische Darstellung Seite 68).

Beim Flugkolbenmotor wird die auf- und niedergehende Bewegung des Kolbens im Zylinder in Verbindung mit der starren Kolbenzahnstange erst über ein äußerst kompliziertes Schaltwerk, das sehr lärmend arbeitet, in eine drehende Bewegung der Zapfwelle umgewandelt (siehe schematische Darstellung Seite 67).

Bei dieser Motorkonstruktion handelte es sich um eine Maschine, die nicht nur unwirtschaftlich war

und einen schlechten Wirkungsgrad aufwies, sondern die auch sehr ungleichmäßig und lärmend lief. Dazu kommt noch, daß diese Motoren, wie schon erwähnt, nur in stehender Bauweise funktionierten und daher zum Antrieb von Fahrzeugen in keiner wie immer gearteten Form verwendbar waren. Hingegen konnte der von Marcus gebaute Kurbeltriebmotor sowohl stehend, liegend als auch hängend gebaut werden, ohne seine Funktion zu beeinträchtigen.

Bei Flugkolben-Maschinen war es außerdem nicht möglich, eine höhere Leistung als etwa 3 PS zu erreichen.

Der Biograph von Nicolaus August Otto, Arnold Langen, der Sohn des langjährigen Partners von Otto, schrieb über die Gangart und Geräuschentwicklung des Flugkolbenmotors unter anderem:

„...Für das Ohr war weniger die Explosion des Gasgemisches als das schlagartige Einschalten

146

des Exzenters, dessen einmaliges Herumwerfen und wieder Anhalten durch das Gesperre vernehmlich. Dieses Geräusch wirkte deshalb so unerfreulich, weil der zeitliche Abstand zwischen der jeweiligen Wiederkehr dieses Schaltvorganges je nach der Stärke der Explosion und ihrer Einwirkung auf die Umdrehungszahl der Maschine verschieden war. Dem harten Schlag des Gesperres folgte ein regelmäßiges Ticken, aber dieser Schlag wiederholte sich dazwischen in unregelmäßigen Abständen, taktwidrig für das Ohr, aber im Sinne bester Wirtschaftlichkeit, denn die Maschine gab sich erst dann wieder einen Impuls, wenn der im Schwungrad aufgespeicherte Energieüberschuß durch die Kraftentnahme der angetriebenen Maschine verzehrt war...“

Diese spezifische Gangart der Maschine brachte es auch mit sich, daß die im Schwungrad gespeicherte, rasch abnehmende kinetische Energie ständig eine merkbare Drehzahlabnahme bis zum nächsten Kraftimpuls mit sich brachte. Eine ständig variierende Geschwindigkeit der angetriebenen Geräte war die Folge.

Der Flugkolben-Explosions-Motor von Otto war, um es rund herauszusagen, demnach eine Maschine, die bereits bei ihrer Schaffung durch das zur Anwendung kommende technische Konzept eine Totgeburt darstellte, was sich ja auch wenige Jahre später herausstellte. Zu allen Fehlern, die er aufwies, war er auch nicht verbesserungs- oder gar entwicklungsfähig. Deshalb mußte er von Otto und Langen letztlich aus der Produktion genommen und durch einen Kurbeltrieb-Gasmotor ersetzt werden, wie ihn Marcus schon von Anfang an bei seinem ersten Motor verwendete. (Zur Funktionsweise des Flugkolben-Motors siehe auch die schematischen Darstellungen Seiten 67, 70)

Wenn Goldbeck von diesem Motor ausgehend nachzuweisen versucht, Marcus hätte den von Otto und Langen gebauten Motor auch nur ansatzweise nachempfunden, dann kann man über das mangelhafte technische Wissen des Firmenhistorikers nur seiner Verwunderung Ausdruck geben, der immerhin den Titel eines Ober-Ingenieurs trug, und das in einer der namhaftesten Motorenfabriken Deutschlands, eben Klöckner-Humboldt-Deutz.

Trotzdem muß man, um bei der Wahrheit zu bleiben, feststellen, daß die Konstruktion eines solchen Motors jedem Techniker größte Achtung abringt. Der Flugkolbenmotor ist nämlich eine Maschine, bei der es immerhin gelang, schußwaffenähnliche Vorgänge so zu bändigen, daß sie für motorische Zwecke verwendbar wurden.

Kurbeltriebmotor

Bei dem von Marcus gebauten Motor handelt es sich, wie bereits erwähnt, nicht um einen Flugkolben-Explosions-Gasmotor wie es der von Otto war, sondern um einen Kurbeltrieb-Verbrennungs-Benzinmotor. Ähnlichkeiten im äußeren Erscheinungsbild zwischen dem von Otto und jenem von Marcus gebauten Motor wie etwa, daß es sich in beiden Fällen um stehende Maschinen handelte, bei denen die auf- und niedergehende Kolbenstange und damit Bewegung am oberen Teil des Zylinders sichtbar wird, dürfen nicht zu falschen Schlußfolgerungen verleiten.

In der Realität ist, wie erwähnt, der von Otto gebaute Motor mit einer Schußwaffe verwandt, während der von Marcus gebaute Motor eine gewisse Ähnlichkeit mit der Kolbendampfmaschine aufweist. Bei der Dampfmaschine wird der zum Antrieb notwendige Dampfdruck in einem unterfeuerten Wasserkessel, der vom Zylinder getrennt ist, erzeugt (äußere Verbrennung).

Der unter Druck stehende Dampf wird über Dampfleitungen in den Arbeitszylinder geleitet und über einen Kolben sowie den nachfolgenden Kurbeltrieb mit Schwungrad zur Arbeit herangezogen. Der stehende Verbrennungsmotor von Marcus weist nun vergleichbare Vorgänge wie die Dampfmaschine auf, nur entsteht der zum Antrieb notwendige Gasdruck nicht außerhalb des Zylinders, sondern in diesem durch Zündung eines Benzin-Luftgemisches (innere Verbrennung).

Beim stehenden Kurbeltriebmotor von Marcus wird die Bewegungsveränderung von der gradlinigen auf- und abwärtsgehenden Bewegung des Kolbens im Zylinder über die starre Kolbenstange und die beweglich angelenkte, schwingende Pleuelstange in Verbindung mit der Kurbelwelle in die rotierende Bewegung der Zapfwelle umgewandelt. (Siehe schematische Darstellungen Seiten 68, 70).

Das bis etwa zur halben Hubhöhe unter atmosphärischem Druck – durch die Aufwärtsbewegung des Kolbens – in den Zylinder einströmende Benzin-Luftgemisch wird gezündet. Die dabei expandierenden, heißen Verbrennungsgase treffen nicht explosionsartig auf einen stehenden oder in langsamer Bewegung befindlichen Kolben. Sie expandieren vielmehr in Richtung des durch den laufenden Kurbeltrieb in rascher Bewegung befindlichen Kolbens. Der dadurch auf ihn einwirkende, gemilderte, also nicht mehr explosionsartige Druckanstieg des expandierenden Gases kann somit zerstörungsfrei direkt in Arbeit umgesetzt werden. Das ist nicht nur weit wirtschaftlicher, sondern ermöglicht auch einen erheblich gleichmäßigeren Gang des Motors als es bei einem Flugkolbenmotor der Fall ist (siehe schematische Darstellung Seiten 70 bis 73).

Wie daher leicht ersichtlich, handelt es sich bei der Auslegung dieser beiden, von Goldbeck fälschlich miteinander verglichenen Motoren um unterschiedliche Maschinen, die nach völlig anderen Konstruktionskonzepten geschaffen wurden und damit unvergleichbar sind.

Im folgenden werden jene Textstellen wörtlich zitiert, in denen Goldbeck den unerklärlichen Versuch unternimmt, diese beiden atmosphärischen Motoren gleichzuschalten, um sie so miteinander vergleichbar zu machen und damit die Möglichkeit zu schaffen, den von Otto gebauten Motor als Vorläufer, den von Marcus gebauten Motor als Nachahmung deklarieren zu können, womit er die Priorität Ottos auf dem Gebiet der Erfindung der Verbrennungsmotoren glaubhaft zu untermauern versucht:

„...Für Marcus war die Besprechung mit Reuleaux der Anlaß, sich eingehend mit Verbrennungsmotoren zu befassen, selbst einen Motor zu konstruieren, bei dem er seinen Vergaser verwenden konnte. Wenige Monate nach seiner Berlin-Reise hatte Marcus Gelegenheit, den Deutzer Motor in Wien zu sehen. Der von Marcus konstruierte Motor arbeitete zwar nach dem gleichen Prinzip, Ausdehnung des nach der Explosion entstehenden Vakuums, weicht aber in der Ausführung nicht unwesentlich ab....“

Diese Behauptung ist nicht nur verworren, sondern grundsätzlich unrichtig. Sie ist auch in Bezug auf die Arbeitsweise des Motors, wie schon erwähnt, falsch, denn der Kolben des Marcusmotors erhält seinen Arbeitsimpuls nicht durch den Unterdruck der abgekühlten Gase im Zylinder und den dadurch auf den Kolbenoberteil einwirkenden atmosphärischen Luftdruck, sondern im Gegenteil durch den Gasdruck des gezündeten Benzin-Luftgemisches auf den Kolbenboden. Im weiteren beschreibt Goldbeck den Marcusmotor folgendermaßen:

„...Der Zylinder ist senkrecht in einem tischartigen Gestell gelagert, unter ihm liegt die Kurbelwelle mit außen angeordneten Schwungrädern. Die langen Pleuelstangen sind an einer Traverse angelenkt, die in zwei hohen senkrechten Führungsschienen gleitet. Durch die Traverse, die gewissermaßen den Kreuzkopf bildet, ist eine Stange geführt, auf der die hohle Kolbenstange

Keinerlei Beachtung hat bis dato in der Entwicklungsgeschichte des Automobils der Umstand gefunden, daß dieser erste, von Siegfried Marcus gebaute Benzinmotor, wenn auch auf einem Metallständer aufgebaut, niemals als Stationärmotor gedacht war, wie ein Foto aus dem Jahr 1870 zeigt. Diese Maschine war vielmehr von allem Anfang an als Fahrzeugmotor vorgesehen. Für diese Feststellung sprechen eindeutig die beiden rechts und links an der Kurbelwelle angeordneten „Schwungräder“, deren doppelte Anordnung nur dann einen Sinn ergibt, wenn sie gleichzeitig als Antriebsräder dienen sollten. Und dafür spricht auch ihre auf das „Handwagenfahrgestell“ genau abgestimmte Größe und Spurbreite. Das Metallgestell, auf dem der Motor aufgebaut wurde, war kein Stationärfundament, sondern eine Motorhalterung, um die Maschine im Stand probelaufen lassen zu können und entsprechende Einstellungen vorzunehmen. Dieser angebliche Stationärmotor, der nach bisheriger Sicht versuchsweise auch zum Antrieb eines Fahrzeuges eingesetzt wurde, war in Wirklichkeit der erste, ausschließlich für automobile Zwecke gebaute Motor der Welt. Für diese Feststellung spricht auch, daß an dem Montagegestell keine Vorrichtung vorgesehen war, auf der das „Vergasergerät“ befestigt hätte werden können. Im offensichtlichen Versuchsprovisorium hat Marcus den „Vergaser“ daher einfach auf einen Schemel danebengestellt. Demnach ist der erste Marcuswagen nicht das Ergebnis des Zusammenbaues eines Handwagens, von dem einfach die Hinterräder abmontiert wurden, und eines Stationärmotors zu einem Fahrzeugprovisorium, sondern das Resultat eines von vornherein geplanten Versuchsfahrzeuges, bestehend aus dem ersten Fahrzeug-Benzinmotor und einem dazupassenden, äußerst einfach gebauten Fahrgestell. Genaugenommen stehen wir hier vor dem allerersten Motorfahrzeug und damit dem Beginn des automobilen Zeitalters. Man muß die unglaublich sparsame, rationelle Versuchsarbeit – übrigens in allen Fällen – von Marcus kennengelernt haben, um die völlig klaren Absichten dieses Genies zu durchschauen. Für die ersten Fahrversuche mit einem Benzinmotor hat der Einsatz eines handwagenartigen Fahrgestells jedenfalls genügt. Wohl bedeutend weiterentwickelt, im Prinzip aber nicht viel anders, ging Marcus auch bei der Konstruktion seines zweiten Wagens vor, indem er den speziell konstruierten Fahrzeugmotor in ein ausschließlich dafür geschaffenes Fahrgestell einbaute, das, solide wie es ist, alle erdenklichen Versuchsanordnungen ermöglichte und unbeschadet überstehen konnte.

Zeitgenössisches Foto des ersten Marcuswagens – aufgenommen um 1870 – mit dem auf ein handwagenähnliches Fahrgestell montierten, stehenden ersten Benzinmotor der Welt von 1864 bis 1870 sowie des auf einem Montagesockel zwecks notwendiger Probeläufe aufgebauten Motor allein.

148

Das erste Marcus-Automobil.

Wohl alle Automobilisten kennen den Marcus-Wagen, dieses vorsintflutliche Vehikel, welches das Paradestück aller Ausstellungen des Oesterreichischen Automobil-Club bildet und in zahlreichen automobilistischen Zeitschriften abgebildet wurde.

Dieses „erste in Oesterreich gebaute Automobil", dieser „Vorläufer aller deutschen und französischen Wagen"

ist, wie wir heute in der Lage sind nachzuweisen, gar nicht das erste Vehikel seiner Art. Es ist vielmehr schon das zweite Automobil, das Marcus, dieser geniale Erfinder, konstruiert hat. Das erste Marcus-Automobil reproduzieren wir heute nach Photographien, die uns Herr Ingenieur Tischler freundlichst zur Verfügung gestellt hat.

*gleiten kann. Zum Abfangen des Kolbenstoßes
ist eine keilförmige Blattfeder angeordnet. Fliegt
der Kolben infolge der Explosion nach oben, so
drückt er die Feder zusammen, die den Stoß auf
das Triebwerk mildert..."* *)

Die Behauptung, der Kolben fliege nach der Explosion nach oben, ist wie schon erörtert, unrichtig,
denn es findet keine Explosion statt, sondern eine
durch den Kurbeltrieb kontrollierte Verbrennung.
Und weiter im Text:

*„...Unklar bleibt, wie beim Abwärtsgang unter
dem Druck der Atmosphäre der Kolben mit dem
Keuzkopf gekuppelt wird..."*

Mit dieser Frage beweist Goldbeck, daß er entweder wirklich keine Ahnung hatte, wie sich ein
Flugkolben- und ein Kurbeltrieb-Motor in ihrer
Funktionsweise voneinander unterscheiden, oder
aber die Frage hat nur die Aufgabe, Verwirrung zu
stiften. Möglicherweise hoffte er aber auch, daß
dieser Passus überlesen oder nicht verstanden wird,
nachdem keine schematische Zeichnung vorhanden ist.

Nachdem es also bei einem Kurbeltriebmotor im
Zylinder keinen Unterdruck gibt, der zur Arbeit
herangezogen werden kann, wird auch kein ungleichgewichtiger, atmosphärischer Druck auf ihn
ausgeübt. Daher ist beim Marcusmotor der Kolben
konstant über die Kolbenstange, den Kreuzkopf
und die an diesen angelenkten zwei Pleuelstangen,
die wieder an der Kurbelwelle schwingend angelenkt sind, andauernd kraftschlüssig verbunden.
Aus diesem Grund erübrigt sich diese Frage Goldbecks von vornherein.

Wenn Goldbeck nicht von der Aufgabe so besessen
gewesen wäre, Marcus zu diskreditieren, dann hätte er in Erfahrung bringen müssen, daß ein Kurbeltriebmotor niemals durch den unterhalb des Kolbens im Zylinder entstehenden Unterdruck, in

---

*) Die kursiven Textstellen des von Goldbeck stammenden Zitates sind
von Seper – ohne Goldbeck zu zitieren – wörtlich in seine Veröffentlichung „Siegfried Marcus – Ende einer Legende – Neue Ergebnisse der
Marcusforschung" übernommen worden.

Wie wenig sich der Vizedirektor des Technischen Museums, Seper, bei
den Motoren und im Archiv der ihm unterstehenden Sammlung auskannte, geht daraus hervor, daß er die technisch unhaltbaren Beschreibungen des ersten atmosphärischen Kurbeltriebmotors von Marcus und
die darauf aufgebaute Vergleichbarkeit mit dem atmosphärischen Flugkolbenmotor anscheinend nicht erkannt, sondern diese von Goldbeck behauptete Unmöglichkeit wörtlich und kritiklos übernimmt. Noch dazu
sich in der Ausstellungshalle des Museums ein funktionierender Flugkolbenmotor befindet, der auch immer wieder vorgeführt wurde.
Aus solchen Fehlleistungen ist der Schluß legitim, daß Seper auch andere
gravierende Fehler ebenso unüberlegt von Goldbeck übernommen hat.

Verbindung mit dem dadurch auf ihn im oberen
Teil des Kolbens wirksam werdenden atmosphärischen Druck betrieben werden kann. Der atmosphärische Kurbeltriebmotor benötigt vielmehr den
gesamten zweiten Takt, in dem der Kolben vom
oberen zum unteren Totpunkt läuft, um über ein
zwangsgesteuertes Auslaßorgan die Verbrennungsrückstände aus dem Zylinder zu schieben.

Ein wesentlicher konstruktiver Unterschied besteht auch darin, daß die von Otto gebaute und von
Goldbeck fälschlich mit dem ersten Marcusmotor
verglichene Maschine eine völlig andere, wesentlich primitivere Gaswechselsteuerung besaß. Bei
dem von Otto konstruierten Flugkolbenmotor erfolgte nur die Steuerung des Gaseinlasses zwangsweise, der Austritt der Verbrennungsrückstände jedoch über eine selbsttätig wirkende Auspuffklappe.

Hier sollte noch erwähnt werden, daß bei Kurbeltriebmotoren das Einlaßorgan selbsttätig arbeiten
kann, das Auslaßorgan aber unbedingt zwangsgesteuert sein muß.

Bei Flugkolbenmotoren hingegen muß das Einlaßorgan zwangsgesteuert sein, während das Auslaßorgan selbsttätig funktionieren kann.

Bei den zum Vergleich herangezogenen Zweitakt-
Kurbeltriebmotoren von Marcus ist aber nicht nur
der Einlaß, sondern auch der Auslaß des Gaswechsels zwangsgesteuert, wie es auch heute noch bei
allen Verbrennungsmotoren der Fall ist, die nach
dem Viertaktsystem arbeiten. Diese zwangsweise
Gaswechselsteuerung war eine wesentliche Voraussetzung für die rasche und fast reibungslose
Umrüstung späterer Marcusmotoren vom atmosphärischen Zweitakt- zum verdichtenden Viertaktmotor, wie später noch genau bewiesen wird
(siehe auch Seiten 226, 227).

Daß ein Kurbeltriebmotor, wie ihn Marcus von
Anfang an baute, nicht durch einen Unterdruck
unter dem Kolben im Zylinder und den dadurch
druckwirksam werdenden atmosphärischen Normaldruck auf den Kolbenoberteil des Zylinders betrieben werden kann, ist übrigens eine leidvolle
und sehr kostspielige Erkenntnis, die Otto und
Langen bei der Schöpfung ihres Flugkolbenmotors
machen mußten. Sie hätten ihn nämlich von Anfang an viel lieber als Kurbeltriebmotor gebaut, wie
durch sie selbst bestätigt und nicht funktionierende Anfangsversuche dokumentiert wird. In der Biographie von Otto kann man das nachlesen:

*„...Bei den Versuchen hatte man erkannt, daß der
Kurbelmechanismus, wie er bei einer Dampfma-*

schine verwendet wurde, mit der Arbeitsweise einer atmosphärischen Maschine unvereinbar ist ... Für die Erkenntnis, daß ein atmosphärischer Motor nur mit einem Flugkolben zu verwirklichen ist, war eine dreijährige mühselige Versuchsarbeit erforderlich bis dieser betriebsverläßlich funktionierte..." *)

Zusammenfassend muß man sich also noch einmal die Frage stellen: Hat Goldbeck wirklich nicht gewußt, wie verschieden die beiden Motoren von Otto und Marcus waren? Hat er als Firmenhistoriker von Klöckner-Humboldt-Deutz nicht einmal die vom Sohn des langjährigen Partners von Otto, Ing. Arnold Langen, verfaßte Biographie über den Firmengründer gekannt? Bei entsprechenden Recherchen hätte er sich einige blamable Behauptungen ersparen können.

Oder war ihm etwa sehr wohl bekannt, daß der um 1864 von Marcus gebaute und im Versuch laufende Benzinmotor dem von Otto im Jahr 1867 nach mühseligen und kostenaufwendigen Bemühungen und unter Hinzuziehung namhafter außenstehender Experten gebaute Flugkolbenmotor so überlegen war, daß nur durch Zurechtbiegen der Tatsachen dessen geschichtlicher Absturz zu verhindern war?

Resümierend muß jedenfalls festgehalten werden: Der Flugkolben-Explosions-Gasmotor von Nikolaus August Otto (1867–1875) war von vornherein eine konstruktive, wenn auch interessante Notlösung, die acht Jahre nach ihrem Erscheinen auf dem Markt auch schon auf Nimmerwiedersehen in der Versenkung verschwand.

Der von Siegfried Marcus gebaute, elektrisch gezündete Kurbeltrieb-Verbrennungs-Benzinmotor aus dem Jahr 1864 (Fahrversuch vor Zeugen 1866) ist dagegen heute in seiner Grundüberlegung von 1861 in Millionen von Kraftfahrzeugen gegenwärtig, also 133 Jahre nach seinem Erscheinen immer noch Stand der Technik.

Richtigstellung falscher Daten

Ganz abgesehen von der völligen Verschiedenartigkeit der Motoren von Otto und Marcus, entbehren die Zeitangaben, die als Beweis für den angeblichen geistigen Diebstahl durch Marcus von Goldbeck ins Treffen geführt werden, jeder Grundlage. So behauptet er:

„...Deutz verkaufte den atmosphärischen Motor

erstmals am 21. 3. 1868 nach Prag. Am 11. 5. 1868 wurde ein Motor nach Wien gesandt (Anmerkung d. Autors: zu einem Zeitpunkt also, da der von Marcus gebaute Motor, durch Zeugen bestätigt, bereits drei Jahre lief), bis Mitte 1870 sind sieben solche Motoren nach Wien geliefert worden. Da Reuleaux Marcus in Aussicht gestellt hatte, Langen würde sich an ihn wenden, ist als sicher anzunehmen, daß Marcus die ersten Lieferungen nach Wien verfolgt hat..."

Abgesehen davon, daß es sich hier um eine der zahlreichen, durch nichts begründeten Vermutungen Goldbecks handelt, bezieht er sich auf die von Professor Franz Reuleaux in Aussicht gestellte Kontaktaufnahme mit Langen, an den er am 21. September 1867 den mehrfach zitierten Brief über die erfolgreiche Verwendung von Benzin durch Marcus schrieb. Reuleaux konnte nicht wissen, daß Marcus an einer Zusammenarbeit – mit wem immer – keinerlei Interesse hatte.

Wenn wir bezüglich der Datierung für den ersten Marcusmotor darauf vergessen wollen, daß dieser Benzinmotor bereits zwischen 1864 und 1866 zum versuchsweisen Antrieb eines Fahrzeuges verwendet wurde, dann muß das von Goldbeck behauptete, aber unbewiesene Produktionsdatum der Maschine in der Zeit vor 11. Mai 1868 bis 3. September 1870 liegen (Datum des Fotos). Mit anderen Worten, Marcus hätte zwischen Mitte 1868 und Ende 1870, also in nur zwei Jahren, neben seinen sonstigen Aktivitäten aus dem Nichts heraus einen in jeder Beziehung völlig neuen, wesentlich fortschrittlicheren Motor als den von Otto konstruieren, finanzieren, bauen und fertigstellen müssen. Außerdem wäre der neue Motor auch noch unter Verwendung eines absolut neuen Treibstoffes, des Benzins, betrieben und erprobt worden. Marcus überrascht zwar immer wieder mit seinen kurzen Entwicklungszeiten, aber das hätte nicht einmal er zuwege gebracht.

Demgegenüber steht der über Jahre mit großen Kosten und Rückschlägen unter Hinzuziehung namhafter Wissenschaftler entstandene, völlig andere Motor von Otto, der angeblich als Vorbild für Marcus gedient haben soll. Hier wird auch für alle jene, die mit Konstruktionen und technischen Entwicklungen keine Erfahrung haben, die Unmöglichkeit einer solchen Behauptung offensichtlich.

Wahr ist vielmehr auch nach Feldhaus, daß Marcus den ersten Benzinmotor der Welt ab 1861 gebaut hat, der laut dem Zeugen Blum im handwagenähnlichen ersten Fahrgestell sogar schon 1864 eingebaut war und mit dem gemäß einem glaubwürdi-

---

*) Eine Behauptung, die nicht unwidersprochen bleiben kann, denn alle Fahrzeugmotoren von Marcus bis 1875 waren atmosphärische Kurbeltriebmotoren ebenso wie eine Reihe späterer Stationärmotoren.

gen Zeitzeugen, nämlich Curjel, spätestens 1866 Fahrversuche unternommen wurden. Nachdem die Versuche offenbar nicht so zufriedenstellend verliefen wie dem Perfektionisten Marcus das wünschenswert erschienen wäre, schloß er die Versuche mit zwei Fotografien als Erinnerung an den längere Zeit nicht mehr zum Einsatz gekommenen Motor ab. Unter das eine Erinnerungsfoto schrieb Siegfried Marcus eigenhändig:

„Petroleum(Benzin)-Motor zum Betriebe eines Straßenwagens mit Federvorrichtung zur Neutralisierung der Explosionsstöße – konstruiert

von Siegfr. Marcus
1870"

Daran schließt Goldbeck die durch nichts zu erhärtende Vermutung:

„...Dieser Motor, entstanden 1868–1870, dürfte der erste tastende Versuch gewesen sein..."

Mit 1870 hat Marcus sichtlich nicht das Jahr der Fertigstellung dieses Motors gemeint, sondern das Jahr des endgültigen Abschlußes der ersten Periode. Beweis dafür ist auch, daß dieser erste Benzinmotor nachher weder von Marcus erwähnt noch von anderen gesehen wurde.

Die Vermutung, daß er erst 1870 konstruiert worden sei, aus der eigenhändigen Bildbeschriftung ableiten zu wollen, ist daher falsch, wie noch besser aus einer ebenfalls eigenhändig unterfertigten zweiten Fotografie zu ersehen ist, die von Goldbeck aber offensichtlich wegen ihrer Eindeutigkeit nicht zitiert wurde:

„Motor-Wagen. Konstruirt von Siegfr. Marcus. Wien d. 3ten Septbr. 1870. Photografirt von Löwy durch Assistent Jaffe."

Diese Bildunterschrift sagt eindeutig aus, daß nicht das Datum der Konstruktion des Motors mit 1870, sondern ausschließlich jenes der Fotografie damit gemeint ist.

Aber auch ein unbequemerweise genau datierter Augenzeugenbericht wird einfach durch das Weglassen des Datums manipuliert. Hier handelt es sich um eine mit 1866 datierte Ausfahrt mit dem ersten Marcuswagen, die das Entstehungsdatum mit spätestens 1864 indirekt bestätigt:

„Auf Grund eines offensichtlich völlig unzulässigen Berichts wurde die Erbauung dieses Wagens mit 1864 angegeben..."

Dieser Bericht über die Ausfahrt erschien am 23. Oktober 1904 in der Allgemeinen Automobil-Zeitung Nr. 43, Seite 26, unter dem Titel „Das erste Marcus-Automobil", verfaßt vom Hoflieferanten und Vertreter der Automobilfabrik Laurin & Klement, Albert H. Curjel, über eine Ausfahrt mit dem ersten Marcuswagen. Das aus dem Artikel entnommene Zitat lautet im Originaltext wie folgt:

„Eines schönen Tags lud mich Marcus ein, sein erstes Automobil zu probieren. Ich folgte dieser Einladung mit großem Vergnügen. Es war das Jahr 1866. Marcus hatte den Benzinmotor auf einen gewöhnlichen Handwagen montiert. Es ist dies das erste Benzinautomobil, das Sie in Nr. 41 der „A.A.-Z." reproduziert haben. Man darf nicht glauben, daß Marcus seinen Motor nur anzukurbeln brauchte, und daß wir vom Hause Mariahilferstrasse Nr. 105 wegfuhren.

Um das Vehikel zu versuchen, mußten wir uns an einen möglichst menschenleeren Platz begeben. Zu dem gleichen Zweck war die Schmelz – der damals noch unverbaute Exerzierplatz Wiens – der beste Ort. So zogen wir, als es gegen Abend wurde, hinaus zum Schmelzer Friedhof. Voran ein Hausknecht, der das Automobil zog, hintendrein Marcus und ich. Auf der Schmelz angelangt, begannen die Manipulationen der Inbetriebsetzung, die keineswegs einfach waren. Aber schließlich begann der Motor pfauchend seine Arbeit und Marcus lud mich ein, auf dem Handwagen Platz zu nehmen. Er selbst betätigte die Lenkung. Es gelang tatsächlich, das Fahrzeug in Betrieb zu setzen, und wir fuhren eine Strecke von gut 200 Meter. Dann aber versagte die Maschine und unsere Probefahrt war endgültig zu Ende. Anstatt des Motors trat wieder der Hausknecht in Aktion und fuhr den Wagen wieder in die Garage."

Den Bericht über diese Ausfahrt kann Goldbeck nicht so ohne weiteres unter den Tisch fallen lassen, dazu ist er in Historikerkreisen zu bekannt. Darum bringt er ihn auch erst dort, wo er seine „Beweisführung" weniger stört.

Anschließend an den nur fragmentarisch zitierten Bericht schreibt Goldbeck weiter:

„...Dies ist der einzige Bericht, den wir über das Fahrzeug besitzen. Die Datierung auf das Jahr 1866 ist nach unserer Erforschung der Geschichte der Erfindungen von Marcus unrichtig, obwohl sie von der 1901 durch den Patentanwalt L. Jonasz veröffentlichten Befragung eines früheren

Arbeiters von Marcus unterstützt wird. Danach will der Schlosser Blum den Wagen bereits 1864 bei seinem Eintritt in die Werkstätte vorgefunden haben. Der Bericht läßt bei genauer Betrachtung die Möglichkeit offen, Blum habe nur den Handwagen gemeint, und Jonasz habe diese Fehlerquellen übersehen..."

In diesem vorliegenden, kurzen Abschnitt seiner Marcus-Biographie sind gleich eine Reihe von Ungereimtheiten untersuchenswert.

Wieso ist die Datierung mit 1866 von einem durchaus glaubwürdigen, allgemein angesehenen Augenzeugen, veröffentlicht in einer ebenfalls glaubwürdigen Publikation, unrichtig? Auf diese Frage bleibt Goldbeck, wie so oft, eine historisch belegte Antwort schuldig. Weiters muß Goldbeck einige Zeilen später zugeben, daß der Wagen bereits 1864 von Augenzeugen gesehen wurde. Mit welcher Begründung er dem Schlosser Blum und dem Patentanwalt Jonasz unterstellt, sich ebenfalls geirrt zu haben, wird auch hier nicht näher erörtert, sondern als unbewiesene Behauptung in den Raum gestellt.

Aber das sind noch lange nicht alle historisch fragwürdigen Behauptungen, die Goldbeck aufstellt. Es gibt noch einige weitere Zeitzeugenberichte, die von ihm nicht übergangen werden können, sollte die Goldbeck-Broschüre nicht von vornherein als unglaubwürdig, unkomplett und manipuliert erscheinen. Über einen weiteren Zeugen, der das Jahr 1864 für den ersten Marcus-Wagen bestätigt, kann Goldbeck nicht hinweggehen, weshalb er meint:

„Vertrauenswürdiger ist die Angabe von Dr. Max Grunwald, der mit Marcus bekannt gewesen ist. Am 22. November 1908 schrieb er in der „Neuen Freien Presse" einen Aufsatz über das Leben und die Erfindungen von Siegfried Marcus. Der noch vorhandene – d. h. der später zu behandelnde zweite Wagen mit Viertaktmotor – und im Besitz des Österreichischen Automobilclubs befindliche Wagen sei, so schreibt Grunwald, nicht der erste Typ. Er bezieht sich dann auf die bereits oben erwähnte Aussage des Schlossers Blum, daß Marcus schon 1864 begonnen habe, den Wagen zu montieren." (Siehe den Presseartikel auf Seite 159)

Einen Absatz zuvor stellt Goldbeck jedoch die Behauptung auf, daß Blum und Jonasz sich offensichtlich geirrt haben und nicht den ersten Marcuswagen sahen, sondern nur einen Handwagen. Nun aber liest man mit größtem Erstaunen, daß Blum sah, wie Marcus bereits 1864 begonnen habe, den Wagen zu montieren. Anläßlich der Patentstreitigkeiten der amerikanischen Automobilindustrie gegen den Patentanwalt George B. Selden gelang es einem Beauftragten der amerikanischen Fahrzeugindustrie, Meister Blum als Zeugen für die vor Selden schon bestehenden Marcus-Automobile aufzufinden. In einem Bericht darüber liest man:

„Es gelang schließlich, Herrn Blum ausfindig zu machen, der bereit war, zu beeiden, er habe in der Werkstätte von Siegfried Marcus Anno 1864 den Vorläufer des 1875 fertiggestellten ersten Automobils der Welt gesehen."

Insbesondere mit dieser von ihm nicht gebrachten oder erwähnten Zeugenaussage wird deutlich, in welcher Weise Goldbeck versucht, historisches Material entweder nicht zur Kenntnis zu nehmen, zu manipulieren oder so zu zitieren, wie es für seine Interessen am vorteilhaftesten erscheint. An echter wissenschaftlicher Bemühung um die Wahrheitsfindung hatte er offensichtlich kein Interesse.

Abschließend muß zur Datierung des ersten Marcuswagens noch der bedeutende Technikhistoriker, Ingenieur F. M. Feldhaus, zitiert werden, der in seinem Standardwerk „Ruhmesblätter der Technik", erschienen 1910 in Leipzig, über die ersten Versuche mit diesem Fahrzeug, die nach ihm bereits 1861 begannen, schreibt:

„...Sehr eingehend beschäftigte sich Marcus mit den damals neuen Maschinen, die durch Gas oder vergastes Benzin oder Petroleum betrieben wurden. Er war der erste Erfinder deutscher Nation, der mehrere für die Weiterentwicklung der Gasmaschine grundlegende Prinzipien praktisch ausbildete, durchführte und durch Patente sich schützen ließ. Eine seiner Explosionsmaschinen*) setzte Marcus im Jahre 1861 auf einen Handwagen und verband die Maschine mit den Hinterrädern des Handwagens durch einen Treibriemen. Mit diesem mehr als einfachen Fahrzeug wurden sogar Versuche unternommen..."

Ab 1868 befaßte sich Siegfried Marcus nämlich bereits mit seinem zweiten Wagen, der 1870/71 auch schon ein für einen Selbstbeweger adäquates Fahrgestell aufwies, das von einem völlig neu konstruierten und gebauten atmosphärischen Zweitaktmotor angetrieben wurde. Der neue Motor war das Resultat der Erfahrungen, die Marcus mit dem ersten Versuchsmotor innerhalb mehrerer Jahre gemacht hatte. Auch dieser neue, liegende Kurzmotor war von vornherein als Fahrzeugmotor konstruiert und gebaut.

---

*) Damals und bis in die dreißiger Jahre wurden Verbrennungkraftmaschinen auch als Explosionsmotoren bezeichnet.

Das bereits bis 1870/71 erarbeitete Motorkonzept hat Marcus bis zu seinen letzten, für mobile Zwecke geschaffenen Maschinen Ende des Jahrhunderts nicht mehr grundlegend geändert. Über eine Ausfahrt, die mit dem zweiten Marcuswagen 1870/71 stattgefunden hat, gibt es eine ausführliche Schilderung von Emil Ertl (siehe Seite 20).

Alles, worüber nach 1870 berichtet wurde, betraf nur mehr den zweiten Marcuswagen.

Der zweite atmosphärische Motor war der erste, speziell für automobile Zwecke gebaute Kurzmotor von 1870–1872. Der dritte Motor dieser Art war eine verbesserte Ausführung des zweiten Motors von 1872–1875. Über diesen Motor liegt im übrigen ein Prüfungsbericht von Professor J.F. Radinger aus dem Jahr 1873 vor, der lautet:

„Die Petroleum-Maschine von Siegfried Marcus in Wien arbeitet nicht mit zerstäubtem, sondern verflüchtigtem Petroleum, welches nach seiner Entflammung auf ähnliche Weise wirkt wie das Gas in der Otto-Langen'schen Maschine, das sich frei ausdehnen kann, und dann durch das entstehende Vacuum arbeitet.
Die Erzeugung des explosiblen Gases geschieht einfach dadurch, daß der Kolben im ersten Theil seines Laufes atmosphärische Luft durch einen Petroleumkörper hindurch ansaugt und die Entzündung geschieht durch den Funken eines kräftigen Inductionsstromes, den ein Daumen auf der Schwungrad-Welle mit jeder Umdrehung neu erzeugt. Solch kräftige Funken zu erzeugen, um Petroleum damit zu entzünden, war bis heute eine ungelöste Aufgabe, aber der Apparat von Marcus, welcher in einem kleinen Blechkasten an der Maschine angebracht ist, zündet sicher bei jedem Hub, wie ich mich während des Ganges der Maschine selbst überzeugte.
Die Maschine dürfte aus doppeltem Grund ökonomischer wirken, als die vorstehende. Denn wegen der freien Ausdehnung der entzündeten Gasmasse kann alle Wärme in Arbeit umgesetzt werden (weshalb auch weniger Kühlwasser nötig ist) und die Einbringung des Petroleums im verflüchtigten Zustand sichert dessen vollkommen gleichartige Mischung, mit der dasselbe tragenden Luft, und eine vollkommenere Verbrennung als im zerstäubten Zustand, bei welchem ein Theil unverbrannt entweichen kann. Auch kommen bei dieser Maschine durchwegs gezwungene Bewegungen der Abschlüsse (Drehschieber) und keine selbstwirkenden Klappen vor, welche stets nacheilen und lärmen."

Das waren die drei atmosphärischen Zweitaktmotoren, die Goldbeck vermutlich anspricht, aber sie

betreffen alle den Zeitraum vor 1875, denn mit diesem Jahr ersetzte Marcus seine Zweitakt-Fahrzeugmotoren durch Viertaktmotoren.

Darüber wiederum berichtet Feldhaus wie folgt:

„…Nach sieben Jahren (also ausgehend von 1868 Anm. d. Autors) waren die Grundlagen für den heutigen Benzinkraftwagen gewonnen und Marcus begann mit dem Bau einer derartigen Maschine. Sie wurde im Jahre 1875 fertig und befindet sich noch gegenwärtig in Wien, und zwar im Besitz des Österreichischen Automobilklubs. Dieser älteste moderne Kraftwagen enthält, wie wir aus Abb. 191 erkennen, eine Benzinmaschine, die zwischen den Hinterrädern des Wagens gelagert ist,…
…Am 23. Mai 1882 meldet Marcus das erste Patent auf eine Kraftmaschine ‚zum Betrieb aller Arten Fahrmittel zu Wasser und zu Lande', und zwar in Deutschland an. Unstreitig gebührt ihm das Verdienst, den ersten brauchbaren Kraftwagen mit Explosionsmaschine erfunden, erbaut und zum Patent angemeldet zu haben…"

Das von Feldhaus angeführte Patent, das in Deutschland angemeldet wurde, ist leider verschollen.

„Damals als die Pferde scheuten" 1968

Der Verfasser dieser „Geschichte der österreichischen Kraftfahrt", Dr. Hans Seper, war einige Jahre verantwortlicher Kustos der Kraftfahrzeugabteilung im Technischen Museum in Wien, später Vizedirektor. Seltsamerweise versuchte er aufgrund völlig unzureichender Unterlagen nachzuweisen, daß der Wahlösterreicher Siegfried Marcus nicht der Erfinder des Automobils ist. Jener Abschnitt, der sich mit Marcus auseinandersetzt, befindet sich als Anhang am Ende des Buches ab Seite 289 unter dem Titel: „Ende einer Legende – Neue Ergebnisse der Marcus-Forschung".

Seper ist kein Maschinenbauer, sondern Physiker und Meteorologe. Es fehlt ihm daher das Naheverhältnis zur automobiltechnischen Entwicklung. Daher verwundert es nicht allzusehr, daß mehrere technische Statements in obiger Abhandlung nicht direkt von Seper stammen, sondern sich auf die im vorigen Abschnitt analysierte Marcus-Biographie von Goldbeck stützen und teilweise sogar wörtlich übernommen wurden. Dadurch ist eine ausführliche Auseinandersetzung mit seinen „Neuen Ergebnissen der Marcus-Forschung" nicht in der Form notwendig wie bei Goldbecks Broschüre „Siegfried Marcus – Ein Erfinderleben".

In der Einleitung dieses „Anhangs" läßt Seper bereits eindeutig erkennen, von welcher Seite Marcus mit seinen Erfindungen rund um das Automobil als Störfaktor empfunden wird und weshalb er es nicht erfunden haben kann und – um es richtiger zu formulieren – nicht erfunden haben darf!

Um sich nicht dem Vorwurf auszusetzen, durch aus dem Verband gerissene Auszüge aus der Einleitung zu den „Neuen Erkenntnissen der Marcus-Forschung" eine Meinungsmanipulation zu beabsichtigen, sei die ganze Einleitung in ungekürzter Form gebracht. Seper schreibt auf Seite 289:

(1) „Auf der Jubiläumsausstellung des Jahres 1898 wurde das Benzinautomobil von Siegfried Marcus erstmals öffentlich gezeigt und war ein vielbestauntes historisches Objekt, zumal dieses Exponat mit der Erklärung versehen war „Construiert 1877 in Wien". In der Folge wurde sogar behauptet, daß dieses Automobil 1875 gebaut worden wäre und das erste Benzinautomobil mit Viertaktmotor der Welt sei.

(2) Um diese Jahreszahl entwickelte sich seither eine lebhafte Diskussion, wobei es vor allem darum ging, wer die Ehre in Anspruch nehmen kann, den ersten Viertaktmotor gebaut zu haben. Wenn Marcus diesen Wagen schon 1875 mit dem darin befindlichen Viertaktmotor betrieben hat, würde nämlich die Erfindung und der Bau des Viertaktmotors vor dem Viertaktmotor von Nicolaus August Otto, 1876, liegen.

(3) Erst seit kurzem verfügbares Material, das aus dem Nachlaß von Prof. Ing. Ludwig Czischek-Christen stammt, ermöglicht es nunmehr, das Entstehungsdatum des Marcus-Wagens mit Viertakt-Benzinmotor authentisch zu fixieren, und zwar mit dem Jahr 1888. Die anschließende Dokumentation beendet damit eine Legende, die heute nur noch historisches Interesse besitzt."

Bereits diese drei Absätze beinhalten eine Reihe von Behauptungen, die nicht unwidersprochen bleiben können und unbedingt eines Kommentars bedürfen. Der Übersichtlichkeit halber sind sie mit den Zahlen (1) bis (3) versehen.

(1) Hier stellt Seper fest, daß der Marcuswagen 1898 erstmals öffentlich ausgestellt und sogar behauptet worden wäre, daß er aus dem Jahr 1875 stamme und das erste Automobil der Welt mit einem Viertaktmotor gewesen sei. In der Art, wie dieser Absatz abgefaßt ist, muß ein Leser unbedingt den Eindruck gewinnen, das behauptete Produktionsjahr 1875 könne nicht stimmen. Ebenso wie die Behauptung, daß es sich bei dem Antriebsmotor nicht um

den ersten, in einem „Automobil" eingebauten Viertakt-Benzinmotor der Welt handle.

(2) In diesem Abschnitt wird Seper konkreter. Hier geht es ihm bereits um die Frage „Wer die Ehre in Anspruch nehmen kann, den ersten Viertaktmotor gebaut zu haben". Diese Frage ist solang durchaus legitim, bis man daraufkommt, daß die daraus resultierende Antwort fast wörtlich von der aus dem Jahr 1961 stammenden „Marcus-Biographie" von Goldbeck übernommen wurde (siehe Goldbeck Seite 35), worin dieser schreibt:

„...würde nämlich die Erfindung und der Bau dieses Viertaktmotors vor dem Viertaktmotor von N. A. Otto, 1876, liegen, und es wäre unberechtigt, Otto als den Schöpfer des Verbrennungsmotors zu bezeichnen..."

(3) Hier wird die von Seper und Goldbeck durch Absatz (1) und (2) in den Raum gestellte Frage nach der Erfindung des Viertaktmotors anscheinend historisch untermauert. Seper bezieht sich hier auf das „erst seit kurzem verfügbare, aus dem Nachlaß von Prof. Ing. Ludwig Czischek-Christen stammende" Material, das ihm neuerdings zur Verfügung stünde, wodurch „nunmehr das Entstehungsdatum des Marcus-Wagens mit Viertakt-Benzinmotor authentisch zu fixieren" sei „und zwar mit dem Jahr 1888".

In dieser Aussage von Seper sind, abgesehen von dem zu erkennenden seltsamen Zweifel des österreichischen Museumsbeamten, Marcus könnte den Viertakt-Benzinmotor vor Otto erfunden haben, auffallende Ungereimtheiten mit eingeflossen, nämlich: Der von Seper angesprochene Nachlaß von Czischek-Christen, aufgrund dessen er das Entstehungsjahr des zweiten Marcuswagens mit dem Viertaktmotor auf 1888 festlegt, ist im Technischen Museum nicht einsichtig.

Die Angabe von Seper, daß aufgrund dieses „neuen" Unterlagenmaterials das Entstehungsjahr des Marcuswagens mit Viertakt-Benzinmotor 1888 sei, ist aus historischer Sicht falsch (siehe chronologische Aufgliederung Seite 178). Sogar Goldbeck muß das zugeben, denn er schreibt über Czischek-Christen wie folgt:

„...In verschiedenen Veröffentlichungen stellte Czischek diesen Wagen als erstes Automobil dar und berief sich dabei auf Aussagen von Marcus selbst. Marcus habe ihm berichtet, daß schon 1873 ein Motor von ihm im Ausstellungsbericht erwähnt sei und daß er 1875 einen Wagen damit betrieben habe..."

Bis 1875 kann der von Radinger geprüfte atmosphärische Motor noch im Wagen eingebaut gewesen sein, den Marcus aber im gleichen Jahr gegen seinen neuen Viertaktmotor austauschte, denn darüber berichtet wiederum J.F. Feldhaus folgendermaßen:

„...Im stillen arbeitete Marcus jedoch an seinem Kraftwagen weiter. Nach sieben Jahren waren die Grundlagen für den heutigen Benzinkraftwagen gewonnen und Marcus begann mit dem Bau einer derartigen Maschine.
Sie wurde im Jahr 1875 fertig und befindet sich noch gegenwärtig im Original in Wien..."

Im Jahr 1910, in dem auch der Beitrag von Feldhaus veröffentlicht wurde, findet man in dem in Berlin erschienenen „Braunbeck'schen Sportlexikon" folgenden, das Entstehungsjahr des zweiten Marcuswagens mit 1875 bestätigenden Beitrag:

„...1898 machte ein Wiener Blatt darauf aufmerksam, daß Siegfried Marcus der „Vater des Automobils" sei, da er 1875 in Wien ein Automobil mit einem Gasmotor konstruiert habe. Marcus ist nun in der Tat der erste Erfinder deutscher Nationalität gewesen, der wichtige Neuerungen an Explosionsmotoren traf. Bereits bei der Wiener Weltausstellung 1873 stellte er einen Motor aus, der durch verdampftes Benzin gespeist und elektrisch gezündet wurde. Da seine ersten Patente, die sich auf Karburierung der Luft bezogen, bereits aus den Jahren 1864/65 stammten, steht Marcus dem Franzosen Lenoir zeitlich auch nicht allzuweit nach. Aber auch Marcus' Arbeit war nicht erfolgreich. Das erste Automobil von Marcus ist verschollen, das zweite aus dem Jahre 1875 besitzt noch heute der Oe. A. C..."

Ein weiterer Faktor, der gegen die Version von Seper, das „Produktionsjahr" des zweiten Marcuswagens wäre 1888 gewesen, spricht, ist – auch ohne jegliche andere Begründung – das Datum selbst.

Es ist sehr unwahrscheinlich, daß man im Jahr 1898 das zweite Marcus-Automobil mit einer so falschen Datierung dem Publikum als Attraktion einer bedeutenden Ausstellung darbieten hätte können, ohne daß irgend jemand diesen Irrtum entweder beanstandet oder auf seine Richtigstellung gedrungen hätte. Als die Broschüre Goldbecks erschien, waren sämtliche Zeitzeugen bereits tot, nicht aber 1898!

Aus dieser kurzen Textanalyse geht schon eindeutig hervor, daß die von Seper aufgestellten Behauptungen in drei Richtungen unhaltbar sind.

Erstens lassen sich die Vermutungen von Seper, die er als Ergebnisse seiner Untersuchungen darstellt, in ihrer Aussage vielfach auf die sieben Jahre zuvor erschienene Veröffentlichung von Goldbeck zurückverfolgen.

Zweitens sind die aufgestellten Behauptungen historisch nicht abgesichert, sondern im Gegenteil auf ein fragwürdiges technikgeschichtliches Quellenmaterial aufgebaut, das sich in sich selbst widerspricht.

Das äußerst brisante Quellenmaterial, auf das sich Seper bei seiner Datumsänderung von 1875 auf 1888 bezieht, liegt aber interessanterweise im Wiener Technischen Museum nicht auf und ist daher auch nicht einsichtig, obwohl Seper als Kustos zu dieser Zeit dafür verantworlich war, er seine Argumentation darauf aufbaut und sich in seiner Begründung darauf beruft.

Drittens ist aber, auch was die Logik anbelangt, die Behauptung eines weit späteren Entstehungsjahres des zweiten Marcuswagens mit Viertaktmotor völlig unglaubwürdig (siehe auch Seite 163). Es ist doch wohl kaum glaubhaft, man hätte im Jahr 1898 das Fahrzeug von Marcus mit einer so grundlegend falschen Datierung, wie es das Jahr 1875 bzw. 1877 statt 1888 darstellte, bei einer so bedeutenden Ausstellung dem Publikum als Attraktion darbieten können, ohne daß dieser Irrtum offenbar geworden wäre.

Eine umstrittene Persönlichkeit – Prof. Czischek-Christen

Auch wohlmeinende Zeitgenossen von Siegfried Marcus haben dazu beigetragen, ihn und seine Arbeiten fallweise falsch darzustellen oder Aussagen zu machen, die sich als nicht zutreffend erwiesen haben. Besonders der Marcus sehr verehrende Prof. Ludwig Czischek-Christen hat mit einigen, im Detail nicht immer richtigen Darstellungen den späteren Marcus-Gegnern ungewollt in die Hand gearbeitet. Diese beziehen sich mehrfach dann auf ihn, wenn es für sie vorteilhaft ist, kritisieren seine Aussagen aber auch als falsch, wenn sie zwar richtig sind, aber nicht in ihr Konzept passen. Dies soll im folgenden an einem auf seine Richtigkeit geprüften Beitrag von Czischek-Christen demonstriert werden.

Der nachfolgende Artikel ist am 15. Juni 1898 im Cluborgan des Österreichischen Touring-Clubs erschienen. Verfasser ist Prof. Czischek-Christen.

„Kollektiv-Ausstellung der Österreichischen Automobilbauer in der Rotunde Benzin-Automobil von Siegfried Marcus, Wien.

Das ausgestellte Vehikel ist ein Versuchsobjekt aus dem Jahre 1875, also 10 Jahre vor den ersten deutschen und 15 Jahre vor den ersten französischen Benzinwagen; demnach ist in Österreich das erste Benzin-Automobil hergestellt worden. Bereits im Jahre 1870 machte Marcus den ersten Versuch, einen Wagen mit seinem atmosphärischen Benzinmotor zu betreiben und ist derselbe auch damals in Wien gefahren. Ein solcher Wagen soll nach Holland und einer nach Amerika gekommen sein..."

Falsch ist, daß Marcus erst 1870 mit den Versuchen begann, einen Wagen mit einem atmosphärischen Benzinmotor zu betreiben.

Richtig ist, daß Marcus um 1861 mit diesen Versuchen begann und sie 1870 abschloß. Später schloß sich auch Czischek-Christen der Meinung an, daß dieses Fahrzeug bereits 1864 existierte. Das von ihm angeführte Fahrzeug ist der zweite Marcuswagen, mit dessen Bau Marcus um 1870 begann.

Nicht bewiesen ist, daß ein solcher Wagen nach Holland und einer nach Amerika gekommen sein soll.

Richtig ist, daß mit diesem Verkauf Duplikate des zweiten Marcuswagens gemeint sind, wobei Produktion und Verkauf der zwei Duplikate historisch nicht geklärt sind.

„...Doch zum Ausstellungsobjekt! – Es steht auf 4 Holzrädern gewöhnlicher Bauart mit Eisenreifen und zwei Sitzbänken für 4 Personen. – Vorne sitzt der Führer, er lenkt das Gefährt mittels eines Handrades mit Schneckentrieb auf einer massiven Gußsäule. Durch letztere geht die Lenkspindel, eigentlich ein verlängerter Reibnagel, der mit dem vorderen Drehgestell fest verbunden ist und so die ganze Vorderachse verstellt. – Zum Betrieb ist ein liegender Benzinmotor System Marcus eingebaut, wie ein solcher schon im Jänner 1873 auf der Weltausstellung in Wien zu sehen war..."

Falsch ist, daß der Motor, der sich zur Zeit der Kollektiv-Austellung im zweiten Marcuswagen befand, der gleiche ist, der schon zur Zeit der Weltausstellung 1873 in diesem Fahrzeug eingebaut war.

Richtig ist, daß die 1873 im Fahrzeug befindliche Maschine ein atmosphärischer Zweitakt-Benzinmotor war, während der 1898 ausgestellte Viertakt-Benzinmotor erst seit 1875 existierte. Der von 1873 stammende Motor wurde aber auch nicht auf der Weltausstellung ausgestellt, sondern erst nachträglich von Prof. Radinger geprüft und daraufhin in den „Offiziellen Ausstellungsbericht" aufgenommen (siehe auch Seite 142).

„...Es ist ein Balancier-Motor mit Viertakt: der Zylinder liegt über der Kurbelwelle, dazwischen überträgt der Balancier die Bewegung.

Zur Zerstäubung benützte Marcus eine rotierende Bürste, welche zum Teil ins Benzin taucht in Verbindung mit Abstreifen. – Die Zündung erfolgte durch elektrische Funken mittels Magnet-Induction, in derselben Weise, wie sie heute nach 20 Jahren als eine Verbesserung bei den Benzin- und Gasmotoren nach und nach in Anwendung kommt. Marcus hatte schon die Nachteile von continuierlich brennenden Flammen und den Rumkorff'schen Funken-Inductoren mit Elementen erkannt und zu vermeiden gewußt, welche Zündmethoden bei den modernen Automobil-Motoren leider noch die Regel sind.

In ganz moderner Weise ist von der Kurbelwelle aus mittels einer vom Führersitz aus zu bedienenden Frictionsbremse (gemeint ist eine Konuskupplung) die Schnurscheibe gekuppelt, welche mit einer Anzahl von Treibschnüren direkt die Triebaxe mit den Hinterrädern in Bewegung setzt. Jedoch sind die Räder auf der Axe nicht fix, sondern jedes wird durch eine kleine, mittels Spiralfeder geschlossene Frictions-Kupplung mitgenommen, so zwar, daß bei verschiedenem Widerstand der Räder, wie z. B. in der Curve, ein Rad gleiten und zurückbleiben kann, was man heute mit dem Differentialgetriebe erreicht.

Zur Regulierung der Geschwindigkeit ist ein kleines Handrädchen beim Führersitz sichtbar, mit welchem eine Drosselklappe für das Gasgemisch verstellt werden kann, wie man's auch heute noch macht. Unter den hinteren Sitzen ist ein Kühlwassergefäß angebracht, das Benzinreservoir war vorne. Man muß, wenn man die heutigen Benzinfahrzeuge damit vergleicht, geradezu staunen, wie vollkommen Marcus vor mehr als 20 Jahren diese Fragen bereits gelöst hatte..."

Falsch ist, daß zur Gemischregulierung eine Drosselklappe verwendet wird.

Richtig ist, daß zur Gemischregulierung ein Drehschieber vorgesehen ist.

Falsch ist, daß sich das Benzinreservoir vorne befindet.

Richtig ist, daß der Vergaser, der auch gleichzeitig als Benzinreservoir ausgebildet ist, in Fahrtrichtung hinter dem Motor angeordnet ist.

„...Ein von der Maschinenfabrik in Blansko auf Grund dieses Versuchswagens verfaßtes Projekt vom Jahre 1875 eines Marcus-Wagens weist eine noch vollkommenere Lösung auf, z. B. die Anlaßvorrichtung des Motors vom Führersitz aus. Eine Spindelbremse zur rechten Hand des Führers wirkte mit Holzbacken auf die Triebräder. – Der Österreichische Automobil-Club wird das interessante historische Fahrzeug für sein Museum erwerben".

Gemeint hat Czischek-Christen vermutlich den sowohl maschinell als auch fahrgestellmäßig neu konzipierten dritten Marcuswagen. Allerdings war dieses Fahrzeug nie zum Ankauf durch den Österreichischen Automobil-Club im Gespräch. Angekauft wurde bekanntlich der zweite Marcuswagen in seiner aus dem Jahr 1875 stammenden Ausstattung mit dem ersten Viertaktmotor.

Nachdem in die im allgemeinen guten Dokumentationsarbeiten von Czischeck-Christen über Siegfried Marcus immer wieder Fehler einfließen, sind diese Unterlagen für eine ernstzunehmende Biographie weder als Bestätigung noch Widerlegung eines Vorganges, eines Ereignisses oder technischer Erläuterungen, sondern bestenfalls als Wegweiser für die Forschung zu gebrauchen. Sicherlich dienen sie nicht dazu, um als Beweise oder Gegenbeweise herangezogen zu werden.

Der Autor der vorliegenden Marcus-Biographie hat sich daher entschlossen, Aussagen von Czischek-Christen nicht als historisches Grundlagenmaterial zu verwenden, obwohl ihm die Marcusforschung viel zu verdanken hat.

Im hohen Alter von 97 Jahren verstarb dieser um die Jahrhundertwende bekannte Techniker im Jahr 1951.

Ein verwirrender Artikel in der „Neuen Freien Presse"

Ein persönlicher Bekannter von Siegfried Marcus, Dr. Max Grunwald, veröffentlichte am 22. November 1908 einen Beitrag in der „Neuen Freien Presse", Wien, unter dem Titel „Siegfried Marcus, der Erfinder des Benzinautomobils", dessen hauptsächlicher Grund es war, den Erfinder des Automobils zu ehren und dazu beizutragen, daß an dessen Geburtshaus eine entsprechende Gedenktafel installiert werden sollte (siehe auch faksimilierter Text auf Seite 159).

Leider ist der gutgemeinte Beitrag nicht klar und eindeutig genug, um Fehlinterpretationen auszuschließen. So vermischt er Aktivitäten, die mit dem ersten Marcuswagens zwischen 1861–1870 stattfanden mit solchen des zweiten Marcuswagens. Die neue Motorkonstruktion soll ja bereits 1868 in Angriff genommen worden sein. Auch ein Fahrbericht über eine stattgefundene Ausfahrt 1870/71 auf der Wiener Mariahilferstraße mit einem Passagier liegt vor (siehe Seite 21). Goldbeck zitiert Grunwald unter anderem:

„...1868 hat er dieses Modell vollendet und bis 1875 zu einem brauchbaren Vehikel verbessert. Marcus benutzte dazu einen ganz gewöhnlichen Handwagen. Er nahm die Hinterräder ab und setzte an ihre Stelle die beiden Schwungräder des Benzinmotors, den er übrigens auch damals schon für ein Luftschiff verwenden wollte. Dieser Motor ist 1870 fotografisch aufgenommen worden. Zu den nächtlichen Probefahrten lud Marcus aus einem benachbarten Kaffee, er wohnte zuletzt am Neubau, Lindengasse 4, Gäste ein. Diese Fahrten wurden aber wegen des Geräusches, das er verursachte, polizeilich verboten..."

Möglicherweise hat sich Grunwald als Grundlage für seinen in der „Neuen Freien Presse" veröffentlichten Artikel eines am 15. Juli 1898 erschienenen Beitrages über Marcus in der Ackermann'schen Gewerbezeitung Nr. 14 (Wien) bedient. Hier liest man nämlich:

„...Marcus war der Erste in Europa, dem es gelang einen Straßenwagen zu construieren, der von einem sinnreich erdachten Benzin-Motor angetrieben wurde. Schon in den 60er-Jahren beschäftigte er sich mit dem Problem eines Motorwagens und im Jahre 1872 konnte er mit seinem interessanten Vehikel die Mariahilferstraße, eine der lebhaftesten Verkehrsstraßen Wiens, befahren..." (ungekürzter Beitrag siehe Seite 45).

Aus diesem Bericht ist der Schluß naheliegend, daß Marcus die erwähnten Ausfahrten auf der Mariahilferstraße, zu denen er laut Grunwald auch Gäste einlud, noch mit seinem ersten Wagen durchführte. Tatsächlich wurden diese Ausfahrten aber mit seinem weiterentwickelten, aus dem Jahr 1870/71 stammenden zweiten Wagen, durchgeführt. Nach 1870 ist der erste Wagen nirgends mehr aufgeschienen, während uns ein Bericht über eine 1870/71 stattgefundene Fahrt mit dem zweiten Wagen von einem Passagier vorliegt (siehe Seite 21, 160).

Wenn man den ersten Wagen von Marcus betrachtet, erscheint es von vornherein als unwahrschein-

Mitteilungen über Sport

△ △ △   △ △ △

Sprechstunde der Sportredaktion täglich von 3 bis 4 Uhr nachmittags Telephon 1058.

Wien, 21. November 1908.

Siegfried Marcus, der Erfinder des Benzinautomobils.

Von Dr. Max Grunwald.

Ein für Wien nicht ganz belangloses Ereignis begibt sich dieser Tage in Fritz Reuters Heimat. In Malchin, einem stillen Städtchen des nährsamen Obotritenlandes, soll an dem Geburtshause des in Wien wohlbekannten Erfinders des Automobils Siegfried Marcus eine Denktafel enthüllt werden. Sie zeigt lorbeerumrahmt Marcus' Kopf, daneben links sein Automobil aus dem Jahre 1875. Rechts sieht man einen modernen Kraftwagen durch die Landschaft sausen. Dahinter ragen Schlote empor, ein Hinweis auf die Automobilindustrie. Im Vordergrunde bestaunen zwei gefesselte Sphinxe die beiden Fahrzeuge wie eine Mutter ihr Neugebornes: das der Natur entlockte Geheimnis hat der Erfindung das Dasein gegeben. Die Inschrift der Tafel lautet: „Geburtshaus des Siegfried Marcus, Erfinder des Automobils, geboren den 18. September 1831".

Für den 18. September d. J. war ursprünglich die Enthüllungsfeier geplant. Plötzlich wurde sie verschoben. Auf eine Anfrage nach dem Grunde des Aufschubes antworteten Bürgermeister und Rat von Malchin unter dem 3. Oktober, „daß man Näheres über das Wirken des Siegfried Marcus und dessen angebliche Erfindung nicht bekannt ist. Auch hat der Eigentümer des Geburtshauses des Marcus bisher seine Zustimmung zur Anbringung einer Gedenktafel nicht erteilt, und es ist zweifelhaft, ob die Genehmigung überhaupt erfolgen wird. Diesen Zweifel behebt nun eine Mitteilung des mecklenburgischen Ministeriums vom 26. Oktober, dahingehend, daß es die Bedenken der Stadtverwaltung in Malchin zerstreut habe. Daß dieser Wink von oben nötig war, kann übrigens nach der Tragikomödie der Heine-Denkmalsfrage nicht weiter befremden.

Je ablehnender aber die Heimat des Meisters sich zeigt, um so wärmer darf Wien, die Geburtsstadt seines Werkes, ihn würdigen, in deren Mauern er die weitaus längste Zeit seines Lebens geweilt und rastlos geschaffen hat. Siegfrieds Vater, Liepmann Marcus, aus einer in Mecklenburg weitverbreiteten Familie, flammend und wohl auch mit dem mecklenburgischen Debürtisten in Frankfurter Parlament. Dr. Marcus verwandt, hat sich als Mitglied des Oberrates der israelitischen Gemeinden um deren Organisation verdient gemacht. Seine „Kurze Uebersicht der Verhältnisse der Einwohner mosaischen Glaubens in den großherzoglich mecklenburg-schwerinschen Landen" (Güstrow, 1838) leitet er mit den Worten ein: „Vorliegendes Werkchen ist die Frucht des Nachdenkens und der Arbeit dreier Tage." Augenscheinlich in Beweis energischen Fleißes. Eine Nichte Liepmanns war eine Schwägerin jenes Dr. Liepmann in Stavenhagen, der als Freund Fritz Reuters bekannt ist. Eine andere, die Schriftstellerin Rosa Barreus, hat mit Alexander v. Humboldt Briefe gewechselt, von der sie auch als Mitglied eines gemeinnützigen Frauenvereines angesehen im Jahre 1864 als Krankenpflegerin betätigt. Sie kam damals mit Frau v. Bismarck in Berührung, die ihr sie auch zum Mitglied eines gemeinsamen Frauenvereines angehören. Zwei Neffen Liepmanns, Ludwig und Rudolf Philipp, vertraten das österreichisch-ungarische Generalkonsulat in Gothenburg.

Siegfried Marcus zeigte als Knabe eine ungewöhnliche musikalische und besonders gesangliche Begabung. Etwa 1848 kam er zu einem Hamburger Schlosser in die Lehre. Drei Jahre später trat er bei der damals neu gegründeten Firma Siemens & Halske ein. Werner Siemens wurde auf seine Begabung aufmerksam und bestärkte ihn in seinem Bildungsstreben. Schon 1852 finden wir Marcus in Wien und das Jahr darauf bei dem Hofmechaniker Kraft beschäftigt. Drei Jahre lang war er als Mechaniker am physikalischen Institut des Josephinums angestellt, später Assistent im chemischen Laboratorium bei Professor Ludwig. Etwa 1860 richtete er sich, aus der Unzahl wertvoller Erfindungen hervorgezaubert sind. Wie so viele, fühlte sich auch Kronprinz Rudolf von dem originellen Geist eingezogen. Von je einem Paar Manschetten und Chemisettenknöpfen mit Diamanten und blauen Steinen, die er vom Kronprinzen zum Geschenk erhalten, spricht Marcus in seinem Testament vom 6. Juni 1886.

Von Marcus gebaut, etwa 1861, waren die ersten Schreiber mit Selbstauslösung im Telegraphendienst der österreichischen Eisenbahnen verwendet wurden. Für seine Thermosäulen, die er übrigens später verbessert hat, erhielt er die goldene Medaille der Wiener Akademie und einen Preis von 2000 fl., für seinen Feldtelegraphen, der im deutsch-französischen Kriege in Gebrauch war, die Anerkennung v. Blumenthals, des Generalstabchefs der Armee des Kronprinzen. Mit Hilfe des Marcusschen Minenzündapparats haben Payer und Weiprecht auf ihrer Nordpolexpedition ihre Eisbären in die Luft gesprengt. Auch das Salzsäuremesser, dessen sich die Mitglieder der Expedition bedienten, hat Marcus erfunden. Bekannt sind ferner seine Sirius-Gaslaternen, hat längst verbessertes Mikrophon. Von ihm stammt ein Ruhmkorff eigenen Systems und eine Petroleumglühlichtlampe von 600 Kerzen Leuchtkraft. Schon in den Sechzigerjahren baute Marcus Funkeninduktoren, die im Prinzip auf dem Abreißen eines

Ankers von Stahlmagneten beruhten, die er nach einem neuen Verfahren besonders kräftig herstellte. Er verwendete sie unter anderem für seine Feuerzeuge und zur Zündung für zerstäubtes Benzin bei den Gasmotoren, um das explosive Gasluftgemisch zu verbrennen. Vor ihm hat man diese magnetelektrischen Zündungen nicht gekannt. Marcus war der erste, der Gas auf anderem Wege als aus Kohlen erzeugte. Er nannte es Astralgas. Seine Verbesserungen in der Torpedotechnik sind in der österreichisch-ungarischen Kriegsmarine eingeführt worden. Aehnlich wie einst im 16. Jahrhundert Abraham Colonna am Hofe der Este in Ferrara, konstruierte Marcus eine Faustpistole, die hintereinander 100 Schüsse abgibt. Aus seiner Werkstätte kamen die Apparate für Krafty-Bajozit, den Zauberer im Wurstelprater, ferner Kreiselpumpen, Bogenlampen, galvanische Propellerelemente, Gasglühlicht-Petroleumlampen („Sturmlampen") und eine Menge anderer Erfindungen, die diesem fruchtbaren Geiste entsprungen sind. Wie viele Bekannte versichern, hat er ohne Zweifel sehr viele unausgenützt ins Grab mitgenommen. Es war ihm unmöglich, eine jede Erfindung unter Patentschutz zu stellen. Er tat dies erst dann, wenn sich ein Nachahmer auf eine gefunden hatte. Durch eine einzige Firma erwarb Marcus in den Jahren 1876 bis 1896 27, durch eine zweite zwischen 1892 und 1898 nicht weniger als 76 Privilegien, von denen in Oesterreich 12, Ungarn 4, Belgien 9, England und Frankreich je 8, Deutschland 7, Amerika 6, Italien 4, der Schweiz und Finnland je 3, Amerika, Rußland und Norwegen je 2 u. s. w. Es sind Patente auf einen automatischen Bilderapparat, seine Simplex-Lampe, eine direkt rotierende Maschine, Neuerungen an Wagenfedern, ein elektrisches Läutewerk, einen neuartigen Zell-, ein neuartiges galvanisches Element und verschiedene neue Beleuchtungskörper für Oel, Gas, flüssige Kohlenwasserstoffe u. a. m. Auf den entlegensten Gebieten der Technik hat sich Marcus mit Erfolg versucht. Seine vielseitigkeit als Zahnartikel wird gerühmt. Nur dem wenigsten dürfte es bekannt sein, daß er viele Jahre hindurch eine künstliche Wange getragen hat, vermutlich gleichfalls sein eigenes Erzeugnis.

Seine unsterbliche Leistung ist aber der Bau des ersten Benzinkraftwagens. Der auf der Wiener Weltausstellung 1873 und der Wiener Spiritusausstellung 1904 vorgeführte Marcus-Wagen, jetzt im Besitze des Oesterreichischen Automobilklubs in Wien, ist nicht der erste Typ. Nach den Aussagen eines Arbeitsgenossen, der 1861 bei Marcus eingetreten ist — ein anderer lebt noch heute hier — am Benzinkraftwagen, an dem Marcus etwa fünf Jahre gearbeitet hatte, schon damals monierte, hatte er bis dieses Modell vollendet und 1875 zu einem brauchbaren Vehikel verbessert. Marcus benötigte dazu einen ganz gewöhnlichen Handwagen. Er nahm die Hinterräder ab und setzte an ihre Stelle die Schwungräder den an übrigens auch damals schon für die Luftpost verwenden wollte. Dieser Motor ist 1870 photographisch aufgenommen worden. Zu den Probefahrten in den nächsten Jahren hat Marcus aus einem benachbarten Café, er wohnte zuerst am Neubau, Lindengasse 4, Gäste ein. Diese Fahrten wurden aber wegen des Geräusches, das sie verursachten, polizeilich verboten.

Die Frage nach der Priorität der Erfindung des Automobils und Marcus' Urheberschaft kam bekanntlich in Fluß, als Frankreich und die Vereinigten Staaten hierauf Anspruch erhoben. In Amerika berief sich George B. Selden auf ein Patent, das er 1879 angemeldet habe, das ihm aber erst 1895 erteilt worden ist. Nach einem Protokoll, das eine Kommission des französischen Automobilklubs verfaßt hat, wurde Lenoirs Automobilgrundtype in das Jahr 1863 verlegt. Nach den Mitteilungen des Arbeitsgenossen Marcus' läge aber dessen Erfindung weiter zurück.

Die Frage nach der Priorität der Erfindung ruhte dann wieder und Marcus fand seine Ehrung, bis jetzt, ein Jahrzehnt nach seinem Tode (am 1. Juli), auf Anregung des Herrn F. M. Feldhaus durch Beiträge des kaiserlichen Automobilklubs in Berlin, durch die Oesterreichischen, Rheinisch-westfälischen, Bayerischen und des Thüringischen Automobilklubs sowie der Firma Siemens & Halske jene Gedenktafel gestiftet wurde, die ihrer Enthüllung entgegensieht.

Die internationalen Warnungstafeln auf Straßen.

Der Pariser Straßenkongreß hat aber, wie wir seinerzeit berichtet haben, auch die Frage der Aufstellung internationaler Warnungszeichen für Automobilisten am Straßenrande diskutiert. Die endgültige Beschlußfassung über diesen Gegenstand wurde einer speziellen Konferenz vorbehalten, die für den 1. Dezember d. J. anberaumt wurde. Die Tagesordnung dieser speziellen Versammlung lautet, wie die „Automobil-Welt" berichtet, folgendermaßen: 1. Bestimmung der Formen und der Aufstellung der einzelnen Zeichen; 2. Erlaß der Vorschriften für die Aufstellung der Warnungstafeln bezüglich ihrer Entfernung vom Hindernis, sowie der Seite, auf der sie anzubringen sind, und des Winkels, den sie mit der Straße bilden sollen; 3. Bestimmung der Höhe der Warnungstafeln über der Erdoberfläche.

Wenngleich der Erste internationale Straßenkongreß keine bindenden Beschlüsse fassen, sondern nur Wünsche aussprechen konnte, so ist doch anzunehmen, daß die Teilnehmer an der Konferenz am 1. Dezember sich auf den Boden der vom Straßenkongreß vertretenen Ansichten stellen und sich die Zahl der Zeichen auf vier herabsetzen werden, weil sich die Wünsche nach Vereinfachung überall fühlbar machen. Die bisher vom Deutschen und Französischen Automobilklub für gefährlich, daß er mit diesem Fahrzeug mehrere Gäste transportiert haben sollte. Sogar Goldbeck muß das zugeben, obwohl er versucht, aus dieser unklaren Situation Argumente gegen Marcus abzuleiten, wenn er im Anschluß an den Auszug aus der „Neuen Freien Presse" schreibt:

„Die Zeitangabe 1868 steht in Einklang mit der von uns in Behandlung des atmosphärischen Motors ermittelten Erbauungszeit 1868–1870. Wie weit Marcus mit der Verbesserung des Wagens gekommen ist, wissen wir nicht. Nach einer Bemerkung an anderer Stelle soll er 1872 auf der Mariahilferstraße umhergefahren sein, was mit dem Wagen, wie er auf dem Bild dargestellt ist, unmöglich war. Weiter sagt Grunwald zweifelsfrei, daß Marcus im Jahre 1875 noch mit seinem Fahrzeug seiner ersten Konstruktion gefahren sei. Hiermit stimmt die Angabe von Pichler überein, Marcus habe 1875 eine dritte Ausführung seines atmosphärischen Motors gebaut..."

Goldbeck verwechselt wiederum verschiedene Marcus-Motorkonstruktionen miteinander, wenn er behauptet, daß Marcus eine dritte Ausführung seines atmosphärischen Motors gebaut hätte.

Der erste atmosphärische Motor von Marcus wurde etwa um 1861 konzipiert und war 1866 laut Augenzeugenbericht noch in Betrieb.

Der zweite atmosphärische Motor wurde um 1868 konzipiert und lief spätestens 1870/71, wie durch einen Fahrbericht bestätigt wird und von dem außerdem aus dem Jahr 1873 ein Gutachten von Prof. Radinger vorliegt.

Der dritte Motor wurde bis 1875 aus dem atmosphärischen zweiten Motor heraus zum ersten Viertaktmotor „umgebaut" oder überhaupt neu gebaut (wie der „Umbau" stattgefunden haben könnte, siehe Seite 226/227).

In der nachfolgenden Analyse des von Emil Ertl in seinen „Jugenderinnerungen" geschriebenen Beitrages „Der Kilometerfresser" wird nachgewiesen, daß diese autobiographische Berichterstattung, obwohl ohne direkte Zeitangabe, dennoch zeitlich genau definierbar ist und damit als zeitgenössisches Dokument angesehen werden kann.

Emil Ertl schildert eine Ausfahrt mit dem zweiten Marcuswagen

Emil Ertl war nach seinem Studium neben seiner schriftstellerischen Tätigkeit von 1889–1922 Bibliotheksdirektor der Technischen Hochschule Graz und als solcher gewohnt, sachlich und wissenschaftlich zu denken. Er war also kein versponnener Literat, sondern ein Erzähler, der es verstand, das wahre Leben in gut lesbarer Form aufzubereiten.

Ertl hat in einem seiner Bücher, einer Autobiographie, in Erzählungen über seine Jugend berichtet. Es trug den Titel „Geschichten aus meiner Jugend". Ein ganzes Kapitel mit der Überschrift „Der Kilometerfresser" widmete Ertl einer für ihn unvergeßlichen Begegnung mit Siegfried Marcus. Ohne den Namen Marcus ausdrücklich zu erwähnen oder eine Jahreszahl anzugeben, berichtet er über eine Ausfahrt, die er auf der Wiener Mariahilfer Straße mit dem von Marcus gebauten zweiten Wagen mitmachen durfte.

Trotz der genauen Schilderung wollen die Gegner von Marcus glaubhaft machen, daß sie in keiner Weise geeignet ist, als historisch tragfähiges Dokument zu gelten. Anders sieht die Sache aus, wenn man sich der Mühe unterzieht, sorgfältig zu recherchieren.

Die Ermittlungen des Autors ergaben die Jahre 1870/71, in denen die beschriebene Ausfahrt mit dem zweiten Marcuswagen stattgefunden haben muß.

Die Feststellung wurde auch von den noch lebenden Verwandten von Emil Ertl bestätigt, ebenso daß Marcus als guter Freund des Hauses galt, öfter mit dem Vater von Ertl zusammentraf und dieser von den Marcus'schen Erfindungen und Ideen immer sehr beeindruckt gewesen war. Marcus hatte anfangs vor allem beruflich als gesuchter Webstuhlmechaniker mit der Familie zu tun. Diese Informationen waren insofern wichtig, als sie bestätigten, daß der in der Lebensgeschichte Ertls Ungenannte tatsächlich Siegfried Marcus gewesen ist. Blieb noch die Frage, mit welchem Fahrzeug von Marcus die geschilderte Ausfahrt stattfand.

Das wiederum ließ sich aus der Erzählung von Ertl und seiner Beschreibung des Fahrzeuges entnehmen. Ertl ermöglichte die Ermittlung genauer Daten u. a. aufgrund auch heute noch nachprüfbarer Angaben. Um nachzuweisen, wie das vonstatten ging, im folgenden einige Zitate aus der Erzählung „Der Kilometerfresser", die auf Seite 21 ungekürzt wiedergegeben ist:

„...Und sich im Hinausgehen gutmütig an mich wendend, der ich das Söhnlein seines verstorbenen Freundes und Gönners war, fragte er noch: ‚Der junge Mann besucht schon die Lateinschule, hör' ich?'

Die Pforten der Grammatik hatten sich seit einiger Zeit vor mir aufgetan, ich wußte bereits, was ein Ablativ sei, konnte mensa, hortus, homo deklinieren und war nahe daran, in die Geheimnisse der Conjugatio periphrastica einzudringen. So konnte ich die an mich gerichtete Frage bejahen, was ich dann auch mit einem gewissen Selbstbewußtsein tat..."

Der erste Schritt, den ich in dieser Sache unternahm, war die Ermittlung des Geburtsdatums. Ertl wurde im Jahr 1860 geboren. Nun war noch festzustellen, in welchem Schuljahr der von Ertl zitierte lateinische Text an den damaligen Gymnasien in Wien gelehrt wurde und welches Gymnasium Ertl besucht hatte. Es handelte sich um das heute noch bestehende Gymnasium in der Amerlingstraße im sechsten Wiener Gemeindebezirk Mariahilf. Nach Aushebung der Schülerbogen und Zeugnisse ergab sich, daß Ertl in den Jahren 1869/70, 1870/71, 1871/72 und 1872/73 die Schule besucht hatte und anschließend ausgeschult wurde, weil die Familie nach Meran übersiedelte. Zu diesem Zeitpunkt war also der 1860 geborene Ertl zehn bis dreizehn Jahre alt. Die von ihm zitierten lateinischen Texte wurden nach Angabe des 1988 befragten Direktors der Schule, der auch gleichzeitig in Latein unterrichtete, im ersten Gymnasialjahr Ertl's gelehrt, also im Alter von zehn bis elf Jahren. Die Zusammenkunft und Ausfahrt mit Marcus auf seinem selbstfahrenden Wagen fand demnach ohne Zweifel im Jahr 1870 oder 71 statt. Aber lassen wir Emil Ertl weiter berichten:

„...Einen Wagen habe er gebaut, so erzählte er, der ohne Pferde fahren könne und in kürzester Zeit eine Umwälzung des gesamten Verkehrswesens bewirken würde. Alles bis dahin Dagewesene, der Dampfwagen eingeschlossen, sei dadurch in den Schatten gestellt. Denn hier handle es sich um ein ganz neuartiges Triebwerk, durch Benzin in Bewegung gesetzt, das man bisher nur zum Fleckenputzen verwendet hätte, ohne eine Ahnung, welch ungeheure Kräfte darin schlummern. Ihm als dem Ersten sei es vorbehalten geblieben, diese geheimnisvollen Kräfte, mit deren Hilfe man alle Entfernungen der Erde und später vielleicht auch des Himmels zu bezwingen vermöge, aus ihrem Schlummer zu wecken und dem menschlichen Geiste dienstbar zu machen...

‚Meine Erfindung ist noch verbessungsbedürftig, gewiß! Aber sie ist auch verbesserungsfähig! Aus

Köpfe der Schülerbögen von Emil Ertl 1870 – 1873

1. Klasse

2. Klasse

3. Klasse

4. Klasse

Schülerbogen von Emil Ertl, zur Verfügung gestellt vom Wiener Gymnasium Mariahilf.

meinem ersten Wagen, den ich baute, bald nachdem ich nach Wien gekommen war, ist nach jahrelanger angestrengter Arbeit mein zweiter Wagen hervorgegangen, der sich zu jenem verhält wie eine Lokomotive zu einem Schubkarren. Ein dritter und vielleicht vierter Wagen kann leicht nachfolgen'..."

Ertl sieht nun das Fahrzeug, von dem ihm Marcus auf dem Weg von seinem Onkel bis zur Werkstätte so vieles erzählt hatte, zum ersten Mal. Und das, was er da zu sehen bekommt, entspricht bei weitem nicht seinen Vorstellungen, die er sich nach der Schilderung von Marcus gemacht hatte. Er berichtet über diese Frustration, woraus sich eine recht genaue Beschreibung des zweiten Marcuswagens ergibt, wie er auch heute noch im Technischen Museum in Wien steht.

„...Bei seinem Anblick, ich gesteh' es, bemächtigte sich meiner eine gewisse Ernüchterung. Denn es war ein ziemlich roh aus Holz gezimmertes Vehikel, dem man nicht viel Gutes hätte zutrauen mögen, und das auf alle Fälle meiner Vorstellung von einem Wunderwagen wenig entsprach. Der Mechaniker aber, nachdem er die für mich unverständlichen Bestandteile des Triebwerks noch einer letzten Musterung unterzogen hatte, schien befriedigt und voll Zuversicht. Entschlossen schwang er sich auf den Lenkersitz und lud mich ein, auf dem dahinter befindlichen Bänklein Platz zu nehmen. Das ließ ich mir nicht zweimal sagen und kletterte ebenfalls hinauf...
So schäbig der Wunderwagen aussah, das Wunder sollte nicht ausbleiben. Zuerst allerdings erhob sich nur ein fürchterliches Getöse. Es war, als ob zehn ratternde Lokomotiven gleichzeitig in dem Hofraum versammelt wären, und der Schreck fuhr mir dermaßen in die Glieder, daß ich mich ängstlich am Ärmel meines Begleiters festklammerte. Dieser aber, der in dem höllischen Lärm nichts Ungewöhnliches zu erblicken schien, nickte mir ermutigend zu – und da setzte sich auch schon das sonderbare Fahrzeug selbsttätig in Bewegung.."

Und nun beschreibt Emil Ertl sehr bildreich die Ausfahrt mit dem Marcuswagen auf der Mariahilfer Straße, so wie er sie als Knabe erlebte, der aber bereits alt genug war, einen so einmaligen Eindruck voll zu erfassen und dieses dominierende Erlebnis auch im Detail unvergeßlich zu bewahren. Er berichtet darüber:

„...Freilich ging's nur recht bedachtsam vorwärts, Schritt für Schritt sozusagen, das war nicht abzustreiten, jeder Einspänner überholte uns. Und um den Lärm, den wir selbst machten oder verursachten, erträglich zu finden, mußte man schon halbtaub oder, wie ich selbst, ein Ausbund an Voreingenommenheit sein. Das Triebwerk brüllte wie eine ganze Menagerie von Pumas, die man ununterbrochen in den Schwanz kneipen würde. Die Räder, selbstverständlich noch ohne Gummibereifung, rasselten, als ob Batterien schwerer Feldgeschütze hinrollten über das harte Granitpflaster, das wie von einem Erdbeben heimgesucht unter uns schüttelte und schwankte. Dazu

noch das Gejohle der Gassenbuben, die uns scharenweise nachliefen, das Geschrei der Menschenmenge, die beiderseits der Fahrbahn Spalier bildeten, unsere Ausfahrt mit Zurufen der Begeisterung oder des Abscheus begleiteten, das Schimpfen und Fluchen der Fiakerkutscher und sonstigen Fuhrleute die allen im zottigen Busen aufgestapelten Haß auf uns geworfen hatten...
Wir fuhren! Fuhren ohne Pferde dahin! Fuhren wie durch Zauberkraft getrieben auf einem selbsttätigen Benzinwagen mitten auf der Mariahilfer Straße spazieren! Und es war ein königliches Gefühl, an einer so außergewöhnlichen Fahrt teilnehmen zu dürfen...“

Wie man auch von anderen Überlieferungen weiß, waren die von Marcus absolvierten Fahrten nur selten von langer Dauer, denn nach kurzer Zeit war meistens die Polizei da und unterband jegliches Weiterfahren. So auch bei der von Ertl beschriebenen Ausfahrt:

„...Wir waren auf unserer im Schneckentempo einherratternden Benzinkutsche kaum ein paar Ellen weit gekommen, als sich auch schon eine geschlossene Kette von Polizisten unserem weiteren Vordringen mannhaft entgegenstellte und den schuldigen Wagenlenker von seinem Sitz herunterholte...“

Anläßlich eines viele Jahre später in Gesellschaft eines Freundes erfolgenden Besuches im Technischen Museum Wien erkennt Ertl das Fahrzeug wieder, mit dem er als Knabe mit Marcus zusammen auf der Mariahilfer Straße gefahren war.

Ein weiterer, eindeutiger Beweis dafür, daß Siegfried Marcus mit seinem zweiten Wagen bereits vor 1875 Fahrversuche, sogar mit Passagieren, durchgeführt hat, geht aus einer Mitteilung von Frau Leopoldine Satori hervor, die sich 1965 anläßlich der Amerikareise des Marcuswagens an die Presse wandte, um endlich ihrem Schwiegervater, Anton Satori, ehemals Bürgermeister von Gmunden und Großgrundbesitzer, die längst zustehende Anerkennung seines, aus der Begeisterung für technische Belange herrührenden, beachtlichen Mäzenatentums zu verschaffen.

Ihre Worte waren damals: „Diese epochale Erfindung verdankt die motorisierte Welt niemand anderem als meinem Schwiegervater!“ Zum Beweis legte die damals 72jährige, in Wien-Grinzing wohnhafte Dame, ein vom Juni 1872 datiertes Schreiben vor, mit dem Satori seine Gattin beauftragte, „Herrn Marcus 25.000 Gulden zu übergeben“, um dem genialen Erfinder den Bau seines

Automobils zu ermöglichen. Dieser Zuwendung sollen weitere Zuschüsse gefolgt sein.

Ein Jahr später besuchte Satori Siegfried Marcus in seinem Wiener „Atelier für mechanische und physikalische Instrumente & Apparate", wie seine Schwiegertochter exakt anführte, in dem der zweite Marcuswagen bereits fertiggestellt war. Gemeinsam mit dem Erfinder unternahm der Finanzier eine Ausfahrt durch Mariahilf und Neubau, von der er so begeistert war, daß er sofort ein zweites Modell in Auftrag gab. Die Fertigstellung seines Wagens sollte der Gönner jedoch nicht mehr erleben, da er 1875 verstarb.

Hierbei kann es sich nur um das Fahrgestell von 1870/71 und den neuen, atmosphärischen Zweitaktmotor gehandelt haben, der 1873 von Prof. Radinger so günstig beurteilt wurde. Die Tatsache, daß Marcus auf Wiener Straßen trotz Fahrverbots abermals fahren konnte, ist Beweis dafür, daß der neue Motor eine weitere Verbesserung in Richtung Lärmverminderung erfahren haben mußte.

zeug im Zustand, wie es 1898 vorgefunden wurde, noch heute vorhanden und ein Schmuckstück des Technischen Museums in Wien..."

Diese Feststellung von Goldbeck ist bewußt unrichtig, denn die erlebte Geschichte läßt sich, wie man sieht, bei einiger Mühe auf ihren Wahrheitsgehalt und das Datum ihres Geschehens genau überprüfen und bestimmen. Sie stellt daher für einen nach Unterlagen suchenden Historiker ein wichtiges Dokument dar, das sich außerdem zeitlich nahtlos in andere Berichte von Zeitgenossen über Ausfahrten von Marcus mit seinem Wagen einordnen läßt und daher eine große historische Aussagefähigkeit besitzt, über die einfach nicht hinweggegangen werden kann. Goldbeck als Historiker weiß das selbstverständlich auch und befaßt sich daher notgedrungen auf Seite 35 seiner 80seitigen Marcus-Untersuchung mit dieser dokumentarischen Erzählung wie folgt:

„...So ist Marcus schließlich eine legendäre Gestalt aus den Anfängen des Kraftwagens gewor-

Der zweite Marcuswagen, ausgestellt auf der Kaiser-Jubiläumsausstellung in Wien, 1898.

Was sagt nun Goldbeck bezüglich seiner historischen Untersuchungen und der dabei gewonnenen Erkenntnisse über zeitgenössische Berichte von Ausfahrten mit dem zweiten Marcuswagen?

Man liest bei Goldbeck mit Verwunderung folgendes:

„...Sind die Angaben über den ersten Wagen schon dürftig, so gibt es beim zweiten Wagen für die Erbauungszeit und die Erprobung keinen zeitgenössischen Bericht und auch die späteren Erwähnungen sind spärlich und unbestimmt. Wir finden keine Erzählung eines Augenzeugen, der den Wagen in Betrieb gesehen hat, bevor er 1898 ans Licht gezogen wurde. Jedoch ist dieses Fahr-

den. Fragwürdige Quellen wurden als einwandfrei angenommen und durch Ausschmückungen verschwamm das historische Bild von Siegfried Marcus immer mehr. Der österreichische Schriftsteller Emil Ertl hat in die ‚Geschichten aus meiner Jugend' eine Episode eingeflochten, in der Marcus, dessen Name nicht genannt wird, als spintisierender Erfinder auftritt. Nach vergeblichem Instandsetzungsversuch an einem alten Webstuhl wird er von einem reichen Fabrikanten höhnisch verspottet. Die Szene schließt mit der Schilderung einer Fahrt auf dem Automobil. Das ist alles Erfindung... Ertl selbst hat brieflich dazu bemerkt: ‚Die kleine Erzählung ist selbstverständlich nicht als Geschichtsquelle zu werten'."

163

Der Wiener Erfinder Siegfried Markus

(ein geborener Mecklenburger) war sicher einer der Ersten, der sich mit der Konstruktion von selbstfahrenden Wagen befaßte. Über seine Tätigkeit sind in neuester Zeit u. a. in der Allgemeinen Automobilzeitung*) einige Mitteilungen gemacht worden, die indessen noch lange nicht geeignet sind, die volle Bedeutung dieses großen und unglücklichen Erfinders klarzustellen. Markus hat, wie er mir vor vielen Jahren selbst berichtete, auf alle möglichen Methoden versucht, das Problem der Traktion zu lösen. Er begann mit elektischen Elementen, mit T r o k k e n b a t t e r i e n, dann mit thermo-elektrischen Batterien und wandte sich schließlich fast ausschließlich dem Bau von Z w e i t a k t m o t o r e n zu, die er Jahre lang versuchte, ehe er an ihre Patentierung und auch an ihre Ausbildung als Automobilmotoren schritt.

Die überwiegende Mehrzahl der Markus'schen Zweitaktmotoren und später auch seiner Viertaktmotoren war als Balanciermaschinen ausgeführt, und dies ist schon ein sicheres Zeichen dafür, daß er vom Anfang an ihre Verwendung für Automobilzwecke im Auge hatte.

Damals war die spezielle Leistung eines Motors noch verhältnismäßig gering und der Zweitakt (die vordere Kolbenseite diente als Pumpe) sollte dieselbe erhöhen, während gleichzeitig die Baulänge der Maschine, deren Zylinder stets liegend ausgeführt wurde, durch einen Balancier verkürzt werden sollte, um eben ihre Aufnahme in das Automobil zu erleichtern.

Markus war einer der ersten, welcher es versuchte, für seine Maschinen einen unter allen Bedingungen brauchbaren Karburator zu konstruieren, der nicht bei dem allmählichen Verdunsten der Flüssigkeit mit den damals üblichen Bauformen den Nachteil teilen sollte, daß zuerst die leichtflüchtigsten Bestandteile vergasen und die weitere Flüssigkeit daher immer weniger leicht karburierbar wurde. Zu diesem Zwecke wandte Markus rotierende Bürsten mit harten Borsten an, welch letztere an einem Abstreifer vorbeigingen, und den Brennstoff in die zuströmende vorgewärmte Luft fein zerstäubten.

Erfindung der magnet-elektrischen Zündung

Markus ist wahrscheinlich auch einer der ersten Erfinder der magnetelektrischen Zündung in Verbindung mit dem Benzinmotor, die später von Bosch unabhängig neu erfunden und zu dem heutigen Grade der Vollkommenheit ausgebildet wurde. Schon 1870 begannen — den eigenen Mitteilungen des Erfinders zufolge — seine einschlägigen Experimente. Er kannte bereits den Anker, welcher zwischen den Schenkeln von permanenten Magneten rasch oscilliert und damit den Strom erzeugt. Er war wohl auch der erste, welcher die damit zusammengehörige Abreißzündung praktisch und mit Erfolg versuchte. Sein ältestes Automobil ist vollkommen in Vergessenheit geraten. Seine zweite, verhältnismäßig vollkommenere Type stammte aus dem Jahre 1875 und hier waren bereits alle wesentlichen Teile des Motorwagens in einer wenn auch nicht reifen, aber doch wohl für kurze Fahrten ausreichenden Form verkörpert.

Der Motor übertrug durch Seilscheiben mit mehreren Seilen seine Kraft auf die Triebräder; für die Steuerung war bereits ein Schneckenrad angewendet. Fast 20 Jahre lang arbeitete Markus unter ungünstigen wirtschaftlichen Verhältnissen, von Nervenschmerzen gefoltert, die er vergeblich durch stundenlanges Elektrisieren zu bannen suchte, an seinen Motoren und seinen übrigen Erfindungen.

---

*) V. Jahrgang, Nummer vom 21. Dezember 1904.

Besondere historische Bedeutung kommt dem Beitrag über Siegfried Marcus in der Zeitschrift „Der Motorwagen" des Mitteleuropäischen Motorwagen-Vereins, Berlin, zu. Diese am 1. Jänner 1898 gegründete, angesehene Zeitschrift zielte vor allem auf die Förderung der wissenschaftlichen, technischen und auch wirtschaftlichen Gegebenheiten hin. Da es damals noch keine Fachjournalisten gab, wurden die etwas holprig anmutenden Beiträge durchwegs von Ingenieuren geschrieben, was der Bedeutung dieser Zeitschrift jedoch keinen Abbruch tat.

Chefredakteur war der historisch penibel arbeitende Ingenieur Robert Conrad, der sich von Marcus persönlich über dessen Arbeiten unterrichten ließ und in Papiere Einblick nehmen konnte, die es bald danach nicht mehr gab.

Wichtig erscheint hier aber auch die Tatsache, daß Daimler, Benz und Diesel zu den Gründungsmitgliedern dieses Vereins zählten und Vorstandsmitglieder waren.

Die zitierte Bemerkung von Goldbeck, daß diese kleine Erzählung nicht als Geschichtsquelle zu werten ist, kann nicht unbeantwortet im Raum stehen gelassen werden, noch dazu es unverständlich ist, daß Goldbeck eine solche wichtige Aussage nicht viel ausführlicher und weniger aus dem Verbund gerissen, quasi nur nebenbei, erwähnt. Wenn sich Goldbeck im Quellenverzeichnis unter der Nr. 104 auch auf einen Brief bezieht, den Ertl am 19. 2. 1929 an Kurzel-Runtscheiner geschrieben haben soll, und in dem angeblich diese Bemerkung enthalten ist, muß dies aus zwei Gründen angezweifelt werden.

Als der Autor um 1950 an der Marcus-Biographie sowie der Restaurierung des zweiten Marcuswagens arbeitete, kam Kurzel-Runtscheiner einmal auch auf diese Erzählung von Ertl zu sprechen. Bei dieser Gelegenheit bedauerte er, daß diese sehr genaue Beschreibung einer Ausfahrt, die unzweifelhaft mit dem Marcuswagen stattgefunden hatte, seiner Meinung nach aus zwei Gründen nicht als geschichtlicher Beweis verwendet werden kann, und zwar weil sie einerseits den Namen von Marcus nicht enthält und andererseits über keinerlei datumsmäßige Angaben verfügt.

Er erwähnte aber in diesem Zusammenhang weder, daß er darüber mit Ertl gesprochen, noch daß er von diesem einen Brief zu dieser Frage erhalten hätte. Es kann kaum angenommen werden, daß Kurzel-Runtscheiner sich an diesen Brief nicht mehr erinnert oder aber vergessen hätte, ihn dem Autor gegenüber zu erwähnen, noch dazu er ihm eine maschinengeschriebene Abschrift der Erzählung aus seinem Archiv überließ.

1989, als der Autor neuerlich genaue Untersuchungen für die Arbeiten an der gegenwärtigen Marcus-Biographie anstellte und zu diesem Zweck die letzten Verwandten von Ertl kontaktierte, hat er ebenfalls nichts über eine solche Aussage des Dichters in Erfahrung bringen können. Bestätigt wurde allerdings, daß die Erzählungen, die unter dem Titel „Geschichten aus meiner Jugend" erstmals 1927 und in einer Neuauflage 1948 erschienen, eindeutig eine Autobiographie des Schriftstellers sind.

Diese Feststellung in Verbindung mit der Überprüfbarkeit des historischen Inhaltes der Erzählung und die genaue Übereinstimmung mit dem hier erstellten Zeitraster läßt wohl keinen Zweifel an der Authentizität dieses wichtigen technikgeschichtlichen Dokuments.

Über die Art, wie hier ein zeitgenössisches Dokument in Frage gestellt wird, ohne auch nur im mindesten auf seinen historisch wichtigen Inhalt hin analysiert zu werden, ist schon sehr bedenklich. Statt dessen trachtet Goldbeck, diese brisante Erzählung durch abfällige Bemerkungen über Marcus zu neutralisieren, was unweigerlich seine Objektivität in Frage stellt.

Die „Genauigkeit", mit der von Goldbeck über historisch wichtige Dokumente berichtet oder besser gesagt nicht berichtet wird, wenn sie ihm anscheinend nicht ins Konzept paßten, ist vor allem aus der Mißachtung des Berichtes von F.M. Feldhaus über den von ihm mit 1875 datierten zweiten Marcuswagen mit dem Viertaktmotor zu erkennen. Zu Feldhaus, einem der bedeutendsten Technikhistoriker um die Jahrhundertwende, fällt Goldbeck vielmehr nichts anderes ein als die technisch unverfängliche Bemerkung:

„...Das Grab von Siegfried Marcus auf dem Zentralfriedhof wurde gleichzeitig durch eine würdige Grabplatte mit einer Kopfplastik des Verstorbenen geschmückt. Schon 40 Jahre zuvor hatte sich F. M. Feldhaus dafür eingesetzt, daß am Geburtshaus von Marcus in Malchin eine Plakette angebracht werden sollte..."

Als Historiker sieht sich Goldbeck jedoch genötigt, den Schriftsteller Emil Ertl, wenn auch recht eigenwillig, zu zitieren und den bedeutenden Technikhistoriker J. M. Feldhaus wenigstens bei einer historisch eher belanglosen Begebenheit am Rande namentlich zu erwähnen, weil er weiß, daß bei eventuellen späteren Nachforschungen diese beiden Namen unweigerlich in Erscheinung treten müssen und ihr Fehlen zu einer generellen Infragestellung seiner Arbeit führen müßte. Nicht so der Museumsbeamte Seper vom Technischen Museum Wien. In seiner technikgeschichtlichen Bearbeitung „Ende einer Legende – Neue Forschungsergebnisse der Marcusforschung" findet man nicht einmal die namentliche Erwähnung von Feldhaus und Ertl.

Bei einer solchen Mißachtung oder besser gesagt Unterdrückung wichtiger Unterlagen zur Wahrheitsfindung, muß man sich zwangläufig die Frage stellen:

War es reine Nachlässigkeit oder Unwissenheit, die für diese Unterlassungen verantwortlich sind? Hier sollen die beiden, von uns nicht zu beantwortenden Fragen nur in den Raum gestellt werden, um auch alle anderen Forschungsergebnisse von Goldbeck und Seper entsprechend zu werten.

F.M. Feldhaus war einer der bedeutendsten Technikhistoriker um und nach der Jahrhundertwende. Da er mit Siegfried Marcus persönlich bekannt war, konnte er mit ihm etliche Gespräche über dessen Fahrzeugkonstruktionen führen. Die Aussagen dieses anerkannten deutschen Historikers haben daher besonderes Gewicht. Er war es auch, der die Anbringung einer Gedenktafel am Geburtshaus von Marcus in die Wege leitete, deren Inschrift lautete: „Geburtshaus von Siegfried Marcus, Erfinder des Automobils, geboren den 18. September 1831".

In der Mariahilfer Straße in Wien arbeitete seit dem Jahre 1861 der Mechaniker Siegfried Marcus am Bau eines Kraftwagens, der durch vergastes Petroleum betrieben werden sollte[36]. Marcus stammte aus Malchin in Mecklenburg, hatte dort und in Hamburg die Lehre als Schlosser durchgemacht und war seit 1848 in der damals neugegründeten Firma Siemens & Halske tätig. Dort wurde er ein Günstling von Werner Siemens, dem großen Elektriker. Später ging Marcus nach Wien und machte sich dort im Jahre 1860 selbständig. Vielerlei Apparate gingen aus seiner Werkstätte hervor, und für seine eigenartigen Erfindungen erhielt er von verschiedenen Seiten besondere Anerkennung, darunter die Große Goldene Medaille der Wissenschaften in Wien.

Sehr eingehend beschäftigte Marcus sich mit den damals neuen Maschinen, die durch Gas oder vergastes Benzin oder Petroleum betrieben werden. Er war der erste Erfinder deutscher Nation, der mehrere für die Weiterentwickelung der Gasmaschine grundlegende Prinzipien praktisch ausbildete, durchführte und durch Patente sich schützen ließ. Eine seiner Explosionsmaschinen setzte Marcus im Jahre 1861 auf einen Handwagen und verband die Maschine mit den Hinterrädern des Handwagens durch einen Treibriemen. Mit diesem mehr als einfachen Fahrzeug wurden sogleich Versuche unternommen. Doch der Lärm war so groß, daß die Polizei sich ins Mittel legte und die weiteren Versuche untersagte. Im stillen arbeitete Marcus jedoch an seinem Kraftwagen weiter. Nach sieben Jahren waren die Grundlagen für den heutigen Benzinkraftwagen gewonnen und Marcus begann mit dem Bau einer derartigen

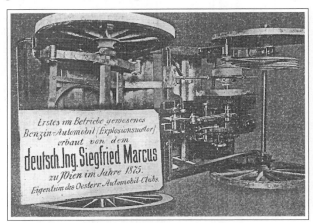

Abb. 191. Der Marcus'sche Kraftwagen von unten gesehen.

Maschine. Sie wurde im Jahre 1875 fertig und befindet sich noch gegenwärtig (siehe Abb. 190) im Original in Wien, und zwar im Besitz des österreichischen Automobilklubs. Dieser älteste moderne Kraftwagen enthält, wie wir aus Abb. 191 erkennen, eine Benzinmaschine, die zwischen den Hinterrädern des Wagens gelagert ist, und die auch mittels einer Reibungskupplung auf Seilscheiben wirkt, die die Hinterräder antreiben. Da der Wagen nur zu Versuchszwecken gebaut war, so ist das Gestell, wie wir aus Abb. 190 sehen, äußerst einfach gehalten. Der Führer des Wagens nahm auf einem niedrigen Bockkasten Platz, vor welchem an einer Säule das Lenkrad saß. Hinter dem Wagenführer ist eine Bank angebracht, auf der zwei Fahrgäste Platz nehmen können.

Am 23. Mai 1882 meldete Marcus das erste Patent auf eine Kraftmaschine „zum Betriebe aller Arten Fahrmittel zu Wasser und zu Lande", und zwar in Deutschland, an. Unstreitig gebührt ihm das Verdienst, den ersten brauchbaren Kraftwagen mit Explosionsmaschine erfunden, erbaut und zum Patent angemeldet zu haben. Daß Marcus als Erfinder unseres Automobils lange vergessen wurde, hindert nicht, ihn jetzt rückhaltslos anzuerkennen. In seiner Vaterstadt wird ihm auf meine Veranlassung eine Denktafel gesetzt.

Mit wie wenig Sorgfalt die Gegner von Siegfried Marcus bei ihre Begründungen vorgegangen sind, geht am besten sogar für Laien leicht erkennbaren Fehlleistungen hervor, die die Richtigkeit der gegen Marcus geltend gemachten Schlußfolgerungen berechtigterweise von vornherein in Frage stellen müssen:

1. Schulz-Wittuhn versucht zu beweisen, daß Marcus kein geborener Jude war, obwohl dies eindeutig einige Jahre zuvor von den Nationalsozialisten nachgewiesen wurde und selbstverständlich aus seiner Geburtsurkunde hervorgeht. Sollte damit unter Umständen eine Rehabilitierung beeinflußt werden?

2. Gustav Goldbeck verwechselt zwei völlig verschiedene Motorkonstruktionen, nämlich den wirtschaftlich günstigeren, direkt arbeitenden atmosphärischen Zweitakt-Kurbeltrieb-Motor von Marcus mit dem unwirtschaftlichen, indirekt arbeitenden atmosphärischen Zweitakt-Flugkolbenmotor von Otto, um von dieser technisch unhaltbaren Ausgangsposition aus schließlich den Nachweis zu erbringen, daß Marcus seine Motorkonstruktion von Otto übernommen hat.

3. Hans Seper behauptet, der erste Benzinmotor war von Marcus dazu gebaut worden, um elektrischen Strom zu erzeugen, obwohl auf der Fotografie des ersten Benzinmotors Marcus eigenhändig festhielt, daß diese Maschine zum „Antrieb eines Straßenwagens" gebaut wurde. Das Foto stammt kurioserweise aus dem Archiv des Technischen Museums Wien, in dem Seper als Kustos für die Kfz-Abteilung tätig war.

Allein aufgrund dieser gravierenden Fehler erübrigt sich jeglicher weitere Kommentar über die historische Kompetenz der angeführten Autoren.

Markante historische Anpassung

Wie überlegt mitunter vorgegangen wurde, um Siegfried Marcus um seine Verdienste nicht nur bei der Erfindung des Automobils, sondern auch der maßgebenden, richtungweisenden Arbeiten im Motorenbau – ob nun mobile, halbmobile oder stationäre Motoren – zu bringen, geht aus einem besonders interessanten Beispiel hervor. Es ist in den „Blättern für Technikgeschichte", Heft 35, nachzulesen und nur bei genauer Kenntnis der Details und deren Zusammenhänge richtigzustellen.

In diesem Heft, das unter dem Titel „Siegfried Marcus und seine Verbrennungsmotoren" von Dr. Hans Seper verfaßt wurde und 1974 erschien, kann man auf Seite 102 folgenden Text lesen:

> „...Als der Wagen (zweiter Marcuswagen, Anm. d. Autors) 1950 zerlegt und dann fahrbereit gemacht wurde, stellte sich heraus, daß der Zündapparat fehlte. Dieser wurde jedoch vom stationären Motor, Baujahr 1887, abmontiert und paßte ohne Vorbereitung in die dafür vorgesehene Halterung des Wagens hinein.
> Der einzylindrige 1-PS-Viertakt-Benzin-Motor mit abnehmbarem Zylinderkopf hat eine Bohrung von 100 mm und einen Hub von 200 mm, das Hubvolumen beträgt also 1570 cm³, Ein- und Auslaß sind zwangsläufig gesteuert (Einlaß durch Flachschieber, Auslaß durch Kegelventil). Außer der Zylinderlauffläche werden alle Lagerstellen von Hand aus geschmiert. Das Gewicht des Motors, ohne Treibstoff und Kühlwasser, beträgt 280 kg, das Fahrgestell hat ein Gewicht von 476 kg...".

Bei Analyse dieser Zeilen ergibt sich folgendes Bild:

Die hier angeführten technischen Daten wurden wörtlich aus der Broschüre von E. Kurzel-Runtscheiner „Siegfried Marcus – Lebensbild eines österreichischen Erfinders", 1956, entnommen. Die im Anhang angeführten, anläßlich der Restaurierung des Marcuswagens ermittelten Daten wurden von Seper wörtlich übernommen, was daraus hervorgeht, daß aufgrund eines offensichtlichen Fehlers anstelle der Bezeichnung „Tellerventil" fälschlich „Kegelventil" angeführt und von Seper prompt falsch wiedergegeben wurde. Auch an den übrigen Daten ist nichts geändert worden – mit Ausnahme der PS-Leistung des Motors.

Und hier hat man es nun mit einer außerordentlich aufschlußreichen Abänderung des tatsächlichen Wertes zu tun. Seper übernahm nämlich nicht die Leistungsangabe 0,75 PS, die in den technischen Daten ausgewiesen wird, sondern änderte diesen gemessenen Wert ohne jegliche Begründung auf 1,0 PS, indem er wörtlich von einem „1-PS-Viertakt-Benzin-Motor" spricht, was absolut nicht der Realität entspricht.

Diese Änderung der Leistung benötigte Seper allerdings, um das Entstehungsjahr des Marcusmotors mit der von ihm vertretenen Zahl 1888 abzusichern. Dieses Jahr ist nach Goldbeck und Seper bekanntlich das Entstehungsjahr des zweiten Marcuswagens und seines Viertaktmotors.

Wie jedoch im Verlauf der vorliegenden Arbeit mehrfach richtiggestellt wurde, handelt es sich bei jenen von 1875 und 1888 um zwei verschiedene Motoren, wobei der von 1875 nachweisbar der erste Viertakt-Benzinmotor der Welt ist, der ein Fahrzeug angetrieben hat, während jener von 1888 eine verstärkte Nachfolgemaschine mit zwar gleichen technischen Daten, jedoch einer höheren Leistung von 1,0 PS darstellt. Dieser um 13 Jahre jüngere Motor war von Anfang an als Antriebsquelle für den dritten Marcuswagen vorgesehen.

Ein Irrtum der Leistungsangabe beider Motoren ist nicht möglich, denn der vom Autor geprüfte Motor mit 0,75 PS wurde 37 Jahre später von der TU-Wien mit modernsten Prüfmethoden neu gemessen und geprüft. Das Ergebnis war das gleiche, nämlich 400–600 Watt.

Die 1 PS-Angabe ist auf einen Brief des tschechischen Erzeugers zurückzuführen, in dem das Werk die damals Marcus gelieferte, neue Maschine von 1888 mit einer Leistung von 1,0 PS angibt.

Man hat es hier demnach mit einer unzulässigen Anpassung an das von Goldbeck und Seper angegebene Entstehungsjahr des zweiten Marcuswagens mit 1888 zu tun, wie es von letzterem in seinem Buch „Damals als die Pferde scheuten" im „Ende einer Legende" betitelten Anhang vertreten wird.

Es stimmt aber auch die Behauptung von Seper nicht, der vor der Restaurierung des Marcuswagens 1950 am Motor fehlende Zündmagnet wäre durch einen solchen ersetzt worden, der sich auf einem Stationärmotor von Marcus befunden habe. Der damals zum Einsatz gelangende Zündmagnet wurde nach längerem Suchen im Fundus des Technischen Museums Wien entdeckt und war zweifellos bereits früher im gleichen Fahrzeug in Verwendung, da er – sowohl was die Anbringung als auch die Kraftübertragung anbelangt – auf Anhieb in das gesamte Konzept paßte.

Und wie war es wirklich?

Der erste atmosphärische Zweitaktmotor von Marcus war bereits ein zwangsgesteuerter Kurbeltriebmotor, ganz im Gegensatz zu dem nur im Gaseinlaß zwangsgesteuerten Flugkolbenmotor von Otto.

Für Marcus bedeutete dieser „Umstieg" auf den Viertaktmotor nichts anderes als eine relativ einfache Änderung des Übersetzungsverhältnisses der Gasein- und Auslaßsteuerung sowie der Zündfolge im Verhältnis zur Kurbelwellendrehzahl. Wenn beim Zweitaktmotor das Übersetzungsverhältnis des Steuerantriebes 1 : 1 beträgt, so mußte es für den Viertaktmotor nur auf 2 : 1 verändert werden. Damit wurde aus dem atmosphärischen Zweitaktmotor ein verdichtender Viertaktmotor (siehe schematische Zeichnungen Seite 226/227).

Für Otto war der Umstieg vom atmosphärischen Zweitakt-Flugkolbenmotor auf den verdichtenden Viertakt-Kurbeltriebmotor gleichbedeutend mit einer vollkommenen Neukonstruktion der Maschine. Soweit zur Ausgangsposition von Otto und Marcus bei der Schaffung des Viertaktmotors.

Bereits die Einleitung des Abschnittes über den Viertaktmotor in der „Marcus-Biographie" von Goldbeck ist nicht nur unrichtig, sondern auch historisch unhaltbar. So heißt es unter dem Abschnittstitel „Marcus-Viertaktmotor":

> „...Auch dieser Abschnitt in der Geschichte der Konstruktionen von Siegfried Marcus beginnt mit einer elektrotechnischen Arbeit. Bei seinen atmosphärischen Motoren scheint Marcus erkannt zu haben, daß der Zündapparat in seiner damaligen Form, die uns unbekannt ist, sich für kontinuierlichen Betrieb nicht eignete..."

Er bezieht sich dabei sichtlich auf den vollentwickelten Zündapparat ebenso wie später den Spritzbürstenvergaser, auf die Marcus 1882 und 1883 in Frankreich, Deutschland und Österreich Patente nahm. Gemäß dessen üblicher Vorgangsweise in Patentangelegenheiten wurden sie im Hinblick auf den nun erst in Angriff genommenen Absatz seiner ausgezeichneten Stationärmotoren interessant.

Der Entwicklungsstand des Zündapparates schon ein Jahrzehnt zuvor geht eindeutig aus dem bereits mehrmals erwähnten Prüfbericht von Prof. Radinger von 1873 hervor, der sich besonders über die absolut verläßliche und zündstarke Funkenbildung bei dem von ihm geprüften atmosphärischen Marcusmotor positiv äußerte.

Die beim Viertaktmotor von 1875 verwendete Magnet-Abreißzündung war wahrscheinlich längst aus jenem Stadium, in dem sie bereits befriedigend funktioniert hatte, in das Produktionsstadium gelangt, das dem hohen Anspruch von Marcus hinsichtlich Funktionalität und Qualität entsprach. Denn nun wurde von ihm der Absatz auf breiter Basis angestrebt.

Ähnlich verhielt es sich auch mit dem Vergaser. Marcus erkannte, daß bei der Oberflächenvergasung die leichtflüchtigen Bestandteile des Benzins rasch abnahmen. Sein Spritzbürstenvergaser mit beheizbarem Benzintank behob diesen Nachteil, sodaß auch schwereres Benzin sicher vergast werden konnte, was in der Folge die Verwendung billigerer Treibstoffe, insbesondere bei seinen Stationärmotoren, ermöglichte. Nachdem dieser Vergasertank mit dem Prägevermerk „Patent Siegfr. Marcus Wien" an dem Viertaktmotor von 1875 angebaut ist, wird durch Goldbeck sofort abgeleitet, daß der Motor auch nicht früher geschaffen worden sein kann.

Marcus hat seine Motoren- und Aggregateentwicklung in kleinen Schritten vollzogen. Nachdem seine Fahrzeuge und Motoren einander nicht nur in den Dimensionen, sondern auch im Aussehen immer sehr ähnlich waren, konnten auch diverse Verbesserungen immer wieder zugebaut, ausgetauscht oder ergänzt werden. Eine andere als eine Entwicklung der kleinen Schritte hätte sich Marcus weder zeitlich noch finanziell leisten können.

Aber nicht nur diese fragwürdige, historisch nicht abgesicherte Behauptung fällt dem Mitarbeiter des „The Veteran and Vintage Magazine" vom November 1966, Band 11, Nr. 3, auf, nachdem er sich mit der von Goldbeck verfaßten Marcus-Biographie befaßt hatte. Er betont auch, daß die Darstellung von Marcus und seinen Arbeiten historisch nicht objektiv sei. Diese kritische Feststellung erfolgt zwar sehr moderat, aber eindeutig.

Goldbeck und Seper scheuen zwar keine Mühe, den Nachweis zu erbringen, daß Siegfried Marcus nicht der Erfinder des Automobils gewesen sein kann, dieser Versuch ist aber auf einer nicht tragfähigen historischen Beweisführung aufgebaut.

Um den Viertaktmotor zeitlich richtig einordnen zu können, muß man sich unter anderem auch über den Umweg von Umfelduntersuchungen an die fehlenden oder angezweifelten Jahreszahlen heranarbeiten. Deshalb ging der Autor bei den Untersuchungen zuerst einmal von alten und historisch glaubwürdigen Unterlagen aus, in denen sowohl der Viertaktmotor als auch das gesamte Fahrzeug mit 1875 datiert wird.

Da ist einmal die erwähnte Datierung des namhaften Technikhistorikers F. M. Feldhaus, der in seinem 1910 erschienenen Standardwerk „Ruhmesblätter der Technik" den zweiten Marcuswagen und den darin eingebauten Viertaktmotor mit 1875 datiert.

Eine weitere, unzweifelhafte Quelle ist ein 1905 erschienener, ausführlicher Bericht über Marcus und seine Erfindungen auf dem Sektor der Selbstbeweger in der damals wohl bedeutendsten Fachzeitschrift „Motorwagen, Zeitschrift des Mitteleuropäischen Motorwagenvereins", Berlin. Verfaßt wurde dieser sechsteilige Artikel von Chefredakteur Zivilingenieur Robert Conrad unter dem Titel „Der Wiener Erfinder Siegfried Marcus". Der Autor, ein penibler Historiker, hat Marcus in Wien persönlich aufgesucht, ihn interviewt und sich Schriftstücke vorlegen lassen, wodurch sein Beitrag besondere Glaubwürdigkeit verdient.

Der am 30. September 1897 gegründete Verein wies auf namhafte Gründungsmitglieder hin, wie angesehene Konstrukteure, Fabrikanten, Geschäftsleute usw. Das Bestreben des Vereins, dem u. a. Gottlieb Daimler, Carl Benz und Rudolf Diesel als Vorstandsmitglieder angehörten, war es, dafür Sorge zu tragen, daß die Wissenschaft dem Automobil mehr als bis dahin ihre Aufmerksamkeit zuwenden sollte. Die erste Nummer der Zeitschrift „Motorwagen" erschien am 1. Jänner 1898.

Wenn diese angesehene, vielgelesene Publikation einen Beitrag über Marcus brachte, der ihn nicht nur als Erfinder des selbstfahrenden Wagens auswies, sondern auch der magnetelektrischen Zündung sowie anderer Aggregate und Details, dann war das eine bedeutende historische Aussage, die Gewicht hatte. Im „Motorwagen" von 1905 liest man:

„...Der Wiener Erfinder Siegfried Marcus (ein geborener Mecklenburger) war sicher einer der Ersten, der sich mit der Konstruktion von selbstfahrenden Wagen befaßte. Über seine Tätigkeit sind in neuester Zeit u. a. in der Allgemeinen Automobilzeitung einige Mitteilungen gemacht worden, die indes noch lange nicht geeignet sind, die volle Bedeutung dieses großen und unglücklichen Erfinders klarzustellen.
Marcus hat, wie er mir vor vielen Jahren selbst berichtete, auf alle möglichen Methoden versucht, das Problem der Traktion zu lösen. Er begann mit elektrischen Elementen, mit Trocken-

batterien, dann mit thermoelektrischen Batterien und wandte sich schließlich dem Bau von Zweitaktmotoren zu, die er jahrelang versuchte, ehe er an ihre Patentierung und auch an ihre Ausbildung als Automobilmotoren schritt.
Die überwiegende Mehrzahl der Marcus'schen Zweitaktmotoren und später auch seine Viertaktmotoren waren als Balanciermaschinen ausgeführt, und das ist schon ein Zeichen dafür, daß er von Anfang an ihre Verwendung für Automobilzwecke im Auge hatte...
Schon 1870 begannen – den eigenen Mitteilungen des Erfinders zufolge – seine einschlägigen Experimente (gemeint ist die magnetelektrische Zündung; Anm. d. Red.). Er kannte bereits den Anker, welcher zwischen den Schenkeln von permanenten Magneten rasch oszilliert und damit den Strom erzeugt. Er war wohl auch der Erste, welcher die damit zusammengehörige Abreißzündung praktisch und mit Erfolg versuchte.
Sein ältestes Automobil ist vollkommen in Vergessenheit geraten. Seine zweite, verhältnismäßig vollkommene Type stammt aus dem Jahre 1875 und waren bereits alle wesentlichen Teile des Motorwagens in einer, wenn auch nicht reifen, aber doch wohl für kurze Fahrten ausreichenden Form verkörpert..."

Dieser Beitrag kann als ein historisch einwandfreies Dokument angesehen werden, nicht nur, weil er von einem persönlichen Gesprächspartner von Siegfried Marcus stammte, der eine führende Position in einer bedeutenden Automobil-Fachzeitschrift bekleidete, sondern vor allem deshalb, weil er im „Motorwagen", dem Organ des M. M. V., dem die namhaftesten Persönlichkeiten der damaligen deutschen Automobilszene angehörten, einfach unmöglich hätte erscheinen können, wenn er nicht bis ins Detail gestimmt hätte.

Aber nicht nur diese vorerwähnten Bestätigungen zeugen für die Richtigkeit der Datierung des zweiten Marcuswagens in seiner heutigen Ausführung mit dem Viertaktmotor, sondern auch die Tatsache, daß der Wagen im Original bei der Pariser Weltausstellung im Jahr 1900 gezeigt und dort mit einer Medaille ausgezeichnet wurde. Von damals dürfte auch das an der Vorderfront des Marcuswagens montierte Prägeschild stammen, das unter Seper entfernt werden mußte. Die Aufschrift lautete:

Benzin Automobil	Voiture automobile
System	au petrole
S. Markus in Wien	systeme
1875	S. Markus Vienne
	1875

6. Die chronologische Entwicklung der Automobile und Motoren von Siegfried Marcus

In diesem Abschnitt wird der chronologische Ablauf Marcus'scher Erfindungen auf dem Sektor der Fahrzeugmotoren und des Motorwagens ebenso dargestellt wie die chronologische Abfolge der Arbeiten von Nicolaus August Otto an seinen Explosionsmotoren, wo dies zur Klarstellung historischer Irrtümer erforderlich ist.

Der Grund für diese eher unübliche Vorgangsweise im Rahmen einer Biographie liegt in der Notwendigkeit, über Jahrzehnte immer gravierendere Fehlberichte über die zeitlichen Abläufe grundlegender Erfindungen von Siegfried Marcus ein für allemal richtigzustellen. Es erscheint daher im Interesse der technikgeschichtlichen Wahrheit wichtig, die daraus resultierenden Prioritätsverlagerungen, die durch die Verschleierung, in einzelnen Fällen sogar Manipulation der historischen Wahrheit entstanden sind, deutlich zu machen.

Die gerechtfertigten Prioritätsansprüche von Siegfried Marcus werden immer wieder in Frage gestellt, widerlegt oder einfach umdatiert, bis sie sich ohne besondere Schwierigkeiten in Erfolge anderer, auf ähnlichem Gebiet Tätiger, umfunktionieren lassen.

Der durch Jahrzehnte anscheinend immer undurchdringlicher gewordene technikgeschichtliche Dschungel um Siegfried Marcus, seine Arbeiten am Automobil und den damit in Verbindung stehenden Motoren kann nur durch eine völlige „Neubilanzierung" aller Fakten überschaubar gemacht werden. Diese notwendige Entflechtung, Zurückführung zum tatsächlichen Ablauf der Ereignisse und ihre technisch logische und historisch nachvollziehbare Entwicklung von den Anfängen bis zur Funktionstüchtigkeit seiner Motoren und Fahrzeuge ist am ehesten durch eine leicht überschaubare und daher schwer zu manipulierende Chronologie möglich.

Solche Aufschlüsselungen haben den immensen Vorteil, Fehler in geschichtlichen Abläufen leichter erkennbar zu machen. Außerdem bleiben für beabsichtigte oder auch unbeabsichtigte Manipulationen historischer Abläufe nur sehr geringe Spielräume. Sie zwingen daher weitgehend zur geschichtlichen Wahrheit. Dies ist gerade bei der Erarbeitung einer Marcus-Biographie besonders wichtig, wenn man bedenkt, daß dieser 1898 verstorbene, bedeutende deutschsprachige Erfinder seit fast sechzig Jahren nicht nur aus rassischen Gründen, sondern auch aus industriellen Interessen immer wieder in Frage gestellt wurde.

Diese Mißachtung gegebener Tatsachen kann gerade bei einer der bedeutendsten Erfindungen des Menschen, die die Welt grundlegend verändert hat, dem Auto, nicht akzeptiert werden. Es ist deshalb auch unmöglich, sich mit der von Seper getroffenen Feststellung abzufinden, die er in seinem Buch „Damals als die Pferde scheuten" 1968 unter Mißachtung gegebener Fakten publizierte:

„...Erst seit kurzem verfügbares Material, das aus dem Nachlaß von Prof. Ing. Ludwig Czischek-Christen stammt, ermöglicht es nunmehr, das Entstehungsdatum des Marcus-Wagens mit Viertaktmotor authentisch zu fixieren, und zwar mit dem Jahr 1888.
Die anschließende Dokumentation beendet damit eine Legende, die heute nur noch historisches Interesse besitzt."

Die hier von Seper angesprochene Fahrzeugkombination, bestehend aus dem Fahrgestell von 1870 und dem Viertakt-Benzinmotor von 1875, stammt, wie schon einige Male bewiesen, in keiner Weise aus dem Jahr 1888.

Die nachfolgende, nach verschiedenen Gesichtspunkten vorgenommene chronologische Aufarbeitung bedingt einige Wiederholungen, die jedoch im Interesse einer besseren Verständlichkeit der gegebenen Vielschichtigkeit der Arbeiten und Erfindungen von Marcus auf dem automobilen Sektor unvermeidlich sind. Ebensowenig sind sie auch bei der Gegenüberstellung der Arbeiten von Siegfried Marcus und jener von Nicolaus August Otto auf dem motorischen Gebiet zu umgehen.

Chronologie der Marcusmotoren und ihrer Aggregate

1864
21. Juni, XIV/318, Erfindung eines eigentümlichen magneto-elektrischen Zündinduktors.

1865
16. Mai, 5372/g, Erfindung eines Apparates zur Karbonisierung der atmosphärischen Luft (Benzin-Vergaser).

1866
13. August, 5845/g, Verbesserung an einem Apparat zur Karbonisierung der atmosphärischen Luft.

1873
Prüfbericht über einen magnet-elektrisch gezündeten Zweitakt-Benzinmotor im „Offiziellen Ausstellungs-Katalog der Weltausstellung Wien".

1882
23. Mai, 26.706, die Patenteinreichung über eine „Kraftmaschine zum Antrieb aller Fahrmittel zu Wasser und zu Lande" (Deutschland). Die Angabe über diese Patenteinreichung muß als glaubwürdig angesehen werden, nachdem sie von dem bedeutenden Technikgeschichtler und Zeitgenossen von Marcus, Ing. F.M. Feldhaus, stammt.

1882
Bericht darüber in den „Patentblättern", herausgegeben vom Deutschen Patentamt.

1882
15. Oktober, DRP 23.016, Vorrichtung zum Zerstäuben von Flüssigkeiten (Spritzbürstenvergaser).

1882
Am 20. Nov. 1900 weist das „Neue Wiener Tagblatt" auf eine im Pariser Fachblatt „Le Chauffeur" erschienene Meldung über zwei Marcus Patente in England hin, erteilt „auf eine ,Compressionstype' (Viertaktmotor), 1882 u.1883.

1883
24. Juli, 33/2176, Neuerungen an Explosionsmotoren, im österr. Patentamt nicht auffindbar.

1883
11. November, österr. Privileg auf eine weiterverbesserte magnet-elektrische Abreißzündung.

1884
18. Februar, 25.947, deutsches Patent auf den „magneto-elektrischen Zündapparat für Explosionsmotoren".

1887
14. Juni, 37/1168, Verbesserungen an den ihm unter 24. Juli und 11. November 1883 privilegierten Neuerungen an Explosionsmotoren.

1889
Unleserl. Tag u. Monat, Beschriftung einer Konstruktionszeichnung „Straßenwagen mit Petrolmotor, Pat. S. Marcus".

Die zeitliche Entwicklungsfolge der Zündeinrichtung, der Benzinvergasungsanlage und der Motorkonstruktion sowie die sich aus der Praxis als notwendig erweisenden Zusatzpatente beweisen einen homogenen Entwicklungsvorgang, der in seiner Abfolge und der dafür benötigten Zeit logisch und daher auch glaubwürdig ist.

Verwunderlich bei diesem Entwicklungsprozeß ist einzig und allein der dafür benötigte kurze Zeitraum. Aber er ist für Siegfried Marcus typisch und auch glaubwürdig. Man muß sich vor Augen halten, daß dieser begnadete Erfinder in der Zeit vom 14. März 1857 bis 16. Mai 1896, also innerhalb von nur 39 Jahren, allein über 158 in- und ausländische Privilegien und Patente erwarb.

Die Vorgangsweise von Marcus konkretisiert im vorliegenden Fall die Vermutung, daß er, was immer wieder bestritten wird, ein Patent auf einen Fahrzeugmotor eingereicht und auch erhalten hat. Gemeint ist das von F.M. Feldhaus zitierte Patent auf eine „Kraftmaschine zum Antrieb aller Fahrzeuge zu Wasser und Lande", das am 23. Mai 1882 in Deutschland eingereicht und noch im selben Jahr in den Patentblättern des Deutschen Patentamtes veröffentlicht worden sein soll.

Zeitlich paßt dazu auch sehr gut der Hinweis der französischen Fachzeitschrift „Le Chauffeur" auf die englischen Patente aus den Jahren 1882 und 1883 auf einen „Compressionstyp", also Viertaktmotor.

Eine weitere, sehr tragfähige Bestätigung finden diese Behauptungen in der 1889 aufscheinenden Zeichnungsbeschriftung des dritten von Marcus konzipierten Wagens. „Strassenwagen mit Petrolmotor Pat. S. Marcus". Es ist kaum anzunehmen, daß eine namhafte Maschinenfabrik wie Märky, Bromovsky & Schulz in Adamsthal bzw. Marcus selbst auf dieser Zeichnung eine falsche Angabe über ein nicht vorhandenes Patent gemacht haben sollten. Nachdem Marcus aber allem Anschein nach in Österreich keinen Patentschutz auf seine Fahrzeugmotoren oder auf ein Fahrzeug als ganzes angestrebt hat, kann es sich bei dem auf der Zeichnung angegebenen Patent nur um eines der von Marcus 1882 und 1883 im Ausland angesuchten und auch erhaltenen Patente handeln.

Das wiederum würde aus mehreren Gründen die Vermutung zur Gewißheit werden lassen, daß sowohl Daimler als auch Otto von diesem Fahrzeugmotor von Marcus wußten, wenn es auch immer wieder bestritten wurde.

Die Gründe, die dafür sprechen, daß der technische Direktor Gottlieb Daimler sowie der kaufmännische Direktor N.A. Otto der Deutzer Gasmotorenfabrik von diesem Marcus-Patent gewußt haben mußten, sind:

1. Firmen in der Größenordnung der Gasmotorenfabrik Deutz mußten auf Neuerscheinungen besonders genau achten.

2. Jedes neue deutsche Patent wurde in den Patentbriefen des Deutschen Patentamtes veröffentlicht. Man kann daher annehmen, daß wenigstens diese Veröffentlichung dem Werk rasch zur Kenntnis gelangte.

3. Otto und Langen hatten die besten Verbindungen zu Prof. Reuleaux, der, wie man weiß, eine wichtige Funktion bei den Patenterteilungen in Deutschland hatte. Wie erinnerlich, hat er nach einer Patenteinreichung von Marcus in Deutschland Otto und Langen sofort schriftlich davon (1867) in Kenntnis gesetzt, daß Marcus jenes Gas (aus Benzin) billig herzustellen wüßte, das Otto schon lange vergebens suchte.

Aus dieser chronologischen Zusammenstellung über die Entwicklung der Marcus-Automobilmotoren wird bereits eine Reihe von interessanten Informationen erkennbar.

Die elektrische Zündung

Ein besonderes Merkmal der Motoren von Marcus ist seit dem 1861 in Angriff genommenen ersten (stehenden) Benzinmotor die Verwendung einer elektrischen Zündanlage, die sicher aus dem „Wiener Zünder" hervorgegangen ist. Aber bereits bei der von Prof. Radinger 1873 geprüften Maschine hatte er eine – wie Radinger besonders hervorhebt – ungemein verläßlich arbeitende Magnetzündung in Verwendung. Des besseren Überblicks wegen sei der entsprechende Passus aus dem Ausstellungsbericht der Weltausstellung von 1873 in Wien wiederholt. J.F. Radinger schreibt darin:

„...die Entzündung geschieht durch den Funken eines äußerst kräftigen Induktionsstromes, den ein Daumen auf der Schwungrad-Welle mit jeder Umdrehung neu erzeugt. Solch kräftige Funken zu erzeugen, um Petroleum damit zu entzünden, war bis heute eine ungelöste Aufgabe. Aber der Apparat von Marcus, welcher in einem kleinen Blechkasten an der Maschine angebracht ist, zündet sicher bei jedem Hub, wie ich mich während des Ganges dieser Maschine selbst überzeugte..."

Diese von Marcus konstruierte und in der Praxis bestens funktionierende elektrische Magnetzündanlage hatte also bereits 1873 einen auffallend hohen Grad an Betriebsverläßlichkeit erlangt, der weit über dem damaligen Stand der Technik lag. Dem Perfektionisten Marcus reichte das Geschaffene aber immer noch nicht aus. Es wurde weiter verbessert. Diese weiterentwickelte elektrische Zündanlage findet sich in dem 1875 von Marcus gebauten Viertakt-Benzinmotor. Ihre absolute Betriebsverläßlichkeit ist vom Autor 1950 anläßlich der Prüfstanduntersuchungen des Technologischen Gewerbemuseums Wien am Viertakt-Marcusmotor ebenso festgestellt worden wie bei den darauffolgenden Test- und Versuchsfahrten mit dem Wagen in der Umgebung des Technischen Museums in Wien. Auch heute, vierzig Jahre danach, funktioniert sie immer noch einwandfrei.

Über dieses Zündsystem berichtet auch die Festschrift der Bosch-Schriftenreihe, Folge 5, „Bosch und die Zündung", die 1950 zur Erinnerung an den fünfzig Jahre zuvor am 24. September 1902 gelieferten ersten Bosch-Hochspannungsmagnetzünder herausgebracht wurde:

„...Vom Standpunkt der Zündung ist dabei bedeutsam, daß dieser Marcus-Motor (gemeint ist der Viertaktmotor, der im zweiten Marcuswagen 1875 eingebaut war, Anm. d. Autors) bereits eine magnetelektrische Zündung hatte, die unser höchstes Interesse wegen ihrer konstruktiv bemerkenswerten Lösung verdient. Allerdings ist auch hier wieder überraschend, daß außer den wenigen Personen aus der Umgebung von Marcus niemand etwas davon wußte. In seinem am 11. November 1883 erteilten österreichischen Privileg – das deutsche Patent (DRP 25947) wurde am 20. Mai 1883 erteilt – weist Marcus darauf hin, daß ‚die elektrische Zündung explosibler Gase oder Flüssigkeiten, z.B. von Knallgas, in Explosionsmotoren bisher nur mit Zuhilfenahme von elektromagnetischen Funkeninduktoren unter Anwendung von galvanischen Elementen bewerkstelligt wurde. Dies bewog mich, schon im Jahre 1873 die Erzeugung des elektrischen Stromes ohne Batterie, und zwar mittels eines Magnetinduktors zu bewirken, welcher eventuell durch den Motor selbst betrieben wird. Doch ist es mir gelungen, den zu diesem Zweck ersonnenen Apparat auf eine solche Stufe der Vollkommenheit zu bringen, daß derselbe als ein durchaus praktisches Zündungsmittel für Explosionsmotoren Verwendung finden kann.'..."

Soweit die Meinung eines Experten zu der von Siegfried Marcus bis zur Reife entwickelten und erst dann patentrechtlich geschützten Zündanlage für Verbrennungsmotoren.

Goldbeck, der die Beurteilung der von Marcus erfundenen Magnetzündung zumindest vom Radinger-Bericht her kannte, versuchte sie dennoch als eine Erfindung von Nicolaus August Otto darzustellen. Wenn man es nicht nachlesen könnte, würde man es kaum für möglich halten, daß ein Historiker, der doch einen Namen zu verlieren hatte, so etwas publiziert. Goldbeck schreibt nämlich auf Seite 22 seiner Marcus-Broschüre:

„...Bis zum Jahre 1882 bzw. 1883 hat Marcus also an der Schaffung eines brauchbaren Motoren-Zündapparates gearbeitet. Zweifellos war er damit nicht dauernd beschäftigt, sei es, daß ihn Gelderwerb abhielt, sei es, daß er keine Wege zum Fortschritt fand. Die Konstruktion dieses Zündapparates wurde 1884/85 in der „Zeitschrift für Elektrotechnik" beschrieben. Der anonyme Text lehnte sich an die Patentschrift an.
Der Zündapparat entsprach grundsätzlich der von N.A. Otto 1878 erfundenen magnet-elektrischen Niederspannungsabreißzündung, die 1884 praktisch ausgeführt worden ist..."

Dazu stellt sich einmal die Frage, wenn Otto diese Zündung wirklich erfunden hat, warum ließ er sie nicht schon früher patentieren? Von einem Patent über diese Magnetzündanlage ist nichts bekannt, im Gegenteil, es gab kein Patent. Das hatte auch Robert Bosch ausdrücklich in seinen Erinnerungen festgehalten, als er schrieb:

„...Damals im Sommer desselben Jahres (1887), kam ein kleiner Maschinenbauer zu mir und fragte mich, ob ich ihm nicht einen solchen Apparat bauen könne, wie ihn die Gasmotorenfabrik Deutz an ihren Benzinmotoren verwende. Ein solcher Apparat sei in Schorndorf zu sehen. Ich fuhr dorthin und fand einen niedergespannten Magnetapparat mit Abreißvorrichtung. Vorsichtshalber fragte ich bei Deutz an, ob an dem Apparat etwas patentiert sei. Da ich auf meine Frage keine Antwort erhielt und auch sonst keine Anzeichen dafür fand, daß der Apparat patentiert

sei, baute ich einen solchen Apparat, den ich auch Gottlieb Daimler vorführte, der zu gleicher Zeit in Cannstatt einen damals hochtourig genannten Explosionsmotor für ortsfeste Maschinen baute; er machte etwa 600 Umdrehungen. Nachdem ich den Apparat abgeliefert hatte, baute ich gleich noch drei weitere, die von Gasmotorenfabriken, die die Absicht hatten, Benzinmotoren zu bauen, auch ohne weiteres abgenommen wurden..."

Wenn man auf Grund dieser Jugenderinnerungen von Robert Bosch auf die naheliegende Idee kommt, daß es sich bei diesen von Otto in seinen Motoren verwendeten Magnetzündungen um eine an Marcus begangene Patentverletzung handelt, dann liegt dieser Verdacht durchaus im Bereich des Möglichen. Untermauert wird diese Überlegung noch durch die Tatsache, daß sich Otto alle seine Neuerungen, wenn irgend möglich, patentrechtlich schützen und mit größtem Nachdruck alle begangenen Patentverletzungen gerichtlich verfolgen ließ.

Aber zurück zum Jahr 1866/67. Im Zeitraum zwischen 1866 und 1875 waren im Gegensatz zu den Marcusmotoren die von Otto gebauten Flugkolbenmaschinen alle noch mit einer von ihm konstruierten Gasflammenzündung ausgestattet, weil es Otto offensichtlich nicht gelang, eine zufriedenstellende elektrische Zündung für seine Motoren zu schaffen.

Der Biograph von Otto, Arnold Langen, schreibt zu der neuen, von Otto verwendeten Gasflammenzündung:

„...Es handelt sich hier um die von Otto erfundene Zündung durch ein Gasflämmchen, das vom Steuerschieber der Maschine am Ende des Ansaugens der Ladung in den Zylinder „geschleust" wurde. Es war eine Neuheit, deren sinngemäße Nachbildung später einmal dem Viertaktmotor zum Leben verhelfen sollte. Im Juni 1866 wurde dieser große Fortschritt mit einer Handskizze Ottos an den englischen Patentagenten geschickt..."

Der erste, 1876 von Otto gebaute Viertaktmotor wurde also noch mit einer hinter einem Schieber liegenden Gasflamme gezündet.

Ingenieur Leo Funk in Aachen, ein Konstrukteur von Gasmaschinen, entwickelte zur Zündung seines Motors eine Glührohrzündung. Im Herbst 1877 meldete er diese zum Patent an. Einige Male bot er dieses Zündsystem erfolglos Eugen Langen an. Das letzte Mal 1881. Später verwendete Daimler die

Glührohrzündung in modifizierter Form für seine ersten Fahrzeugmotoren.

Beginnend mit 1877 war sich Otto darüber klar, daß die von ihm verwendete Flammenzündung keine wirklich brauchbare Zündungsvariante war. Einerseits weil sie wegen der Gaszuleitung nur bei ortsgebundenen Motoren verwendbar war, andererseits erwies sich deren Einsatz bei Benzinmotoren wegen der großen Feuer- und Explosionsgefahr als unmöglich. Es war ihm klar, daß nur eine elektrische Zündung die Lösung seiner Probleme brachte. Historisch belegbar ist, daß alle angestellten Versuche, sowohl von Otto in dessen Werk als auch in Verbindung mit dem mit ihm befreundeten Werner Siemens, fehlschlugen. Ab 1878 befaßte er sich mit einer magnetelektrischen Abreißzündung, wie sie allerdings schon 1873 bei Siegfried Marcus bestens funktionierte.

In einer Direktionssitzung am 29. April 1878 beschloß man im Werk Deutz folgendes:

„...Es wird beschlossen, auf eine magnet-elektrische Entzündungsmethode Patentgesuche einzureichen. Herrn Siemens ist nach Einreichung des DR.-Patentes mitzuteilen, daß sich seine Methode nicht bewährt habe, für unsere Konstruktion wollen wir gerne seinen magnet-elektrischen Induktor verwenden und möge er uns Anstellungen machen, auch eventuell zum Bezug ins Ausland..."

Und danach geschieht etwas, das eigentlich unverständlich ist, wenn man nicht in Betracht zieht, daß eine Einreichung dieses Patentes in Wirklichkeit keine Chance auf Erteilung haben konnte, denn diese Zündung gab es in gut funktionierender Form spätestens seit 1873 bei Marcus. Otto schien die Lust an einem Patent über die von ihm forcierte Abreißzündung offenbar plötzlich verloren zu haben. Man erfährt nämlich durch Arnold Langen:

„...Schon am 2. Mai 1878 hatte der Patentanwalt der Gasmotorenfabrik in London eine vorläufige (provisional) Anmeldung eingereicht, in der Schutz für die magnetelektrische Abreißzündung, ihre Arbeitsweise und ihren Aufbau verlangt wird. Aber mit dieser Patentanmeldung war seltsamerweise Ottos Mut verpufft. In der Niederschrift einer Direktionssitzung, die zufällig am gleichen Tag stattfand, lesen wir nämlich: Es wird der in der vorigen Sitzung gefaßte Beschluß, Patente nachzusuchen auf Entzündung des Gasgemisches durch den Eröffnungsfunken magnetelektrischer Maschinen, dahin abgeändert, daß nur das inzwischen eingereichte englische Patent-

gesuch zu vollenden ist. Herr Otto schlägt eine andere Art vor, durch magnetelektrische Apparate Funken zu erzeugen, und hat diese gegen die erste Methode den großen Vorteil, daß kein bewegender Mechanismus in den Zylinder zu verlegen ist. Die Direktion ist hiermit einverstanden und beauftragt Herrn Otto, einen geeigneten Apparat zu konstruieren...Aus Furcht vor den Schwierigkeiten eines von außen angetriebenen Unterbrechers gab also Otto zunächst die Abreißzündung auf. Leider ist nichts im einzelnen überliefert, was ihm damals als bessere Lösung vorschwebte..."

Von irgendwelchen Arbeiten Ottos an der magnetelektrischen Zündung oder gar über einen Fortschritt auf diesem Gebiet hörte man volle sechs Jahre nichts mehr. Sonderbarerweise wurden diese ruhenden Bemühungen um die magnetelektrische Zündung erst wieder aufgenommen, nachdem Marcus am 11. November 1883 ein Patent auf diese Art der Zündung erhielt.

Abschließend muß noch einmal darauf hingewiesen werden, daß Nicolaus August Otto niemals ein Patent auf eine magnetelektrische Zündung erhalten hat. Arnold Langen schreibt darüber:

„...Die wegweisende Bedeutung der ersten betriebsreifen Benzinmotoren Otto'scher Bauart ist zu ihrer Zeit nicht entsprechend gewürdigt worden. Verspätet wandte sich der Automobilmotor grundsätzlich gleichen Zündweisen zu. Der Grund lag wohl darin, daß man die Entwicklungsfähigkeit der anfangs recht schweren und teuren Deutzer Apparate nicht erkannt hatte. Darin hat dann Robert Bosch gründlich Wandel geschaffen. Er konnte ungestört an den Bau der Apparate herangehen, da sie infolge der – inzwischen verfallenen – Voranmeldung nicht mehr unter Patentschutz standen. Zunächst fanden sie allerdings nur Verwendung im schweren Motorbau..."

Soweit also zur Zündungsproblematik der Deutzer Motoren. Marcus hatte das Problem der magnetelektrischen Zündung ein Jahrzehnt vor der Einführung dieses Zündsystems bei den „Otto-Motoren" schon einwandfrei, preiswert und absolut betriebsverläßlich gelöst und seit 1883 auch patentrechtlich geschützt. Diese an sich unproduktive Auseinandersetzung mit den Zündproblemen von Otto ist nur deswegen unvermeidlich, weil der Firmenhistoriker Goldbeck es für richtig hielt, durchaus verständliche und übliche, nur mehr historisch zu wertende Entwicklungsschwierigkeiten des damals noch von Otto und Langen geführten Unternehmens auf Kosten eines bedeutenden Erfinders so zu verschleiern, daß sie in Erfolge für das eigene Haus umfunktioniert werden sollten.

Außerdem sollte einmal darauf hingewiesen werden, daß die Firmentreue dort aufzuhören hat, wo die Unwahrheit beginnt!

Chronologie der Zündeinrichtungen von Verbrennungskraftmaschinen 1807–1900

Um die Erfindung und Weiterentwicklung der elektrischen Zündung von Verbrennungsmotoren durch Siegfried Marcus richtig werten zu können, ist die folgende kurze Zusammenstellung eine gute Informationshilfe:

1807

verwendete der Schweizer Isaac de Rivaz erstmals für seinen Flugkolben-Gasmotor eine von Hand ausgelöste elektrische Zündung. Genaue Angaben sind darüber nicht vorhanden.

1859

baute Jean Etienne Lenoir seinen ersten elektrisch gezündeten Gasmotor. In seiner Patentschrift schreibt er:

„Meine Erfindung besteht erstens in der Verwendung von Leuchtgas, verbunden mit Luft, entzündet durch Elektrizität als treibende Kraft. Zweitens in der Konstruktion einer Maschine zum Zwecke der Verwendung besagten Gases".

1864

Bereits bei seinem ersten Benzinmotor verwendete Siegfried Marcus elektrischen Strom zur Zündung seines Verbrennungsmotors. Über die Zündanlage des ersten Motors gibt es keine authentischen Unterlagen mehr. Es wird jedoch angenommen, daß Marcus zur Zündung der Ladung den ebenfalls von ihm erfundenen „Wiener Zünder" in modifizierter Form verwendet hat.

1866–1875

In diesen Jahren wurden alle von Otto und Langen gebauten atmosphärischen Zweitakt-Flugkolben-Gasmotoren mit einer hinter einem Schieber befindlichen kleinen Gasflamme gezündet.

1873

berichtet Prof. J. Radinger im Ausstellungs-Bericht der Weltausstellung Wien über eine neue und betriebsverläßliche magnetelektrische Zündanlage, die Siegfried Marcus für seinen atmosphärischen Zweitakt-Benzinmotor eigener Konstruktion entwickelt hat.

1875

verwendet Marcus bereits eine weiterentwickelte und absolut betriebsverläßliche magnetelektrische Abreißzündung für seinen neu entwickelten Viertakt-Benzinmotor, die heute noch einwandfrei funktioniert.

1876–1884

verwendet Deutz für die neu geschaffenen Viertakt-Benzinmotoren immer noch Gasflammenzündung, nachdem eine Reihe von Versuchen, sie durch eine funktionierende elektrische Zündung zu ersetzen, fehlgeschlagen war.

1877

meldete der deutsche Ingenieur Leo Funk ein Patent auf eine Glührohrzündung an, die er einige Male vergeblich Otto und Langen anbot. Erst Gottlieb Daimler verwendete die von ihm umkonstruierte und an seine kleinen, schnellaufenden Motoren angepaßte Glührohrzündung, bis auch er kurz vor 1900 zur elektrischen Zündung überging.

1882

wurde in Wien ein sehr erfolgreicher Versuch unternommen, einen Otto-Motor mittels „Vergaser" und Zündanlage von Marcus auf Benzinbetrieb umzustellen.

1883

Am 11. November dieses Jahres erhielt Marcus auf seine inzwischen voll entwickelte magnetelektrische Abreißzündung ein österreichisches Privileg, wie auch Bosch erwähnt. Ebenfalls laut Bosch wurde das Deutsche Patent DRP 25 947 am 25. 5. 1883 auf diese Zündung erteilt.

1884

Ab diesem Jahr wurden die Otto-Motoren auf eine magnetelektrische Abreißzündung umgestellt. Sie war jedoch so schwer, vor allem aber so teuer, daß sie nur bei großen Motoren zum Einsatz gelangte. Im gleichen Jahr versuchte Carl Benz eine elektrische Hochspannungszündung für seine Motoren, die aber nicht optimal funktionierte.

1899

wurde endlich sowohl die von Benz verwendete Hochspannungszündung als auch die von Daimler eingesetzte Glührohrzündung durch die elektrische Abreißzündung ersetzt.

Wir lesen in der von Paul Siebertz verfaßten Benz-Biographie über die neue Abreißzündung:

„...Von 1899 an war die Benz'sche Hochspannungs-Summer-Zündung ebenso wie die Daimler'sche Glührohrzündung im Fahrzeugmotorenbau fast völlständig durch elektrische Abreißzündungen – eine ausgezeichnet arbeitende Art von Niederspannungszündung – ersetzt..."

1900

Ab der Jahrhundertwende wurden den Fahrzeugherstellern für die noch in den Kinderschuhen steckenden Automobilmotoren immer besser funktionierende elektrische Zündanlagen durch Robert Bosch angeboten.

Selbstverständlich ist diese Aufstellung nicht komplett. Es gab noch eine Reihe von Versuchen, das Zündproblem in den Griff zu bekommen. Nachdem aber diese Bemühungen im allgemeinen im Versuchsstadium stecken blieben, haben wir hier nur jene Zündsysteme erwähnt, die eine echte Entwicklung erfuhren und auch entsprechend eingesetzt wurden.

Wichtig erscheint hier noch der Hinweis, daß die von Siebertz als „ausgezeichnet arbeitend" bezeichnete Niederspannungszündung von Marcus bereits 1873 verwendet wurde und damals Prof. Radinger in Erstaunen setzte.

Eine von Marcus weiter verbesserte, magnetelektrische Abreißzündung befindet sich als Zündanlage an dem heute noch vorhandenen und betriebsfähigen Viertakt-Benzinmotor von 1875 im zweiten Marcuswagen, der im Technischen Museum

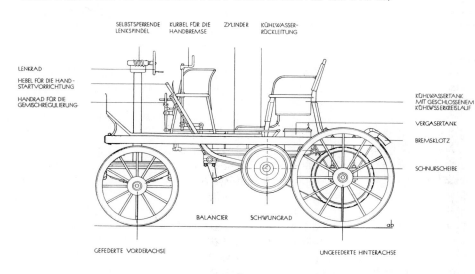

DRITTER MARCUSWAGEN MIT PETROLMOTOR PATENT SIGFRIED MARCUS AUS DEM JAHR 1889

SELBSTSPERRENDE LENKSPINDEL · KURBEL FÜR DIE HANDBREMSE · ZYLINDER · KÜHLWASSERRÜCKLEITUNG

LENKRAD · HEBEL FÜR DIE HANDSTARTVORRICHTUNG · HANDRAD FÜR DIE GEMISCHREGULIERUNG

KÜHLWASSERTANK MIT GESCHLOSSENEM KÜHLWASSERKREISLAUF · VERGASERTANK · BREMSKLOTZ · SCHNURSCHEIBE

GEFEDERTE VORDERACHSE · BALANCIER · SCHWUNGRAD · UNGEFEDERTE HINTERACHSE

Links:
Beschriftete Ansicht des dritten Marcuswages von 1889. Die rechte Abbildung zeigt die in Adamsthal angefertigte Konstruktionszeichnung des für die Vorproduktion vorgesehenen Wagens.

PFERDEWAGEN UM 1900

ZWEITER MARCUSWAGEN
SPEZIELLES FAHRGESTELL MIT EINGEBAUTEM MOTOR
AUS DEM JAHR 1871/2

Wien steht. Bosch schreibt darüber in der „Bosch Schriftenreihe", Folge 5:

„...Vom Standpunkt der Zündung ist dabei bedeutsam, daß dieser Marcus-Motor (Viertakt-Motor von 1875) bereits eine magnetelektrische Zündung hatte, die unser höchstes Interesse wegen ihrer konstruktiv bemerkenswerten Lösung verdient..."

Ganz unten:
Die drei Abbildungen zeigen links einen Pferdewagen von 1900, in der Mitte den von Marcus konstruierten automobilen Wagen, bei dem Fahrgestell und Motor bereits eine homogene Einheit darstellen. Die rechte Darstellung ist ebenfalls eine Pferdekutsche, die von Daimler durch den Einbau eines Motors in ein Motorfahrzeug umfunktioniert wurde, dem aber alle automobilen Charakteristika fehlen.

KONSTRUKTIONSZEICHNUNG DES DRITTEN MARCUSWAGENS VON DER MASCHINENFABRIK MÄRKY, BROMOVSKY U. SCHULZ PRAG AUS DEM JAHR 1889

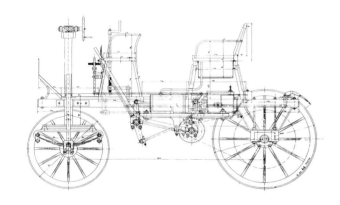

ERSTER DAIMLERWAGEN
PFERDEWAGEN MIT ZUGEBAUTEM MOTOR
AUS DEM JAHR 1886

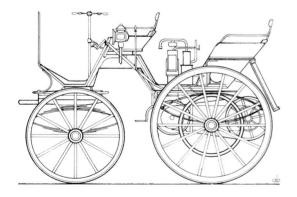

Die automobilen Straßenfahrzeuge von Siegfried Marcus 1864 bis 1889

Erster Marcuswagen, 1864 bis 1870

1864
Am 21. Juni 1864 wird Siegfried Marcus unter der Zahl XIV/318 die „Erfindung eines eigentümlichen magneto-elektrischen Zündinduktors" privilegiert. Die dabei gesammelten Erfahrungen waren zweifellos auch der erste Schritt zur magnetelektrischen Zündung sämtlicher Marcusmotoren.

1865
Am 16. Mai 1865 wird Marcus eine Erfindung zur Vergasung von Benzin unter der Zahl 5372/g geschützt. Das Privileg läuft unter der Bezeichnung „Erfindung eines Apparates zur Karbonisierung der atmosphärischen Luft" und ist das Endprodukt zahlloser Versuchsreihen, die mehrere Jahre in Anspruch genommen haben, da damit absolut technisches Neuland betreten wurde.

Das Ergebnis dieser unterschiedlichen Entwicklungen war der erste mobile, elektrisch gezündete Benzin-Motor der Welt.

1866
Bereits ein Jahr nach dem grundlegenden Privileg über eine Benzinvergasungsanlage erlangt Marcus ein Privileg mit dem Datum 13. August 1866, Zahl 5845/g, unter der Bezeichnung „Verbesserung an dem Apparate zur Karbonisierung der atmosphärischen Luft". Diesem Zusatzschutz zu dem ersten Privileg vom 16. Mai 1865 sind demnach praktische Versuche am Objekt vorausgegangen, die diese Abänderung oder Erweiterung nun erforderlich machten.

Ab diesem Jahr ist sein Benzinmotor aktenkundig. Wie schon erwähnt, gibt es einen datierten Zeitzeugenbericht über einen Fahrversuch mit diesem auf einem handwagenähnlichen Fahrgestell montierten Motor.

Das war eindeutig das geschichtlich bestätigte Geburtsjahr aller Selbstbeweger, die mit einem Benzinmotor angetrieben werden.

1870
Der erste Marcuswagen sowie der Antriebsmotor allein werden 1870 fotografiert und die Bilder von Siegfried Marcus signiert. Sie kennzeichnen das Ende der ersten, von 1861 bis spätestens 1868 dauernden Entwicklungskette zur Schaffung eines automobilen Straßenfahrzeuges durch Siegfried Marcus.

Ab 1870 hört man weder vom ersten Marcuswagen noch vom ersten Benzinmotor wieder etwas.

Zweiter Marcuswagen von 1870 bis 1880

1870

vermutlich aber bereits 1868, beginnen die Bemühungen von Siegfried Marcus um einen für automobile Zwecke wirklich geeigneten, völlig neuen Benzinmotor. Durch seine Versuche mit dem ersten stehenden Motor von 1864 wußte er nun, wie ein solcher für mobile Zwecke vorgesehener Motor konstruiert sein mußte, um das angestrebte Ziel zu realisieren.

Die primitiven Fahrversuche mit dem als Motorträger dienenden, handwagenähnlichen Fahrzeug hatten gezeigt, daß es auch nicht zielführend war, eine beliebige Wagenkonstruktion einfach zu motorisieren, auch nicht jene, die jahrhundertelang kontinuierlich und praxisbezogen für den Pferdezug entwickelt worden war, wie dies viele Jahre später etwa Daimler mit seinem ersten Wagen versuchte. Vor allem war ein Motor zu konstruieren, der alle Voraussetzungen für ein Straßenfahrzeug aufwies. Dazu gehörte selbstverständlich eine kompakte Form, die den Einbau in ein spezielles Fahrzeug entsprechender Größe erlaubte. So entstanden die – für einen Stationärbetrieb zu aufwendigen und teuren – Balanciermotoren, die durch ihre kurze Bauweise relativ leicht in einem mobilen Wagen unterzubringen waren. Auch wurden alle zum Betrieb des Motors notwendigen Aggregate, wie der „Vergaser", der bei Marcus auch gleichzeitig als Benzintank diente, die Magnetzündeinrichtung sowie der Kühlwasserbehälter unmittelbar um den Motor angeordnet.

Sobald Marcus diese kompakte Triebwerkseinheit geschaffen hatte, ging er daran, ein passendes „Fahrgestell" zu entwickeln, in das nunmehr die vorhandene Maschine eingebaut werden konnte. Das Resultat der homogenen Verbindung von Fahrgestell und Motor war der zweite Marcuswagen, ein Fahrzeug, das erstmals in der Geschichte der Technik eine konstruktive Einheit aus einem Benzinmotor und einem dazu passenden Fahrgestell bildete, womit der zweite Marcuswagen zu Recht als das erste Automobil anzusprechen ist.

1870/71

muß das neue automobile Fahrgestell, wie man weiß, fertig gewesen sein, denn für dieses Jahr gibt es bereits Zeitzeugenberichte über Ausfahrten, die Marcus mit diesem Wagen durchführte.

Das Fahrgestell, das Marcus für die Motorisierung konstruierte, entsprach selbstverständlich den Bauprinzipien, die im Wagenbau um die Mitte des vorigen Jahrhunderts gebräuchlich waren. Trotzdem unterscheidet sich der zweite Marcuswagen doch recht wesentlich von den pferdegezogen Fuhrwerken. Auch beim Nachschlagen in zeitgenössischen Unterlagen über damalige Militärwagen oder zivile Fahrzeuge ähnlicher Art ist keines zu finden, das Ähnlichkeit mit dem zweiten Marcuswagen aufwiese. Umso deutlicher zeigt sich, daß Marcus aus dem damaligen Wagenbestand seinen „automobilen" Wagen zu einer zweckgebundenen, einheitlichen Fahrzeugkonstruktion herausentwickelt hat, die genau seinen Anforderungen entsprach.

Dieses Fahrzeug ist nicht mehr irgend ein Wagen, der motorisiert wurde, sondern ein für automobile Zwecke geschaffenes Gefährt, das in seiner Konzeption eine beabsichtigte Einheit zwischen Fahrzeug und Motor anstrebte und auch repräsentierte. Es war vorgesehen für den Transport von vier Personen mit allen vom Fahrersitz zu bedienenden Einrichtungen, einer selbstsperrenden Schneckenlenkung sowie einer differentialartig funktionierenden Vorrichtung in den Naben der hinteren Antriebsräder, um das Kurvenfahren zu erleichtern. Das neue Fahrgestell war außerdem so ausgelegt, daß Siegfried Marcus jederzeit den Motor ohne besondere Mühe ein- und ausbauen, dank der guten Zugänglichkeit von allen Seiten aber auch kleinere Reparaturen und Einstellarbeiten problemlos vornehmen konnte.

Der zweite Marcuswagen ist das erste Vehikel, das die Bezeichnung „Automobil" verdient, die es damals selbstverständlich noch nicht gab.

1875

Bis zu diesem Jahr verwendete Marcus ausschließlich atmosphärische Zweitakt-Benzinmotoren zum Antrieb seines neuen Wagens.

Im gleichen Jahr ersetzte Marcus den Zweitaktmotor gegen einen neu entwickelten Viertakt-Benzinmotor, bei dem er aber bald erkennen mußte, daß diese 0,75 PS starke Maschine gerade ausreichte, den mit Fahrer über 800 kg wiegenden Wagen in Bewegung zu setzen und in der Ebene mit maximal 6 bis 8 km/h in Bewegung zu halten.

Wie zielstrebig Marcus seine Entwicklung vorantrieb, läßt sich am Motor von 1875 gut verfolgen. Dieser Viertaktmotor stammt in seiner Grundkonzeption nicht aus diesem Jahr, sondern hat seine Konstruktionwurzeln in dem vorherigen Zweitaktmotor, aus dem heraus er entwickelt wurde. Man kann davon ausgehen, daß auch diese Maschine bereits ein Balanciermotor war. Für diese Vermutung findet sich auch eine glaubwürdige Bestätigung in einem Artikel, der im Jahr 1905 in der Fachzeitschrift „Motorwagen" erschienen ist und vom damaligen Chefredakteur Conrad stammt. Er schreibt darin:

„...Marcus hat wie er mir vor vielen Jahren selbst berichtete, auf alle möglichen Methoden versucht, das Problem der Traktion zu lösen...und wandte sich schließlich fast ausschließlich dem Bau von Zweitaktmotoren zu, die er jahrelang versuchte, ehe er an ihre Patentierung und auch an ihre Ausbildung als Automobilmotoren schritt.
Die überwiegende Mehrzahl der Marcus'schen Zweitaktmotoren und späteren Viertaktmotoren waren als Balanciermaschinen ausgeführt, und dies ist schon ein sicheres Zeichen dafür, daß er von Anfang an ihre Verwendung für Automobilzwecke im Auge hatte..."

Es ist demnach nicht auszuschließen, daß für den Viertaktmotor ein Großteil der Bauteile des Zweitaktmotors übernommen wurde, wie etwa die gesamte Balancierkonstruktion mit Zylinder und Kurbeltrieb. Andererseits wieder können wir feststellen, daß für diesen Motor eine Reihe jüngerer Konstruktionselemente verwendet wurde als es der Grundmotor war. Die veralteten Aggregate wurden demnach einfach durch neue ersetzt.

Diese Art der systematischen Weiterentwicklung ist nicht nur äußerst sinnvoll, sie ist auch zeit- und geldsparend, für einen historischen Nachvollzug leider aber auch sehr verwirrend. Diese Vielzahl von zeitlich verschiedenen Entstehungsdaten einer einzigen Motorkonstruktion stellt für alle jene, die Marcus in Frage stellen wollen, eine hervorragende Ausgangsposition dar. Und den Gegnern von Marcus kommt noch ein weiterer, nicht zu unterschätzender Faktor zuhilfe, nämlich die Bemühungen des Alleinerfinders Siegfried Marcus, seine Ideen solange wie möglich geheimzuhalten.

1880
Bis zu diesem Jahr werden die Berichte über Ausfahrten mit dem zweiten Marcuswagen immer spärlicher. Der Grund ist wahrscheinlich darin zu suchen, daß für Marcus die zweite Versuchsphase, einen automobilen Selbstbeweger zu schaffen, weitgehend abgeschlossen war.

Diese Vermutung wird durch einen Schriftwechsel, den Seper über das Technische Museum Wien mit Emil Hejl aus Blansko führte, untermauert. Auf Ersuchen des Technischen Museums hat nämlich Hejl im Jahr 1959 Nachforschungen über den Aufenthalt oder Verbleib des zweiten Marcuswagens um die achtziger Jahre in Adamsthal angestellt. Hejl hat laut seinem Bericht vom 29. 9. 1959 dabei folgendes in Erfahrung gebracht:

„...Im Jahr 1880 pachtete die Firma Märky, Bromovsky & Schulz, deren Unternehmen sich in Königsgrätz und Prag befanden, die Adamsthaler Betriebe mit allem Zubehör für die Dauer von 25 Jahren, das ist bis zum Jahre 1905. Einer der Leiter der Adamsthaler Betriebe war Ing. Thomas Bosek, vorher kurze Zeit Werkmeister bei dem späteren Erfinder Ing. Krizik. Ing. Bosek war mit Marcus gut bekannt, wie seine Tochter, Frau Rosa Bosek, dem Unterzeichneten (Emil Hejl) bekanntgab. Zu welchem Zeitpunkt Marcus zum ersten Male nach Adamsthal kam, kann nicht genau festgestellt werden. Die einzige noch lebende Zeugin, Frau Rosa Bosek, erzählt von dem Ansehen, das Marcus in ihrer Familie genossen hatte, und auch davon, daß er während seines Aufenthalts bei ihnen im Schlößchen wohnte. Schriftliche Dokumente fand ich keine. Direktor Ing. Bosek kam erst nach 1880 nach Adamsthal. Die Besuche Marcus' bei dieser Familie konnten daher erst nach dem Jahr 1880 stattgefunden haben.*)
Es ist nicht ausgeschlossen, daß Ing. Bosek Marcus bereits vor seiner Ankunft in Adamsthal gekannt hatte. Ich bezweifle jedoch, daß in den Werkstätten des Ing. Bosek ein Viertaktmotor hergestellt werden konnte, da der Betrieb nicht einmal eine Gießerei besaß.

Bei der Verpachtung der Maschinenfabriken in Adamsthal im Jahre 1880 übernahm Märky, Bromovsky & Schulz gleichzeitig einige Beamte, die die Aufgabe hatten, die wirtschaftliche Tätigkeit der Pächter der fürstlichen Betriebe zu beobachten. Einer der Beamten war Ing. Fink, welcher sich durch Initiative und besondere Fähigkeiten auszeichnete. Der Genannte prüfte die Marcus'schen Maschinen, die in dieser Fabrik hergestellt wurden.

Auf der Galerie in der Maschinenhalle stand einige Jahre lang ein Fahrzeug, das einer Kutsche sehr ähnlich sah und von Ing. Fink geprüft wurde. Zu diesem Fahrzeug hatte keiner der Angestellten

---

*) Wenn das Werk 1880 übernommen wurde und die Besuche von Marcus demnach in diesem Jahr stattfanden, dann ist es kaum spekulativ, anzunehmen, daß der zweite Marcuswagen um 1882 bereits abgebaut war. Wie sollte das möglich sein, da er doch angeblich erst 1888 gebaut worden sein soll? Noch dazu 1888/89 bereits eine wesentlich modernere Neukonstruktion in Arbeit war.

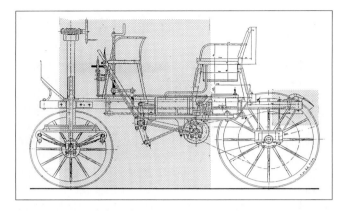

Werkszeichnung des dritten Marcuswagens aus dem Jahr 1889, der in Adamsthal für Verkaufszwecke produziert hätte werden sollen, aber von Siegfried Marcus aus Krankheitsgründen nicht vollendet werden konnte. Wegen der für Laien recht unübersichtlichen Werkszeichnung wurden die wichtigsten Funktionen der vom Führersitz aus zu bedienenden Beorderungseinrichtungen des Fahrzeuges herausgezeichnet und in den Grafiken rechts in Einzelfunktionen dargestellt.

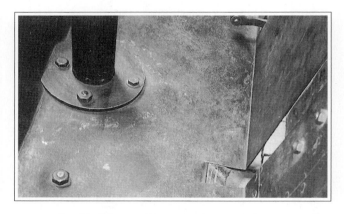

Teils im Bodenblech, teils in der vorderen Sitzbankwand befindet sich ein nachträglich provisorisch herausgearbeiteter Schlitz für den Hebel der Anlaßvorrichtung, der beweist, daß der verstärkte zweite, eigentlich für den dritten Wagen vorgesehene Viertaktmotor für Versuchszwecke bereits im Vorgängerwagen eingebaut war.
Das Fahrgestell, das im Technischen Museum Wien zu sehen ist, hat daher als Motorträger für den atmosphärischen Zweitaktmotor von 1872, den Viertaktmotor von 1875, den verstärkten Viertaktmotor von 1888 sowie vermutlich für den abermals verstärkten neuen Viertaktmotor nach 1888 gedient (siehe auch Seite 187).

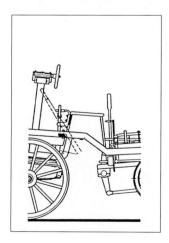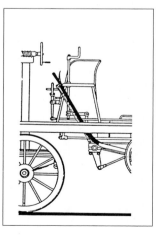

Zutritt, außer einem Monteur und Ing. Fink selbst. Die Beschreibung dieses Wagens durch zwei noch lebende Zeugen ergab fast übereinstimmend die Identität mit dem Wiener Wagen. Nach anschließender Vorlage von Photographien desselben bestätigten diese, daß es sich eindeutig um den Wagen auf der Galerie handle. Dieses Motorfahrzeug wurde später weggeschafft – unbekannt wohin..."

Nach 1880 war Marcus also in Adamsthal mit der Maschinenfabrik Märky, Bromovsky & Schulz wegen der Schaffung eines industriell zu fertigenden Straßenwagens ernstzunehmende Gespräche eingegangen. Zu diesem Zweck war auch der zweite Marcuswagen dorthin verfrachtet und strengstens geheimgehalten worden. Die Feststellung, daß von Ing. Bosek, den Marcus bereits länger kannte, der Viertaktmotor von 1875, wie er im Wagen eingebaut ist, nicht hergestellt worden sein kann, bestätigt einmal mehr, daß diese Maschine bereits vor 1880 gebaut worden sein muß. Nachdem zwischen 1880 und dem immer wieder behaupteten Baujahr des Motors von 1875 nur fünf Jahre liegen, erfährt dieses Datum eine weitere, gut fundierte Bestätigung, noch dazu der für das neue Adamsthaler Fahrgestell vorgesehene Motor bereits eine Weiterentwicklung des Viertaktmotors von 1875 darstellte. (Diese Maschine wurde 1888 in Adamsthal hergestellt.)

Die Besprechungen in Adamsthal hatten ihren Niederschlag in der Konstruktion eines neuen Fahrgestells gefunden, wie aus einem Brief hervorgeht, den die Firma Märky, Bromovsky & Schulz am 17. Jänner 1901 an Prof. Czischek-Christen schrieb:

„...und übersenden wir Ihnen beigefaltet noch vorhandene Zeichnungen des vom verstorbenen Wiener Mechaniker Siegfried Marcus seinerzeit hier bestellten Benzin-Straßenwagens...Nach Fertigstellung hätte der Wagen einer bedeutenden Rekonstruktion bedurft. Auf unsere Mitteilung hierüber versprach Herr Marcus, dies alles in Augenschein zu nehmen, sobald seine Gesundheitsverhältnisse dies erlauben würden; leider konnte sich aber Herr Marcus in letzter Zeit hiezu nicht entschließen, und so blieb der Wagen unvollendet..."

Mit diesem auf eine industrielle Fertigung zugeschnittenen Fahrzeug hätte Marcus mit seiner „Automobil"-Produktion beginnen wollen. Von der Verwirklichung seines Lebenswerkes wurde Siegfried Marcus vor allem durch seine immer weiter fortschreitende und sehr schmerzhafte Krankheit abgehalten.

In den Jahren von 1877 bis 1888 verbesserte Siegfried Marcus seine Motoren und Aggregate immer noch weiter und brachte auch eine Reihe dieser Maschinen als Stationärmotoren auf den Markt.

1882

Am 23. Mai 1882 hat Siegfried Marcus, wie schon von F.M. Feldhaus dargelegt, in Deutschland ein Patent auf „eine Kraftmaschine zum Antrieb aller Fahrzeuge zu Wasser und zu Lande" eingereicht. Dieses Patent dürfte auch erteilt worden sein, sonst wäre darüber nicht im gleichen Jahr in den „Patentblättern", herausgegeben vom Deutschen Patentamt, berichtet worden.

Dieses Patentansuchen von Marcus paßt auch zeitlich genau in den hier wiedergegebenen Ablauf. Man kann mit Sicherheit annehmen, daß insbesondere Daimler, aber auch Benz ebenso wie alle auf motortechnischem Gebiet Tätigen sich für diese Patentblätter, aus denen die rasante Entwicklung auf diesem Gebiet ersichtlich wurde, brennend interessierten. Es ist daher völlig unrealistisch, zu glauben, dieser Motor von Marcus, der die wichtigste Voraussetzung für den modernen Selbstbeweger, aber auch Motorenbau, darstellte, wäre ihnen unbekannt geblieben.

Fest steht jedenfalls, daß Daimler und Benz bereits 1885 mit benzinmotorgetriebenen Fahrzeugen herauskamen. Wenn es auch heißt, daß die beiden Erfinder sich damals nicht gekannt haben sollen, so darf man umso sicherer annehmen, daß beiden

Siegfried Marcus und seine Benzinmotoren dafür umso besser bekannt waren.

Um diese Zeit stand der zweite Wagen, wie berichtet, bereits als Muster für eine Neukonstruktion in Adamsthal. Seine „Automobilkonstruktion" war inzwischen so weit entwickelt, daß an eine Verkaufsproduktion gedacht werden konnte. Es war also genau jener Zeitpunkt gegeben, zu dem Marcus um einen Patentschutz ansuchen mußte.

1883

Am 11. Oktober erhielt Marcus unter dem Titel „Neuerungen an Explosionsmotoren" ein Privileg auf seinen Spritzbürstenvergaser, den er allerdings bereits lange in Erprobung hatte.

Von 1883 bis 1888 arbeitete Marcus weiter an der Verbesserung seiner Viertaktmotoren und brachte dem dringenden Bedarf der Zeit entsprechend eine Serie von beachtlichen Neuentwicklungen an Stationärmotoren auf den Markt, denn sein Fahrzeugmotor war zu diesem Zeitpunk bereits so weit entwickelt, daß er an der effizienten Motorisierung seines „Automobils" keinen Zweifel mehr hegte. Dies fand seinen Niederschlag in einer Reihe neuer österreichischer Privilegien sowie deutscher und amerikanischer Patente:

Österreichische Privilegien

33/1442 von 1883
Verbesserungen an Explosionsmotoren.

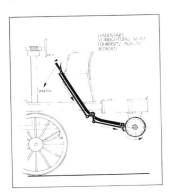

Die Hebelstartvorrichtung, die durch das Niederdrücken des Starthebels über eine von Hand zu bedienende Sperrklinke den Motor andrehte und damit startete. Diese Motoranlaßkonstruktion beweist auch gleichzeitig, wie leicht der Motor zum Anspringen gebracht worden sein muß.

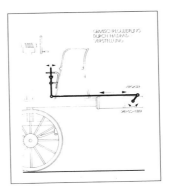

Das an der Vordersitzbank angebrachte, verstellbare Handrad beordert über ein Gestänge die Gasregulierung und damit die Fahrzeuggeschwindigkeit.

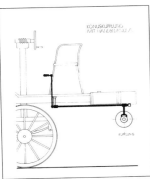

Der quer zur Fahrzeugachse nach links und rechts schwenkbare, an der vorderen Sitzbank befestigte Handhebel ist mit der Konuskupplung verbunden und ermöglicht das stoßfreie Ein- und Auskuppeln.

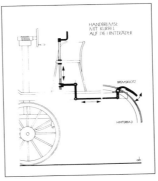

Die rechts neben dem Fahrersitz stehend angeordnete Handkurbel ist über ein Gestänge und eine selbstsperrende Schnecke mit den auf die Hinterräder wirkenden Bremsklötzen verbunden.

33/2107 von 1883
Neue direkt rotierende Maschine, verwendbar sowohl als Pumpe als auch Motor für tropfbare und gasförmige Flüssigkeiten.

33/2176 von 1883
Neuerungen an Explosionsmotoren.

37/1168 von 1887
Verbesserungen an dem unter 24. 7. und 11. 11. privilegierten Explosionsmotor.

38/678 von 1888
Gas- und Petroleummotor mit vertikaler Anordnung des Zylinders.

Deutsche Patente	Amerikanische Patente
Nr. 26706 von 1882	Nr. 275 237 von 1883
Nr. 25947 von 1883	Nr. 286 030 von 1883
	Nr. 306 339 von 1884

Dritter Marcuswagen von 1888 bis 1889
Etwa ab 1880 spärlich in die Öffentlichkeit dringende Informationen bezogen sich nur mehr auf den dritten Marcuswagen, obwohl manche Historiker den Eindruck vermitteln möchten, daß es sich bei diesem Fahrzeug um den zweiten von Marcus gebauten Wagen handelte. Das veranlaßte sie zusammen mit anderen historisch nicht belegten Behauptungen dazu, das Entstehungsjahr des zweiten Marcuswagens mit Viertakt-Benzinmotor fälschlich von 1875 auf das Jahr 1888 zu verlegen. Gleichzeitig damit auch einen Großteil der anderen Erfindungen von Marcus auf dem Sektor des Selbstbewegers und der dafür konstruierten Motoren, wodurch Marcus um seine Prioritätsansprüche zu Gunsten von Otto, Daimler und Benz gebracht werden sollte. Auf Jahrzehnte hinaus gelang das sogar.

Um einen adäquaten, aber stärkeren Motor für das neue Fahrgestell bereitzustellen, hat Marcus durch uns nicht bekannte Veränderungen den bereits 1875 verwendeten Motor von 0,75 PS um 33 Prozent auf 1,0 PS verstärkt. Außerdem hat er an dem Motor eine vom Führersitz aus zu bedienende Startvorrichtung und eine bedienungsfreundliche Kupplungseinrichtung vorgesehen. In der Erprobung hat sich dann herausgestellt, daß die erreichte Leistungssteigerung nicht genügte, um die auf der Konstruktionszeichnung vorgegebene Geschwindigkeit von 12,4 km/h zu erreichen. Nach einer heute durchgeführten Überschlagsrechnung dürfte Marcus mit dem stärkeren Motor etwa maximal 10 bis 11 km/h erreicht haben. Daher auch die Beschwerde des Adamsthaler Werkes, daß die Ma-

schine zu schwach sei für den Antrieb des vorgesehenen dritten Marcuswagens.

Diese Maschine war mit Sicherheit für Erprobungszwecke vorübergehend im Austausch gegen den ersten Viertaktmotor von 1875 im Fahrgestell des zweiten Marcuswagens von 1870/71 eingebaut. Den Beweis dafür liefert der im Bodenblech nachträglich herausgeschnittene Schlitz, um Platz für die am neuen Motor befindliche Handstartvorrichtung zu schaffen (siehe auch Abb. und Zeichnungen auf Seiten 100 und 180).

1889
Vom dritten Marcuswagen existiert, wie erwähnt, leider nur die mit 1889 datierte Konstruktionszeichnung aus dem Werk in Adamsthal.

Nach Angaben aus glaubwürdigen tschechischen Quellen gab es für das letzte Fahrgestell aber einen noch stärkeren Motor mit einer Leistung von 1,4 PS bei einer Bohrung von 110 mm, einem Hub von 260 mm und einer Drehzahl von 220 U/min, für dessen Einsatz als Fahrzeugmotor es aber keine ausreichende Bestätigung gibt.

1898
Anläßlich der großen Wiener Jubiläums-Ausstellung wurde der zweite Marcuswagen im Rahmen einer „Kollektiv-Ausstellung der Österreichischen Automobil-Bauer" öffentlich ausgestellt. Anschließend kam er als Leihgabe des Österreichischen Automobil-Clubs in das Technische Museum Wien, wo er auch heute noch seinen Standort hat.

Im Zeitraum von 1861–1875, respektive 1889, hat es Siegfried Marcus zuwege gebracht, das Automobil, wie wir es heute kennen, in seiner Grundkonzeption aus dem Nichts heraus, allein auf Grund der unbeirrbaren technischen Vorstellungsgabe, die ihn auszeichnete, zu schaffen. Dazu gehörten auch die notwendigen Zusatzerfindungen, die ebenfalls vorbildlos von ihm entwickelt wurden, um einen funktionstüchtigen Motor und ein ebensolches Fahrwerk im wahrsten Sinne des Wortes auf die Räder zu stellen und zum Fahren zu bringen.

Die Zusatzerfindungen zum Automobil von Siegfried Marcus

Auch die grundlegenden Zusatzerfindungen für den von ihm geschaffenen Motor, wie etwa
• die Umsetzung des Benzins zum Kraftstoff für Verbrennungsmotoren,
• der „Vergaser",
• die elektromagnetische Zündung,
• die Entwicklung einer für Verbrennungsmotoren

geeigneten Gaswechselsteuerung für das automobile Triebwerk,
- die Stahlkonuskupplung zum stoßfreien Ein- und Auskuppeln des laufenden Motors,
- die selbstsperrende Schneckenlenkung,
- die federbelastete Friktionskupplung durch Zwischenschaltung zwischen Achse und Radnabe und damit eine differentialartige Wirkung der verschieden schnell angetriebenen Hinterräder beim Kurvenfahren usw.

wurden notgedrungen „nebenbei" von Siegfried Marcus erfunden.

All das schaffte dieser bedeutende Mann, ohne Fremdkapital in Anspruch zu nehmen – weder bei seiner Familie noch sonstwo.

Die folgenden chronologischen Aufzeichnungen zeigen anschaulich die von der Absicht bis zur Produktionsreife durchlaufenen Stationen seiner „Nebenerfindungen" zur Motorentwicklung, die letztlich mit zur abgeschlossenen Gesamterfindung des Autos führten. Dabei ist es völlig belanglos, ob Siegfried Marcus nun persönlich eine darauf basierende Industrie direkt oder möglicherweise indirekt ins Leben gerufen hat oder nicht.

Die Entwicklungskette seiner Zusatzerfindungen

1861
Entdeckung des Benzins als Kraftstoff für den automobilen Verbrennungsmotor.

1864
Erfindung eines magnetelektrischen Zündinduktors.

1865
Bändigung und Aufbereitung des hochexplosiven Benzin-Luftgemisches und die dafür notwendige Erfindung eines bis dahin ebenfalls völlig unbekannten „Vergasers" und dessen adäquate Weiterentwicklung mit den steigenden Anforderungen der größeren Motoren bzw. dem Einsatz schwererer Kraftstoffe.

1870/71
Konstruktion eines für den Motorbetrieb speziell entwickelten Fahrwerks mit allen vom Führersitz aus zu bedienenden Fahrbeorderungseinrichtungen inklusive der Erfindung der selbstsperrenden Schneckenlenkung.

1873
Erfindung der magnetelektrischen Abreißzündung für Gas- und Benzinmotoren und die entsprechen-

de Weiterentwicklung dieser vorbildlosen Zündanlage.

1875
Erfindung des wassergekühlten, magnetelektrisch gezündeten Viertakt-Automobil-Benzinmotors.

Daß alle diese Leistungen nicht zur endgültigen Beschaffenheit und dem späteren Durchbruch des Automobils zum wichtigsten technischen Hilfsmittel unserer Zeit beigetragen haben sollten, ist nicht annähernd glaubhaft, obwohl dies von mancher Seite, vor allem in Deutschland, immer wieder vehement behauptet wird. Schließlich betrieb Marcus seinen zweiten Wagen mehrmals in aller Öffentlichkeit. Allein seine richtungweisenden Patente lieferten völlig neue Denkanstöße und wiesen entsprechende Konstruktionsrichtungen auf, die letztlich auch einigen Firmen von damals halfen, ihr Ziel zu erreichen. Ohne den Vordenker Marcus und seine weit vorausreichenden Inspirationen hätten sie es nie oder doch wesentlich schwieriger und viel später erreicht.

Abschließend sei zusammenfassend festgestellt: Im Zeitraum von 1861 bis 1875, also in 14 Jahren, hat es Siegfried Marcus zuwege gebracht, das Automobil, wie wir es heute kennen, in seiner Grundkonzeption ohne Vorbild und ohne ein ihm zur Seite stehendes Team zu schaffen.

Schuf Marcus drei verschiedene Viertakt-Fahrzeugmotoren?

Eine wichtige Rolle bei der Argumentation hinsichtlich der Fehldatierung des zweiten Marcuswagens durch Goldbeck und Seper mit dem angeblichen Entstehungsjahr 1888 spielt ein am 17. Jänner 1901 von der Maschinenfabrik Märky, Bromovsky & Schulz, Prag, an das Vorstandsmitglied des österreichischen Automobil-Clubs in Wien, Prof. Czischek-Christen, gerichtetes Schreiben. Diese im ersten Moment verwirrende Mitteilung lautet vollinhaltlich:

„...Wir empfingen ihr geschätztes Schreiben vom 15. ct. und übersenden ihnen beigefaltet gewünschte, noch vorhandene Zeichnungen des vom verstorbenen Wiener Mechaniker Siegfried Markus seinerzeit hier bestellten Benzin-Straßen-Wagens, nebst zwei Prospecten über dessen Benzin-Motoren.
Der Viertakt-Motor zu diesem Wagen wurde Markus schon im Jahre 1888 geliefert, hat 100 m/m Cyl. Dtr., 200 m/m Hub und leistete bei 300 Umdrehungen pr. Minute ca. 1 Pferdekraft. Wie sich nach der Fertigstellung des Wagens her-

ausstellte, war der Motor zu schwach, um den Wagen mit einer Geschwindigkeit von 3,45 m per Sekunde treiben zu können.

Auch die 5 Ledertreibschnüre dehnten sich bedeutsam, so daß ein Glitschen derselben in den Rillen stattfand, da eine Spannvorrichtung nicht vorhanden ist.

Es hätte also der Wagen einer bedeutenden Reconstruction bedurft. Auf unsere Mittheilung hierüber versprach Herr Markus, dies alles in Augenschein zu nehmen, sobald nur seine Gesundheitsverhältnisse dies erlauben würden; leider konnte sich aber Herr Markus in letzter Zeit hiezu nicht entschließen, und so blieb der Wagen unvollendet. *)

Die Kraft wird durch die Hubstangen und Balancier auf die Kurbelwelle mit Schwungrad übertragen, und nachdem diese in Rotation, die kleine Schnurscheibe mit der Frictionskupplung vom Führerstand aus in Verbindung gebracht, und die größere Schnurscheibe, welche auf der hinteren Wagenachse aufgekeilt ist, in Umdrehung und mit dieser der ganze Wagen in Bewegung gebracht.

Außer der Steuerung des Wagens wird vom Führersitz aus die Regulierung der carburierten mit der frischen Luft bewirkt, und die Wagenbremse gehandhabt, sowie das Andrehen des Motors mittels Hebel mit Sperrzahn und Sperrad bewirkt.

Zur Kühlung des Cylinders ist unter dem Passagiersitz ein Wasserreservoir angebracht, welche beide durch Wasser in steter Circulation sind.

Die Zündung geschieht durch Unterbrechung eines electrischen Stromes, welcher in einer Inductionsspule zwischen den Polen von Stahlmagneten erzeugt wird.

Wir hoffen mit Vorstehendem Ihrem Wunsche entsprochen zu haben und zeichnen

hochachtungsvoll
Märky, Bromovsky & Schulz
Maschinenfabrik Adamsthal."

Der in diesem Brief beschriebene, 1888 gelieferte Motor ist für jemanden, der sich nicht ernsthaft mit den Marcus-Fahrzeugen und deren Motoren auseinandergesetzt hat, mit dem heute noch im zweiten Marcuswagen vorhandenen Viertakt-Benzinmotor leicht zu verwechseln. Ein Fehler, der aber einem ernst zu nehmenden Kraftfahrzeug-Historiker nicht unterlaufen dürfte.

In Wirklichkeit handelt es sich nicht um EINEN Motor (von 1888), sondern um zwei verschiedene Maschinen, wie bei einiger Sorgfalt der Recherchen leicht festzustellen ist. Die 1875 und 1888 gebauten Motoren sind wohl in beiden Fällen einzylindrige, liegende Viertakt-Kurzmotoren mit Balancierumlenkung, die mit Benzin betrieben wurden, wassergekühlt waren und eine magnetelektrische Zündung hatten.

Sie wiesen sogar die gleiche Bohrung von 100 mm und den gleichen Hub von 200 mm auf.

Daß es sich aber bei dem um 1888 gebauten Motor um eine nicht unwesentlich verbesserte Neuentwicklung handelte, ist aus einer Reihe in dem Brief ebenfalls angeführter Veränderungen der neuen Maschine gegenüber dem Motor von 1875 unmißverständlich erkennbar. So mußte der alte Motor vom Fahrer noch neben dem Fahrzeug stehend mit einer Handkurbel angedreht werden, während die neue Maschine bereits über eine vom Führersitz aus zu bedienende Handstart(hebel)einrichtung verfügte (siehe Zeichnung Seite 180). **)

Die Kupplungsbedienung beim alten Motor ist ein eher unbequem zu handhabendes Versuchsprovisorium. Hier befindet sich der Kupplungshebel noch hinter dem Führersitz, während beim neuen Triebwerk der Kupplungshebel bereits vor dem Führersitz liegt und damit bequem zu bedienen ist. Außer diesen auch für Nichtfachleute unschwer erkennbaren äußeren Veränderungen ist der von 1888 stammende Motor stärker als der alte. Er brachte, wie in dem Brief der Firma Märky, Bromovsky & Schulz vermerkt wurde, eine Leistung von 1,0 PS bei 300 U/min, was auf einen günstigeren Drehmomentverlauf hinweist und gleichbedeutend ist mit einem Leistungszuwachs um 33 %, denn die Maximalleistung des aus dem Jahr 1875 stammenden Motors beträgt 0,75 PS bei 500 U/min, wie der Autor bei Messungen, die im Technologischen Gewerbemuseum Wien durchgeführt wurden, feststellen konnte.

Wie schon darauf hingewiesen wurde, hat sich bei Probefahrten anläßlich der Wiederinstandsetzung des zweiten Marcuswagens 1950 herausgestellt, daß die 0,75 PS gerade dazu ausreichten, das Fahrzeug auf ebener Straße mit einer Geschwindigkeit von maximal 8 km/h zu bewegen.

Beim Motor für den in Adamsthal konstruierten dritten Marcuswagen betrug die Geschwindigkeit,

---

*) Marcus wurde im Tschechischen stets „Markus" geschrieben, da die Aussprache ansonsten nicht richtig gewesen wäre.

**) Wäre dieser Motor von 1875 bereits bei Märky, Bromovsky & Schulz gebaut worden, dann wäre eine entsprechende Hinweisplakette auf dem Motorblock angebracht worden, wie es üblich war. Er trägt jedoch keinerlei Kennzeichnung.

wie aus dem zitierten Brief ersichtlich ist, jedoch 12,4 km/h, die mit dem alten Motor jedenfalls unmöglich zu realisieren gewesen wären.

Marcus war es also gelungen, trotz unveränderter Abmessungen den Motor so zu optimieren, daß er gegenüber jenem von 1875 um ca. 33 % mehr Leistung brachte. Die Leistungssteigerung bedeutete, daß die Geschwindigkeit des Fahrzeuges von 6 bis 8 km/h auf 9 bis 11 km/h erhöht wurde. Bei einer eventuell möglichen oder vorgesehenen Gewichtseinsparung sowie Rollwiderstandsverringerung wäre die auf der Fahrgestellzeichnung angegebene Geschwindigkeit von 12,4 km/h vielleicht kurzzeitig zu erreichen gewesen. Nachdem das aber anscheinend, wie aus dem Brief hervorgeht, nicht gelang, reichte auch die verbesserte Leistung des neuen Motors noch nicht aus.

In der aufgezeigten Motorentwicklungskette mit ihren ansteigenden Leistungen fehlt daher ganz eindeutig noch eine stärkere Maschine als der Motor von 1888 mit seinen 1,0 PS, mit dem dann nicht nur im günstigsten Extremfall, sondern im normalen Durchschnittseinsatz 12,4 km/h gefahren werden konnten.

Wenn man den vorerwähnten Brief genau und vor allem im Interesse der Wahrheitsfindung analysiert, dann ist er jedenfalls kein Beweis dafür, daß Marcus erstmals 1888 einen Viertakt-Benzinmotor in seinem angeblich erst zu dieser Zeit entstandenen Wagen verwendet hat, sondern im Gegenteil die Bestätigung der Weiterentwicklung bereits bestehender Motorgenerationen.

Die vermutete letzte und stärkste Fahrzeugmaschine findet eine wichtige Bestätigung in einem interessanten Bericht des tschechischen Historikers und Generalrates der Aktiengesellschaft, vorm. Skodawerke Pilsen, V. Heinz v. Klement, der in seinem 1930 im Verlag C. Mlada Bolislav Praha erschienenen Buch „Z. Dejin Automobilu" im Kapitel „Vatezlav Marcus Rakousko 1864 (1875)" über Marcus berichtet:

„...Im Jahre 1875 baute er seinen zweiten Wagen, der in drei Exemplaren hergestellt wurde. Ein einziges dieser Exemplare blieb im Technischen Museum (gemeint ist das Wiener Technische Museum) erhalten. Der Viertaktmotor wies eine Bohrung von 110 mm, einen Hub von 260 mm und 220 Drehungen pro Min. auf und leistete 1,4 PS..."

Aufgrund der hervorragenden Stellung des Autors in der tschechischen Automobilindustrie der da-

maligen Zeit kommt dieser Information entsprechendes Gewicht zu, da er sich zweifellos auf mündliche oder schriftliche Unterlagen tschechischen Ursprungs stützte, die für uns heute nicht mehr zugänglich sind.

Es kann nicht ausgeschlossen werden, daß diese 1,4 PS Maschine im noch vorhandenen Fahrgestell des zweiten Marcuswagens praktisch erprobt wurde. Derzeit jedoch befindet sich in diesem Fahrgestell eindeutig wiederum der Viertaktmotor aus dem Jahr 1875.

Tatsache ist, daß 1888 der zweite Marcuswagen in seiner heutigen Gestalt nicht mehr wirklich aktuell war und in Adamsthal im Auftrag von Marcus bereits am dritten Fahrzeug gearbeitet wurde, das die Grundlage für eine fabrikatorische Fertigung bilden sollte. Begonnen haben die Arbeiten daran spätestens mit der Erstellung dieses erwähnten neuen, stärkeren Viertaktmotors von 1,0 PS, der Marcus von Adamsthal auch geliefert wurde.

Es ist naheliegend, daß die auf der Zeichnung des dritten Wagens ausgewiesene Geschwindigkeit von 12,4 km/h aus einer realen Messung stammt, da es äußerst ungewöhnlich wäre, eine theoretische, erwünschte oder vermutete Geschwindigkeit mit so genauen Zehntel zu versehen wie bei der Angabe von 12,4 km/h. In einem solchen Fall bedient man sich im allgemeinen runder Zahlen, wie etwa 11, 12 oder 13 km/h. Sollten diese Angaben tatsächlich zu ungenau sein, nimmt man den Mittelwert, also 11,5, 12,5 oder 13,5 km/h, aber sicherlich niemals einen so genauen Wert wie den angeführten.

Selbst wenn es sich um errechnete Werte handelt, die ja ebenfalls einer gewissen Ungenauigkeit unterliegen, werden beim Ergebnis zumindest die Zehntel auf- oder abgerundet. Die angegebenen 12,4 km/h sind demnach mit größter Wahrscheinlichkeit ein in der Praxis ermitteltes „Naturmaß".

Für diese Überlegung spricht auch der Umstand, daß die Fahrzeuggeschwindigkeit, wie aus dem Brief zu entnehmen ist, mit 3,45 m/sek angegeben wird. Auch hier wäre man bei einer angenommenen oder errechneten Geschwindigkeitsvorgabe zweifellos nicht auf 3,45 m/sek, sondern wahrscheinlich auf 3,5 m/sek gekommen oder davon ausgegangen.

Die aufschlußreichen Angaben von Klement über diesen Motor und seine Leistung von 1,4 PS in Verbindung mit der von Märky, Bromovsky & Schulz auf der Konstruktionszeichnung so genau angegebenen Geschwindigkeit sowie Berichten von Zeitzeugen, daß der Marcuswagen bis zu dem von Mariahilf zwölf Kilometer entfernten Klosterneuburg gefahren worden sein soll, müssen einen Historiker einfach motivieren, den angesprochenen Marcusmotor möglichst genau zu lokalisieren.

Und tatsächlich findet sich bei der zielstrebigen Suche danach eine Viertakt-Maschine – zwar unter einer anderen Jahreszahl – mit den von Klement angegebenen technischen Daten: Bohrung 110 mm, Hub 260 mm, und einer Leistung von 1,4 PS bei 220 U/min.

Civil-Ingenieur Moritz Ritter v. Pichler berichtet nämlich in einem am 11. Juni 1888 im Österr. Ingenieur- und Architektenverein in Wien gehaltenen Vortrag u.a. auch über diesen Motor (siehe faksimilierten Text und dazugehöriges Diagramm).

Er ist in seinen Zylinderabmessungen nicht wesentlich größer als der gegenwärtig im Fahrzeug eingebaute Motor von 1875 mit einer Bohrung von 100 mm und einem Hub von 200 mm, woraus ge-

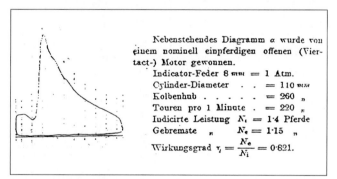

schlossen werden darf, daß die anderen Dimensionen der stärkeren Maschine etwa die gleichen Abmessungen aufwiesen wie der Vergleichsmotor und er daher ohne Probleme in das Fahrgestell des zweiten Marcuswagens einzubauen gewesen wäre. Wenn es sich hier auch um eine historisch nicht absolut sicher belegbare Vermutung handelt, so sprechen doch eine Reihe ernstzunehmender Fakten dafür.

Historisch falsch deklarierte Fahrzeugmotoren von Marcus

Nachdem alle von Siegfried Marcus gebauten Fahrzeugmotoren ab dem zweiten Motor von 1870 fast gleich aussahen (liegende Kurzmotoren mit Balancierumlenkung), ist es nicht allzu verwunderlich, daß auch namhafte zeitgenössische Berichterstatter, die über die Entwicklungsvorgänge nicht genau im Bild waren, immer wieder technisch falsche Angaben machten und unrichtige Datierungen vornahmen.

Prof. Czischek-Christen z.B. verwechselte bei einer Veröffentlichung den von Prof. Radinger 1873 geprüften atmosphärischen Zweitaktmotor, der als erste Maschine im Fahrgestell des zweiten Marcuswagens eingebaut war, mit der Nachfolgemaschine, dem ab 1875 im gleichen Fahrgestell befindlichen Viertaktmotor mit einer Leistung von 0,75 PS.

Goldbeck und Seper wiederum verwechselten – ob absichtlich, unabsichtlich oder wegen zu geringer Grundlagenforschung soll hier nicht untersucht werden – den Viertaktmotor von 1875 mit dem zugegebenermaßen ähnlichen, stärkeren Viertaktmotor mit der Leistung von 1,0 PS aus dem Jahr 1888. Der Motor unterschied sich allerdings im Gesamteindruck unübersehbar durch seine erstmals verwendete, der Maschine zugebaute Handstartvorrichtung von seiner Vorgängertype, die noch mit einer Andrehkurbel angeworfen werden mußte.

Der tschechische Historiker v. Klement aber irrte jedenfalls, als er den letzten und stärksten Fahrzeugmotor, von dem wir Kunde haben, der eine Leistung von 1,4 PS aufwies und ebenfalls bereits die bei der Vorgängertype von 1888 verwendete Handstartvorrichtung besaß, mit der Maschine von 1888 und in letzter Konsequenz sogar mit jener von 1875 gleichsetzte.

Diese Verwirrung um die verschiedenen Marcus-Fahrzeugmotoren und ihre zeitliche Einordnung ist nur dann sicher klarzustellen, wenn sie in einen nach mehrere Seiten hin abgesicherten Zeitraster integriert werden. Dann allerdings wird die richtige Reihenfolge plötzlich deutlich und unmißverständlich:

1864–1870
Erster stehender atmosphärischer Zweitakt-Fahrzeug-Versuchsmotor. (Fahrbericht von Albert Curjel 1865, erschienen in der „Allgemeinen Automobil-Zeitung" Nr. 43 1904, Seite 26)

1868–1875
Erster liegender atmosphärischer Zweitakt-Fahrzeugmotor (Fahrbericht von Emil Ertl, 1872, in seinem Buch „Geschichten aus meiner Jugend", Erstauflage 1927, Wien, sowie Motorprüfbericht von Prof. Radinger, veröffentlicht im „Offiziellen Ausstellungsbericht der Weltausstellung", Wien, 1873).

1875–1888
Erster liegender Viertakt-Fahrzeug-Kurzmotor mit Andrehkurbel zum Anlassen (bestätigt durch den zeitgenössischen Technikhistoriker F.M. Feldhaus

in seinem Werk „Ruhmesblätter der Technik", Leipzig, 1910, Beitrag im Sportlexikon, Berlin 1910).

1888
Verbesserter, liegender Viertakt-Fahrzeug-Kurzmotor mit Handstartvorrichtung (bestätigt durch den Brief der Firma Märky, Bromovsky & Schulz vom 17. Jänner 1901 an Prof. Czischek-Christen).

Nach einem Bericht von 1888
Vergrößerter und verstärkter, liegender Viertakt-Fahrzeug-Kurzmotor mit Handstartvorrichtung (angeführt vom Generalrat der Skodawerke, Heinz v. Klement, in seinem Buch „Z. Dejin Automobilu", Prag, 1930). Bestätigt durch Civil-Ing. Moritz Ritter von Pichler (weder als Stationär- noch als Fahrzeugmotor deklariert).

Es ist schwer zu glauben, daß dem in Deutschland immerhin anerkannten Motor-Historiker Goldbeck und dem Wiener Museumsbeamten Seper dieser chronologische Entwicklungsgang verborgen geblieben sein sollte. Nichtsdestoweniger haben sie durch ihre unentschuldbaren Fehlinterpretationen ein technikhistorisches, international weittragendes Fehlurteil nicht nur zum Nachteil von Siegfried Marcus gefällt, sondern über Jahrzehnte die geschichtliche Entwicklung der Kraftfahrt in ihrer Erfindungsphase grundlegend verfälscht.

Mit anderen Worten haben sie sich durch diese Informationsfehlleistung – beabsichtigt oder nicht – an einem Gut vergriffen, das wie alle geschichtliche Vergangenheit als Gesamteigentum anzusprechen ist.

Daß es letztlich zu einer industriellen Produktion des Automobils von Siegfried Marcus doch nicht gekommen ist, lag an der gerade in den späten achtziger Jahren voranschreitenden, starken Verschlechterung seines Gesundheitszustandes, wie es u.a. auch aus Adamsthal aktenkundig ist.

Längere Reisen wurden dadurch für Marcus unmöglich, wodurch der Fortgang des immer noch völlig auf ihn zugeschnittenen Entwicklungsprozesses allmählich zum Erliegen kommen mußte.

Braunbeck's Sportlexikon von 1910 stellt eine bedeutende historische Quelle dar. Dieses mehr als 1.500 Seiten umfassende Werk, das unter der Schirmherrschaft des deutschen Kaiserhauses erschienen ist, hat sich u.a. mit der Geschichte des Automobils auseinandergesetzt und im rechts wiedergegebenen Beitrag Siegfried Marcus vor Daimler und Benz gewürdigt.

Siegfried Markus,
Erfinder und Erbauer eines Motorfahrzeuges (1875).

42   Von den Anfängen bis 1896

Die Priorität Lenoirs ist später bezweifelt worden. 1898 machte ein Wiener Blatt darauf aufmerksam, dass Siegfried Markus der „Vater des Automobils" sei, da er 1875 in Wien ein Automobil mit einem Gasmotor konstruiert habe. Markus ist nun in der Tat der erste Erfinder deutscher Nationalität gewesen, der wichtige Neuerungen an Explosionsmotoren traf. Bereits auf der Wiener Weltausstellung 1873 stellte er einen Motor aus, der durch verdampftes Benzin gespeist und elektrisch entzündet wurde. Da seine ersten Patente, die sich auf die Karburierung der Luft bezogen, bereits aus den Jahren 1864/65 stammten, steht Markus dem Franzosen

Das Motorfahrzeug des Ingenieurs Siegfried Markus (siehe Seite 42).

Lenoir zeitlich auch nicht allzuweit nach. Aber auch Markus' Arbeit war nicht erfolgreich. Das erste Automobil von Markus ist verschollen, das zweite aus dem Jahre 1875 besitzt noch heute der Oe. A. C.. Die Vaterstadt von Markus ist Malchin in Mecklenburg.

Chronologische Einordnung der Benzinmotoren von Siegfried Marcus 1864–1888

Jahr	Produkt	Erläuterung	Quelle
1864	Erster atmosphärischer Motor	Diese Maschine war ein stehender, direkt wirkender, einzylindriger atmosphärischer Zweitakt-Motor. Er war der erste elektrisch gezündete Benzinmotor der Welt, der von Anfang an zum Antrieb eines Straßenwagens vorgesehen war.	Albert H. Curjel Bericht: In der Allgemeinen Automobil-Zeitung 1904
1872	Zweiter atmosphärischer Motor	Auch diese Maschine war ein direkt wirkender atmosphärischer Zweitakt-Motor (Balanciermotor), allerdings in liegender Bauart wegen der besseren Einbaufähigkeit in ein automobiles Fahrgestell. Auch diese in Kurzbauweise konstruierte Maschine war benzinbetrieben und elektrisch gezündet.	Dr. Emil Ertl Bericht: In seinem Buch "Geschichten aus meiner Jugend", 1927 und 1948, Wien
1873	Zweiter, verbesserter atmosphärischer oder dritter, neu geschaffener atmosphärischer Motor	Diese Maschine, von der wir nicht wissen, ob es sich um eine Weiterentwicklung oder eine Neukonstruktion handelt, war ebenfalls ein direkt wirkender, atmosphärischer Zweitakt-Benzinmotor mit elektromagnetischer Abreißzündung von besonderer Betriebsverläßlichkeit.	Prof. Radinger Offizieller Ausstellungsbericht der Weltausstellung 1873 in Wien. Vortrag Pichler, 1888 Wien
1875	Erster Viertakt-Motor	Der erste von Marcus gebaute Viertakt-Benzinmotor der Welt war ausschließlich zum Antrieb eines Straßenfahrzeuges konstruiert. Diese Maschine war ein liegender, wassergekühlter, magnetelektrisch gezündeter, schnelllaufender Einzylinder-Balanciermotor.	F.M. Feldhaus Bericht: „Ruhmesblätter der Technik", 1910 Leipzig
1882	Umbausatz zum Umrüsten von Gasmotoren in Benzinmotoren	In diesem Jahr wurde eine Otto-Gasmaschine mit einem Umbausatz von Marcus, bestehend aus einem Vaporisator (Vergaser) und einem Zündapparat, mit bestem Erfolg in einen Petroleummotor umgerüstet.	Civil-Ingenieur M. Ritter v. Pichler Bericht: Wochenzeitschrift des Österr. Ingenieur- und Architekten-Vereins, XVIII. Jahrgang, No. 23, 1888
1883	Stationärer Viertakt-Motor	Ab diesem Jahr hat Siegfried Marcus sich vorwiegend der wirtschaftlich interessanten Konstruktion von Stationärmotoren gewidmet. Sein vermutlich erster stationärer Viertakt-Benzinmotor mit elektrischer Abreißzündung war ein vom Automobilmotor abgeleiteter, stationärer Balanciermotor. Besonders zu erwähnen ist bei dieser Maschine der Umstand, daß sie durch eine einfache Änderung des Steuermechanismus vom Zweitakt- zum Viertaktmotor und umgekehrt umgewandelt werden konnte.	Dr. Hans Seper Bericht: „Blätter für Technikgeschichte", Heft 35, mit Bezugnahme auf das Privileg Nr. 33/2176 „Neuerungen an Explosionsmotoren" vom 11. November 1883.

Jahr	Produkt	Erläuterung	Quelle
1883 1884 1885	Zweitakt-Motor, gebaut von Schultz & Göbel, Wien Ganz & Co, Budapest Heilmann-Ducommun, Mühlhausen	Dieser geschlossene, elektrisch gezündete Zweitakt-Benzinmotor war keine atmosphärische Maschine mehr, sondern ein aufgeladener Zweitakt-Motor mit einer Vorverdichtung von 2–3 atü. Die Aufladung erfolgte über den mit der Unterseite als Pumpe arbeitenden Kolben im unten ebenfalls geschlossenen Zylinder.	Max Ritter v. Pichler Bericht: Vortrag, gehalten in der Fachgruppe der Maschinen-Ingenieure am 11. Jänner 1888.
1887	Zweitakt-Motor, gebaut von Märky, Bromovsky & Schulz, Adamsthal	Geschlossene, elektrisch gezündete, aufgeladene Zweitakt-Benzinmotoren wie oben. Offene, elektrisch gezündete Viertakt-Benzinmotoren. Diese Maschinen wurden stehend, liegend oder als Balanciermotoren gebaut. Im Anbotskatalog bietet Marcus sowohl Einzylinder- als auch Zweizylindermotoren mit einer Leistung von 0,5 bis 100 PS an.	Bericht: Verkaufsprospekt von Siegfried Marcus von 1887. Erweiterter Separat-Abdruck aus der Zeitschrift für Elektrotechnik, Heft XVII, 1894.
1888	Zweiter Viertakt-Motor, gebaut von Märky, Bromovsky & Schulz, Adamsthal	Diese Maschine ist der zweite, nachweisbar ausschließlich für den Antrieb eines Automobils konstruierte Viertakt-Motor von Siegfried Marcus. Er hat zwar die gleichen technischen Daten (Bohrung 100 mm, Hub 200 mm) wie der erste Motor von 1875, aber eine Leistungsverbesserung von 0,75 PS auf 1,0 PS. Die beiden Motoren sind äußerlich kaum voneinander zu unterscheiden.	Bericht: Märky, Bromovsky & Schulz – Maschinenfabrik Adamsthal. Schreiben vom 17. Jänner und 1. Februar 1901 an Prof. Ludwig Czischek-Christen.

Locomobile von S. Marcus (ganz rechts), 1887.

Gegenüberstellung:
Siegfried Marcus und Nicolaus August Otto

Jede Chronologie wäre unvollständig ohne eine zeitlich geordnete Gegenüberstellung der Erfindungen, Arbeiten, Erfolge oder Mißerfolge von Siegfried Marcus und Nicolaus August Otto. Sie ist deshalb unbedingt notwendig, weil Goldbeck in seiner „Marcus-Biographie" immer wieder den Versuch unternommen hat, zu beweisen, daß N.A. Otto der alleinige Erfinder des „Explosionsmotors" ist, im besonderen des Viertaktmotors, der ja auch bis heute seinen Namen trägt.

Eine Biographie ist für gewöhnlich die Schilderung des Lebensweges einer über die Mittelmäßigkeit hinausragenden Persönlichkeit. Dabei ist es nicht üblich, sie mit anderen, auf dem gleichen Gebiet arbeitenden, verdienstvollen Zeitgenossen so zu vergleichen, daß ihre Bedeutung dadurch reduziert wird, um sie am Ende der Mittelmäßigkeit zu überführen. Man muß sich sonst die Frage stellen, weshalb sie überhaupt geschrieben wurde.

Fast über alle Großen der Geschichte gibt es auch verschiedene Meinungen und sie werden auch kolportiert. Wenn allerdings eine Biographie von einem Historiker ganz offenbar nur darum geschrieben wird, um ein außerordentliches Genie in Frage zu stellen, dann ist das „Warum" nicht nur gerechtfertigt, sondern notwendig, ja im Interesse der historischen Wahrheit zwingend.

Eine solche, in ihrer Zielsetzung meines Wissens einmalig dastehende Arbeit hat der deutsche Historiker Dr. Gustav Goldbeck 1961 in Form der „Biographie" „Siegfried Marcus – Ein Erfinderleben" verfaßt.

Die Frage nach dem „Warum" beantwortet sich insofern automatisch, als Goldbeck zur Zeit der Abfassung Firmenhistoriker der Firma Klöckner-Humboldt-Deutz war. Wie man weiß, war diese Firma aus der Gasmotorenfabrik Deutz hervorgegangen, die wiederum eine Gründung von Otto und Langen war. N.A. Otto, nach dem der Otto-Motor benannt wurde, war fast zur gleichen Zeit wie Siegfried Marcus um die Schaffung des Viertaktmotors bemüht.

Die bedeutende Biographie, die 1949 über Otto unter dem Titel „Nicolaus August Otto – Der Schöpfer des Verbrennungsmotors" erschien, wurde von Arnold Langen, dem Sohn des seinerzeitigen Teilhabers von Otto, Eugen Langen, verfaßt. Es ist der Lebenslauf eines bedeutenden Mannes mit allen Höhen und Tiefen und seinen letztlich trotz allem erreichten Erfolgen. Daß manches etwas freundlicher dargestellt wird, als es der Realität entsprechen würde, ist darin begründet, daß eine Biographie letztlich einen Nachruf auf eine bedeutende Persönlichkeit dar-

stellt und keine Abrechnung unter Einbeziehung oft unvermeidlicher Rückschläge.

Alles in allem ist diese Arbeit dargebracht in einer Form, die historisch nicht in Frage gestellt werden soll. Der Autor vermeidet es, ehemalige Konkurrenten von Otto anzugreifen, in abqualifizierender Weise mit Otto zu vergleichen oder sie als Ottos Plagiatoren darzustellen.

Von völlig anderen Voraussetzungen geht die von Goldbeck verfaßte Marcus-Biographie aus. Hier ging es dem Autor anscheinend nur darum, Siegfried Marcus gegenüber N.A. Otto als glücklosen Möchtegern-Erfinder hinzustellen, um den bedeutendsten und genialsten Konkurrenten von Otto auf dem Sektor der Verbrennungsmotoren endgültig in der Versenkung zu halten, in die er durch die Nationalsozialisten verschwinden sollte. Nachdem das aber doch nicht so einfach möglich war, greift Goldbeck Marcus mit oft recht zweifelhaften Mitteln an, um ihn technikgeschichtlich unglaubwürdig und als einen im Kielwasser von Otto schwimmenden Nachahmer erscheinen zu lassen. Leicht gemacht wird ihm dieses Bemühen dadurch, daß – wie übrigens in dieser Broschüre sogar betont wird – im „Tausendjährigen Reich" alle Unterlagen, Dokumente und Archive beseitigt wurden, soweit sie zugänglich waren, die auf Marcus Bezug hatten.

Nicht uninteressant ist auch das Erscheinungsdatum dieser Marcus-Broschüre. Wie schon eingangs erwähnt, erschien sie 1961, zu einem Zeitpunkt also, nachdem aufgrund wissenschaftlicher Arbeiten, der Instandsetzung und öffentlichen Vorführung des Marcuswagens 1950 die Rehabilitierung von Siegfried Marcus erfolgreich eingeleitet worden war. Als Firmenhistoriker bemühte sich Goldbeck daraufhin über viele Jahre um deren Widerlegung.

Mit diesen Bestrebungen wurde ich unmittelbar konfrontiert, als er mich 1953 dazu veranlassen wollte, die von mir kurz gefaßte Marcus-Biographie, die in meinem 1950 unter dem Titel „Automobile, Vergangenheit – Gegenwart – Zukunft" erschienenen kraftfahrzeugtechnischen Geschichtswerk enthalten war, neu zu schreiben und – auf seine Kosten – zu „berichtigen". Die Folge dieses merkwürdigen und von mir selbstverständlich abgelehnten Angebotes war, daß nach einem längeren Aufenthalt Goldbecks in Wien 1961 die erwähnte Broschüre „Siegfried Marcus – Ein Erfinderleben" erschien, in der dann allzu offensichtlich versucht wurde, Nicolaus August Otto als den einzigen, wahren Erfinder des Verbrennungsmotors (!), des Viertaktmotors (trotz späterem Patentverlust) und sogar des Benzinmotors abzusichern.

Bei der folgenden Chronologie wird bewußt nur jenes historische Material herangezogen, das von Otto freundlich gegenüberstehenden Technikhistorikern veröffentlicht wurde. Sie hoben zwar die Verdienste Ottos hervor, bemühten sich jedoch um eine eher positiv neutrale Darstellung. Hierher gehört etwa der Biograph Arnold Langen, der approbierte Daimler-Biograph Paul Siebertz, der international anerkannte Technikhistoriker und Marcus Zeitgenosse – F.M. Feldhaus, Robert Bosch, außerdem Unterlagen aus historischen Archiven, teils aus den Jahren um 1900, teils aus der Zwischenkriegszeit.

Im folgenden werden kurz gefaßte, nach Jahreszahlen geordnete „Leistungsbilanzen" von Marcus und Otto gebracht. Diese Gegenüberstellung ist so eindeutig, daß sich jeder weitere Kommentar erübrigt.

Die chronologisch gereihten Arbeiten von Marcus am „Automobil" wären für ein Lebenswerk allein schon genug. Wie bereits erwähnt, hatte er aber mindestens 158 in- und ausländische Patente auf verschiedenen technischen Gebieten inne. Die Auswertung einiger dieser Erfindungen erlaubte ihm sein ganzes Leben lang, weder fremden Verstand noch fremdes Kapital in Anspruch nehmen zu müssen, um neue oder solche Arbeiten voranzutreiben, an denen weitere Verbesserungen notwendig waren. Anders bei Otto, dem Fehlschläge einigemale widerfuhren, ohne daß sie allerdings durchweg von ihm selbst aufgefangen werden konnten. Immer wieder benötigte Otto Fremdkapital wie auch technische Hilfe.

Siegfried Marcus

(Der Lebensgeschichte von Siegfried Marcus ist das ganze zweite Kapitel gewidmet.)

Was erfahrene Konstrukteure bei allen Arbeiten von Marcus am meisten in Erstaunen setzt, sind die enorm kurzen Entwicklungszeiten, die er für seine Erfindungen benötigte. Wenn man z.B. bedenkt, daß die Entwicklungszeit seines ersten Benzinmotors von einer mit nichts vergleichbaren Idee bis zu einem völlig neuen, funktionierenden Motor nur maximal drei bis vier Jahre betragen haben kann, wäre das geradezu unglaubwürdig, wenn nicht der historische Zeitplan eine längere Entwicklung ausschließen würde. Und für diese Beweise seines überragenden Genies, die von ihm immer wieder erbracht wurden, waren nicht zuletzt seine hervorragenden Kenntnisse der Mechanik, der Elektrotechnik und der Chemie maßgebend. Noch Jahrzehnte später erwies sich etwa die Materialfrage als eine der schwierigsten im Motorenbau. Aber bereits Anfang der sechziger Jahre hatte er u.a. mit der magnetelektrischen Zündung bewiesen, wie früh er schwierigste Materialprobleme zu lösen verstand. Weder beim heute noch betriebsverläßlichen Fahrzeugmotor von 1875 noch bei seinen später serienmäßig produzierten Stationärmotoren, die wegen ihrer Betriebsverläßlichkeit immer wieder größte Anerkennung und Auszeichnung fanden, stellten sich technologische Probleme, und dies ganz im Gegensatz zu Otto.

Nicolaus August Otto

Nicolaus August Otto begann ursprünglich mit einer Kaufmannslehre und war später als Weinvertreter tätig. Die geringen Aussichten in diesem Beruf ließen ihn an eine Veränderung denken und als er von den Versuchen Lenoirs hörte, erkannte er vorausschauend, welche Bedeutung der Motorenbau für die Wirtschaft eines Tages erlangen könnte.

Damit begann der Einstieg N.A. Ottos in die Technik des Motorenbaues. Sein Interesse galt nicht eigentlich den Motoren, brachte ihn aber im weiteren dazu, sie selbst entwickeln zu müssen. Und hier begannen seine Schwierigkeiten, denn um das wirklich zu können, fehlte ihm das technische Fundament. Dies war auch der Grund für seine vielen Fehlschläge und die immer wiederkehrende Notwendigkeit, auf technisch ausgebildete Mitarbeiter zurückgreifen zu müssen. Der weitere Lebenslauf von Otto als Motorenkonstrukteur ist u.a. gekennzeichnet von Mißerfolgen, abgelehnten Patentansuchen, nachträglich wieder aberkannten Patenten, Patentprozessen, Fremdkapitalaufnahmen, finanziellen Desastern usw.

Otto war demnach weniger ein begnadeter Erfinder als ein Manager mit technischem Verständnis und Gefühl. Die Kombination aus unternehmerischem Denken und praktischer technischer Erfahrung in Verbindung mit potenten Geldgebern und hervorragenden Technikern war letztlich erfolgreich. Nicht zuletzt dank des ihm von Anfang an treu zur Seite stehenden Ingenieurs, vor allem aber Geldgebers, Eugen Langen.

Der nicht alltägliche Werdegang N.A. Ottos ist vor allem der vom Sohn Eugen Langens, Arnold Langen, verfaßten Biographie entnommen.

Alphonse Beau de Rochas

Ein französischer Bahningenieur war 1862 der erste, der die Arbeitsweise eines Viertaktmotors beschrieb.

Jean Joseph Etienne Lenoir

Der französische Gasmotorenkonstrukteur schuf 1862 einen Wagen mit einem von ihm gebauten atmosphärischen Zweitaktmotor, der aber nicht zufriedenstellend war und daher nicht weiterentwickelt wurde.

Siegfried Marcus

Konstrukteur des ersten Benzinmotors 1864 und des ersten Automobils mit Viertakt-Benzinmotor 1875

Nicolaus August Otto

Nach diesem deutschen Gasmotorenkonstrukteur wird seit 1876 der Viertaktmotor als Ottomotor bezeichnet.

Eugen Langen

Langjähriger Firmenmitinhaber, Weggenosse und Finanzier von Nicolaus August Otto.

Franz Reuleaux

„Der große Lehrer des Maschinenbaus der Deutschen" – später Berater von Otto und Langen.

Gottlieb Daimler

Motoren- und Automobilkonstrukteur. Er war der erste, der ab 1886 verkaufsfähige Automobile anbot. Er und Carl Benz gründeten auch die ersten Automobilfabriken, die nach einer Fusion bis heute international als Mercedes-Benz führend sind.

Carl Benz

Benz hat ebenso wie Marcus erkannt, daß ein automobiles Fahrzeug keine nachträglich motorisierte Pferdekutsche sein kann, sondern eine konstruktiv geschlossene Motor-Fahrgestell-Einheit darstellen muß, wie sein leichtgebautes, dreirädriges Fahrzeug beweist.

Wilhelm Maybach

Motorkonstrukteur und langjähriger Wegbegleiter von Gottlieb Daimler. Daimler und Maybach entwickelten den Verbrennungsmotor zum leichten Schnelläufer.

--- **1860** ---

Erste Vergasungsversuche mit Benzin

Siegfried Marcus begann spätestens zu diesem Zeitpunkt mit den Versuchen, ein einfach herzustellendes Benzin-Luftgemisch zu finden, das von Gasanstalten unabhängig machen sollte.

Erstes Interesse am Verbrennungsmotor

In diesem Jahr dürften die Brüder Otto erstmals Kenntnis von der Gasmaschine des Franzosen Lenoir erhalten haben. In der Biographie wird darauf hingewiesen, daß sie sich zunächst weniger für die Arbeitsweise als vielmehr für die Verwendungsmöglichkeit der Maschine interessierten. Sie kamen hierbei, wie man weiter erfährt, zu der weitsichtigen Erkenntnis, daß ein Motor, der mit Kohlengas lief, ebensogut auch mit flüssigem Brennstoff, z.B. Spiritus, betrieben werden könne. Ein solcher Motor würde für den Antrieb selbstfahrender Fahrzeuge besonders geeignet sein. Arnold Langen schließt daraus:

„Sie träumten also bereits vom Automobil der Zukunft und scheuten sich auch nicht, ihre Gedanken sofort zum Patent anzumelden".

--- **1861** ---

Erster Benzinmotor der Welt

1861 begann Siegfried Marcus vermutlich mit dem Bau des ersten Motors für den Antrieb eines Straßenfahrzeuges. Der Technikhistoriker Ingenieur F.M. Feldhaus berichtet in seinem 1910 erschienenen Standardwerk „Ruhmesblätter der Technik", daß zu diesem Zeitpunkt Marcus seine Explosionsmaschine auf einen Handwagen setzte und die Hinterräder mittels eines Treibriemens mit der Zapfwelle des Motors verband.

Die allerersten Laufversuche mit dem in Bau befindlichen Motor dürften vermutlich noch mit Leuchtgas als Kraftstoff stattgefunden haben. Aufgrund der damals bereits seit längerem laufenden Versuche war Markus technisch aber bald in der Lage, Benzin zu vergasen.

Erstes abgelehntes Patent

Am 2. Jänner 1861 meldeten die Brüder Otto ein Patent auf eine Maschine an, die der Lenoir'schen so ähnlich war, daß sie, obwohl sie statt mit Gas mit verdampftem Spiritus betrieben werden sollte, kein Patent darauf erhielten. Das preußische Handelsministerium lehnte eine Patenterteilung wegen der großen Ähnlichkeit der beiden Motoren ab, und dies trotz des Hinweises, daß sie „eine Einrichtung verwenden, die dem Motor gerade soviel Spiritus zuführe wie er braucht". Vermutlich erfolgte die Ablehnung auch, weil dieses zur Patenterteilung wesentliche Gerät nicht näher beschrieben wurde.

Nachgebauter Lenoir-Motor

Ebenfalls 1861 begann Otto mit einem kleinen, nachgebauten Lenoir-Motor zu experimentieren. In diesem Jahr stellte er auch erste Überlegungen an, wie das in der Theorie bereits bekannte Viertaktverfahren in die Praxis umgesetzt werden könnte. Über die ersten Versuche von N.A. Otto, einen Gasmotor zu schaffen, berichtet F.M. Feldhaus 1910:

„...Nur einer geschickten Reklame und einem großen Aufwand von Kapital war es zu danken, daß sich die Lenoir'sche Gasmaschine so schnell und weithin bekannt machte. Ihrem Wert nach hatte sie es nicht verdient. Von den glänzenden Pariser Berichten über die neue Maschine geblendet, begann der in Köln lebende Kaufmann August Otto im Jahre 1861 mit der Einführung der neuen Gasmaschine in Deutschland. Es stellte sich aber schon bei den ersten Maschinen, die im Winter 1861/62 aus der Werkstätte des Mechanikers

Siegfried Marcus	Nicolaus August Otto

Zons in Köln hervorgingen, ein Konstruktionsfehler nach dem anderen heraus. Zum Teil allerdings auch infolge der geringen technischen Kenntnisse von Otto. Vor allem waren die Explosionen in der Maschine so heftig, daß diese den Erschütterungen auf die Dauer nicht standhalten konnte. Otto griff nun auf die alte Idee der atmosphärischen Dampfmaschine zurück, bei der nur luftverdünnter Raum unter dem Kolben geschaffen wurde, der Druck der atmosphärischen Luft aber die Arbeit vollbringen mußte..."

— 1862 —

Erster Versuch mit einem Viertaktmotor

Damals gab es erste Versuche Ottos, eine Viertakt-Maschine zu bauen, die aber bereits nach kurzer Zeit wegen Zerstörung des Motors eingestellt werden mußten. Otto selbst stellte zu diesem Motor fest:

„Noch in diesem Jahr war die Zeichnung für einen solchen (Viertakt-Motor) fertig, ich glaubte meiner Sache so sicher zu sein, daß ich alle Vorsicht vergaß und anstatt einer einzylindrigen Modellmaschine, gleich eine große Vierzylinder-Maschine baute.... 1862 lief dieselbe und war auch innerhalb desselben Jahres total ruiniert durch die heftigen Stöße, welche in derselben auftraten... Die Erfahrungen mit den Viertakt-Maschinen war so deprimierend, daß ich damals daran zweifelte, ob es jemals gelänge, eine direkt wirkende Gas-Maschine zu bauen..."

Atmosphärischer Flugkolben-Gasmotor

Im gleichen Jahr holte sich Otto beim Besuch der Londoner Weltausstellung wertvolle, neue Anregungen über eine patentgeschützte atmosphärische Maschine der Italiener Barsanti und Mateucci. Von seinem Mechaniker Zons ließ er eine im Grundprinzip gleiche Maschine bauen. Dieser Motor war ebenso unbrauchbar wie jener der beiden Italiener.

— 1863 —

Benzin für motorische Zwecke

Um diese Zeit gelang Siegfried Marcus die Benzinvergasung vermutlich bereits so weit, daß er in der Lage war, anstelle des Gases das vergaste Benzin-Luftgemisch zum Antrieb seines Motors einzusetzen. Feldhaus berichtet darüber:

„...Auch in Österreich begann man kurz nach den Lenoirschen Erfindungen mit der Ausgestaltung der Gasmaschine. Besonders ein aus Malchin in Mecklenburg stammender, in Wien lebender Mechaniker Namens

Mißerfolge und Patentablehnung

In den Jahren 1863 und 1864 versuchte Otto neuerlich, einen brauchbaren Verbrennungsmotor zu bauen. In seiner Biographie liest man darüber:

„...Doch auch diese führten zu keiner durchgreifenden Verbesserung. Immer wieder haperte es mit der Zuverläßlichkeit der Maschine..."

Trotzdem erfolgte ein Ansuchen um Patentschutz. Dieses Patent auf eine atmosphärische Gasmaschine wurde im

Siegfried Marcus

Siegfried Marcus bemühte sich seit 1863 um die Ausgestaltung des Gasmotors für Petroleum- und Benzinspeisung. Wie wir später noch hören werden, interessierte ihn am meisten die Verwendung der Gasmaschine zum Antrieb von Kraftwagen..."

Nicolaus August Otto

Juli 1863 abermals, u.zw. mit der Begründung abgelehnt, „daß es sich keinesfalls um die Erfindung eines neuen Arbeitsprozesses handle".
Eine Berufung gegen diesen Bescheid wurde durch das Handelsministerium neuerlich abgelehnt.

Eugen Langen

Im gleichen Jahr stellten „gute Freunde und besorgte Gläubiger eine Verbindung mit dem finanziell gutgestellten und renommierten Ingenieur Eugen Langen her", den ersten potenten Financier von Otto. Spätere Einlage: 10.000 Taler.

1864

Die Benzinvergasung ist gelungen

Spätestens in diesem Jahr waren die Versuche mit der Vergasung des Benzins so weit fortgeschritten, daß Marcus sicher war, den Ersatz des Leuchtgases in dem von ihm als „carbourierte Luft" bezeichneten Benzin-Luftgemisch gefunden zu haben.

Marcus erfindet elektrischen Zünd-Induktor

Der Patentanwalt von Siegfried Marcus, Viktor Tischler, berichtet in der „Allgemeinen Automobil Zeitung" (AAZ) vom 9. Oktober 1904 in seinem Artikel „Das erste Marcus-Automobil" darüber:

„...Schon in den sechziger Jahren baute Marcus Funkeninduktorien, die im Prinzip auf dem Abreißen eines Ankers von Stahlmagneten beruhen, die er (Marcus) nach einem von ihm geheimgehaltenen Verfahren besonders kräftig herzustellen wußte. Diese verwendete er u.a. auch für seine Minenzündapparate, für Feuerzeuge und – wie gleich hier festgestellt werden soll – auch als Zündung für zerstäubtes Benzin bei Gasmotoren, um das explosive Gasluftgemisch zu entzünden..."

Marcus erhielt am 21. Juni 1864 ein österreichisches Privileg auf die „Erfindung eines eigentümlichen magnetoelektrischen Zündinduktors".

Erster Benzinmotor

Der erste Motor von Marcus war ein langhubiger Benzinmotor, der sowohl der erste Benzinmotor der Welt als auch der erste mobile Motor der Welt und auch der erste wirkliche Basismotor für den Antrieb eines Straßenfahrzeuges ist, mit dem auch ernstzunehmende Fahrversuche unternommen wurden.

Zeuge bestätigt den ersten Marcuswagen

Ein früherer Arbeiter von Marcus, der Schlosser Blum, war anläßlich einer von ihm verlangten Aussage in einem Patentprozeß gegen den amerikanischen Patentanwalt

Firmengründung

Am 9. Februar 1864 besuchte Ing. Eugen Langen Nicolaus August Otto erstmals in seiner Werkstätte. Kurze Zeit später kamen die beiden überein, eine Firma zu gründen, u.zw die auf Zeit abgeschlossene Kommanditgesellschaft N.A. Otto & Co. Sie mieteten dazu in Köln ein kleines Lokal, um eingehende Versuche anstellen zu können. Zur Auslieferung kamen aber nur wenige Maschinen. Die Geldmittel wurden immer knapper und eine neuerliche Kapitalaufnahme notwendig.

Als Geldgeber fand sich, wie Feldhaus berichtet, in höchster Not der Kölner Kommerzialrat Emil Pfeifer, der in die wenig versprechenden Versuche neue Geldmittel zu investieren bereit war.

Rückschläge beim Flugkolbenmotor

Die Zusammenarbeit begann mit herben Enttäuschungen. Aufbau und Arbeitsweise des Probemotors erwiesen sich als unbrauchbar. Bei den Versuchen hatte man erkannt, daß der Kurbeltriebmechanismus, wie er bei Dampfmaschinen verwendet wurde, mit dem von Otto gebauten atmosphärischen Flugkolbenmotor unvereinbar war. Der Kurbeltrieb schreibt nämlich dem auf- und abwärtsgehenden Kolben den Rhythmus der Bewegung vor, was aber bei der unregelmäßigen Gangart eines atmosphärischen Flugkolbenmotors nicht möglich ist. Man mußte also den Kolben von der Kurbel trennen.

Prof. Reuleaux hilft bei der Konstruktion

Die falsche Annahme von Otto und Langen, ein atmosphärischer Motor wäre nur mit einem Flugkolben zu verwirklichen, hatte eine dreijährige, mühselige und teure Versuchsarbeit zur Folge. Der technische Durchbruch erfolgte erst mit der massiven Hilfe von Prof. Reuleaux, dem es gelang, eine Reihe von Schwierigkeiten bei der Konstruktion in den Griff zu bekommen. So konstruierte er beispielsweise auch das für einen Flugkolbenmotor unverzichtbare, äußerst komplizierte Schaltwerk. Wie über-

Siegfried Marcus	Nicolaus August Otto

George B. Selden bereit, zu beeiden, 1864 in der Werkstätte von Siegfried Marcus den Vorläufer des 1870/71 fertiggestellten zweiten Marcuswagens gesehen zu haben. Also den „ersten Marcuswagen".

haupt eine Reihe wesentlicher Problemlösungen für diesen Motor durch außenstehende Fachleute erfolgte.

Daß es aber sehr wohl möglich ist, atmosphärische Motoren als Kurbeltriebmaschinen zu bauen, hat Siegfried Marcus bereits mit seinem ersten atmosphärischen Zweitakt-Kurbeltrieb-Verbrennungsmotor von 1864 eindeutig unter Beweis gestellt.

Wie dem auch sei, Otto fixierte sich nun auf den von ihm beherrschbaren Flugkolben-Explosionsmotor, eine Konstruktion, die – wie sich bald herausstellen sollte – nicht entwicklungsfähig war und daher 1876 von Deutz auch eingestellt wurde. Bis zu diesem Zeitpunkt hatte allein Eugen Langen, der aus einer vermögenden Familie stammte, bereits 14.000 Taler investiert.

1865

Erstes Privileg auf einen Vergaser

Am 16. Mai 1865 erhielt Siegfried Marcus ein österreichisches Privileg auf einen „Vergaser", der von ihm in der „Patentschrift" als „Apparat zur Karbonisierung der atmosphärischen Luft" bezeichnet wurde.

Hilfe von Prof. Reuleaux

1865 sicherte vor allem Langen endgültig die tatkräftige technische Unterstützung durch Prof. Franz Reuleaux, einen Studienkollegen, dessen Bedeutung am besten durch folgende Bemerkung des deutschen Historikers Paul Siebertz umrissen wird:

„...Acht Jahre darauf, 1864, bot ihm das Preußische Handelsministerium einen noch fruchtbareren Wirkungskreis an (gemeint ist Reuleaux – Anm. d. Autors): es übertrug ihm die Professur für Maschinenbau und Kinematik am Berliner Gewerbe-Institut und entsandte ihn in die technische Deputation für Gewerbe, in der die wichtigsten Neuerungen aus den einschlägigen Fachgebieten geprüft und alle Patentansuchen maßgebend begutachtet wurden. Im Kollegium dieser Deputation hatte sich Reuleaux bald die ausschlaggebende Stellung gesichert, und was künftighin im Lande Preußen technisch Neues auftauchte, hing in seinem Wirkungsgrad davon ab, ob Reuleaux es förderte oder verwarf..."

1866

Bericht über eine Ausfahrt mit dem ersten Marcuswagen

Bericht von A.H. Curjel über eine auf der Schmelz, dem k.k. Exerzierfeld in Wien, stattgefundene nächtliche Probefahrt mit dem ersten Marcuswagen. Bei diesem Wagen wurden keine Treibriemen zum Antrieb des Fahrzeuges verwendet, wie Feldhaus erwähnt, sondern die Schwungräder des Motors gleichzeitig als Antriebsräder eingesetzt. Der k.k. Hoflieferant Curjel berichtete 1904 in der

Abgelehntes Patentansuchen wird erteilt

Im Jahr 1866 reichten Eugen Langen und N.A. Otto ein Patentgesuch auf einen atmosphärischen Flugkolbenmotor ein, bei dem nicht der Verbrennungs-, sondern der atmosphärische Druck die motorische Kraft leistete.

Ein entsprechendes Gutachten, von Reuleaux und Friedrich Wilhelm Nottebohm erstellt und unterschrieben, „bahnten der Gasmaschine von Otto und Langen den

Siegfried Marcus

renommierten „Allgemeinen Automobil-Zeitung" über eine Ausfahrt mit dem ersten Marcuswagen, die 1866 am Wiener Exerzierfeld während der Nacht stattgefunden hatte und bei der über einige hundert Meter mit motorischer Kraft zurückgelegt wurden.

Verbesserung der Benzinvergasung

Im gleichen Jahr erhielt Marcus ein österreichisches Privileg auf eine Weiterentwicklung seines „Vergasers" unter dem Titel „Verbesserungen an dem Apparat zur Karbonisierung der atmosphärischen Luft".

Nicolaus August Otto

Weg". Das Gutachten kam zu dem Schluß, „die Erteilung des Patentes zu befürworten". Die Tatsache, daß die Grundidee nach wie vor die gleiche war wie jene von Barsanti und Matteucci, war dabei anscheinend kein Hindernis mehr, obwohl dieses Patentansuchen in ähnlicher Form bereits 1863 ebenso wie der darauffolgende Einspruch, abgelehnt worden waren. Am 21. April 1866 wurde das angesuchte Patent auf die Dauer von fünf Jahren erteilt.

1866 war also die Gasmaschine von Otto und Langen endlich patentrechtlich geschützt. Das änderte aber nichts an der Tatsache: Dieser Motor war so unvollkommen, daß nur ganze zwei Maschinen verkauft werden konnten. Historisch bekannt ist weiterhin, daß man sich seitens Otto und Langen zu diesem Zeitpunkt nicht getraute, Werbung für diese unverläßliche Maschine zu machen.

1867

Motor auf der Pariser Weltausstellung

Im Jahr 1867 stellten Otto und Langen diesen, wie biographisch belegt, unfertigen Motor auf der Pariser Weltausstellung aus, und wiederum griff Reuleaux in die Geschehnisse ein. Als einer der Preisrichter verhalf er unter massivem Einsatz seiner Person dem Motor wegen besonderer Sparsamkeit zur Auszeichnung mit der Goldmedaille. Dennoch gelang es bis Ende des Jahres nicht, mehr als zweiundzwanzig dieser Maschinen zu verkaufen. Keiner dieser ausgelieferten Motoren blieb jedoch unbeanstandet.

Über einen solchen Flugkolbenmotor von Otto und Langen berichtet F.M. Feldhaus in seiner 1910 erschienenen Technikgeschichte „Ruhmesblätter der Technik" wie folgt:

„...Man wird die alte atmosphärische Gaskraftmaschine bald vergessen haben. Es war für heutige Begriffe ein unheimliches Ding (1910, Anm. d. Autors). Ich habe nur eine gesehen: auf der Goldsberger Mineralquelle, wo mein Vater Direktor war, stand sie in einer finsteren Ecke. Doch ich fühle noch die Angst, wenn ich an ihr vorbei mußte. Denn mit gewaltigem Krach schoß der Kolben heraus, griff klirrend über das Schaltwerk hin, um dann mit einem ängstlichen, pfeifenden Ton wieder zu verschwinden. Und diese Explosionen erfolgten scheinbar willkürlich; zwischendurch war völlige Ruhe; nur das schwere Schwungrad lief laufend um. Der Zuschauer empfand vor dieser zuckenden und stöhnenden Maschine wahrlich Furcht..."

Siegfried Marcus	Nicolaus August Otto

Bis Ende 1867 hatte der zweite Geldgeber bereits 32.000 Taler in N.A. Otto & Co investiert. Trotz akutem Geldmangel war an eine wirtschaftliche Produktion nicht zu denken.

Prof. Reuleaux und Siegfried Marcus

Alle damaligen „Explosionsmotoren", außer dem 1864 von Marcus gebauten Benzinmotor, waren zwangsläufig stationäre Gasmotoren, da sie über keinen mitzuführenden Kraftstoff verfügten und daher vom Gasnetz abhängig waren. Das leicht zu vergasende Benzin schuf nicht nur die wichtigste Voraussetzung für den mobilen Fahrzeugmotor, sondern war die – man kann ruhig sagen – von sämtlichen Stationärmotoren-Erzeugern fieberhaft gesuchte Lösung der Treibstofffrage. Niemandem außer Siegfried Marcus gelang es jedoch, Benzin so weit zu bändigen, daß es für die motorische Verbrennung einsatzfähig wurde und den damit zu betreibenden Motor zu bauen.

Am 21. September 1867 teilte Reuleaux Langen mit:

> „...Ich habe nämlich den Mann gefunden, welcher das billige Gas, welches Du brauchst, herstellt. Grundstoff Petroleum-Destillate oder vielmehr Rückstände, der sog. erste Sprung. Mit 1/10 Luft gemengt ausgezeichnet explosiv... Der Erfinder ist Herr Marcus in Wien. Er ist noch hier wegen der Patentannahme und zeigte mir seine Apparate vor, die ganz außerordentlich gut ersonnen sind und Dir imponieren werden. Er hat eine ausgezeichnete Vergangenheit, nämlich seit langem Verbindung mit dem hiesigen Kriegsministerium wegen Zündkram und jede anderweitige Empfehlung...."

Nachdem diese Verbindung – möglicherweise wegen der zu diesem Zeitpunkt recht mangelhaften Konstruktion der von Otto und Langen gebauten Motoren, bei denen man schon froh gewesen wäre, wenn sie wenigstens mit normalem Gas klaglos funktioniert hätten – nicht zustande gekommen war, wandte sich Prof. Reuleaux am 31. Oktober 1867 nochmals an Langen:

> „...Hast Du mit Marcus angeknüpft? Sein Patent ist ihm trotz meiner Bemühungen einstweilen nicht gewährt worden. Vielleicht wird er reklamieren..."

Daß Marcus das Patent eines „Vergasers", das nach Ansicht von Reuleaux für Otto und Langen so wichtig gewesen wäre, vorläufig nicht erhalten hat, stimmt einen etwas nachdenklich, da es doch Reuleaux durch seine Begutachtung ermöglicht hatte, einem bereits abgelehnten Patent letztlich Anerkennung zu verschaffen. Im Fall Marcus gelang es Reuleaux interessanterweise nicht, diesem zum Patent zu verhelfen, obwohl er diese Anlage für

Siegfried Marcus	Nicolaus August Otto

„außerordentlich" gut hielt. Hier muß es sich um jenes Privileg gehandelt haben, das in Österreich bereits 1865 unter dem Titel „Erfindung eines Apparates zur Karbonisierung der atmosphärischen Luft" erteilt wurde.

— 1868 —

Konstruktion eines neuen Fahrzeugmotors

Mit dem Jahr 1868 begannen die ersten Arbeiten am Benzinmotor, der als erste Antriebsquelle des zweiten Marcuswagens historisch nachweisbar ist.

Die verschiedenen Versuche am ersten Wagen hatten Marcus gezeigt, worauf es bei der Konstruktion eines Straßenfahrzeuges ankommt. Das setzte einerseits die Entwicklung eines Kompakttriebwerkes voraus, andererseits eines entsprechenden Fahrgestells.

Nachdem Marcus dieses Kompakttriebwerk geschaffen hatte, ging er daran, ein diesen völlig neuen Fortbewegungsbedingungen angepaßtes „Fahrgestell" zu entwickeln.

Eugen Langen will aussteigen

In diesem Jahr wollte Eugen Langen „das aussichtslose Geschäft wieder aufgeben", berichtete Siebertz 1939 in einer Daimler-Biographie. Wiederum griff Prof. Reuleaux ein und bewirkte, daß Langen weitermachte. Gleichzeitig warb er öffentlich durch Artikel und Beiträge in Zeitschriften für die Motorkonstruktion von Otto und Langen.

— 1869 —

Der Flugkolbenmotor wird produziert

Ab 1869 wurde der von Otto in Verbindung mit einigen freiberuflich mitarbeitenden Wissenschaftlern entstandene Flugkolbenmotor in Deutz gefertigt. Im gleichen Jahr gelang es Eugen Langen, den in Manchester wohnenden Hamburger Geschäftsmann Roosen-Runge zu bewegen, sich an der Firma zu beteiligen und 22.500 Taler einzubringen. Roosen wurde als allein zeichnungsberechtigter Teilhaber in der Firma etabliert. Otto erhielt den Posten eines leitenden Angestellten, was nicht gerade als eine besondere Wertschätzung seiner Person als Techniker zu bezeichnen war. 1869 bis 1870 ging es mit der Firma etwas aufwärts, kleine Gewinne wurden erzielt.

— 1870 —

Ende der Versuche mit dem ersten Marcuswagen

1870 ließ Siegfried Marcus den provisorischen Versuchswagen von 1864 mit dem aufgebauten ersten Benzinmotor sowie den Motor allein fotografieren und signierte beide Fotos. Ab diesem Zeitpunkt verlautet über das Gefährt ebenso wie über den Motor nichts mehr. Mit dem Jahr 1870 war für Marcus ganz offensichtlich die erste Versuchsperiode, einen motorischen Selbstbeweger zu schaffen, abgeschlossen.

Siegfried Marcus

Fahrgestell des zweiten Marcuswagens

Das zweite, speziell für die Motorisierung konstruierte Fahrgestell entsprach selbstverständlich den Bauprinzipien, die im Wagenbau um die Mitte des vorigen Jahrhunderts gebräuchlich waren. Trotzdem unterscheidet sich der zweite Marcuswagen wesentlich vom damaligen Pferdewagen. Auch beim Nachschlagen in zeitgenössischen Unterlagen, wie etwa in „Die Fuhrwerke des k.u.k. Heeres", Charakteristik der 76 Wagentypen der Train-, Artillerie- und Pionier-Fuhrwerke, 1895, über damalige Militärwagen, ist kein Fahrzeug zu finden, welches eine annähernde Ähnlichkeit mit dem von Marcus konstruierten Fahrgestell aufwiese. Ersichtlich ist aber, daß Marcus aus dem damaligen Wagenbau seinen „automobilen" Wagen zu einer zweckgebundenen Fahrzeugkonstruktion herausentwickelt hat, die genau seinen Anforderungen entsprach. Dieses Fahrzeug ist nicht mehr irgendein Wagen, der eben motorisiert wurde, sondern ein für automobile Zwecke geschaffenes Gefährt, das in seiner Konzeption eine beabsichtigte Einheit von Motor und Fahrgestell ergeben sollte und sie auch repräsentiert.

Der zweite Marcuswagen war damit der Urahne der auch heute noch nach denselben Grundsätzen konzipierten Automobil-Konstruktionen. Er war für den Transport von vier Personen vorgesehen. Alle zum Betrieb notwendigen Einrichtungen sind bequem vom Führersitz aus bedienbar. Als Steuerung verwendet Marcus ein Lenkrad, das über ein selbstsperrendes Schneckengetriebe die starre Vorderachse verdreht. Die angetriebenen Hinterräder verfügen über eine ein Differential ersetzende Reibscheibenkupplung, die unterschiedliche Radumdrehungen beim Kurvenfahren ermöglicht. Außerdem ist das Fahrgestell so ausgelegt, daß Marcus jederzeit ohne besondere Mühe den Motor ein- und ausbauen oder durch ein anderes Triebwerk austauschen konnte.

Nicolaus August Otto

1871

Ausfahrt mit dem zweiten Marcuswagen

1870/71 war der zweite Marcuswagen bereits im Einsatz. Das ist einem Erlebnisbericht des seinerzeit sehr bekannten Schriftstellers und Freundes von Rosegger, Dr. Emil Ertl, zu entnehmen. Er berichtet nämlich in seinem Buch „Geschichten aus meiner Jugend" über diese Ausfahrt mit Marcus und dessen zweitem Wagen in einem eigenen Kapitel (siehe Seite 21).

Geldgeber gibt auf

Roosen kündigte 1871 den Vertrag mit der Firma wegen Unstimmigkeiten mit Eugen Langen. Grund dafür war die ungerechte Verteilung von Einnahmen aus den Lizenzgebühren der Patentrechte.

1872

Sponsor für Marcus

Die Ausfahrten mit dem zweiten Marcuswagen in den

Gründung der Gasmotorenfabrik Deutz

Unmittelbar nach der Gründung der Gasmotorenfabrik

Siegfried Marcus

Jahren 1870–1872 haben insofern Erfolg gehabt, als sich ein Gönner in der Person des damaligen Bürgermeisters von Gmunden, Satori, fand, der Marcus für die Fertigstellung des Wagens 25.000 Gulden und nachfolgende Zuwendungen zukommen ließ.

Nicolaus August Otto

Deutz übernahm Gottlieb Daimler die technische Direktion und N.A. Otto wurde nach der neuen Geschäftsordnung mit der kommerziellen Leitung des Unternehmens betraut. Damit war Otto vorläufig weg vom Fenster der technischen Entwicklung. Man hatte offenbar erkannt, wo seine Stärke wirklich lag, nämlich im kaufmännisch-technischen Management.

Nach der Arbeitsübernahme 1872 begann Daimler seine breitflächige Tätigkeit. Ihm unterstanden ab diesem Zeitpunkt nicht nur die gesamte technische Entwicklung der Motoren, sondern auch der Ausbau des Maschinenparks für die Produktion wie auch der Betriebsstätten.

1873

Gutachten über den atmosphärischen Zweitakt-Benzinmotor

Prof. J.F. Radinger berichtete in dem 1873 herausgebrachten Ausstellungsbericht über die Weltausstellung von 1872 in Wien auch über den von ihm geprüften atmosphärischen Zweitakt-Benzinmotor von Marcus und stellt ihn vergleichend zu dem ebenfalls beurteilten Ottomotor so dar:

> „...Diese Maschine (Marcus) dürfte aus doppeltem Grund ökonomischer wirken, als die vorstehende (Otto). Denn wegen der freien Ausdehnung der entzündeten Gasmasse kann alle Wärme in Arbeit umgesetzt werden...".

Hiermit wurde der eindeutige Beweis geliefert, daß der Marcusmotor jenem von Otto konstruktiv weit überlegen war.

Die von Radinger geprüfte Maschine von Marcus war 1872 im zweiten Marcuswagen als Antriebsmotor in Verwendung.

Bestellung eines Marcuswagens

Ausfahrt mit dem Gönner Satori in Wien-Mariahilf und Neubau, worauf dieser einen zweiten Wagen in Auftrag gab (Satori starb 1875).

Maybach wird Chefkonstrukteur

Eine der ersten Personalentscheidungen, die Daimler traf, war die Bestellung seines früheren Mitarbeiters Wilhelm Maybach zum Chefkonstrukteur der Gasmotorenfabrik Deutz.

Durch entsprechende Maßnahmen des Teams Daimler – Maybach gelang in kürzester Zeit ein raketenartiger Aufstieg der Produktion und des Verkaufes der „neu" überarbeiteten und gebauten Motoren. Matschoß sagt dazu:

> „...daß die konstruktiven Einflüsse, welche Daimler auf die Entwicklung der Gasmaschine nahm, in ihrer Bedeutung nur ganz zu würdigen sind, wenn man auch die Bearbeitung und Herstellung in Betracht zieht... So entstand schließlich eine atmosphärische Gasmaschine, die sich auch äußerlich von der ersten ... unterschied..."

Zu dieser Zeit befand sich Otto im technischen Out. Darüber und über sein Verhältnis zu Daimler berichtet Paul Siebertz:

> „...Es trug nicht zur Milderung dieses Grolles bei, daß Daimler nie mit seiner Meinung zurückhielt, wenn Otto sich hie und da auf technisch wissenschaftlichen Irrgärten ertappen ließ, die für den „Kaufmann" entschuldbar waren, den erprobten „Ingenieur" jedoch verleiteten, mehr von seiner Schulweisheit zu reden, als dem empfindsamen Werkgenossen lieb sein konnte. Ein Autodidakt, der von sich weiß, daß er Bedeutendes geleistet hat, wird immer empfindlicher gegen berechtigte Vorhalte in Bezug auf Einzelheiten in seinem Schaffensgebiet sein, als der schulmäßig Vorgebildete, der solche Vorhalte „als Gleicher dem Gleichen gegenüber" abtut. Das ist ein psychologisch nun einmal feststehendes Gesetz und dieses wirkte sich auch zwi-

Siegfried Marcus	Nicolaus August Otto

schen Daimler und Otto in seiner ganzen Schärfe aus... Otto sah eine Ungerechtigkeit darin, daß Daimler allein für Verbesserungen an den Gasmotoren zuständig sein sollte..."

1875

Neu entwickelter Viertakt-Benzinmotor

Bis zum Jahr 1875 verwendete Siegfried Marcus ausschließlich atmosphärische Zweitakt-Benzinmotoren zum Antrieb seines neuentwickelten zweiten Wagens.

1875 wurde der Zweitaktmotor durch einen neukonstruierten Viertakt-Benzinmotor ersetzt.

Dieser Motor wurde vom Autor 1950 restauriert, in Betrieb gesetzt und verschiedenen Untersuchungen unterzogen. (siehe Seite 85). Bei diesem Prototyp erkannte Marcus bald, daß die von der Maschine geleisteten 0,75 PS gerade dazu ausreichten, um das mit Fahrer etwa 800 kg wiegende Fahrzeug in Bewegung zu setzen und in der Ebene mit maximal 6 bis 8 km/h in Bewegung zu halten, was auf Dauer nicht zufriedenstellend sein konnte.

Erster Deutzer Benzinmotor

1875/76, nach Abschluß der Versuche von Wilhelm Maybach, wußte man in Deutz mit Benzin als Kraftstoff umzugehen (betraf aber immer noch den alten Flugkolbenmotor).

Nun liest man in der Biographie von Otto, die noch während des zweiten Weltkriegs fertiggestellt wurde, aber erst 1949, nach dem Tod des Autors Arnold Langen in Druck ging, mit großem Erstaunen:

„...Es war ein schöner Erfolg, auf den Maybach stolz sein konnte. Der erste betrieblich brauchbare Benzinmotor war durch seine nicht immer ungefährlichen Versuche geschaffen worden. Hat sich aber bei guter Wartung bewährt..."

Nicht Otto hat demnach den Benzinmotor bei Deutz geschaffen, obwohl ihm die gelungenen Arbeiten der Benzinvergasung von Siegfried Marcus seit dem Jahr 1867 bekannt waren, sondern Maybach.

Vierzehn Jahre nach dem ersten Benzinmotor der Welt von Siegfried Marcus lief also der erste Benzinmotor in Deutz (atmosphärische Maschine).

Prof. Reuleaux informiert Langen über eine neue Motorkonstruktion

Ebenfalls 1875 machte Reuleaux Langen auf die neue Heißluftmaschine eines seiner Schüler aufmerksam, die dieser konstruiert habe, auf die er ein Patent anstrebe und die so gut sei, daß der Deutzer Motor dagegen nicht bestehen werde können. Er schlug daher vor, die 1862 von Otto begonnenen, aber danebengegangenen Versuche am Viertakt- oder Hochdruckmotor, wie er damals auch bezeichnet wurde, wieder aufzunehmen, um dem zu erwartenden Konkurrenten gewachsen zu sein.

Es ist hier nicht der Platz dafür, moralische Überlegungen anzustellen, ob es für einen Professor vertretbar war, einen seiner Studenten dadurch zu hintergehen, daß er Konkurrenten vor dessen Konstruktion warnte und ihnen Schritte vorschlug, wie diese neue Maschine eventuell ausmanövriert werden könne. Noch dazu, wenn der Betreffende eine Vertrauensstellung am Patentamt einnahm und dadurch auch einer strengen Schweigepflicht unter-

Siegfried Marcus	Nicolaus August Otto

lag. Diese Frage wird nur in den Raum gestellt, weil sie eine gewisse Ähnlichkeit mit dem Vorgehen von Reuleaux im Fall Marcus bezüglich des Apparates für die Benzinvergasung aufweist, mit dem Marcus ihn anläßlich einer Patenteinreichung bekannt machte.

Wegen des in Rede stehenden neuen Motors seines Schülers, der Otto und Langen gefährlich hätte werden können, schrieb Reuleaux sogar nach der ersten Warnung an Langen eine zweite, die an Klarheit nichts zu wünschen übrig ließ:

„...Ihr müßt jetzt in aller Stille an Experimente herangehen. Noch niemand weiß, außer einem kleinen Kreis, von der Verbesserung und ihr habt einen Vorsprung..."

Das war der Augenblick, in dem man sich in Deutz gezwungen sah, raschest etwas zu unternehmen. Es wurde umgehend mit den neuerlichen Versuchen am Viertaktmotor begonnen.

1876

Erster Viertaktmotor von Deutz

Mit einiger Verwirrung muß man bei der Bearbeitung des historischen Quellenmaterials feststellen, wie wenig ausgerechnet Otto noch 1876 von der Schaffung und der Brauchbarkeit des Viertaktmotors überzeugt war.

Um mich nicht des Vorwurfes einer parteiischen Berichterstattung auszusetzen, möchte ich die erstaunliche Einstellung von Otto zu „seinem" Viertaktmotor seiner Biographie wörtlich entnehmen. Arnold Langen schreibt:

„...wodurch Otto – vielleicht ohne sich dessen genauer bewußt zu sein – auf die Arbeitsweise seines Viertaktmotors vom Jahre 1862 zurückgriff. Es war ein kühnes Vorhaben, denn niemand konnte wissen, wie sich ein verdichtetes und dadurch erwärmtes Gemisch von Gas und Luft bei eingeleiteter Zündung verhalten würde. Hier lagen wohl auch die Bedenken der Kollegen. In der Niederschrift der Direktionssitzung erschien sie demgemäß unter der Bezeichnung der „Hochdruckmaschine... Erstmals ist das Versuchsstück unter dem 13. Jänner 1876 erwähnt. Hier heißt es:

'Herr Rings soll die Zeichnungen für die Hochdruckmaschine vollenden, jedoch ist bei Ausführung dieser Maschine den übrigen vorliegenden Projekten nicht vorzugreifen. Soweit es diese Arbeiten gestatten, ist auch der sogenannte Feuerschlucker in eine Atm. Maschine mit Fliegekolben und Luftventil umzuzeichnen und auszuführen...' Die Förderung der „Hochdruckmaschine" hielt man also nicht für vordringlich. Deren Aussichten waren doch zu ungewiß...

...Otto war in diesen Tagen seiner Sache durchaus nicht sicher. Aus der Niederschrift der Direktionssitzung ist zu entnehmen, daß er noch am 5. Januar 1876 einen anderen (wertlosen) Gedanken verfolgte. Es handelte sich um eine Maschine zur Erzeugung von Druckwasser durch Gasexplosionen..."

Der schließlich vom Mitarbeiter Ottos, Ingenieur Rings, konstruierte und gebaute Versuchsmotor (Versuchsstück), der, wie es heißt, unter der ständigen Aufsicht von Otto entstanden ist, war laut Biographie in seiner ursprünglichen Form 1949 noch vorhanden.

Am 6. Juli 1876 stellte ein Direktionsprotokoll im Deutzer Werk „Die erste Ausführung einer Hochdruckmaschine" nach längerer Versuchsarbeit fest, worauf das Patent auf den Viertaktmotor eingereicht wurde.

Das ist in einer kurzen Chronologie die Entwicklung der Deutzer Verbrennungsmotoren bis zur Entstehung des Hochdruck(Viertakt)-motors.

„Ottos neuer Motor"

Über den weiteren Werdegang des in Deutz gebauten Viertaktmotors, der von Langen die Bezeichnung „Ottos neuer Motor" erhielt, wird in der Biographie Ottos folgendermaßen berichtet:

„...Der ersten Freude am Gelingen der Probestücke des Viertaktmotors war nach wenigen Monaten eine gewisse Ernüchterung gefolgt. Es kamen nämlich von vielen Seiten Klagen über die Haltbarkeit der neuen Maschine. Die Schmierung versagte, die Kolben wurden undicht, die Zylinderrohre verschlissen vorzeitig, der hochbeanspruchte Gleitschieber, der Einlaß und Zündung steuerte, setzte sich fest; auch das Ansetzen der Motoren machte hie und da Schwierigkeiten. Das waren bedenkliche Nachrichten, die die Erbauer vor die ernste Frage stellten, ob ein mit Verdichtung arbeitender Motor überhaupt lebensfähig sei. Der englische Lizenznehmer, ein tüchtiger Maschinenbauer, wollte bereits verzagen und zur Atmosphärischen Maschine zurückkehren..."

Wenn diese Schwierigkeiten auch bewältigt werden konnten, so ist das Mißtrauen der Deutzer in den und die Beziehungslosigkeit gegenüber dem Viertaktmotor in den darauffolgenden Jahren erstaunlich. Tatsächlich mißtraute man dieser Maschine und verstieg sich zu absurden Versuchen mit allen möglichen Motorkonstruktionen und -kombinationen, die sich eigentlich von vornherein als un-

Siegfried Marcus	Nicolaus August Otto

Nicolaus August Otto

brauchbar erweisen hätten müssen. Man gewinnt hier den Eindruck, daß das Werk vom Motor erst selbst überzeugt werden mußte.

Dabei wurde dieser Otto-Motor weder mit Benzin betrieben, noch besaß er eine magnetelektrische Zündung, sondern war auf reinen Gasbetrieb abgestellt und nach wie vor mit offener Flammenzündung ausgestattet. (Erst 1884 lief der erste Otto-Benzinmotor mit magnetelektrischer Zündung, aber es wurde darauf kein Patent genommen, und erst 1887 begann sich Robert Bosch für diese Zündung zu interessieren).

— 1877 —

Verkaufsfähige Viertakt-Gasmaschine von Deutz

Im Jahr 1877 stand dem Deutzer Gasmotorenwerk der erste verkaufsreife Viertakt-Gasmotor zur Verfügung. Die Produktion des Flugkolbenmotors wurde eingestellt.

— 1880 —

Stationäre Benzinmotoren und Aggregate

In den Jahren von 1880 bis 1888 verbesserte Siegfried Marcus seine Motoren und Aggregate weiter und brachte auch eine Reihe dieser Maschinen als Stationärmotoren auf den Markt (siehe Seite 188/89). In diesen Zeitraum fallen auch die Arbeiten von Marcus an seinem dritten Wagen, den er bereits zur Produktionsreife weiterentwickelte.

— 1882 —

Daimler und Maybach machen sich selbständig

Gottlieb Daimler und Wilhelm Maybach schieden 1882 aus dem Deutzer Werk aus. Daimler errichtete in Cannstatt auf eigenem Grund und Boden neben seinem Wohnhaus, Taubenheimerstraße 13, eine kleine, bescheidene Werkstatt.

— 1883–1888 —

Weitere Patenteinreichungen und Patenterteilungen

– Patenteinreichung in Deutschland über eine „Kraftmaschine zum Antrieb aller Fahrzeuge zu Wasser und zu Lande" (das mehrfach angeführte Patent ist nicht mehr auffindbar).

Verlust des Patentrechtes auf den Viertaktmotor

Nachdem die Gasmotorenfabrik den Uhrmacher und Erfinder des Viertaktmotors, Christian Reithmann, auf Patentverletzung geklagt hatte, stellte das Gericht fest, daß Reithmann keine solche begangen habe, sondern der Gasmotorenfabik das Patent zu Unrecht zuerkannt wor-

– Bericht darüber in den Patentblättern des Deutschen Patentamtes.

– Das „Neue Wiener Tagblatt" weist in einem Artikel 1900 darauf hin, daß in der Pariser Fachzeitschrift „Le Chauffeur" ein Bericht über englische Patente von Marcus, u.zw. über eine „Compressionstype" (Viertaktmotor) erschienen war.

– Erteilung eines Privilegs auf „Neuerungen an Explosionsmotoren" an Marcus.

– Privileg auf eine Weiterentwicklung der magnet-elektrischen Abreißzündung.

– Auch ein deutsches Patent wird darauf erteilt.

Verbesserungen des Viertaktmotors
Die Bemühungen um weitere Verbesserungen an seinen Viertaktmotoren werden sehr augenfällig durch eine Reihe neuer österreichischer Privilegien sowie deutsche und amerikanische Patente belegt (siehe Seite 181).

Neuer Motor für den dritten Wagen
Auf Grund eines Briefes, den Märky, Bromovsky & Schulz, Prag, Maschinenfabrik, Kesselschmiede und Eisengießerei in Königgrätz und Adamsthal, am 17. Jänner 1901 an das Vorstandsmitglied des Österreichischen Automobil-Clubs in Wien richtete, wissen wir, daß das Werk 1888 einen 1,0 PS starken Viertaktmotor für den dritten Wagen an Marcus geliefert hatte (siehe Seite 183).

Die Produktionspalette von Marcus-Stationärmotoren
umfaßte 1887 bereits Maschinen mit Leistungen von 0,5 bis über 100 PS. Marcus bot seine verschiedenen Motorkonstruktionen als aufgeladene Zweitaktmaschinen oder auf Wunsch als Viertaktmaschinen an. Einige seiner Motoren konnten durch kleine Änderungen von Zwei- in Viertaktmotoren umgerüstet werden oder umgekehrt.

Bezüglich der konstruktiven Gestaltung standen zur Verfügung: Stehende, liegende ein- oder mehrzylindrige Motoren für den mobilen, halbmobilen oder stationären Einsatz sowie die aus dem Automobilmotor herausentwickelte Balancier-Kompaktmaschine. Alle Motoren konnten auf Wunsch entweder als Benzinmotoren mit elektrischer Zündung oder als elektrisch gezündete Gasmaschinen geliefert werden.

Wer seinen vorhandenen Gasmotor auf Benzinbetrieb umrüsten wollte, konnte von Marcus einen entsprechenden Umbausatz erwerben.

den war. Das bedeutete den Verlust des Patentschutzes für Otto und Langen. In den folgenden Jahren fiel das Patent nach und nach auch in den anderen Ländern.

Stationärmotoren von Deutz
Nach 1887 bot Otto liegende Viertaktmotoren mit 0,5 bis 100 PS und stehende mit 0,5 bis 6 PS an sowie Zwillingsmotoren für elektrische Lichtanlagen.

Siegfried Marcus	Nicolaus August Otto

─────── 1889 ───────

Der dritte Wagen von Marcus

Marcus führte bereits weit fortgeschrittene Verhandlungen wegen der Produktion eines solchen Fahrzeuges mit der Maschinenfabrik Märky, Bromovsky & Schulz in Adamsthal. Diese Besprechungen hatten auch schon zur Konstruktion eines neuen Fahrgestells geführt, von dem eine Konstruktionszeichnung vorliegt. Es ist nicht auszuschließen, daß möglicherweise auch bereits ein solcher Wagen gebaut worden war. Fest steht jedenfalls, daß der für das neue Fahrgestell 1888 an Marcus gelieferte, neue 1,0 PS starke Viertaktmotor im Fahrgestell des zweiten Marcuswagens von 1870/71 praktisch erprobt wurde, wobei sich allerdings herausgestellt haben dürfte, daß er, obwohl um 33 % stärker als sein Vorgänger, immer noch zu schwach war, um das Fahrzeug mit der in der Konstruktionszeichnung vorgegebenen Geschwindigkeit von 3,45 m/sec (12,4 km/h) anzutreiben.

Bei dieser Zeichnung fällt außerdem auf: am oberen Rand findet sich der Vermerk „Strassenwagen mit Petrol Motor Pat. S.Marcus". Dieses Patent ist heute nicht auffindbar.

Zur Fertigstellung dieses Wagens kam es durch die Verschlechterung des Gesundheitszustandes von Marcus nicht mehr.

─────── 1898 ───────

Der zweite Marcuswagen wird ausgestellt

Auf der Wiener Jubiläums-Ausstellung wurde der zweite Marcuswagen im Rahmen einer „Kollektiv-Ausstellung der österreichischen Automobilbauer" als einziges Automobil rein österreichischer Provenienz öffentlich ausgestellt. Anschließend kam er als Leihgabe des Österreichischen Automobil-Clubs, der ihn für 100 Gulden erwarb, in das Technische Museum Wien, wo er auch heute noch seinen Standort hat.

Was hätte Siegfried Marcus von Nicolaus August Otto übernehmen können?

Selbst wenn man von der irrigen Annahme ausginge, daß Goldbeck mit seinen historisch nicht belegten Datumsänderungen zu Ungunsten von Marcus Recht haben sollte, müßte trotzdem die hypothetische Frage gestellt werden, „Was hätte Marcus von Otto lernen, nachempfinden oder gar nachbauen können?" Die Antwort darauf müßte eindeutig „Nichts!" lauten, wie technikgeschichtlich belegbar ist!

Es gibt in den gesamten, historisch verfolgbaren Entwicklungen der von Marcus gebauten Maschinen, ob sie nun als Stationär- oder Fahrzeugmotoren konstruiert wurden, keine einzige Maschine, die auch nur in Ansätzen mit der Unvollkommenheit und technischen Fragwürdigkeit eines atmosphärischen Flugkolbenmotors wie jenem von Otto vergleichbar wäre.

Die Produktion des von Otto konstruierten Flugkolbenmotors mußte bereits nach etwa einem Jahrzehnt wieder eingestellt werden, während der erste von Marcus gebaute Motor von 1864 bereits ein Kurbeltrieb-Benzinmotor war und der Viertakter von 1875 der Prototyp aller fremdgezündeten Automobilmotoren heute noch ist.

Wenn man also feststellen muß, daß Marcus von Otto keine Inspirationen erhalten haben kann, sollte man aus Gründen der Gerechtigkeit die Gegenfrage stellen, was Otto von Marcus hätte lernen können? Diese Frage ist jedenfalls weit naheliegender und auch leichter zu beantworten.

Historisch belegt ist, wie bereits erwähnt, der Brief an Langen, 1867, von Prof. Reuleaux, daß Marcus jenes Gas aus Benzin herstelle, das Otto schon lange für seine Motoren suchte. Daß es in Deutz jedoch erst 1875 gelang, einen Benzinmotor zu schaffen, zeigt, daß eine Information allein noch nicht genügt. Man muß auch in der Lage sein, sie umzusetzen. Mit anderen Worten: Otto bzw. die Deutzer Gasmotorenfabrik waren erst Jahre später mit Hilfe von Wilhelm Maybach in der Lage, mit dem Wissen über die von Marcus gelöste Problematik der Benzinvergasung etwas anzufangen.

Was den Viertaktmotor anbelangt, ist dieser 1876 von Otto und Langen in wenigen Monaten als völlige Neukonstruktion – aus dem Flugkolbenmotor heraus war er ja nicht zu entwickeln – entstanden. Der von Marcus aus dem atmosphärischen Zweitakt-Kurbeltriebmotor logisch herausentwickelte Viertaktmotor ist technikgeschichtlich mit dem Jahr 1875 datiert.

Unter einem klassischen Viertaktmotor versteht man einen mobilen, schnellaufenden, mit Benzin betriebenen, elektrisch gezündeten Verbrennungsmotor.

Alle diese Eigenschaften – inklusive des später fast ausschließlichen Einsatzes zum Fahrzeugantrieb – wies der von Siegfried Marcus 1875 in seinem zweiten Wagen eingebaute Motor von vornherein auf. Seine Technischen Daten waren: Bohrung 100 mm, Hub 200 mm, Drehzahl 500 U/min.

Der erste von Nicolaus August Otto gebaute Viertaktmotor war jedoch noch weit davon entfernt, das zu sein, was man etwa seit der Jahrhundertwende unter dem klassischen Otto-Motor versteht. Dieser nach wie vor mit Gas betriebene Stationärmotor war immer noch an das Gasleitungsnetz gebunden und wurde mittels offener Flamme gezündet. Vor allem aber war er ein Langsamläufer. Seine Technischen Daten waren: Bohrung 161 mm, Hub 300 mm, Drehzahl 180 U/min.

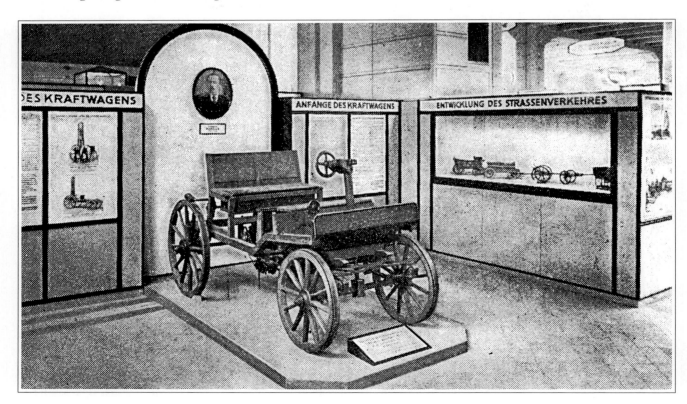

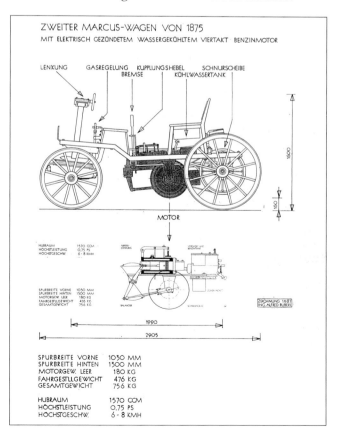

Betriebs-Ausweis für das Jahr 1898.

	fl.	kr.		fl.	kr.
Gehalte, Löhne und Remunerationen für das Bureaupersonale	795	—	Stifterbeitrag Nesselsdorfer Wagen- fabriks-Gesellschaft	4.800	—
Remisenbetrieb und Herrichtung der Remise	811	37	Stifterbeitrag Ludwig Lohner . . .	1.177	44
Diverse Auslagen und Bureauspesen .	723	97	Gründerbeitrag Theodor Freiherr von Liebieg	1.000	—
Herrichtung des Clublocales	196	95	Gründerbeitrag William E. Hardy . .	918	80
Zins und Reinigung des Clublocales	662	87	Lebenslänglicher Beitrag Arthur Krupp .	500	—
Gründungsspesen	326	90	Einschreibegebühren der ordentlichen Mitglieder	3.500	—
Mobiliaranschaffung für Bureau und Remise	1.621	99	Mitglieds- und Theilnehmer-Beiträge .	5.683	39
Bibliothekanschaffung	322	40	Abzeichen und Dressknöpfe	141	15
Abzeichen und Dressknöpfe	857	24	Zinsen bei der k. k. Postsparcasse .	98	52
Clubzeitung	700	—			
Gespendete Automobile	5.800	—			
Ankauf des Markuswagen	100	—			
Cassa-Saldo	4.900	61			
	17.819	30		17.819	30

WIEN, am 26. Jänner 1899.

FÜR DAS DIRECTORIUM:

Ludwig Lohner m p.   Gustav Graf Pötting m p.   Moritz Hirsch m. p
Casseverwalter.   Präsident.   Casseverwalter.

Siegfried Marcus hat demnach nicht nur vor Otto, sondern in gültiger Form bis zum heutigen Tag den Viertaktmotor geschaffen. Der dem Verständnis entsprechende „Ottomotor" stammt demnach in Wirklichkeit von Marcus.

Wenn man in Deutz schon nicht in der Lage war, eine gut funktionierende, elektrische Zündung zu schaffen, obwohl sich Otto und Siemens darum bemühten, dann hätte man sich um einer vollwertigen Konstruktion willen wenigstens zu diesem Zeitpunkt an Marcus wenden können, um seine Zündung zu übernehmen. Ebenso wußte man auf Grund der Patente Bescheid über die Benzinvergasung, die bereits bei den Ausfahrten um 1875 bestens funktionierte. Sicher hatte die Firma Langen & Wolf, die Deutzer Vertretung in Wien, darüber ausführlich berichtet, wie sie ja auch über die zahlreichen anderen Motorenerzeuger genauest Bescheid wußte, die in Wien beheimatet waren und von Deutz unerbittlich in oft jahrelange Patentprozesse verwickelt wurden. Interessanterweise blieb Marcus von jeder Klage verschont, obwohl man über seinen Motor Bescheid wußte. Goldbeck schreibt darüber:

„Deutz hat ihn (Marcus) bei der Geringfügigkeit seiner Motoren nicht geklagt. Übrigens genügen zur Klärung der Rechtslage die erwähnten Prozesse."

Es muß triftige Gründe gegeben haben, weshalb man Marcus in jeder Beziehung völlig unbehelligt ließ.

Die Deutzer Viertaktmotoren waren jedenfalls 1875 noch immer stationäre Gasmotoren und damit abhängig von dem sie mit Gas versorgenden Gaswerk. Marcus hingegen hatte bereits seit 1864 den vom Gaswerk unabhängigen, mobilen Benzinmotor zur Verfügung, der aber – wo sinnvoll – auch an das Gasnetz angeschlossen werden konnte.

ZWEITER MARCUS-WAGEN VON 1875
MIT ELEKTRISCH GEZÜNDETEM WASSERGEKÜHLTEM VIERTAKT BENZINMOTOR

SPURBREITE VORNE   1030 MM
SPURBREITE HINTEN   1300 MM
MOTORGEW. LEER   180 KG
FAHRGESTELLGEWICHT   476 KG
GESAMTGEWICHT   756 KG

HUBRAUM   1570 CCM
HÖCHSTLEISTUNG   0,75 PS
HÖCHSTGESCHW.   6 - 8 KMH

Der klassische „Ottomotor" stammt in Wirklichkeit von Marcus

Unter einem „Ottomotor" versteht man einen mobilen, schnellaufenden, mit Benzin betriebenen Verbrennungsmotor folgender Charakteristik:

1. **Mobilität**
2. **Benzin als Kraftstoff**
3. **Benzinvergasung**
4. **Zwangsgesteuerter Gaswechsel**
5. **Elektrische Zündung**
6. **Viertakt-Arbeitsweise**
7. **Schnellaufender Motor**
8. **Fahrzeuggerechte Dimensionierung**

Wie aus dieser kurzen Zusammenstellung hervorgeht, stammen alle, den heutigen „Ottomotor" kennzeichnenden Kriterien von Siegfried Marcus, die in Summe im zweiten Wagen des Erfinders nicht nur vorhanden waren, sondern auch absolut verläßlich bis zum heutigen Tag funktionieren.

Der nach unserem Verständnis klassische „Ottomotor" stammt aus heutiger Sicht nach genauer Analyse der historischen Fakten daher weder in seinem konstruktiven Aufbau und der Geschlossenheit der in die Realität umgesetzten Erkenntnisse noch in seinem vorwiegend mobilen Einsatz von Nicolaus August Otto, und auch nicht vom Konstruktionskollektiv der Gasmotorenfabrik Deutz.

Dieser Motor ist die in der Technikgeschichte beispiellose Leistung eines Einzelerfinders, der vorbildlos eine der bedeutendsten Kraftmaschinen unserer Zeit in ihrer Komplexität erkannte, konstruierte, baute und in wenigen Jahren bis zur Serienreife entwickelte. Und dies alles, ohne Fremdkapital in Anspruch zu nehmen.

Stand der Marcus-Technik im Motorenbau 1800–1900	**Stand der Technik des Motorenbaues 1800–1900**

zu 1. Mobilität
1860 Erste Überlegungen zum Bau eines mobilen Motors

Die Unabhängigkeit von jeglicher Energiezuleitung durch stationäre Versorgungszentren hat nicht zuletzt den Benzinmotor zu der wohl meist gebauten Kraftmaschine der Welt gemacht. Diese wichtige, unumgängliche Notwendigkeit erkannte Siegfried Marcus um 1860 und begann schon zu diesem Zeitpunkt – wenn nicht schon früher – mit entsprechenden Benzinvergasungsversuchen. Diese Erkenntnis hat unverändert Gültigkeit.

1860 Der französische Pionier auf dem Gebiet der „Explosionsmotoren", Etienne Lenoir, baute nur stationäre Gasmaschinen

zu 2. Benzin als Kraftstoff
1861 Erste praktische Versuche mit Benzin als Kraftstoff

„Erfinder" und erster Anwender des Benzins als Kraftstoff für Fahrzeugmotoren war Siegfried Marcus 1864. Bis heute ist Benzin einer der meistverwendeten Kraftstoffe der Welt

1875/76 Bis zu diesem Zeitpunkt gab es nur stationäre Gasmotoren

zu 3. Benzinvergasung
1865 Erster „Vergaser" privilegiert

Marcus erfand hiezu ein Gerät, das er als „Apparat zur Karbonisierung der atmosphärischen Luft" bezeichnete. Auf diesen ersten „Vergaser" erhielt er am 16. Mai 1865 ein Privileg (Patent) mit der Nummer 5372/g.
Wenn auch die heute in Verwendung stehenden Vergasungseinrichtungen für Benzinmotoren anders aussehen als jene von Marcus, so hat das Prinzip nach wie vor Gültigkeit.
Der erste Benzinmotor von Marcus wurde bereits 1866 probegefahren.

1875/76 stellte Maybach erste Versuche zur Vergasung von Benzin an, um ein im Motor verbrenungsfähiges Benzin-Luftgemisch herzustellen.

zu 4. Zwangsgesteuerter Gaswechsel
1864 wurde der erste Zweitaktmotor von Marcus bereits zwangsgesteuert

Um eine sichere und optimale Zylinderfüllung zu erreichen, muß der Gaseinlaß widerstandsarm und korrekt begrenzt erfolgen. Das gleiche gilt auch für den Auslaß der Verbrennungsrückstände. Marcus erkannte das bereits bei seinem ersten Motor, der daher ebenso wie die nachfolgenden zwangsgesteuert war.
Er verwendete niemals automatische Gaswechseleinrichtungen.
Diese Maxime gilt auch heute noch uneingeschränkt für alle Motoren.

1860 Die von Lenoir gebauten atmosphärischen Gasmotoren hatten wohl einen zwangsgesteuerten Gasein- und auslaß. Weil aber der Gasauslaß mittels eines schlecht gekühlten Flachschiebers gesteuert wurde, neigte dieser zum „Fressen".
1867–1875 hatten alle Flugkolbenmotoren von Otto & Langen ein automatisches Auslaßorgan.
1885 aus Patentzeichnungen geht hervor, daß die ersten Daimler-Fahrzeugmotoren noch mit automatischen Ansaugventilen ausgestattet waren.

zu 5. Elektrische Zündung
1864 elektrische Zündung, die Marcus privilegiert wurde.

Um das im Vergaser aufbereitete und in den Zylinder eingebrachte Benzin-Luftgemisch sicher, zeitgerecht und für die Umwelt ungefährlich zu zünden, erfand Marcus die batterieunabhängige Zündung.
Auf die „Erfindung eines magnet-elektrischen Zündinduktors" erhielt er am 21. Juni 1864 unter der Zahl XIV/318 ein Privileg.
Marcus war der erste, der eine brauchbare elektrische Zündanlage für Benzinmotoren schuf, die bis in die Gegenwart, wenn auch weiterentwickelt, Anwendung findet.

1807 De Rivac verwendete bei seinem ersten, mit einem Verbrennungsmotor angetriebenen Wagen bereits eine elektrische Zündung, von deren Konstruktion man nur weiß, daß ein händisch ausgelöster Funke von einer in den Zylinder ragenden Elektrode zum Kolben übersprang.
1860 Die Zündung des Lenoir-Motors erfolgte mittels Ruumkorff-Apparates mit Zündkerze.
1867 Die von Otto & Langen auf der Pariser Weltausstellung angebotenen Flugkolben-Gasmotoren wurden mit einer „lebenden" Gasflamme gezündet.
1885 wurden endlich die Deutzer Benzinmotoren mit einer magnetelektrischen Zündung ausgestattet.
1885 versuchte Benz eine elektrische Summerzündung, die aber nicht zufriedenstellend funktionierte und daher durch eine Batteriezündung ersetzt werden mußte.
1887 brachte Bosch eine Niederspannungs-Magnetzündung auf den Markt.
1889 verwendete Daimler an dem schnellaufenden Zweizylinder-V-Benzinmotoren noch Glührohrzündung.

zu 6. Viertakt-Arbeitsweise
1875 Erster Automobilmotor der Welt

Der Marcusmotor von 1875 war der erste Fahrzeugmotor der Welt, der als elektrisch gezündete Viertakt-Benzinmaschine lief.
Die meistgebauten Fahrzeugmotoren sind seit Marcus Viertaktmaschinen. Auch hier gebührt ihm der Ruhm, den konstruktiv richtigen Weg erkannt und verwirklicht zu haben.

1873 wurde der erste stationäre Viertakt-Gasmotor von Christian Reithmann gebaut. Aufgrund dieser Maschine verlor später Otto seine Patentrechte auf das Viertaktverfahren.
1876 wurde der erste stationäre Viertakt-Gasmotor der Gasmotoren-Fabrik Deutz gebaut.
1885 Die ersten Viertakt-Fahrzeug-Benzinmotoren bauten nach Marcus Daimler und Benz.

zu 7. Schnellaufender Motor
1875 Erster „leichter" und schnellaufender „Explosionsmotor" der Welt.

Die im zweiten Marcuswagen eingebaute Viertakt-Benzinmaschine ist mit 500 U/min zum Zeitpunkt ihrer Fertigstellung 1875 als Schnelläufer zu bezeichnen.
Marcus erkannte schon 1875, daß Verbrennungsmotoren für den Fahrzeugantrieb schnellaufend sein müssen.

1883 Die Daimler-Patente DRP 28022 und 28243 vom 16. und 22. Dezember 1883 umschließen die erfinderische Idee des schnellaufenden, leichten Motors.
1885 Zu dieser Zeit liefen die Gasmotoren mit einer Drehzahl von 160 bis 180 U/min, auch jene von Deutz, wie aus einem Prospekt dieser Firma hervorgeht.
1885 Erst der erste Daimler-Fahrzeugmotor hatte mit seinen 650 U/min eine höhere Drehzahl als der schnellaufende Viertakt-Benzinmotor von Marcus, der bereits 1875 mit 500 U/min lief.

zu 8. Kompaktbauweise
Ab 1871 waren alle Marcus-Fahrzeugmotoren in Kompaktbauweise konstruiert.

Alle von Marcus bis 1880 gebauten Motoren – außer seinem ersten Versuchsmotor von 1864 – waren konstruktiv als Fahrzeugmaschinen ausgelegt und dementsprechend für den Einbau in ein Fahrgestell sowohl größen- als auch gewichtsmäßig dimensioniert.

Marcus schuf als erster einen Kompaktmotor, bei dem alle Aggregate an der kurzgebauten Maschine angebracht waren und auch von ihr angetrieben wurden.

Diese Konstruktionsmaxime ist vollinhaltlich auch für alle modernen Fahrzeugmaschinen gültig.

1871–1885 befaßten sich keine Unternehmen mit der Konstruktion von Fahrzeug-Benzinmotoren außer Siegfried Marcus, der sie von 1861 bis 1888 kontinuierlich weiterentwickelte.

1885 Ab diesem Jahr wurde der Fahrzeug-Benzinmotor bis heute in ununterbrochener Folge gebaut und weiterentwickelt. Nicht zuletzt durch die Pionierfirmen Daimler und Benz unter dem Firmennamen Mercedes-Benz.

Anläßlich des 75–jährigen Bestehens des ÖAMTC - Österreichischer Automobil-, Motorrad und Touring Club - wurde 1971 eine Jubiläums-Briefmarke mit der Abbildung des zweiten Marcuswagens herausgebracht.

212

Die Weltmotorisierung hat eindeutig von dem von Siegfried Marcus 1875 gebauten Benzinautomobil ihren Ausgang genommen. Dieser Prototyp war nicht nur vierrädrig, er war auch viersitzig, wies einen Viertaktmotor und ein spezielles Fahrgestell auf. Er stellte demnach eine homogene Fahrzeugkonstruktion dar, der in keiner Hinsicht mehr der Makel eines Provisoriums anhaftete. Sie wies vielmehr alle Kriterien auf, die auch ein heutiges Automobil kennzeichnen.

Die industrielle Herstellung des Automobils wurde von Gottlieb Daimler eingeleitet. Wenn sich auch sein erstes Patent noch auf ein Motorrad bezog. so waren alle folgenden Daimler-Konstruktionen bereits zweispurig und vierrädrig. Auch Daimler wurde zuerst von seinen Landsleuten abgelehnt. Erst Jahre später ergaben sich durch Verbindungen zu französischen Interessenten auch wirtschaftliche Aspekte, die schließlich zur industriellen Fertigung führten.

Durch Henry Ford und seine speziell für die Automobilproduktion geschaffene Massenfertigung wurde aus dem elitären Automobil das allen Volksschichten zugängliche Kraftfahrzeug, das die Weltmotorisierung edgültig realisierte. Sein „Model T" war jenes Fahrzeug, das die Massenproduktion in Schwung brachte und mit mehr als 15 Millionen Stück jahrzehntelang das meistgebaute Modell der Welt war.

Der Volkswagen „Käfer" von Ferdinand Porsche ist mit seinen weit über 20 Millionen gefertigten Einheiten das meistgebaute Automobil der Welt. Dieses Auto war nicht nur ein Massenprodukt mit hoher Verläßlichkeit, es war auch eine Art Weltanschauung und vielleicht das erste und einzige Automobil der Welt, das sogar Klassenunterschiede auszugleichen vermochte. Es wurde vom einfachen Arbeiter ebenso gern gefahren wie vom Generaldirektor. Dieses einzigartige Fahrzeug war nicht zuletzt mitbestimmend für das deutsche Wirtschaftswunder nach dem Krieg.

7. Die Industrie- und Gewerbemotoren von Siegfried Marcus

Um sich ein vollständiges Bild der Leistungen von Siegfried Marcus auf dem Sektor der vor der Jahrhundertwende immer noch jungen und daher in Entwicklung befindlichen Technik der Verbrennungsmotoren zu machen, ist es an der Zeit, über die ausgezeichneten Fahrzeugmotoren hinaus auch seine außergewöhnlich fortschrittlichen Stationärmotoren zu würdigen.

Für die Zeit nach 1880 sind bereits ausreichende Unterlagen über die von Siegfried Marcus nun nicht mehr geheimgehaltenen Arbeiten aufzufinden. Ab dieser Zeit wurden immer mehr Marcus-Benzinmotoren in der Öffentlichkeit vorgestellt und natürlich auch zum Verkauf angeboten, wobei sie sich unvermeidlich auch der am Markt befindlichen Konkurrenz zu stellen hatten. Und zwar handelt es sich bei den Neuentwicklungen vorwiegend um halbmobile und stationäre Benzinmotoren für Industrie und Gewerbe. Es wurden aber auch spezielle mobile Motoren für den Antrieb von Lokomotiven sowie Schiffsmaschinen angeboten.

Was von Anfang an Marcusmotoren auszeichnete, war ihre ausgereifte, fortschrittliche Konstruktion, und wie immer wieder besonders hervorgehoben wurde, ihre Sparsamkeit und Betriebsverläßlichkeit. Diese Tatsache wiederum bewies einmal mehr, daß Marcus nicht – wie es bei manchem Motorenbauer in der Anfangszeit üblich war – einen Teil der Versuchsarbeit auf die bedauernswerten Kunden abwälzte oder abwälzen mußte.

Was Marcus auf dem Gebiet der Gewerbe- und Industriemotoren geleistet hat, ist fast ebenso erstaunlich wie die Pionierleistungen hinsichtlich des von ihm erfundenen und weiterentwickelten Automobils. Die viele Jahre im geheimen durchgeführte Arbeit insbesondere am Antriebsmotor fand nunmehr ihren Niederschlag in Stationärmotoren, die die Fachwelt immer wieder beeindruckten.

Im letzten Abschnitt der Marcus-Biographie beschränkt sich der Autor ganz bewußt auf jene unerläßlichen Aussagen, Bemerkungen, technischen Erläuterungen und Hinweise, die notwendig sind, um dem Leser Zusammenhänge verständlich zu machen.

Über Qualität, Fortschrittlichkeit und Betriebsverläßlichkeit der Motoren hingegen sollen nicht nur der Erfinder Siegfried Marcus selbst, sondern in erster Linie zeitgenössische Experten und Fachleute zu Wort kommen, Insider also, die um die Jahrhundertwende ihre Meinungen und Gutachten über die Marcusmaschinen in namhaften, ebenfalls von kompetenten Fachleuten redigierten Fachzeitschriften veröffentlichten.

Hier gehört noch besonders darauf hingewiesen, daß damals veröffentlichte Meinungen, Gutachten oder Tests noch nicht durch hohe Inseratenaufträge gestützt wurden, wie es heute immer häufiger der Fall ist.

Bei der meist vollinhaltlichen Übernahme der Originaltexte wurde bewußt in Kauf genommen, daß in unbedeutenden Details vereinzelt Aussagen erfolgen, die nicht immer den erarbeiteten Erkenntnissen der vorliegenden Biographie genau entsprechen. Fallweise divergierende Randbemerkungen in einigen zeitgenössischen Beiträgen beruhen im allgemeinen einfach auf der Tatsache, daß sich Marcus bis etwa 1880 vorwiegend auf die Entwicklung von Motoren beschränkte, die streng geheimgehalten wurden. Dadurch drangen entweder keine, verzerrte oder sogar falsche Nachrichten an die Öffentlichkeit, die dann im guten Glauben kolportiert wurden.

Über die von Marcus zwischen etwa 1880 und 1890 geschaffenen Stationärmotoren gibt am besten eine kurze zeitgenössische Beurteilung von Qualität, Brauchbarkeit und Handhabung dieser Maschinen Auskunft. So liest man in einer Käuferinformation von Märky, Bromovsky & Schulz:

„Märky, Bromovsky & Schulz, Maschinenfabrik in Prag, Königgrätz und Adamsthal, erlauben sich, die geehrten Herren Interessenten in nachstehender kurzer Abhandlung auf die großen Vorteile des Patent-Petroleum- oder Gas-Motors von Siegfried Marcus in Wien aufmerksam zu machen. Das alleinige Ausführungsrecht der Marcus-Explosions-Motoren wurde für Österreich-Ungarn ausschließlich Märky, Bromovsky & Schulz in Prag übertragen. Seit der kurzen Zeit seiner Ausführung wurde der Motor auf der Ausstellung im Jahre 1887 zu Warschau, Prag, Krakau, Jungbunzlau, Jaromer als eine sensationelle Erscheinung am Gebiete der Motoren begrüßt und mit Medaillen und Ehrendiplomen ausgezeichnet. Es gibt für den Kleinbetrieb keine bessere, zuverlässigere und unabhängigere Betriebskraft als die des Petroleum-Motors von Marcus..."

Im weiteren wird darauf hingewiesen

„...daß der Marcus-Motor nicht nur der erste und älteste, sondern auch der technisch vollendetste Petroleum-Motor ist..."

Bezüglich der verschiedenen Motortypen und deren Einsatzgebiete erfährt man,

„...daß die Marcus-Motoren bisher in fünf verschiedenen Typen zur Ausführung gebracht werden. Für stationäre Motoren werden Konstruktionen in horizontaler Anordnung des Zylinders mit schmiedeeisernem Balancier beim Viertakt und mit horizontalen Zylindern für Zweitakt und ohne Balancier, ferner mit vertikaler Zylinderanordnung mit schmiedeeisernem Balancier (Viertakt) angewendet. Als Schiffsmaschinen werden die Motoren mehrzylindrig ohne Schwungrad ausgeführt. Als Locomobilen, das ist als Betriebsmaschinen für kleinere Fahrzeuge, wie Lokomotiven für Straßen-Vinzinalbahnen und Tramways werden horizontal angeordnete Maschinen gebaut..."

Wie einfach diese Marcus-Maschinen zu handhaben waren, geht aus der zitierten Veröffentlichung ebenfalls hervor:

„...Vor jedem Anlassen des Motors soll die eine aus dem Schuberkasten herausnehmbare Zündnadel gereinigt werden; der mit der Zündnadel korrespondierende Kontaktstift im Expansionsraume wird mit einer kleinen, in Petroleum getauchten Bürste behufs Reinigung bestrichen und sodann die Zündnadel korrekt eingesetzt. Sobald die Zündvorrichtung in Ordnung befunden wird, öffnet man die beiden Petroleum und Luft zuführenden Hähne auf ein Viertel ihrer Querschnitte, dann löst man eine am Hebel des Auspuffventils befindliche Rolle aus, um die komprimierte Luft teilweise entweichen zu lassen, damit man das Schwungrad leichter bewegen kann, und dreht zwei- bis dreimal mit dem Schwungrade, worauf

die erste Explosion erfolgt. Nachdem der Motor auf diese Weise in Gang gebracht wurde, löst man sofort die besagte Rolle wieder ein, damit die komprimierte Luft nicht mehr entweichen kann. Nach der Ingangsetzung wird die Wasserzirkulation im Zylindermantelraum hergestellt, indem man den Wasserhahn am Kühlgefäß oder der Wasserleitung öffnet. Sodann werden die beiden Anlaßhähne nach aufmerksamer Beobachtung korrekt eingestellt, um das richtige Quantum dynamischen Gemenges in den Explosionsraum des Zylinders einzuführen. Die Zuleitung des Petroleums zum Zerstäuber geschieht von einem Reguliergefäß aus, welches mit einfacher Vorrichtung reguliert wird, um nur das benötigte Petroleum zuzuführen. Der metallene Verteilungsschieber am Schieberkasten des Zylinders darf nicht fest auf den Schieberspiegel angepreßt werden, da er sich sonst verreiben würde, was ein Undichtwerden der Schieberflächen zur Folge hätte. Der Motor, einmal in Gang gesetzt, braucht bei geöffneten, selbstölenden Schmiergefäßen keine besondere Wartung. Nach Abstellen des Motors ist nichts anderes nötig, als die Schließung des Petroleumhahnes vor dem Explosionsraum. Nach beendetem Betriebe ist die Kühlwasserleitung abzuschließen, die Zündnadel herauszunehmen, zu reinigen und erst dann wieder einzuführen, wenn der Motor in Gang gesetzt werden soll. Diese Vorkehrung ist notwendig, damit die Zündnadel nach Abkühlung des Zylinders nicht feucht und rostig wird, was der Funkenbildung hinderlich wäre. Jedesmal nach beendigtem Betriebe ist das Wasser aus dem Zylinder abzulassen.
Wie aus dem Vorangegangenen leicht verständlich, wird für die Bedienung des Motors, wiewohl Marcus-Motoren schon von Gärtnern, Taglöhnern, ja sogar selbst von Weibern bedient wurden, empfohlen, einen solchen Menschen dazu zu nehmen, welchem das Anziehen einer Schraubenmutter, das Schmieren eines Zapfens etc. keine Schwierigkeiten macht..."

Die Marcus-Motoren waren demnach konstruktiv und leistungsmäßig der zeitgenössischen Motorenentwicklung weit voraus, wie u.a. und nicht zuletzt aus der Vielfalt des Angebotes, auch was Größenordnung und Leistungsfähigkeit der Maschinen betraf, eindeutig hervorgeht.

In der 1887 in Wien erschienenen „Elektrotechn. Zeitschrift Wien", Seite 344, wird in einer Meldung mitgeteilt, daß der Marcus-Motor

„...gegenwärtig in zwei Maschinenfabriken gefertigt wird, u.zw. in den Größen von 1 bis 250 HP..."
(Siehe auch faksimilierte Meldung auf Seite 228)

Jedermann hätte große Bedenken, eine solche Meldung aus einer seriösen zeitgenössischen Fachzeitschrift aus dem Jahr 1887, die ein Renommee zu verlieren hatte und zu deren Lesern ein Großteil der damaligen Fachwelt und natürlich auch die Konkurrenten von Marcus gehörten, als unmöglich oder gar utopisch zu bezeichnen, wie es durch Goldbeck und Seper geschah. Noch dazu Marcus in seinem zweiseitigen Prospekt von 1887 1/2 bis 100 HP-Maschinen folgendermaßen anbot:

„...Der Marcus-Petroleum-Motor, welcher in allen Größen von 1/2 bis 100 Pferdestärken und darüber gebaut wird...“

Marcus war weder ein Betrüger noch ein Utopist, sondern wie alle seine Arbeiten beweisen, ein seriöser, absoluter Realist, der niemals mit einer Konstruktion an die Öffentlichkeit trat, die nicht durch eine hohe Perfektion bestach. Wenn also Marcus in einer von ihm herausgegebenen Verkaufshilfe 100 und mehr PS Motoren anbot, konnte er sie auch liefern.

Aber nicht nur Goldbeck glaubte, zu einer Berichtigung berechtigt zu sein, auch der ehemalige Kustos des Technischen Museums Wien, Seper, bezeichnete diese Angaben in „treuer Gefolgschaft“ als falsch.

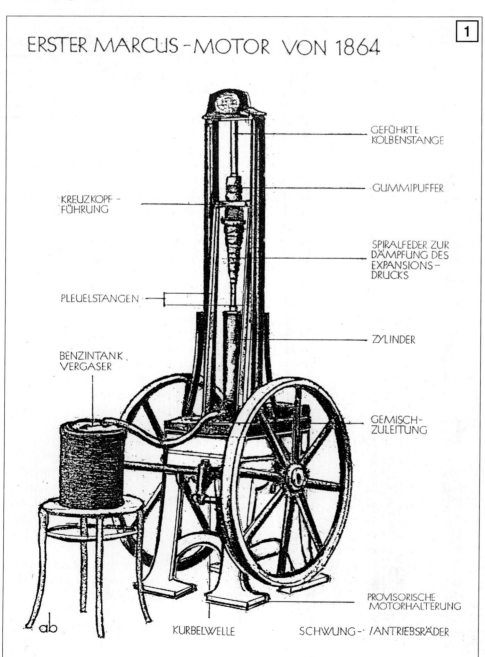

ERSTER MARCUS-MOTOR VON 1864

1

GEFÜHRTE KOLBENSTANGE

GUMMIPUFFER

SPIRALFEDER ZUR DÄMPFUNG DES EXPANSIONS-DRUCKS

ZYLINDER

GEMISCH-ZULEITUNG

KREUZKOPF-FÜHRUNG

PLEUELSTANGEN

BENZINTANK VERGASER

PROVISORISCHE MOTORHALTERUNG

KURBELWELLE   SCHWUNG- /ANTRIEBSRÄDER

ab

1 + 1 Erster mobiler Fahrzeugmotor der Welt.

2 + 2 Erster elektrisch gezündeter, wassergekühlter, automobiler Viertakt-Bezinmotor der Welt.

3 + 3 Aus dem Fahrzeugmotor herausentwickelter, liegender Viertakt-Stationärmotor in Kompaktbauweise.

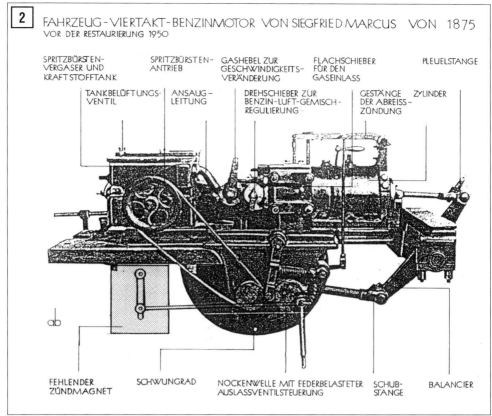

2 FAHRZEUG-VIERTAKT-BENZINMOTOR VON SIEGFRIED MARCUS VON 1875
VOR DER RESTAURIERUNG 1950

SPRITZBÜRSTEN-VERGASER UND KRAFTSTOFFTANK — SPRITZBÜRSTEN-ANTRIEB — GASHEBEL ZUR GESCHWINDIGKEITS-VERÄNDERUNG — FLACHSCHIEBER FÜR DEN GASEINLASS — PLEUELSTANGE

TANKBELÜFTUNGS-VENTIL — ANSAUG-LEITUNG — DREHSCHIEBER ZUR BENZIN-LUFT-GEMISCH-REGULIERUNG — GESTÄNGE DER ABREISS-ZÜNDUNG — ZYLINDER

FEHLENDER ZÜNDMAGNET — SCHWUNGRAD — NOCKENWELLE MIT FEDERBELASTETER AUSLASSVENTILSTEUERUNG — SCHUB-STANGE — BALANCIER

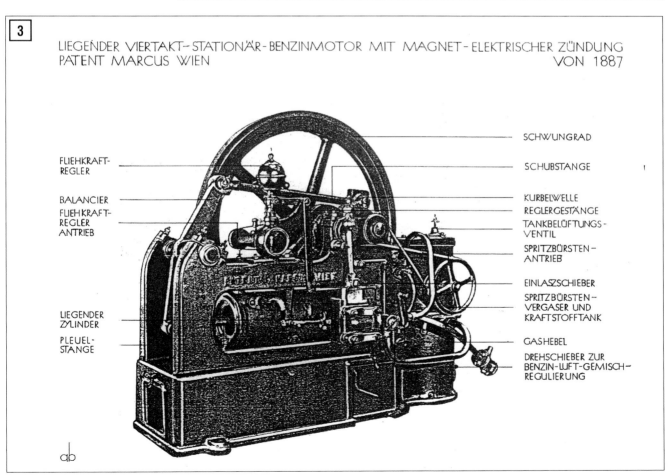

3 LIEGENDER VIERTAKT-STATIONÄR-BENZINMOTOR MIT MAGNET-ELEKTRISCHER ZÜNDUNG
PATENT MARCUS WIEN VON 1887

FLIEHKRAFT-REGLER

BALANCIER
FLIEHKRAFT-REGLER ANTRIEB

LIEGENDER ZYLINDER

PLEUEL-STANGE

SCHWUNGRAD

SCHUBSTANGE

KURBELWELLE
REGLERGESTÄNGE
TANKBELÜFTUNGS-VENTIL
SPRITZBÜRSTEN-ANTRIEB

EINLASZSCHIEBER
SPRITZBÜRSTEN-VERGASER UND KRAFTSTOFFTANK

GASHEBEL
DREHSCHIEBER ZUR BENZIN-LUFT-GEMISCH-REGULIERUNG

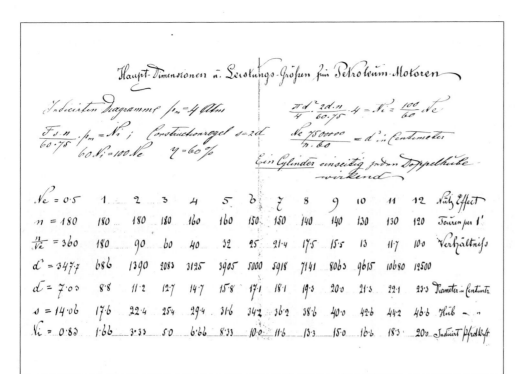

Haupt-Dimensionen u. Leistungs-Größen für Petroleum-Motoren

$$\text{Indicirten Diagramme } p_m = 4 \, \text{Atm}$$
$$\frac{\pi d^2}{4} \cdot \frac{2 d \cdot n}{60 \cdot 75} \cdot 4 = N_i = \frac{100}{60} N_e$$
$$\frac{F \cdot s \cdot n}{60 \cdot 75} \cdot p_m = N_i ; \text{ Construction-Regel } s = 2d$$
$$\frac{N_e \cdot 75 \cdot 0000}{n \cdot 60} = d^3 \text{ in Centimeter}$$
$$60 N_i = 100 N_e \qquad \eta = 60 \%$$

Ein Cylinder einseitig jeden Doppelhube wirkend

$N_e =$	0.5	1	2	3	4	5	6	7	8	9	10	11	12	Nutz-Effect
$n =$	180	180	180	180	160	160	150	150	140	140	130	130	120	Touren per 1'
$\frac{n}{N_e} =$	360	180	90	60	40	32	25	21.4	17.5	15.5	13	11.7	10.0	Verhältnis
$d^3 =$	347.7	686	1390	2083	3125	3905	5000	5918	7141	8065	9615	10680	12500	
$d =$	7.00	8.8	11.2	12.7	14.7	15.8	17.1	18.1	19.3	20.0	21.3	22.1	23.3	Diameter in Centimtr
$s =$	14.06	17.6	22.4	25.4	29.4	31.6	34.2	36.2	38.6	40.0	42.6	44.2	46.6	Hub ″
$N_i =$	0.83	1.66	3.33	5.0	6.66	8.33	10.0	11.6	13.3	15.0	16.6	18.3	20.0	Indicirt Pferdkrft

Links: Leistungstabelle Benzinmotoren.

Mitte: Liegender, atmosphärischer Zweitakt-Marcusmotor mit automatischer Regelung der Gaseinströmung. Dieser Motor konnte nach geringer Änderung des Steuermechanismus in einen Viertaktmotor umgewandelt werden.

Darunter: Stehender Marcus-Zweitaktmotor mit Vorverdichtung.

Unten: Diese liegende Maschine wird von Kurzel-Runtscheiner und Goldbeck als Viertaktmotor bezeichnet, während Seper ihn als Zweitaktmotor angibt. Erläuterungen siehe Seite 218.

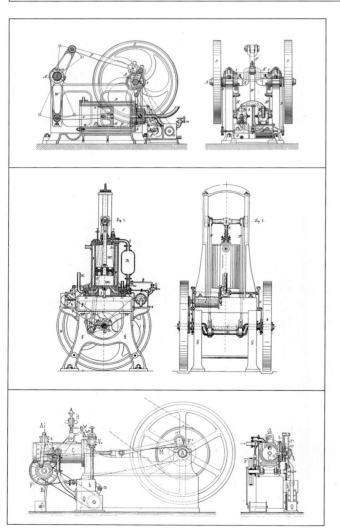

Goldbeck stellte in seiner Marcus-Biographie und Seper einige Zeit später in der Publikation „Siegfried Marcus und seine Verbrennungsmotoren", Blätter für Technikgeschichte, 1974, mit bedenklicher Unwissenschaftlichkeit wörtlich gleichlautend fest:

> „Das war utopische Zukunftsmusik, im Gasmotorenbau kam man erst 1889 zu Motoren von 100 PS Leistung, war also noch weit von Motoren solcher Größe entfernt..."

Wenn 1887 in einer ernstzunehmenden Fachveröffentlichung eine 250 PS-Marcus-Maschine gemeldet wurde, dann sollte das einen Historiker höchstens anregen, intensiv zu forschen, wie diese Maschine beschaffen war und wieso es sie schon gab. Sie jedoch ohne entsprechend tragfähige historische Begründung als utopisch abzuqualifizieren, ist keine starke wissenschaftliche Aussage.

Aber wie könnte es auch anders sein: Die Gasmotorenfabrik Deutz hatte, wie ein auf Seite 235 veröffentlichter Prospekt des Unternehmens beweist, nach 1887 jedenfalls nur weit kleinere Motoren anzubieten. Erst 1897 produzierte sie vergleichbare große Motoren, wie man der Publikation „Das Buch der Erfindungen" entnehmen kann (Bildbeschriftung auf Seite 23):

> „...Zwillingsmotor von 200 effektiven Pferdestärken im Baseler Wasserwerk (Gasmotorenfabrik Deutz)..."

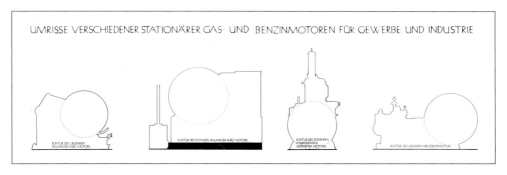

UMRISSE VERSCHIEDENER STATIONÄRER GAS- UND BENZINMOTOREN FÜR GEWERBE UND INDUSTRIE

Warum sollte Marcus, der mit seinen Motorkonstruktionen auf einer fast 25jährigen Erfahrung und Entwicklung aufbauen konnte, nicht bereits viel früher leistungsfähigere Motore bauen und anbieten können?

1888 ging die bereits genannte Zeitschrift (ETZW) anläßlich der Jubiläums-Gewerbe-Ausstellung des gleichen Jahres auf die Marcus-Motoren genauer ein:

„...Unter den exponierten Motoren muß wohl unstreitig der Explosionsmotor von Siegfried Marcus als eine ganz hervorragende Leistung, ja füglich als eine der interessantesten Neuerungen auf diesem Gebiet bezeichnet werden. Schon seit dem Jahre 1870 eifrig danach strebend, einen wirklich praktischen, das heißt ökonomischen und verläßlichen Motor zu schaffen, hat der genannte Ingenieur durch die endliche Herstellung des hier vorgeführten Objektes sein Ziel er-

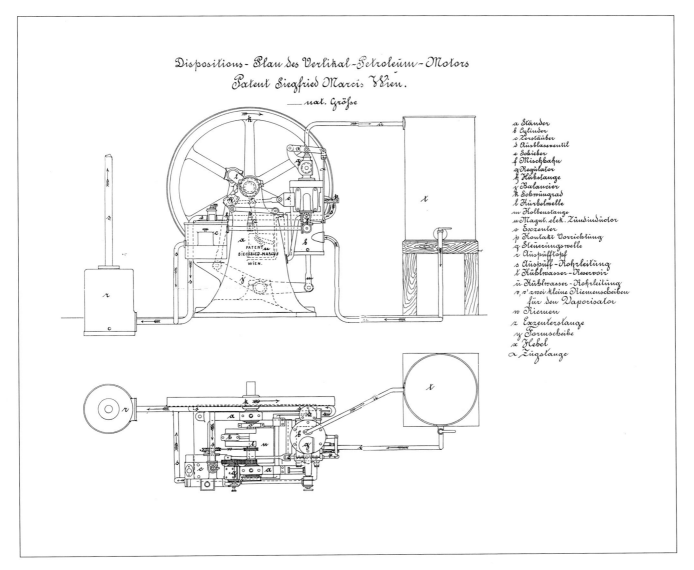

STATIONÄRER VERBRENNUNGSMOTOR VON SIEGFRIED MARCUS 1883

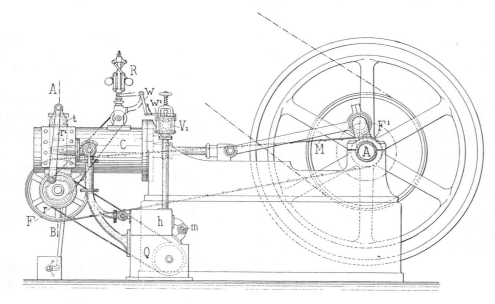

Konstruktionszeichnung von Siegfried Marcus in der Privilegienschrift vom 24. Juli 1883, die verschiedentlich zu der Mutmaßung führte, daß es sich um einen Viertaktmotor handelt.

Zwecks besserer Erkennbarkeit wurde das Übersetzungsverhältnis des Steuerantriebes von 2 : 1 herausgezeichnet, das einige Historiker zu der Behauptung veranlaßte, es handle sich bei der dargestellten Maschine um einen Viertaktmotor. Zum besseren Verständnis, weshalb das nicht zutrifft, wurden die Bewegungsabläufe in vier schematische Darstellungen zerlegt.

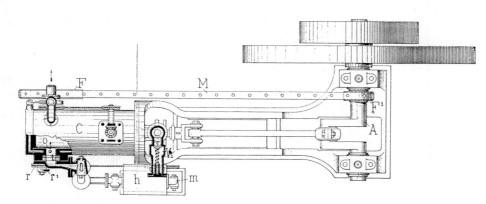

1.+2. Darstellung: 1. Takt

1/2 Kurbelwellenumdrehung entspricht 1/4 Umdrehung des Steuerantriebes.

Der in der Mitte des Einlaßschiebers befindliche Schlitz öffnet kurzzeitig den Gaseinlaß. Das vorverdichtete Gemisch wird eingeblasen und sofort nach Schließen des Einlaßschiebers gezündet (Arbeit).

3.+4. Darstellung: 2. Takt

1/2 Kurbelwellenumdrehung entspricht 1/4 Umdrehung des Steuerantriebes.

Der in der Mitte des Einlaßschiebers befindliche Schlitz wandert nach oben und schließt den Gaseinlaß. Das Auslaßventil öffnet sich und die Verbrennungsrückstände werden bei geschlossenem Einlaßschieber ausgeschoben.

1/1 Kurbelwellenumdrehung entspricht demnach 1/2 Umdrehung des Steuerantriebes.

Zwei Kurbelwellenumdrehungen entsprechen demnach einer Umdrehung des Steuerantriebes, also 2 : 1, wodurch das Übersetzungsverhältnis nun wiederum 1 : 1 beträgt, wie es dem Zweitaktmotor entspricht.
Die Maschine ist daher trotz des irreführenden Übersetzungsverhältnisses kein Viertaktmotor, sondern ein aufgeladener Zweitaktmotor.

MOTOR MIT GASWECHSEL-
STEUERUNG FÜR DEN
AUFGELADENEN ZWEITAKT
BETRIEB

1. TAKT

EINLASS
OFFEN

1/4 U   1/2 U

1. TAKT

EINLASS
GESCHLOSSEN

1/4 U   1/2 U

1/2 UMDREHUNG
STERRADANTRIEB   1 KURBELWELLEN-
                            UMDREHUNG

2. TAKT

EINLASS
OFFEN

1/4 U   1/2 U

2. TAKT

EINLASS
GESCHLOSSEN

1/4 U   1/2 U

1/2+1/2=1 UMDREHNG
STEUERADANTRIEB   1+1 = 2 KURBELWELLEN-
               UMDREHUNGEN

reicht... Im Hinblick auf diese Ereignisse dürfte
also die Behauptung wohl gerechtfertigt erscheinen, daß dem besagten Motor noch eine wichtige
Rolle beschieden ist..."

In der Zeitschrift des Vereins Deutscher Ingenieure, VDI, wiederum erschien zur gleichen Zeit ein
Artikel, der vor allem hervorhob, daß in den Marcusmotoren als ersten das billigere Schweröl bis
0,76 Verwendung finden konnte, wodurch sie besonders günstig im Verbrauch und aufgrund einer
speziellen Zerstäubung auch betriebssicher zu betreiben waren.

Das Resümee lautete:

   „...Wir halten die Motoren von Marcus für die besten bisher zur Verwendung von Petroleum gebauten..."

Stationärer Zwei- oder Viertakt-Verbrennungsmotor von Siegfried Marcus, 1882

Die Zeichnung zum österreichischen Privileg
Nr. 33/1442 „Verbesserungen an Explosionsmoto-

*Petroleum-Motor mit stehender Zylinderanordnung, erzeugt bei Märky,
Bromovsky & Schulz.*

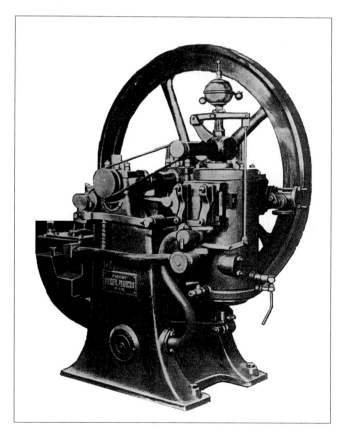

Motoren auf der Jubiläums-Gewerbe-Ausstellung in Wien.*)

Unter den exponirten Motoren muss wohl unstreitig der Explosions-Motor von Siegfried Marcus als eine ganz hervorragende Leistung, ja füglich als eine der interessantesten Neuerungen auf diesem Gebiete bezeichnet werden. Schon seit dem Jahre 1870 eifrig darnach strebend, einen wirklich praktischen, d. i. ökonomisch und verlässlich arbeitenden Motor zu schaffen, hat der genannte Ingenieur durch die endliche Herstellung des hier vorgeführten Objectes sein Ziel bestens erreicht; er hat einen Motor geschaffen, welcher ohne irgendwelche Vorbereitungen jederzeit betriebsbereit ist, der ferner allen mechanischen Bedingungen betreffs der Gleichförmigkeit und Ruhe des Ganges vollkommen entspricht, der endlich noch bei Ausschluss jedweder Feuergefahr sehr ökonomisch functionirt. In letzterer Beziehung mag hier erwähnt werden, dass aus einer Reihe genauer Versuche, welche in jüngster Zeit durchgeführt wurden, sich die Thatsache ergab, dass bei diesem neuen Motor der Oelverbrauch im Mittel für die effective Pferdekraft nur 0·4 Kgr. bei einem specifischen Gewichte von 730 beträgt. Bedenkt man also, dass hier 100 Kgr. Kohlen fl. 1, 1 Kub.-Mtr. Gas 9·5 kr., ferner

100 Kgr. Oel, incl. Zoll im Maximum fl. 18, und im wahrscheinlichen Falle der Durchführung der Zoll-Restitution, nur noch fl. 11·50 kosten, und hält man daran fest, dass erfahrungsgemäss für kleinere Motoren die effective Pferdekraft, mit:

Dampfmotor erzeugt 4·5 Kgr. Kohle,
Gasmotor   „   1 Kub.-Mtr. Gas,
Marcus-Motor   „   0·4 Kgr. Oel

pro Stunde consumirt, so ergibt sich, dass im reinen Betriebe, also ausschliesslich aller Amortisationskosten und ohne Berücksichtigung der Quoten für die, bekanntlich nicht unerhebliche Anlage und Installation eine effective Pferdekraft mit:

Dampfmotor . . . . 3·5 kr.
Gasmotor . . . . 9·5 „
Marcus-Motor dermalen . . . . 7·2 „
     „   „   nach Zoll-Restitution . 4·6 „

pro Stunde kostet. Im Hinblick auf diese Ergebnisse dürfte also die Behauptung wohl gerechtfertigt erscheinen, dass dem besagten Motor in Zukunft noch eine wichtige Rolle beschieden ist.

———

*) Wir haben in den Jahrgängen 1884 und 1885 eingehende Beschreibungen der Zündvorrichtungen dieses Motors gebracht.

ren", erteilt am 24. Juli 1883, hat bei einigen Kraftfahrzeughistorikern zu verschiedenen Auffassungen über die Arbeitsweise des dargestellten Motors geführt und ist ein Beispiel dafür, wie genau man sich mit Marcus-Konstruktionen auseinandersetzen muß, um seine oftmals erstaunlichen konstruktiven Details zu erkennen und zu einem technisch einwandfreien Ergebnis zu gelangen. Hier wird deutlich, wieviel technische Überlegung er in jede seiner Konstruktionen einbrachte.

Der international anerkannte Technikhistoriker Dr.tech. Dipl.Ing. Kurzel-Runtscheiner bezeichnete den in Rede stehenden Motor in seiner vom Österreichischen Automobil-, Motorrad- und Touring-Club (ÖAMTC) 1956 herausgebrachten Broschüre „Siegfried Marcus – Lebensbild eines österreichischen Erfinders" als Viertaktmotor. Eine Bildunterschrift unter der Darstellung des Motors lautet bei ihm:

„Marcus-Viertakt-Benzinmotor, rechts Steuerorgane und Einzelheiten der Zündung mit den ‚Kontaktgebern' – Aus der Privilegienschrift ‚Verbesserung an Explosionsmotoren' (1883). Nach dem Original im Archiv des österr. Patentamtes".

In der vom deutschen Historiker Ob.Ing. Dr. Goldbeck herausgebrachten Veröffentlichung „Siegfried Marcus – Ein Erfinderleben", VDI-Verlag Düsseldorf, lesen wir zur gleichen Motordarstellung im Anhang:

„Bild 4: Viertaktmotor mit elektrischer Zündung und Bürstenvergaser".

Der ehemalige Kustos am Technischen Museum Wien, Seper, hingegen bezeichnet diese Maschine als Zweitaktmotor, seine Bildunterschrift in den „Blättern für Technikgeschichte – 35. Heft – Herausgegeben vom Forschungsinstitut für Technikgeschichte 1974" lautet:

„Abb. 6: Marcus-Zweitaktmotor mit liegendem Zylinder und automatischer Regelung der Gaseinströmung. Der Arbeitszylinder dient gleichzeitig als Luftpumpe. (Zeichnung zum österreichischen Privileg Nr. 33/1442 ‚Verbesserung an Explosionsmotoren‘, erteilt am 24. Juli 1883)."

Die erste Frage, die sich stellt, ist, wieso meinen Kurzel-Runtscheiner und Goldbeck, es handle sich bei der dargestellten Maschine um einen Viertaktmotor? Diese Frage ist relativ einfach zu beantworten, denn auf der Zeichnung ist der Antrieb der Gaswechselsteuerung mittels Zahnriemens gut ersichtlich. Ebenso das Übersetzungsverhältnis 2 : 1 (2 Kurbelwellenumdrehungen, 1 Steuerantriebsumdrehung) der Gaswechselsteuerung. Dieses Übersetzungsverhältnis legt nahe, daß es sich hier um einen Viertaktmotor handelt. So gesehen haben beide Autoren recht mit ihrer Behauptung.

Wie kommt nun aber Seper zu der Feststellung, daß es sich bei der dargestellten Maschine und ihrem eindeutig scheinenden Übersetzungsverhältnis des Steuerantriebes von 2 : 1 dennoch um einen Zweitaktmotor handelt?

Seper baut seine Vermutung auf nachfolgend zitierte Marcus-Maschinen auf:

„...Im Jahre 1883 konstruierte Siegfried Marcus einen Zweitaktmotor und beauftragte mit der Herstellung die Priv. Maschinen- und Kesselfabrik Schultz & Göbel, Wien IV, Weyringergasse 14. Im Jahre 1884 bauten Ganz & Co. in Budapest und 1885 Heilmann & Ducommun, Werkstätte für Maschinenbau in Mühlhausen, Elsaß, je einen Zweitaktmotor für ihn..."

Weiter können wir bei Seper lesen:

„...Die einzige Literaturstelle über seine Zweitaktmotoren findet sich im Katalog der Ausstellung von Motoren und Werkzeugmaschinen für das Kleingewerbe, die in Wien in den Lokalitäten der k.k. Gartenbaugesellschaft vom 24. Juli bis 12. Oktober 1884 stattfand..."

In diesem Ausstellungskatalog finden wir folgenden Bericht:

„...Siegfried Marcus, Wien, Mariahilferstraße Nr. 107. Petroleum-Motor von 3 bis 4 HP (Horsepower). Derselbe verwendet flüssiges Petroleum, welches durch einen bürstenförmigen Zerstäuber

äußerst fein verteilt wird und in dem Zylinder mit Luft gemengt, mittels eines magnet-elektrischen Apparates zur Explosion gebracht wird. Der Konsum an Petroleum beträgt 0,4 Liter pro HP und Stunde (Fußnote: der 3 HP Motor hatte daher einen Verbrauch von 1,2 l/h und der 4 HP Motor 1,6 l/h). Der Zylinderdurchmesser beträgt 180 mm, der Kolbenhub 360 mm. Da der Motor keine Leitung benötigt, ist derselbe vom Aufstellungsplatz vollkommen unabhängig; weil der elektrische Funke nur im Inneren des Zylinders auftritt und die Verbrennungsprodukte Wasser sind, so schließt dieser Motor jede Feuergefährlichkeit aus, er kann demnach sowohl für mobile als auch für halbmobile Zwecke, aber mit gleichem Vorteil für stabile Zwecke verwendet werden. Die Inbetriebsetzung kann jederzeit erfolgen. Die Maschine macht 160 Touren pro Minute, der Durchmesser des Riemenschwungrades beträgt 1,2 m, die Breite 150 mm. Der Raumbedarf der Maschine 2,5 m x 1,3 m. Gewicht zirka 1000 kg..."

Dieser von Seper für die Zweitakt-Arbeitsweise des in Rede stehenden Motors angeführte Literaturhinweis ist als Beweis dafür, daß es sich bei dieser Maschine um einen Zweitaktmotor handelt, unbrauchbar, da über das Arbeitsverfahren keine Aussage gemacht wird, noch dazu Siegfried Marcus, wie aus seinem Verkaufsprospekt ersichtlich ist, angibt:

„...Die Maschinen werden bis jetzt in fünf verschiedenen Typen zur Ausführung gebracht, u.zw. in vertikaler und in horizontaler Anordnung mit Kreuzkopf- und Balancierausführung..."

Besser belegt wird die Vermutung von Seper, es handle sich um einen Zweitaktmotor, durch den Hinweis bei der Bildbeschriftung:

„...Der Arbeitszylinder dient gleichzeitig als Luftpumpe..."

Aber auch diese Angabe in der Bildbeschriftung ist noch kein eindeutiger Beweis für das vermutete Zweitaktverfahren mit Vorverdichtung. Es könnte sich nämlich um einen aufgeladenen Viertaktmotor handeln, was in späteren Motorbesprechungen der Marcusmaschinen fälschlicherweise gleichfalls behauptet wurde. Daher bleibt immer noch die von Seper nicht beantwortete Frage offen, wieso diese Maschine mit ihrer Gaswechselsteuerungsübersetzung von 2 : 1 kein Viertakt- oder sogar aufgeladener Viertakt-, sondern ein Zweitaktmotor ist?

Die Antwort ist nur im konstruktiven Aufbau der Maschine zu finden.

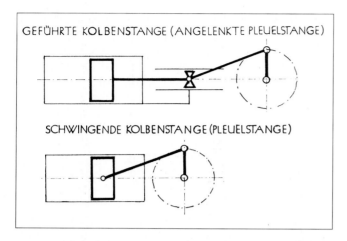

GEFÜHRTE KOLBENSTANGE (ANGELENKTE PLEUELSTANGE)

SCHWINGENDE KOLBENSTANGE (PLEUELSTANGE)

Marcus konstruierte seine Benzinmotoren in verschiedenen Ausführungen. Jene mit geführter Kolbenstange waren teilweise beidseitig geschlossen und als vorverdichtende Zweitaktmotoren konstruiert.

Einseitig geschlossene Motoren mit geführter Kolbenstange waren Viertakt-Saugmotoren, konnten aber auch als atmosphärische Zweitaktmotoren Verwendung finden.
Ein Beispiel dafür ist sein erster Motor von 1864.

Motoren mit schwingender Kolbenstange waren entweder atmosphärische Zweitaktmotoren oder Viertakter. Zum Beispiel war der atmosphärische Zweitaktmotor mit schwingender Kolbenstange im zweiten Marcuswagen noch vor dem Viertaktmotor von 1875 eingebaut.

Das für den Viertaktmotor notwendige und in diesem Fall für einen Zweitaktmotor angewendete Übersetzungsverhältnis von zwei Kurbelwellenumdrehungen für eine Umdrehung der Gaswechselsteuerung findet seine Begründung in der Funktionsweise des Einlaßschiebers. Dessen Einlaßschlitz befindet sich in der Mitte, wodurch der hin- und hergehende Schieber innerhalb einer Umdrehung des Schieberantriebes zweimal öffnet und schließt und dadurch das für den Zweitaktmotor notwendige Übersetzungsverhältnis der Schiebersteuerung von 1 : 1 herstellt (siehe auch die schematische Darstellung Seite 220/221). Der Vorteil dieses Schieberantriebes ist in der reduzierten Bewegung des Schiebers und der damit verbundenen geringeren Abnützung zu suchen.

Der dargestellte Motor ist demnach in Verbindung mit der Pumpfunktion des Kolbens ohne Zweifel ein aufgeladener Zweitaktmotor.

Wandelbarkeit der stationären Marcus-Benzinmotoren

Grundsätzlich unterscheidet man bei der Konstruktion der Marcusmotoren jene mit schwingender oder auch oszillierender und jene mit einer kreuzkopfgeführten, starren Kolbenstange.

Motoren mit schwingender Kolbenstange

Zu den Maschinen mit schwingender Kolbenstange gehört bereits der zweite Fahrzeugmotor von Marcus, mit dessen Konstruktion er um 1868 begonnen hat. Diese als Antriebsquelle für ein automobiles Fahrzeug gedachte Maschine mußte, um unproblematisch in ein Fahrgestell eingebaut werden zu können, möglichst kompakt gestaltet sein.

Um das zu erreichen, konstruierte Marcus einen Balanciermotor, bei dem die hin- und hergehende Kolbenbewegung über eine oszillierende Kolbenstange auf einen ebenfalls schwingenden Balancier übertragen wurde. Von diesem erfolgte dann eine Rückführung der Kolbenbewegung über eine am Balancier und der Kurbelwelle angelenkte Schubstange auf die unter dem Zylinder befindliche Kurbelwelle, von welcher die hin- und hergehende in die benötigte drehende Bewegung umgesetzt wurde.

Eine, wie man sieht, recht aufwendige Motorkonstruktion, die Marcus aber zur Bewältigung des speziellen Einsatzes als Antriebsmaschine eines Straßenfahrzeuges notwendig erschien.

Diese Balancierbauweise behielt Marcus für alle seine Fahrzeugmotorkonstruktionen bei, die mit dem 1868 geschaffenen atmosphärischen Zweitaktmotor und dessen verschiedenen Verbesserungen begannen und 1875 durch den heute noch betriebsfähigen Viertaktmotor ihren Höhepunkt erreichten.

Auch sein vermutlich letzter, für den dritten Wagen von 1888 vorgesehener, verstärkter Antriebsmotor war ebenfalls, wie schon jener von 1868, ein Balanciermotor.

Als sich Marcus um 1880 entschloß, der Notwendigkeit gehorchend statt den ihrer Zeit zu weit vorauseilenden und daher unverkäuflichen Automobilmotoren die in Industrie und Wirtschaft dringend benötigten Stationärmotoren zu entwickeln, blieb er aber dennoch für besondere Einsatzbereiche dem nunmehr den neuen Aufgaben angepaßten Balanciermotor treu. Aus der ein Fahrzeug antreibenden Maschine wurde ein auf einem Fahrzeug aufgebauter, nun ortsveränderlicher, stationärer Kompaktmotor, der als Locomobile, als Spritzenmotor für die Feuerwehr, für verschiedene Antriebsarbeiten in der Landwirtschaft und für die ortsveränderliche Stromerzeugung eingesetzt werden konnte.

SCHEMATISCHE DARSTELLUNG ÜBER DIE WANDELBARKEIT DER STATIONÄREN MARCUS-BENZINMOTOREN

MOTORKONSTRUKTION MIT SCHWINGENDER KOLBENSTANGE

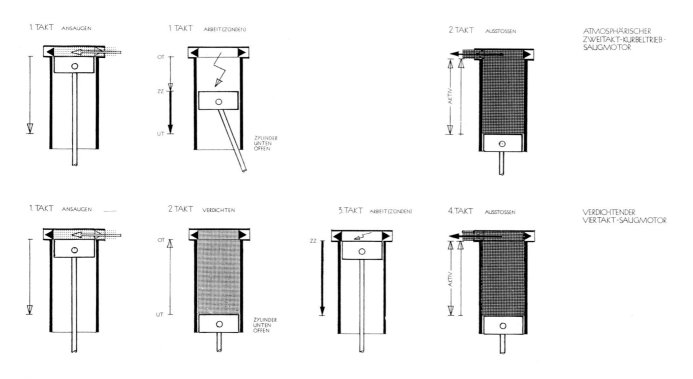

MOTORKONSTRUKTION MIT GEFÜHRTER KOLBENSTANGE

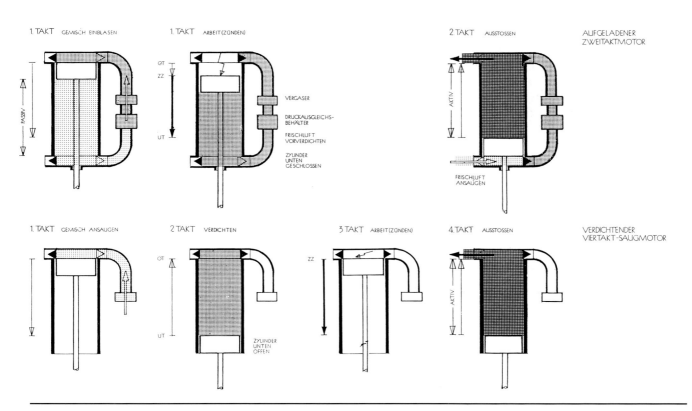

Besonders bemerkenswert an dieser Maschine ist, daß sie laut Angaben von Marcus durch geringe Änderungen von einem Zweitakt- in einen Viertaktmotor und umgekehrt umgewandelt werden konnte.

Alle Balanciermotoren mit schwingender Kolbenstange weisen, egal ob atmosphärische Zweitakt-

oder verdichtende Viertaktmaschinen, einen an der Unterseite offenen Zylinder auf.

Maschinen mit starrer Kolbenstange

Zu dieser Konstruktionsrichtung der Marcusmaschinen gehören alle anderen Stationärmotoren,

Entwicklung vom atmosphärischen Zweitaktmotor zum verdichtenden Viertaktmotor.

Mit Hilfe schematischer Darstellungen – der Einfachheit halber nicht als Balanciermotor dargestellt – soll nachgewiesen werden, mit welch geringem technischen Aufwand aus einem unwirtschaftlichen atmosphärischen Zweitaktmotor ein voll funktionierender Viertaktmotor entwickelt werden kann. Die Voraussetzung hierfür ist nur, daß beim atmosphärischen Zweitaktmotor der Gaswechsel zwangsgesteuert ist. Alle von Marcus gebauten Motoren von 1864 bis 1870, also auch der auf dem Handwagen seines ersten Fahrzeuges montierte, waren zwangsgesteuert, auch wenn man heute nicht mehr rekonstruieren kann, wie diese Steuerung erfolgte.
Professor J.F. Radinger wies im Weltausstellungskatalog 1873 bei der Beschreibung des atmosphärischen Zweitaktmotors

SCHEMATISCHE DARSTELLUNG DER ARBEITSWEISE DES
ATMOSPHÄRISCHEN ZWEITAKT-MARCUS-BENZIN-MOTORS

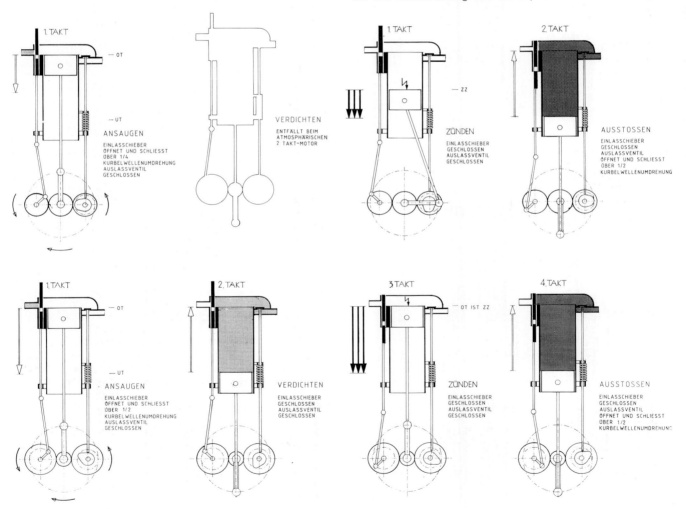

SCHEMATISCHE DARSTELLUNG DER ARBEITSWEISE DES VIERTAKT-MARCUS-BENZIN-MOTORS

die von Marcus geschaffen wurden. Aber auch bei ihnen war die Ausgangskonstruktion ein Fahrzeugmotor. Es war dies der erste von Marcus konstruierte, stehende atmosphärische Kurbeltrieb-Zweitaktmotor von 1864, der, wie bereits erwähnt, als erste Benzinmaschine der Welt ein Straßenfahrzeug antrieb.

Bei diesem stehenden Motor wurde die senkrecht aus dem Zylinder ragende und vom Kolben auf- und niederbewegte Kolbenstange über zwei seitliche Schienen, die kreuzkopfähnliche Funktion hatten, geführt. Die hin- und hergehende Kolbenstangenbewegung wurde über zwei an der Kolbenstange angelenkte „Pleuelstangen" auf die unter dem Zylinder liegenden, zu Laufrädern umfunktionierten

---

von Marcus besonders auf dessen Steuerung hin, indem er schrieb: „...Auch kommen bei dieser Maschine durchwegs gezwungene Bewegungen der Abschlüsse (Drehschieber) und keine selbstwirkenden Klappen vor, welche stets nacheilen und lärmen..."

Die Funktionsweise des atmosphärischen Zweitaktmotors mit zwangsgesteuertem Gaswechsel ist folgende:

Ansaugen:
Der Kolben bewegt sich nach unten, wobei Gas (bei Marcus ein Benzin-Luftgemisch) über etwa 1/4 Kurbelwellenumdrehung angesaugt wird. Während dieser Zeit öffnet und schließt der Flachschieber (ebensogut könnte es ein Drehschieber sein) und steuert damit den Gaseintritt in den Zylinder. Es erfolgt die Zündung (bei Marcus elektrisch) des im Zylinder befindlichen, unverdichteten Gases und treibt nun während einer weiteren 1/4 Kurbelwellenumdrehung den Kolben nach unten. Der erste Takt vom oberen zum unteren Totpunkt

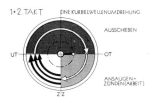

(halbe Kurbelwellenumdrehung) setzt sich demnach zusammen aus Ansaugen und Arbeit.

Ausstoßen:
Für das Ausstoßen der Verbrennungsrückstände aus dem Zylinder steht eine halbe Kurbelwellenumdrehung vom unteren zum oberen Totpunkt zur Verfügung, wobei bei diesem Bewe-

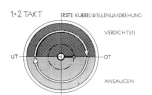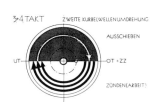

gungsablauf des Kolbens ein über eine Nocke beordertes, federbelastetes Auslaßventil (ebenso könnte es ein Drehschieber sein) öffnet und schließt und damit den ausströmenden Abgasstrom steuert.

Demnach erfolgen beim zwangsgesteuerten atmosphärischen Zweitaktmotor der erste Takt – Ansaugen und Arbeit – über eine halbe Kurbelwellenumdrehung und der zweite Takt – Ausstoßen der Verbrennungsrückstände – ebenfalls über eine halbe Kurbelwellenumdrehung. Für den gesamten Prozeß ist demnach eine Kurbelwellenumdrehung erforderlich.

Beim Viertaktmotor kommt zu den drei Vorgängen Ansaugen, Arbeit und Ausstoßen noch das Verdichten des angesaugten Gases hinzu, was bedeutet, daß nun für jeden Prozeß eine halbe Kurbelwellenumdrehung für die Abwicklung der vier Takte, somit also zwei Kurbelwellenumdrehungen, notwendig sind.

Zweitaktmotor:
Der Gaswechsel im atmosphärischen Zweitaktmotor benötigt, wie dargelegt, eine Kurbelwellenumdrehung. Das bedeutet, daß sowohl die Einlaß- als auch die Auslaßsteuerung im Verhältnis 1 : 1 von der Kurbelwelle angetrieben werden und innerhalb dieser einen Kurbelwellenumdrehung gleichzeitig eine Zündung erfolgen muß, was dasselbe Antriebsverhältnis erfordert.

Viertaktmotor:
Der Gaswechsel im Viertaktmotor benötigt zwei Kurbelwellenumdrehungen. Sowohl die Einlaß- als auch die Auslaßsteuerung im Verhältnis 2 : 1 muß demnach von der Kurbelwelle angetrieben werden, was auch für die Zündung gilt.

Theoretisch ist es demnach möglich, durch das relativ einfache und kostengünstige Verändern des Übersetzungsverhältnisses von Kurbelwelle, Steuereinrichtungen und Zündung den atmosphärischen Zweitaktmotor in einen Viertaktmotor umzuwandeln. Das Aufwendigste an dieser Problemlösung ist der dazu notwendige, konstruktive Denkprozeß.

Marcus hat daher ohne besondere Zwischenlösungen und damit Zeitverluste aus dem bereits 1873 laufenden atmosphärischen Zweitaktmotor den um 1875 im zweiten Marcuswagen verwendeten, heute noch vorhandenen Viertaktmotor entwickelt.

Beim atmosphärischen Zweitaktmotor wird ausschließlich das in den Zylinder eingesaugte, nicht verdichtete Benzin-Luftgemisch gezündet und zur Arbeitsleistung herangezogen.

Marcus hat Stationärmotoren gebaut, die vom atmosphärischen Zweitaktsystem auf das verdichtende Viertaktsystem umgestellt werden konnten, wodurch er ohne besonderen Aufwand jenen Motor zu liefern vermochte, der den Wünschen des Käufers entsprach.

Beim Viertaktmotor wird das angesaugte Benzin-Luftgemisch vor der Entzündung verdichtet und damit eine wesentlich höhere Leistung bei der „Explosion" erzielt.

1887 Neuer Petroleummotor. *) Dr. V. Schiltz in Cöln, welcher seit Langem bemüht war, einen Motor zu construiren, der mit gewöhnlichem schweren Petroleum betrieben werden kann, hat sich jetzt einen solchen patentiren lassen und in der ‚Deutsch. Ind.-Ztg.‘ einen eingehenden Bericht darüber gegeben. Bei diesem Motor wird der Cylinder etwa 200⁰ C. warm gehalten und der Raum zwischen dem Cylinder und dem Mantel, sowie eine im Explosionsraum befindliche Schlange zum Verflüchtigen des Petroleums benützt. Der Erfinder glaubt, den Motor auch mit Theer betreiben zu können. R. J. Z.

---

*) Die nach M a r c u s’ Erfindung auftauchenden Petroleummotoren entbehren der an derselben bezeichneten Vortheile, die im letzten Hefte geschildert sind.

Der Petroleum-Motor von Siegfried Marcus. Der seinerzeit von uns beschriebene Motor (Jahrg. 1884, S. 614, 1885, S. 646, 677) ist von seinem Erfinder in bedeutendem Grade vervollkommnet worden. Vorerst ist dessen Form eine compendiösere und das Zusammenspiel der einzelnen Organe ein exactes. Der Vaporisator und die magnetelektrische Zündung haben ebenfalls ihren Theil bei der Weiterentwicklung des Ganzen erhalten. Der Motor hat eine unleugbar hohe Bedeutung für die Elektrotechnik; da er gegenwärtig in zwei Maschinenfabriken angefertigt wird, und zwar in Grössen von 1—250 HP., so kann man sich seiner bei den kleinsten, wie bei den grössten Installationen bedienen; gegenüber den Gaskraftmaschinen hat er zwei bedeutende Vortheile: er ist nicht an das Rohrnetz gebunden bei seinem Gebrauch und arbeitet — namentlich dort wo das Petroleum reichlich vorhanden oder auch nur durch Zoll und Steuern nicht vertheuert ist — sehr billig. Den Dampfmaschinen gegenüber hat er den Vorzug, dass er nicht eines Schlottes und keiner Kesselanlage bedarf und somit eine grosse Menge Plackereien erspart, welche mit dergleichen Anlagen verknüpft sind. Wir dürften bald in der Lage sein, Näheres über das geniale Product unseres geschätzten Mitgliedes zu berichten.

In der Zeitschrift des Österr. Ingenieur- und Architektenvereins vom 8. Juni 1888 wurde der von Civil-Ingenieur Moritz Ritter von Pichler unter dem Titel „Der Explosionsmotor von Siegfried Marcus" am 11. Jänner 1888 gehaltene Vortrag vor der Fachgruppe der Maschinen-Ingenieure wiedergegeben.
Der abgedruckte Vortrag ist ungekürzt und bietet einen guten Überblick über die Arbeiten von Marcus auf dem Gebiet des Verbrennungsmotors. Siegfried Marcus wurde als Ingenieur bereits seit 1863 in diesem bedeutenden Verein geführt.

zwei Schwungräder übertragen und in drehende Bewegung umgewandelt.

Marcus konstruierte etwa ab 1880, als er sich entschloß, Stationärmotoren zu bauen, eine Vielzahl verschiedener Maschinen. Wir finden in seinem Konstruktionsprogramm liegende und stehende Maschinen in offener und Kompaktbauweise mit einseitig oder beidseitig geschlossenem Zylinder.

Der einseitig geschlossene Zylinder gab Marcus theoretisch die Möglichkeit, den gleichen Motor mit nur sehr geringen Änderungen sowohl als atmosphärische Zweitaktmaschine als auch als verdichtenden Viertaktmotor zu verwenden.

Der beidseitig geschlossene Zylinder mit kreuzkopfgeführter Kolbenstange wiederum ermöglichte Siegfried Marcus, den hin- und hergehenden Kolben im Zylinder in Doppelfunktion einzusetzen.

Auf der Kolbenoberseite, also im Verbrennungsteil des Zylinders, war der dem Expansionsdruck nachgebende Kolben das erste Glied in der Antriebskette, die über die Pleuelstange, die Kurbelwelle mit Schwungrad und die Riemenscheibe reichte.

Auf der Unterseite wiederum konnte der hin- und hergehende Kolben im ebenfalls geschlossenen Zylinder eine Pumpfunktion übernehmen, indem er

(Fortsetzung S. 232 unten)

Verantwortlicher Redacteur: JOSEF KAREIS. — Selbstverlag des Elektrotechnischen Vereins.
In Commission bei LEHMANN & WENTZEL, Buchhandlung für Technik und Kunst.
Druck von R. SPIES & Co. in Wien, V., Straussengasse 16.

WOCHENSCHRIFT
DES
ÖSTERR. INGENIEUR- UND ARCHITEKTEN-VEREINES.

XIII. JAHRGANG. Wien, Freitag den 8. Juni 1888. № 23.

Der Explosionsmotor von Siegfried Marcus.

Vortrag, gehalten in der Fachgruppe der Maschinen-Ingenieure am 11. Jänner 1888. von Herrn Civil-Ingenieur Moritz R. v. Pichler.

Ein Motor, der jederzeit betriebsbereit ist. ohne irgendwelche Vorbereitung, der weiters alle an seine Art gestellten. mechanischen Bedingungen, bezüglich der Gleichförmigkeit und Ruhe des Ganges, vollkommen entspricht, dabei von jeder umständlichen Installation von Hilfsapparaten, Leitungen u. dergl. vollkommen unabhängig ist, der schliesslich bei Ausschluss jedweder Feuersgefahr sehr ökonomisch functionirt, muss vom praktischen Standpunkte als das Ideal in dieser Richtung angesehen werden. Seine Herstellung wird einem allgemein und tief gefühlten Bedürfnisse entsprechen.

Dampf- wie Gasmotoren stehen bei aller Ausbildung und technischen Vollendung von diesem Ideale, wenigstens in der einen oder der anderen Bedingung, ziemlich weit ab. So erfordern erstere kostspielige Anlagen in baulicher Richtung, Kessel, Schornstein, Feuerungsanlagen etc., meistentheils directes Feuer zur Erzeugung des Dampfes und sind überdies an die Erfüllung einer Reihe erschwerender baupolizei- licher Bedingungen gebun- den. An manchen Orten freilich finden sich centrale Kesselanlagen, von welchen der erzeugte Dampf in Rohr- leitungen den zerstreut situirten Motoren zugeführt wird. In diesem letzteren Falle sind, von dem Gesichts- punkte der Gebrauchsnahme aus betrachtet, die Dampf- motoren mit den Gasmotoren äquivalent. Die einzelnen Motoren sind sodann in- direct unabhängig von der Feuerungsanlage und jeder- zeit betriebsbereit; und die- sem Umstande verdanken die Gasmotoren, die aus dem meist vorhandenen Be- leuchtungsrohrnetze das be- nöthigte Gas entnehmen, ihre weite Verbreitung.

Fig. 1.

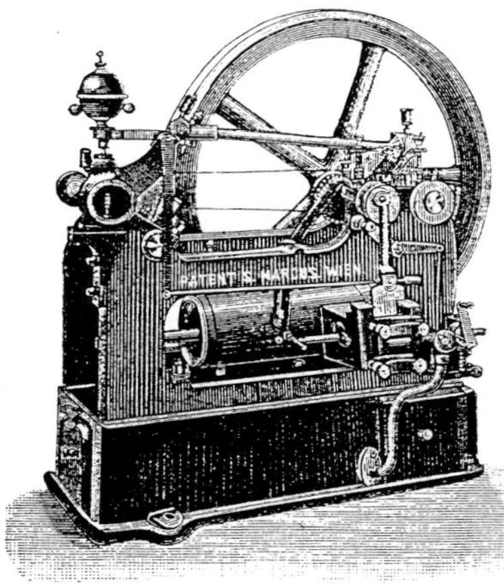

Fig. 2.

bis in neuester Zeit das gewöhnliche fette Petroleum, wie es für Be- leuchtungszwecke. mit einem specifischen Gewichte von 0·8 und darüber, im Handel vorkommt. der motorischen Verwendung grosse Schwierigkeit entgegensetzte. so dass meist wesentlich leichtere Oele von 0·6—0·7 specifischem Gewichte benützt wurden.

Die Schwierigkeit, die schwere Oele ihrer motorischen Verwendung boten, lag theils darin, dass die Bildung explosibler Gasgemenge sehr erschwert ward. theils aber darin, dass die Zündung keine verlässliche war. es fehlte der Zündflamme oder dem Zündfunken die nöthige hohe Temperatur.

Das aus Kohlenwasserstoffverbindungen bestehende Petroleum und seine Derivate bildet in möglichst inniger Verbindung mit atmosphärischer Luft. resp. deren Sauerstoff. ein mehr oder weniger explosibles Gemisch, dessen spontane Ausdehnung. nach erfolgter Entzündung. auf einen Kolben arbeitsverrichtend über- gen werden kann. Als Ver- brennungsproducte bilden sich Kohlensäure und Wasser.

Für eine rationelle Aus- nützung der thermodynami- schen Verhältnisse darf durchaus nicht reines Knall- gas erzeugt werden. dies ergäbe eine plötzliche Ex- plosion der Cylinderfüllung; es würde in einem zu kurzen Zeit-Intervalle alle im Kohlenwasserstoffe aufge- speicherte Arbeit in Wärme umgesetzt werden und auf Erhitzung des Arbeitscylin- ders angewendet, ohne er- heblich nützliche Arbeit auf den Kolben zu übertragen; aber selbst die allmälige Ver- brennung geht mit grosser

Der Vortheil der Gasleitung, dass Gas unter gewöhnlicher Temperatur die Leitungen durchzieht. während Dampf Condensationsverlusten unter- worfen ist, würde durch die wesentlich billigere Herstellung des letzteren compensirt.

Unter allen Umständen bleiben aber diese Motorgattungen sozusagen an die Scholle gebunden, sie sind im günstigsten Falle von der Gas- erzeugung und der Rohrleitung abhängig.

Von dieser Anschauung ausgehend, muss es als das Wünschens- wertheste bezeichnet werden. wenn jeder Motor vom Orte seiner Auf- stellung vollkommen unabhängig ist, ebensowohl auf dem Lande, als in der Stadt sofort in Betrieb gesetzt werden kann, indem er seine Arbeits- quelle thatsächlich bei sich führt, und zwar in einem Zustande. der den normalen Temperatursverhältnissen entspricht.

Diese schönen Eigenschaften kommen den Motoren zu. welche mit flüssigen Kohlenwasserstoffen arbeiten, und daraus erklärt es sich, dass in neuerer Zeit vielfache Bestrebungen die Ausbildung dieser Motorart sich zur Aufgabe gestellt haben.

Ohne auf die mannigfachen, mehr oder weniger sinnreichen Con- structionen dieser Art einzugehen. sei nur im Allgemeinen erwähnt, dass

Geschwindigkeit vor sich, so dass jederzeit eine Erwärmung des Cylinders stattfindet. welche zur Sicherung des Cylinders eine künstliche Kühlung desselben erforderlich macht. Es deutet dies darauf hin. dass diese Motoren ganz besonders geeignet sind, mit hoher Kolbengeschwindigkeit zu laufen.

Bei der im Folgenden zu besprechenden Construction des Explosions- motors ist es bisher am Besten gelungen, die Eingangs erwähnten Vorzüge zu erreichen. Dieselbe zeichnet sich durch Einfachheit und Verlässlichkeit aus und ermöglicht auch relativ schwere Oelsorten in vortheilhafter Weise zu verwenden. ohne dass dadurch für die Inbetriebsetzung oder den Betrieb irgendwelche Schwierigkeit erwächst. Bei dieser von dem Wiener Mechaniker Siegfried Marcus herrührenden Construction wird ohne jede Zündflamme gearbeitet; es ist somit jedwede Feuersgefahr, wie sie in der Anwendung von Spiritus-, Petroleum- und Gaslampen. oder anderen offenen Flammen liegt, gänzlich vermieden.

Marcus hat schon im Jahre 1870 einen Petroleummotor gebaut mit dem er einen Wagen treibend, auf der Mariahilferstrasse herumfuhr. Diese Construction beruhte indess auf principiell anderen Details und ist nur als Vorläufer der neuen Construction zu betrachten.

Der Marcus-Motor. unter welcher Bezeichnung der neue Motor eingeführt wird, besteht aus drei charakteristischen Theilen; diese sind

229

ler Motor im Allgemeinen, der Zerstäubungsapparat oder Vaporisator für die Betriebsöle und schliesslich der magnet-elektrische Zündapparat.

Der Marcus-Motor wird entweder mit einseitig offenem, oder aber beiderseits geschlossenem Cylinder gebaut. Im letzteren Falle wieder kann in den beiden vom Kolben getrennten Cylinderräumen nützliche Arbeit verrichtet werden, resp. die Action des explosiblen Gemisches stattfinden, oder aber es geschieht dies nur in dem hinteren Cylinderraume, während der vordere als Luftcompressor verwendet wird, dessen gepresste Luft, mit Kohlenwasserstoffen entsprechend geschwängert, zum Betriebe des Motors Verwendung findet.

Principiell lässt sich die Unterscheidung dieser beiden Gruppen dahin zusammenfassen, dass der Motor zur Bildung seines explosiblen Betriebsgemisches entweder mit atmosphärischer Luft normaler Spannung, oder aber mit solcher einer künstlichen Spannung von ca. 2—3 Atm. Ueberdruck arbeitet; demnach lassen sich „offene" Motoren von den „geschlossenen" unterscheiden.

Ehe auf die Beschreibung des Motors eingegangen wird, soll in Kürze die historische Entwicklung derselben skizzirt werden.

Wie erwähnt, wurde 1870 ein Motor gebaut, der, vertical gestellt, einfach wirkend, an seiner unteren Cylinderseite mit Hähnen regulirbar, das damals hochflüchtige Betriebsgemisch aufnahm. 1873 wurde bei Sigl eine ähnliche Construction als stabiler Motor gebaut. 1875 desgleichen ein verticaler Motor von H. D. Schmid. Im Jahre 1882, als Uebergang zur neuen Construction, wurde als Vorversuch eine Otto-Gasmaschine auf Petroleum mit Vaporisator und Zündapparat mit bestem Erfolge umgebaut; im folgenden Jahre (1883) wurde ein ebensolcher Motor bei Schultz & Göbel, 1884 ein ebensolcher bei Ganz & Co. in Budapest und 1885 in gleicher Art bei Heilmann-Ducommun in Mühlhausen gebaut. Seit Beginn des abgelaufenen Jahres hat für Oesterreich-Ungarn Márky, Bromovský & Schulz die Ausführung übernommen; sie bauen beide Typen, und zwar in der im Folgenden angegebenen Construction.

Einestheils den bescheidenen Mitteln, über welche der Erfinder verfügte, anderentheils und vor Allem einem langjährigen Leiden desselben muss es zugeschrieben werden, dass die Entwicklung und Vervollkommnung nur langsam vor sich gehen konnte.

I. Der offene oder Viertact-Motor. Die in Fig. 1 und 2 veranschaulichte Aufstellung wurde aus speciellen, principiell nicht hieher gehörigen Gründen von Marcus gewählt, um den Motor möglichst zu verkürzen; sie stellt die Type vor, in welcher derselbe zur Ausführung gelangte.

Der Arbeitscylinder ist in gewöhnlicher Weise mit einem Kühlwassermantel versehen, er wurde horizontal zwischen den Gussständern solide gelagert; seine Arbeit wird mittelst Kolben und Stange, und einem schwingenden Hebel auf die über den Cylinder situirte Kurbelachse übertragen. Von der Kurbelachse werden alle erforderlichen Bewegungen abgeleitet, und zwar die Bewegung des Einlassschiebers, der mit halber Hubzahl des Kolbens sich bewegt und nur unmittelbar vor seiner Functionirung jedesmal durch eine unrunde Scheibe gesteuert wird, also meistens in Ruhe sich befindet, was zu sehr geringer Abnützung und kleiner Schieberreibung führt. Dieser Abschluss des „Einlasses" würde auch mit Ventil bewirkt, jedoch bietet der Schieber, trotz seiner etwas grösseren Complication, den Vortheil eines absolut sicheren Abschlusses; er ist auch wegen grösserer Auflagflächen kleineren specifischen Drücken ausgesetzt und jede Unreinigkeit, welche bei dem Verbrennen der Kohlenwasserstoffe entstehen wird und sich etwa auf der Abschlussfläche deponiren sollte, bleibt bei dem Schieber ohne nachtheiligen Einfluss, indem sie einfach abgestreift wird, was bei einem Ventil nicht der Fall ist. Von der Kurbelwelle werden weiter bedient der elektrische Zündapparat, der Zerstäubungsapparat und das Auslassventil für die Rückstandsgase.

Atmosphärische Luft wird in regulirbarer Menge, theils durch den Zerstäubungsapparat, theils direct, in den Schieberkasten geführt. Unmittelbar vor dem Schieber findet erst die Mischung dieser beiden Luftarten statt; auf die mit Petroleum geschwängerte Luft wirkt der Regulator ein, dadurch der Oelverbrauch direct der Leistung angepasst. Hinter dem Schiebergesicht liegt im Einströmungscanal die Zündung. Diese ist, wie später beschrieben wird, eine magnet-elektrische und kommt durch plötzliche Trennung zweier, mit Friction aneinanderwirkender Contactstücke mit voller Sicherheit im erforderlichen Augen-

blicke zur Wirkung. Die Ausströmung ist vom Einlasse vollkommen getrennt, sie liegt im Deckel des Cylinders.

Ehe die Wirkungsweise des Motors erklärt wird, ist es nöthig, die Einrichtung der vorgenannten beiden Hilfsapparate, des Zündapparates und des Zerstäubungsapparates, zu zeigen.

Der Zündapparat. In Würdigung der Vorzüge, welche eine elektrische Zündung gegenüber einer Flammenzündung bietet, welch' letztere vielfache Aufmerksamkeit und Bedienung erfordert, suchte man längst nach derartigen Zündapparaten und wandte und wendet noch jetzt Ruhmkorff'sche Funken-Inductoren zu diesem Zwecke an. Nachdem dieselben die Aufstellung einer galvanischen Batterie bedingen und neue, theilweise auch umständlichere und kostspieligere Bedingungen schufen, als die gewöhnliche Flammenzündung, so war damit wenig gewonnen.

Der hier in Rede stehende Zündapparat des Motors bedarf keiner wie immer gearteten Pflege, er ist ein magnet-elektrischer Apparat: einmal richtig eingestellt, ist er aufsichtslos jederzeit vollkommen actionsbereit. Das Auftreten des Zündfunkens erfolgt ausschliesslich an Contactstellen im Innern des Arbeitscylinders, der Zündapparat kann demnach mit dem Motor in den feuergefährlichsten Räumen unmittelbar Verwendung finden. Die Zündung wird durch eine gezwungene mechanische Bewegung herbeigeführt, daher ist die sichere Zündung weder von der Lage noch von der Ortsveränderung des Motors abhängig, auch Wind, Nässe etc. beeinflussen in keiner Weise die sichere Functionirung, die vielmehr unter allen denkbaren Verhältnissen mit voller Verlässlichkeit stattfindet, wie die Erfahrung lehrt.

Schon im Weltausstellungsberichte 1873 über Motoren vom Regierungsrathe Radinger findet der Zündapparat von Marcus Erwähnung.

Principiell beruht diese Zündung darauf, dass bei der Unterbrechung einer elektrisch inducirten Spirale, im Momente der Demagnetisirung oder des Polwechsels der in die Spirale eingefügten Eisenkernes, sich an der Unterbrechungsstelle ein Funke von ganz besonders hoher Temperatur bildet, der deshalb sich in hervorragender Weise zur sicheren Entzündung explosibler Gemenge eignet.

Die erwähnte Unterbrechungsstelle befindet sich im Innern des Arbeitscylinders; es tritt somit nirgends ausserhalb des nach aussen geschlossenen Cylinders eine Funkenbildung auf und daraus erklärt sich die absolute Feuersicherheit des Motors und seiner Zündungsmethode.

(An der Hand ausgestellter Apparate wurde nunmehr die Detailconstruction erklärt und die Wirkung gezeigt.)

Es ist von besonderer Wichtigkeit, dass die abwechselnd hergestellte elektrisch leitende Verbindung und Unterbrechung mit voller Sicherheit erreicht wird und deshalb hat Marcus hiefür einen Frictionscontact ausgeführt. Nur gewöhnliche Oberflächenberührung hat sich als sehr unverlässlich erwiesen.

Der Zerstäubungsapparat oder Vaporisator. Durch das Studium der gleichfalls von Marcus herrührenden Astralgasapparate für Beleuchtungszwecke wurde derselbe veranlasst, eine möglichst vollkommene Verdunstung von Oelen auf kaltem Wege zu suchen und hieraus resultirte der Vaporisator.

Bei dem Motor wird das Betriebsöl in seinem normalen Zustande direct verwendet. Das Oel wird in ein Gefäss gebracht, entweder durch directe Füllung oder in rationeller Weise dadurch, dass das Barrel in directe Rohrverbindung mit diesem Gefässe gesetzt wird. In dem Gefässe dreht sich, mit einer dem Verbrauche an Oel proportionalen Geschwindigkeit, eine scheibenförmige Bürste, die zum Theile in die Flüssigkeit taucht. Bei der Drehung adherirt an der Bürste Oel; eine Gruppe von Abstreifern nehmen den Ueberschuss ab und besorgen eine Zerstäubung in äusserst feine, dunst- oder nebelförmige Partikelchen.

Diese Zerstäubung, welche von der Kurbelwelle des Motors bethätigt wird, geschieht entgegen der Richtung des Luftstromes, welcher beim Ansaugen des Kolbens, sich auf diese Weise mit Kohlenwasserstoff reichlich sättigend, gegen den Cylinder zu eintritt.

Die Scheibenbürste kann auch durch ein Bürstenband ersetzt werden; bei dieser Einrichtung liegt die Stopfbüchse für den Antrieb jederzeit sicher ausserhalb der Flüssigkeit. Die Dichtung bereitet jedoch keinerlei Schwierigkeit.

Es werden alle Zerstäubergehäuse doppelwandig gemacht und in dem Zwischenraume entweder das heisse Kühlwasser, die Abzuggase, oder directe Heizgase circuliren gelassen. Dies hat für die Anwendung ichter Oele den Zweck, deren Temperaturabnahme durch Verdunsten zu vermeiden; für schwerere Oele hingegen befördert es und für ganz schwere Petroleums ermöglicht es die Bildung eines explosiblen Gemisches.

Wirkungsweise des offenen Motors. Die Wirkungsweise dieses Motors ist dieselbe, wie bei allen offenen, mit Viertact arbeitenden Motoren, die auf dem von Beau de Rochas 1862 zuerst bekannt gemachten Principe beruhen. Während des ersten Kolbenhubes findet das Ansaugen des Explosionsgemisches statt, hierauf erfolgt am Rückhube die Verdichtung des Gemenges, am dritten Hube erfolgt die Zündung und Arbeitsabgabe an den Kolben und schliesslich am vierten Hube die Ausströmung der Verbrennungsproducte. Bei den bekannten Gasmotoren Otto, die auf dem gleichen Principe beruhen, wird die Art der Schichtung von Luft und Gas durch die Steuerung in der Weise vorgesehen, dass erst Luft und dann Luft und Gas und schliesslich nur Gas zuströmt, und darin liegt angeblich heute das Wesentliche derselben. Bei diesem Motor jedoch strömt ein ganz homogenes Gemisch während des Ansaugens in den Cylinder. Der heisse Entzündungsfunke bedarf zu der Entflammung des Gemisches kein an Kohlenwasserstoff überreiches Gemenge; die Functionirung des Motors ist im Gegentheile eine umso regelmässigere, je gleichmässiger das explosible Gemisch ist.

Dieser offene Motor bietet den Vortheil sehr grosser Einfachheit und leichter Inbetriebsetzung. Er wird überall dem Bedürfnisse der Praxis vollkommen entsprechen. Handelt es sich um einen ganz besonders gleichmässigen Gang, so werden, mit Rücksicht auf die intermittirende Action des Motors, die Schwungmassen sehr gross. Um diesen Anforderungen der Gleichmässigkeit auch mit geringeren Massen gerecht werden zu können, wird der Motor als Zwillingsmotor oder aber auch derart gebaut, dass er bei jedem Hube einen Impuls erhält, dies bedingt die geschlossene Construction desselben.

II. Der geschlossene oder Zweitact-Motor. Dieser unterscheidet sich von dem offenen Motor dadurch, dass er an seiner vorderen Cylinderseite auch geschlossen ist, und der Raum daselbst lediglich dazu verwendet wird, athmosphärische Luft auf ca. 2—3 Atm. zu comprimiren. Diese gespannte Luft wird sodann genau in derselben Weise, wie dies bei dem offenen Construction beschrieben wurde, theils durch den Zerstäubungsapparat, theils auf directem Wege dem Schieber, respective dem Cylinder zugeführt. Dadurch entfällt für die arbeitende Cylinderseite das Ansaugen und das Comprimiren, so dass es möglich wird, bei jeder Umdrehung einen Impuls, also bei gleicher Tourenzahl des Motors die doppelte Anzahl von Actionen zu erhalten, als bei dem offenen Motor.

Die Details dieser Construction sind im Allgemeinen dieselben, wie vorher beschrieben, nur mit Berücksichtigung, dass alle Theile unter entsprechend gesteigerten Drücken stehen.

Dieses geschlossene System wird auch als Zwillingsmaschine und, unter Hinweglassung von Schwungrädern, mehrcylindrig, mit entsprechend verstellten Kurbeln, als Schiffsmaschine, gegenwärtig zur Ausführung gebracht.

Versuche und Betriebsresultate. In theoretischer Beziehung bereiten die Petroleummotoren ihrer Untersuchung Schwierigkeiten, die hauptsächlich daran liegen, dass die chemische Zusammensetzung der Oele eine sehr complicirte, vielgliedrige ist, und überdies die eine und die andere Form auf bisher noch nicht genügend erkannten Wegen in einander übergehen, resp. sich spalten und neubilden. Zur Illustration dieses diene der Hinweis auf das Verhalten schwerer Oele bei ihrer Destillation unter Druck. — Ich habe Gelegenheit gehabt, durch die Freundlichkeit des Herrn Grafen R. Westphalen, des Besitzers der österreichischen Privilegien für die Petroleumdestillation unter Druck, derartigen, vom Herrn Berg-Ingenieur v. Luschin durchgeführten Versuchen

beizuwohnen, und muss bekennen, dabei äusserst interessante, unerwartete Erscheinungen beobachtet zu haben.

So wurden beispielsweise aus einer Füllung von ca. 20 l, vom specifischen Gewichte 0·912, ca. 85 % abdestillirt unter Druck mit einem mittleren specifischen Gewichte von ca. 0·850, variirend von 0·812 bis 0·870, einen festen Rückstand bildend. Die Temperatur bei 2 Atm. Druck betrug ca. 295° C, bei 3 Atm. Belastung blieb dieselbe nahezu unverändert. Es ergaben sich eine Reihe von ähnlichen äusserst merkwürdigen Erscheinungen, die wohl erst zu einem theoretischen Erkenntnis des Verhaltens dieser Oele führen müssen, ehe es möglich sein kann, in dieser Beziehung diesen Motoren auch theoretisch zu Leibe zu rücken.

Es wurden bereits eine Reihe von Installationen von den vorbeschriebenen Motoren in definitiven Betrieb gesetzt und bewähren sich nach jeder Richtung.

Nebenstehendes Diagramm α wurde von einem nominell einpferdigen offenen (Viertact-) Motor gewonnen.

Fig. α.

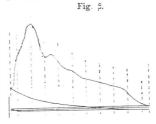

Indicator-Feder 8 mm = 1 Atm.
Cylinder-Diameter . . = 110 mm
Kolbenhub . . . . . = 260 „
Touren pro 1 Minute . = 220 „
Indicirte Leistung N_i = 1·4 Pferde
Gebremste „ N_e = 1·15 „

Wirkungsgrad $\eta_i = \dfrac{N_e}{N_i} = 0·821$.

Diagramm β wurde von einem geschlossenen (Zweitact-) Motor gewonnen.

Fig. β.

Indicator-Feder 8 mm = 1 Atm.
Cylinder-Diameter . = 200 mm
Kolbenhub . . . . = 420 „
Touren pro 1 Minute = 155 „
Indicirte Leistung N_i = 15·7 Pferde
Gebremste „ N_e = 7·3 „

Der Oelverbrauch betrug im Mittel für die effective Pferdekraft 0·4 kg bei einem specifischen Gewichte von 730.

Rechnet man mit diesen Mittelwerthen und nimmt an, dass 100 kg Kohlen 100 kr., 1 m³ Gas 9·5 kr., ferner, inclusive Zoll, 100 kg Oel den bei uns üblichen, sehr hohen Preis von fl. 18 und im wahrscheinlichen Falle der Durchführung der Zollrestitution fl. 11·50 kosten, und hält man fest, dass für kleinere Motoren die effective Pferdekraft consumirt

mit Dampfmotor erzeugt 3·5 kg pro Stunde
„ Gasmotor „ 1 m³ „ „
„ Marcus-Motor „ 0·4 kg Oel pro Stunde

so kostet, im reinen Betriebe, also ausschliesslich aller Amortisationskosten und ohne Berücksichtigung der Quoten für die eine nicht unerhebliche Rolle spielende Anlage und Installation, eine effective Pferdekraft

mit Dampfmotor pro Stunde . . . . . 3·5 kr.
„ Gasmotor . . . . 9·5 „
„ Marcus-Motor gegenwärtig . . . . 7·2 „
„ „ nach Zollrestitution . . 4·6 „

woraus am deutlichsten ersehen werden mag, welche wichtige Rolle diesem Motor in Zukunft beschieden sein mag. Schliesslich erübrigt es noch zu erwähnen, dass der Marcus-Motor in gleicher Vollkommenheit auch als Gasmotor betrieben werden kann.

Bericht
der Fachgruppe der Berg- und Hüttenmänner
über die Versammlung vom 19. April 1888.

Der Obmann, Ministerialrath v. Friese, gibt bekannt, dass zufolge Ablauf der Saison 1887/88 die Neuwahl der Functionäre der Fachgruppe vorzunehmen ist. Ueber Antrag des Herrn General-Directors Emil Heyrowsky werden durch Acclamation Ministerialrath F. M. Friese als Obmann und Hofrath J. Rossival Ritter v. Stollenau als Obmann-Stellvertreter wiedergewählt.

Nun hält Herr Bergwerks-Inspector Franz Tschebull den angekündigten Vortrag „Ueber Querschlagsbetriebe"; er leitet denselben ein mit der Skizzirung der örtlichen Verhältnisse des Neuschachtes auf dem Braunkohlenwerke zu Annathal (Ungarn) und zweier Querschläge, die behufs Aufschliessung eines neuen Feldes vom genannten Schachte aus in eocenen Schichten angelegt waren, und kommt alsdann auf die Ausführungsarbeiten bei beiden Schlägen zu sprechen.

Die Feldortsvorstreckung (bei Handbetrieb) des ersten Querschlages hat im Jahre 1880 in der 24stündigen Schicht 1·87 m betragen und nicht befriedigt. Viel günstiger gestalteten sich die Erfolge beim

SIEGFRIED MARCUS

Ingenieur und Mechaniker

WIEN

VI. Bezirk, Mariahilferstrasse Nr. 107.

GAS- UND PETROLEUM-MOTOR

(MARCUS-MOTOR)

in allen Ländern patentirt.

Beste Betriebskraft für alle Arten industrieller Zwecke, insbesondere für die Kleinindustrie, Landwirthschaft, Pumpwerke, Aufzüge, elektrische Lichtanlagen, ferner zum Betriebe aller Arten Fahrmittel zu Wasser und zu Lande etc. etc.

Der Marcus-Petroleum-Motor, welcher in allen Grössen von $\frac{1}{2}$ bis zu 100 Pferdekräften, und darüber, gebaut wird, besitzt folgende Vorzüge:

Er ist überall aufstellbar, da er nicht, wie die Gasmaschine, an ein Gasleitungsnetz gefesselt ist; er arbeitet ohne lebende Flamme, in Folge dessen er selbst dort angewendet werden kann, wo leicht brennbare Substanzen und Materialien vorhanden sind (z. B. im Bergbau, in Petroleumgruben, ferner in der Land- und Forstwirthschaft etc. etc.)

Er kann ohne Weiteres als Locomobile für Eisen- und Strassenbahnen Verwendung finden, desgleichen auch als Schiffsmotor, für welch letzteren Zweck er auch mehrcylindrig und ohne Schwungräder construirt ist, ferner zum Betriebe von mobilen Feuerspritzen (statt der Dampf-Feuerspritzen).

Er ist einfach construirt, so dass seine Wartung keines geübten Maschinisten bedarf. Das dynamische Gemisch wird durch einen eigenartigen Bürsten-Zerstäubungs-Apparat hergestellt, wodurch selbst minder flüchtige Petroleumsorten vaporisirt werden können.

Die elektrische Zündung bedarf weder galvanischer Elemente, noch einer dynamoelektrischen Maschine, noch eines Ruhmkorff'schen Funken-Inductors, da der zur Entzündung des dynamischen Gemisches dienende Funke mittelst eines einfachen elektrischen Generators, in Verbindung mit einem automatischen Frictions-Contactgeber, producirt wird.

---

beim Hochgehen des Kolbens, wenn dieser im zweiten Takt mit der Oberseite die Verbrennungsrückstände aus dem Zylinder ausschob, frische Luft ansaugte. Beim Abwärtsgehen des Kolbens (nach der Zündung im ersten Takt) verdichtete der Kolben mit seiner Unterseite die vorher angesaugte Frischluft in einem geschlossenen System, zu dem ein Druckausgleichsgefäß und der Vergaser gehörten. Sobald der Kolben wieder den oberen Totpunkt erreichte, öffnete ein „Ventil" und die vorverdichtete Gasladung wurde unter Druck von 2 bis 3 atü in den Verbrennungsraum geblasen.

Daß diese Art der Zylinderfüllung mit dem vorverdichteten Benzinluftgemisch selbstverständlich wesentlich wirtschaftlicher war und zu einem erheblich besseren Wirkungsgrad des Motors führte als das gewöhnliche Ansaugen der Frischladung bei einem vergleichbaren atmosphärischen Zweitaktmotor, ist einleuchtend.

Dazu kommt noch, daß das Einblasen der frischen Ladung bereits am oberen Totpunkt des Kolbens einsetzte, also zu einem Zeitpunkt, zu welchem der Kolben durch seinen Richtungswechsel im Zy-

Nächste Seite: Prospekt der Gasmotorenfabrik Deutz von nach 1887. Dieses große Werk bot in diesem Prospekt insgesamt nur Motoren mit einer Leistung von 1 bis 8 PS an.

Der Consum an Petroleum ist ein äusserst geringer, da Maschinen mittlerer Grösse nur circa 0·4 Kilogramm per Stunde und Pferdekraft verbrauchen; grössere noch weniger.

Die Maschinen werden bis jetzt in fünf verschiedenen Typen zur Ausführung gebracht. Die Construction derselben ist sowohl für den Zwei- wie für den Viertact durchgeführt, u. zw. in verticaler und in horizontaler Anordnung mit Kreuzkopf- und Balancirführung.

Besonders hervorzuheben ist ferner, dass der Marcus-Motor — mit einer Gasleitung in Verbindung gebracht — als vorzüglich functionirender **Gasmotor** verwendet werden kann, wobei derselbe vor anderen Gasmotoren voraus hat, dass er ohne lebende Zündflamme arbeitet und in Folge dessen weniger Schmieröl und Kühlwasser verbraucht. Anderseits können alle bestehenden Gasmotoren durch Adaptirung des patentirten Vaporisators und elektrischen Zündapparates in Petroleum-Motoren umgewandelt werden.

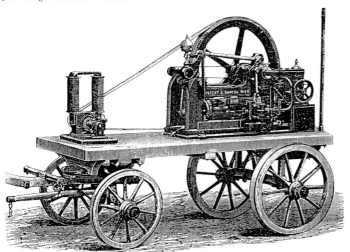

Locomobile für landwirthschaftliche Zwecke, elektrische Beleuchtung.
Pumpen, Feuerspritzen etc.

linder zum Stillstand gekommen war und der vergleichbare atmosphärische Zweitaktmotor erst allmählich mit dem neuerlich in Bewegung kommenden Kolben einzusaugen begann.

Bei unten offenem Zylinder konnten diese Motoren bei entsprechender Adaption auch als Viertaktmotoren verwendet werden.

Diese Vielfalt durch relativ einfache Anpassungsmaßnahmen an die Marktbedürfnisse ist für die damalige Zeit äußerst beachtenswert und durchaus untypisch. Mit diesen Kombinationsmöglichkeiten hat Siegfried Marcus bereits um 1880 die heute üblichen Baukastensysteme im Ansatz vorweggenommen.

Genau in diesem Konstruktionstrend liegt auch, daß Siegfried Marcus alle seine Motoren mit ihren vielen gleichen Teilen durch relativ geringe Veränderungen sowohl als Zwei- als auch als Viertaktmaschinen herstellen und damit auch anbieten konnte.

233

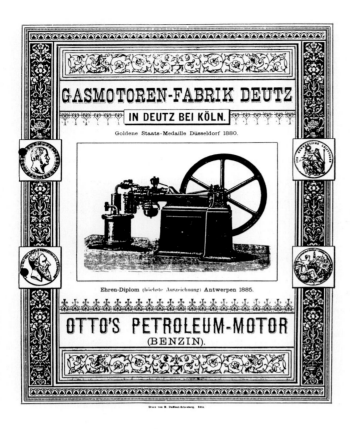

Prospekt der
Gasmotorenfabrik Deutz nach 1887

Um ein Gleichgewicht hinsichtlich Information über die Motoren von Siegfried Marcus und Nicolaus August Otto herzustellen, soll an dieser Stelle auch ein fast zur gleichen Zeit, nämlich 1887, herausgebrachter Verkaufsprospekt der Gasmotorenfabrik über deren Benzinmotoren wiedergegeben werden.

Der Prospekt repräsentiert den technischen Stand der von Deutz produzierten Maschinen mit der eigenen Argumentation und ist daher als historisch authentisch anzusehen.

Der Deutzer Prospekt stammt – wie erwähnt – aus der Zeit nach 1887. Es ist anzunehmen, daß es sich dabei um einen Viertaktmotor handelt (die ersten Deutzer Benzinmotoren waren atmosphärische Zweitaktmaschinen), obwohl dies aus dem Prospekt nicht eindeutig ersichtlich ist. Ob der beschriebene Motor bereits elektrisch gezündet wurde, geht aus dem Verkaufsbehelf leider ebenfalls nicht hervor.

Das ist aber anzunehmen, denn die Deutzer Benzinmotoren wurden ab 1885 mit einer magnetelektrischen Abreißzündung ausgestattet, wie sie in

ähnlicher, funktionstüchtiger Form Marcus bereits 1873 in Verwendung hatte.

Die Frage der elektrischen Zündung ist zu diesem Zeitpunkt gerechtfertigt, weil die Deutzer Benzinmotoren ja, wie erwähnt, mit offener Flamme gezündet wurden. Erst ab 1885 erfolgte die Zündung durch eine magnetelektrische Abreißzündung, obwohl Otto bereits seit 1878 erfolglos mit der elektrischen Zündung für seine Benzinmotoren experimentierte.

Die offizielle Otto-Biographie berichtet darüber wie folgt:

„...Schon am 2. Mai 1878 hat der Patentanwalt der Gasmotorenfabrik in London eine vorläufige (provisorische) Anmeldung eingereicht, in der der Schutz für die magnetelektrische Abreißzündung, ihre Arbeitsweise und ihren Aufbau verlangt wird. Aber mit dieser Patentanmeldung war seltsamerweise Ottos Mut verpufft. In der Niederschrift einer Direktionssitzung, die zufällig am gleichen Tag stattfand, lesen wir nämlich: ‚Es wird der in der Sitzung gefaßte Beschluß, Patente nachzusuchen auf Entzündung des Gasgemisches durch den Eröffnungsfunken magnetelektrischer Maschinen dahin geändert, daß nur das inzwischen eingereichte englische Patentansuchen zu vollenden ist...'"

Wenn man die beiden fast zeitgleichen Prospekte von Deutz und Marcus miteinander vergleicht, dann fällt bei Marcus sofort die Vielfalt der Motorenkonstruktionen, ihre Anpassungsfähigkeit, Leistungsvielfalt, Konstruktionsvariabilität und nicht zuletzt die Tatsache auf, daß alle Maschinen auf Wunsch als Zwei- oder Viertaktmotoren geliefert werden konnten. Neben den reinen Stationärmotorkonstruktionen gelangten einige Maschinen auch als ortsveränderliche Motoren zum Einsatz (Lokomobile). Besonders beachtlich war bei Marcus gegenüber Otto, daß die Motoren auch als Fahrzeug- und Schiffsmotoren verwendet werden konnten. Sämtliche Marcus-Benzinmotoren waren ab 1864 elektrisch gezündet. Denn für Marcus war von allem Anfang an klar, daß das hochexplosive Benzinluftgemisch und der zwangsweise in der Nähe des Motors gelagerte, leicht brennbare Kraftstoff Benzin mit einer offenen Flamme – oder wie es bei N.A. Otto hieß „Entzündungslampe" – nie wirklich vereinbar war.

Deutz bietet in seinem Prospekt gegenüber Marcus mit seinen vielfältigen Maschinen nur einen stationären Motortyp mit variablen Leistungen von 1 bis 8 PS an.

OTTO'S PETROLEUM-MOTOR.

— · —

Der Gasmotorenbetrieb musste sich bis jetzt auf diejenigen Orte beschränken, welche eine Gasanstalt besitzen.

Otto's Petroleum-Motor hat diese Schranke beseitigt und dadurch der allgemeinen Einführung des so beliebten und praktischen Gasmotorenbetriebes die Bahn gebrochen.

Otto's Petroleum-Motor bietet die nämlichen Vorteile wie unser gewöhnlicher Leuchtgas-Motor; seine Construction, die sich derjenigen von **Otto's neuem Motor** eng anschliesst, ist die denkbar einfachste.

Stets betriebsbereit, kann der Motor jederzeit sofort in Gang gesetzt werden und arbeitet dann, ohne besonderer Wartung zu bedürfen, ruhig, zuverlässig und gefahrlos.

Die Unannehmlichkeiten, welche beim Dampfbetrieb zu Tage treten, sind bei **Otto's Petroleum-Motor** gänzlich vermieden. Es gibt dabei keinen Schmutz durch Kohle und Asche, keinen Rauch, keine lästige Hitze und kein mühseliges Herbeischaffen von Brennmaterial.

Der Betrieb ist durch den Wegfall eines Heizers und durch den geringen Verbrauch von Gasöl (ca. ¼ Kilo Benzin von 0,7 spec. Gew.) schon an und für sich ein billiger, er stellt sich aber noch günstiger dadurch, dass ein empfindlicher Regulator den Ölconsum der beanspruchten Kraft anpasst. Während der Ruhepausen findet kein Brennstoffconsum statt.

Zur Speisung des Petroleum-Motors dient mit Benzin- oder Naphthadämpfen gesättigte Luft.

Diese carburirte Luft, welche für sich allein nicht explosibel ist und auch schon zu Beleuchtungszwecken vielfach Anwendung gefunden hat, wird, während des Ganges der Maschine, je nach Bedarf gebildet, indem der Motor einen Strom atmosphärischer Luft ansaugt, welche vor Eintritt in den Cylinder das in einem eisernen Gefäss befindliche Benzin durchstreichen muss.

Die Gaserzeugung ist also nicht an schwer zu behandelnde und von besonderem Personal zu bedienende Apparate gebunden, sondern sie geht selbstthätig vor sich, sobald der Motor in Gang gesetzt wird und hört mit dem Stillsetzen desselben auf. — Der Betrieb mit Otto's Petroleum-Motor ist an und für sich durchaus gefahrlos, nur ist zu beachten, dass das Benzin leicht verdunstet und leicht entzündlich ist, weshalb beim Hantiren mit demselben die grösste Vorsicht beobachtet werden muss.

Das Einfüllen des Benzins in den Gaserzeuger darf nur unter Ausschluss jeder offenen Beleuchtung geschehen.

Das Benzin ist in einem luftdicht verschlossenen Gefäss an einem feuersicheren Orte aufzubewahren.

Der Gaserzeugungsapparat soll in einem feuersicheren Raume, entfernt von dem Motor, aufgestellt werden.

NB. Otto's Petroleum-Motor kann nach Ausschaltung des Benzingaserzeugers, ohne weitere Abänderung, für Leuchtgasbetrieb benutzt werden.

Preise und Dimensionen der liegenden Petroleum-Motoren.

Grösse in effectiven Pferdekräften	1	2	3	4	5	6	8
Preis des Motors (ohne Fundamentbock) ab Fabrik . . . . Mark	1500	1850	2200	2650	3150	3600	4000
Preis des Benzinapparates „ „ . . . . „	325	325	360	420	420	575	575
Preis des Fundamentbocks „ „ . . . . „	130	155	175	200	225	250	270

In den Preisen sind einbegriffen:

Emballage, 1 Satz Schraubenschlüssel, 1 Satz Reinigungswerkzeuge, 1 Schraubenzieher, 1 Ölkanne, 1 Ausströmventilfeder, 1 Messinghülse mit isolirtem Zündstift, 3 Porzellanhülsen, 1 grosse Feder für die Spulenfederbüchse, 1 kleine Feder für die Spulenfederbüchse, 1 Zündfeder, 4 Splinte, 1 kleine Zange, 1 grosse Füllkanne von starkem Blech mit Schraubenverschluss für ca. 15 Liter Inhalt, nebst Trichter, 1 kl. Schraubenzieher, 6 Lederscheibchen, 12 Asbestscheibchen.

Länge des Motors . . . . Meter	2,200	2,520	2,740	2,920	3,150	3,370	3,470
Breite „ „ . . . . „	0,900	0,990	1,100	1,190	1,310	1,400	1,400
Höhe „ „ . . . . „	1,580	1,650	1,700	1,730	1,780	1,700	1,800
Durchmesser der Riemscheibe „ . . . . „	0.250	0.400	0.500	0.600	0.700	0,750	0.900
Breite „ „ „ . . . . „	0,150	0,170	0,210	0,250	0,270	0,280	0,310
Erforderliche Breite des Riemens . . . . „	0,070	0,080	0,100	0,120	0,130	0,135	0,150
Tourenzahl der Riemscheibe . . . . per Minute	180	180	180	160	160	160	160
Ungefähres Gewicht des Motors . . . . ca. Netto Kilo	660	940	1280	1625	2000	2475	2750
„ „ „ „ . . . . „ Brutto „	875	1200	1580	1960	2450	2850	3200
„ „ „ der Fundamentböcke . . . . „	330	350	400	450	520	700	700

Die Motoren können beträchtlich mehr als die angegebenen effectiven Pferdekräfte leisten. — Die Pferdekraft ist gleich 75 sec. Kgr. Meter berechnet und entspricht im Vergleich mit Menschenkraft der durchschnittlichen Leistung von vier Raddrehern.

Zahlungs-Bedingungen.

Mit der Bestellung ein Drittel Anzahlung in Bar, bei Fertigstellung des Motors hier zum Versand das zweite Drittel in Bar und für den Rest Accept 3 Monat dato der Factura. Bei Barzahlung des letzten Drittels gewähren wir auf dasselbe 1½ % Sconto. — Maschinen, welche über die Grenzen Deutschlands hinaus verschickt werden, müssen vor Versand in Bar oder kurzsichtigen Rimessen auf Bankplätze bezahlt werden.

Aufstellung.

Die Aufstellung des Motors kann in jedem Local erfolgen. Auf Verlangen liefern wir gratis die nötigen Zeichnungen für die zweckmässigste Aufstellung des Motors und für etwaige Transmissionen, wenn uns die dazu erforderlichen Skizzen und Angaben betreffs des Locals und der zu treibenden Maschinen mitgetheilt werden.

Die Motoren werden soweit zusammengestellt versandt, dass im allgemeinen nur einige Tage erforderlich sind, um dieselben fertig aufzustellen und in Betrieb zu setzen, wenn Fundament und Gasleitung vorher fertig gestellt sind.

Zur Kühlung des Cylinders ist eine geringe Menge kalten Wassers erforderlich, welches entweder aus einer Leitung entnommen oder, ohne stetige Erneuerung, durch Aufstellung eines Kühlgefässes mit selbstthätiger Circulation dem Motor zugeführt werden kann.

Wir empfehlen, die Motoren durch unsere Monteure aufstellen zu lassen und berechnen für einen solchen 7 Mark pro Tag (10 Stunden) der Reise und des Aufenthalts. Ausserdem sind dem Monteur freie Kost und Logis zu stellen oder demselben pro Tag Mark 3,50 hierfür zu vergüten. Die Reisespesen und Zehrkosten unterwegs (oder für letztere Mark 3,50 bei Tagfahrt und Mark 3,— bei Nachtfahrt) gehen ebenfalls zu Lasten des Bestellers.

Garantie.

Für die Güte und Solidität des Motors garantiren wir in der Weise, dass wir für etwa während des ersten halben Jahres infolge eines Fehlers im Material oder in der Arbeit zerbrechende Teile unentgeltlich Ersatzstücke liefern. Einen weiteren Ersatz für irgend welchen sonstigen Schaden leisten wir nicht. Für guten Gang zur Zeit der Inbetriebsetzung am Aufstellungsort sind wir nur dann verantwortlich, wenn der Motor durch unsern Monteur aufgestellt wird.

Jeder Motor wird vor der Absendung hier mehrere Tage in Betrieb gesetzt, sorgfältig probirt und auf seine Kraft gebremst und teilen wir auf Wunsch die Resultate der Bremsprobe mit.

Auf den folgenden Seiten wird ein Sonderdruck von Siegfried Marcus vollinhaltlich faksimiliert wiedergegeben, der auch von ihm zusammengestellt wurde. Er besteht aus einem 1884 verfaßten Sonderdruck aus der „Zeitschrift für Elektrotechnik" und wurde in der hier vorliegenden Publikation von 1887 um eine Reihe von Motorbeschreibungen ergänzt.

Separat-Abdruck aus der Zeitschrift für Elektrotechnik.

1884. XVII. Heft.

Der Gas- und

Petroleum-Motor

(in allen Staaten patentirt)

von

SIEGFRIED MARCUS

IN WIEN.

1884.

Druck von Friedrich Kaiser, VI., Mariahilferstrasse Nr. 115.

Verlag von Siegfried Marcus.

Der Gas- und
Petroleum-Motor

von

SIEGFRIED MARCUS

IN WIEN.

Es ist einer der Hauptvorzüge des Gasmotors gegenüber dem Dampf- oder Heissluftmotor, dass derselbe seine Nahrung kalt zu sich nimmt. Es entfällt durch diesen Umstand der Zeitverlust, welcher bei jenem mit dem Anheizen verknüpft ist.

Er ist ohne zeitraubende Vorbereitung jeden Moment functionsfähig.

Diese für die Praxis höchst werthvolle Eigenschaft des Gasmotors hat derselbe mit dem Wassermotor gemein. Aber wie dieser letztere an seine Zuflussleitung, so ist jener an das Gasrohrnetz gefesselt — beide Motorenarten sind nur dort zu verwenden, wo die entsprechenden Anlagen für die Speisung derselben vorhanden sind. Hieraus ergibt sich die beschränkte Anwendung dieser Maschinen; denn nicht überall, wo man einer Kraftmaschine bedarf, ist eine Gas- oder Wasserleitung vorhanden. Unleugbar stehen in diesem Punkte die Gasmaschinen hinter den Dampf- und Heissluftmotoren zurück. Es ergibt sich aber aus dem eben angeführten Umstande weiters, dass der Gasmotor in seiner bisherigen Gestalt durchaus nur als stabile Maschine Anwendung finden könne, worin eine weitere Beschränkung seiner Verwendbarkeit liegt.

Diese Erwägungen veranlassten mich schon seit Langem*), einen Explosionsmotor zu construiren, welcher, losgelöst von dem Gasröhrennetze, aller Orten aufgestellt und sofort in Betrieb gesetzt werden kann, mit einem Worte, den Explosionsmotor **mobil** zu machen.

Dies ist mir nun endlich auch im vollsten Masse gelungen.

Es braucht wohl nicht erst hervorgehoben zu werden, welche Wichtigkeit einer solchen Vervollkommnung der Gasexplosionsmaschine beizumessen ist.

---

*) Vergl. Ausstellungsbericht 1873 in Wien. Die Motoren von J. F. Radinger. Seite 276.

4

Abgesehen davon, dass dieselbe befähigt wird, in der Land- und Forstwirthschaft, sowie im Bergbau mit vielem Vortheile verwendet werden zu können, erlangt dieselbe damit auch die Eignung als Locomotive für alle Arten von Fahrzeugen zu Lande und zu Wasser; sie ermöglicht es ferner, jeden Moment und an jedem beliebigen Orte elektrisches Licht (mit Hilfe von Dynamomaschinen) herzustellen; im Eisenbahndienste kann sie die Stationspumpen, Drehscheiben, Krahne u. s. w. in Thätigkeit setzen etc. etc.

Ich unterlasse es, die vielen Schwierigkeiten anzuführen, welche sich der Erreichung des mir vorgesteckten Zieles entgegenstellten, und will nur bemerken, dass, als ich dasselbe schärfer ins Auge fasste, ich bald erkannte, dass hier eigentlich drei Specialaufgaben zu lösen seien, welche ich in folgenden drei Punkten präcisire, und zwar:

1. Mit Ausschluss des Leuchtgases die einfache Herstellung eines wohlfeilen, zum Betriebe eines Motors sich eignenden explosiblen Gemenges.

2. Eine Entzündungsmethode dieses letzteren ohne Benützung des Leuchtgases oder galvanischer Elemente.

3. Eine entsprechende Construction des mechanischen Theiles der Maschine, welche den Punkten 1 und 2 sich anpasst.

Der Vaporisator.

Apparat zur Herstellung eines zum Betriebe eines Motors sich eignenden explosiblen Gemenges.

Es gibt eine ganze Reihe von flüchtigen, tropfbaren Flüssigkeiten, welche mit atmosphärischer Luft, in richtigen Verhältnissen gemischt, ein explosibles Gemenge bilden.

Ich will von diesen nur die wirksamsten derselben, nämlich den Schwefeläther und Schwefelkohlenstoff, nennen; allein da die sich bildenden Verbrennungsproducte hauptsächlich schweflige Säure enthalten, welche die metallischen Maschinenbestandtheile angreift und zerstört, und ausserdem auch einen höchst widrigen und gesundheitsschädlichen Geruch verbreiten, so kann selbstverständlich die Verwendung derartiger Substanzen zum Betriebe eines Motors nicht in Betracht kommen.

Am besten eignen sich hiezu die flüchtigen, flüssigen Kohlenwasserstoffe, welche bei der Petroleumraffinerie als erstes Product gewonnen und unter dem Namen Hydrocarbure, Gasoline, Petroleumbenzin, Astralöl etc., die alle dasselbe bedeuten, in den Handel gebracht werden.

Die flüchtigsten derselben, deren specifisches Gewicht zwischen 0·640 und 0·670 liegt, finden in der Beleuchtungstechnik, namentlich zur Bereitung von Luftgas, Verwendung; die nun folgende Gruppe der Destillate bis 0 700 werden als Lösungsmittel von Harzen, namentlich in der Gummi-waarenindustrie, ferner zum Entfetten etc. benützt.

Hingegen hatte man bisher für die weiteren Destillate über 0 700 keine entsprechende Verwendung, infolge dessen dieselben auch am billigsten abgegeben werden, während die zuerst genannten hochgradigen hoch im Preise stehen.

Aus diesem Grunde richtete ich mein Augenmerk auf die Verwendung des relativ specifisch schwereren Gasolins zum Betriebe von Explosions-motoren.

Ich habe vor Jahren einen von mir construirten Luftgasapparat patentiren lassen, an dem ein Carburateur functionirte, welcher mit Capillar-stoffen gefüllt war, die das hochflüchtige Petroleum ansaugten und das-selbe an einen atmosphärischen Luftstrom, welcher durch die Capillar-stoffe getrieben wurde, wieder abgaben.

Die Anwendung eines solchen Carburateurs zum Betriebe eines Motors setzt die Verwendung der kostspieligen, hochflüchtigen Kohlenwasserstoffe voraus, da diejenigen von schwererem specifischen Gewichte von der durch-streifenden atmosphärischen Luft nicht mitgenommen werden, und so musste ich denn auf die Construction eines anderen Apparates Bedacht nehmen, welcher ebenso die minder flüchtigen, wie die flüch-tigeren Kohlenwasserstoffe vaporisirt.

Ich weise hier auf den Wortlaut des D. R.-P. 23,016 vom 10. Juli 1883.

Das Gefäss Q Fig. 1) ist mittelst des Rohres a mit einem Petroleum-reservoir in der Weise verbunden, dass der Flüssigkeitsspiegel etwa in halber Höhe von Q liegt. In die Flüssigkeit taucht eine entweder in der Rich-tung von rechts nach links drehbare oder um die Achse oscillirende Cy-linderbürste b. Bei der Drehung tränkt sich dieselbe mit dem Kohlen-wasserstoffe, gibt an den Abstreicher o den Ueberschuss desselben ab und zerstaubt an den zweiten regulirbaren Abstreifer o' den noch ver-bleibenden Rest in unzählige kleine Partikelchen.

Diese Einrichtung bewirkt nebst der Zerstäubung der Flüssig-keit, durch die grosse Oberflächenbildung, gleichzeitig ein Verdunsten derselben.

Die zerstäubte Flüssigkeit verlässt in der Richtung der Bewegung bei c das Gefäss. Das Rohr c' dient zur Einführung atmosphärischer Luft, welche sich mit der vaporisirten Flüssigkeit in einem solchen Verhältnisse mischt, dass der Sauerstoff der atmosphärischen Luft mit dem Wasser-stoffe des Kohlenwasserstoffes Knallgas bildet, was mittelst eines regulir-baren Hahnes, der an der Einströmungsöffnung des Apparates angebracht ist, leicht zu bewerkstelligen ist. Das auf solche Weise erzeugte explo-sible Gemenge wird in den Explosionsraum der Maschine eingeführt.

Die Einrichtung (Fig. 2) bedarf keines besonderen Behälters, da hier der Füllraum genügend gross und für längere Zeit ausreichend ist. Die Bürste ist bandförmig und läuft über zwei Rollen b', b'', davon eine, b', von aussen gedreht werden kann, wodurch die Bürste mitgenommen wird. Der Vorgang des Tränkens mit Flüssigkeit, des Abstreifens und Zer-stäubens ist derselbe, wie bei Fig. 1. Hier befindet sich bei a eine schliessbare Füllöffnung, bei c' die Luftzufuhr und bei c die Abströmung des Gemisches. Die Bürste kann aus beliebigem elastischen Stoffe hergestellt, dieser elastische Stoff kann am Umfange oder seitlich an den Scheiben angeordnet werden.

Die Bewegung der Bürste ist beliebig, sie kann beispielsweise eine s t e t i g e, o s c i l l i r e n d e o d e r s t o s s w e i s e f o r t s c h r e i t e n d e s e i n.

Während die Figuren 1 und 2 das Princip des Vaporisators schematisch darstellen, veranschaulichen Fig. 3, 4, 5 und 6 die praktische Anordnung und Construction desselben, in Verbindung mit der Explosionsmaschine, wobei gleichzeitig auf den Umstand Rücksicht genommen ist, dass die heissen, aus dem Cylinder abziehenden Gase zur Vorwärmung, respective zur Verdampfung des zum Betriebe dienenden Petroleums (oder einer anderen explosiblen Flüssigkeit) in der Weise Verwendung finden, dass dieselben durch einen Hohlraum h, h, h (Fig. 2) geführt werden, welcher durch Anbringung eines Mantels oder einer Doppelwand an dem Vaporisator oder durch diesen selbst gebildet wird. Um dem Vaporisator, respective dem darin befindlichen Petroleum je nach Bedarf eine höhere oder niedrigere Temperatur geben zu können, zweigt sich von dem sogenannten Auspuffrohre c, welches vom Cylinder zum Luftsyphon t geführt wird, ein zweites Rohr d zum Hohlraum des Vaporisators ab, wobei die zu variirende Stellung des kleinen Kolbens c in dem Winkelrohrstück b die Mengen der durch den Mantel durchziehenden Gase regulirt. Wie Fig. 1 veranschaulicht, ist den Gasen, wenn der Kolben in der Mittelstellung sich befindet, der Weg in gleicher Weise ebenso durch d zum Vaporisator, als durch c zum Luftsyphon eröffnet. In dem Masse aber, als der Kolben mittelst der Schraube x nach aufwärts oder nach abwärts geführt wird, verringert oder erweitert sich die Durchgangsöffnung zum Vaporisator, respective im umgekehrten Massstabe zum Luftsyphon, wodurch es in des Manipulirenden Gewalt steht, dem Vaporisator je nach dem vermehrten oder verminderten Durchlass von heissen Gasen mehr oder weniger Wärme zuzuführen.

In der dargestellten Zeichnung stellt W den Cylinder, a das Auspuffventil, b das Winkelstück mit dem Drosselkolben c und der Regulirschraube x dar. Ferner c und d die Gasabführungsrohre, I I den Vaporisator mit Bürstenrad B, Welle S_2, Antriebwelle P_4 und Thermometer O; t bildet den Auspufftopf (oder Luftsyphon); in demselben befindet sich das Rippenrohr l, welches mittelst des Rohres l^1 mit dem Gasmischhahne des Explosionsmotors communicirt. Der Zweck dieses Rippenrohres ist, die Luft, welche zur Bildung von Knallgas mit den Kohlenwasserstoffen verwendet werden soll, im Innern des Auspufftopfes vorzuwärmen. Es ist klar, dass die Dampfbildung, respective der Uebergang von einem niederen in einen höheren Aggregatzustand des Petroleums durch die Erwärmung in der Weise wie beschrieben und dargestellt wurde, wesentlich gefördert und somit eine bessere Ausnützung der durch die im Cylinder stattfindende Explosion sich entwickelnden Wärme erzielt wird. Hiebei sei noch bemerkt, dass die Form sowohl des Zerstäubers, als die des ihn umgebenden Mantels vielfach variirt werden kann, und dass ich nur Gewicht darauf lege, dass eine regulirbare Menge von heissen, aus dem Cylinder ausströmenden Gasen durch den Mantel des Zerstäubers (eventuell aber auch durch diesen selbst) geführt werde.

Patentansprüche.

Zum Zwecke der Zerstaubung von Flüssigkeiten, die Anwendung von Bursten, welche durch die zu zerstäubende Flüssigkeit geführt und dadurch mit letzterer getränkt werden, in Verbindung mit einem oder mehreren Abstreifern oder scharfen Kanten, gegen welche die Bürstenflächen streifen.

Die Anwendung einer solchen Zerstäubungsvorrichtung zum Zwecke der Bildung von Knallgas durch Verwendung der zerstäubten Flüssigkeit mit atmosphärischer Luft von gewöhnlicher oder vermehrter Spannung zum Betriebe von Explosionsmotoren, zur Herstellung von Leucht- und Heizgasen, zur Vertheilung wohlriechender und desinficirender Stoffe, zu Inhalationszwecken, zur Kühlung von Räumen und zu ähnlichen Zwecken. Ferner:

Zum Zwecke der Vorwärmung der zum Betriebe von Explosionsmotoren dienenden Kohlenwasserstoffe oder anderer Flüssigkeiten mittelst des Vaporisators, die Anbringung eines Mantels oder einer Hohlwand, durch welche in regulirbarer Weise ein Theil der aus dem Cylinder ausströmenden Gase geführt wird.

Zur Vorwärmung der zur Knallgasbildung dienenden Luft die Anwendung eines mit Rippen versehenen Rohres innerhalb des Auspufftopfes, durch welches dieselbe, bevor sie in den Mischhahn gelangt, geführt wird, endlich die constructive Durchführung dieser Methode, wie sie in nebenliegender Zeichnung veranschaulicht und vorstehend beschrieben wurde.

Die magneto-elektrische Zündvorrichtung.

Die Entzündung des Knallgases bei Gas- oder anderen Explosionsmotoren wurde bisher auf zweierlei Weise bewerkstelligt. Entweder mittelst des Ruhmkorff'schen Funkeninductors oder mittelst Gasflammen. Beide Methoden führen mannigfache Uebelstände mit sich.

Ich will nur hervorheben, dass die Anwendung des Funkeninductors eine galvanische Batterie voraussetzt, deren Pflege bekanntlich ebenso unbequem, als kostspielig ist*); während die Zündung mittelst Gasflammen

---

*) Man könnte zum Betriebe des Inductors statt der Elemente wohl auch eine Dynamomaschine benützen; bei dem Umstande jedoch, dass letztere beträchtlichen Kraftaufwand und einen eigenen Antriebsmechanismus erfordert, erscheint auch diese Zündmethode praktisch unvortheilhaft.

nebst einem äusserst präcise arbeitenden Abschlussmechanismus eine continuirlich brennende Gasflamme bedingt, welche unmittelbar an den Triebcylinder schlägt und diesem, welcher ohnehin durch die in schneller Aufeinanderfolge sich wiederholenden Explosionen stark erhitzt wird, noch in erhöhtem Masse schädliche Wärme zuführt, welcher Nachtheil dann wieder durch entsprechende Mengen von Kühlwasser paralysirt werden muss.

Alle diese Uebelstände umgeht die von mir erfundene Zündung mittelst eines magneto-elektrischen Inductors in Verbindung mit einem eigenthümlichen automatischen Zünder. Dieselbe beruht auf einem höchst einfachen Mechanismus, bedarf durchaus keiner Pflege (da die Explosionsmaschine während ihres Betriebes durch ein Minimum von Kraftabgabe den zündenden elektrischen Strom selbst erzeugt) und wirkt ebenso gleichmässig als zuverlässig.

Ueber das Princip der Zündvorrichtung.

Durch eingehende Versuche ermittelte ich, dass der Funke, welcher sich beim Unterbrechen einer elektrisch inducirten Spirale im Momente des Demagnetisirens oder Polwechsels des in der Spirale befindlichen Eisenstückes an den Unterbrechungsstellen bildet (wegen der relativ bedeutenden Wärmecapacität desselben), sich am besten zur Entzündung von Knallgas eigne. Infolge dessen basirte ich die neue Zündvorrichtung auf die directe und unmittelbare Benützung des durch den Extrastrom sich bildenden Unterbrechungsfunkens.

Da die Construction des hiezu gehörigen Apparates einen eigenthümlichen Mechanismus nothwendig macht, so präcisire ich in folgenden zwei Punkten die Eigenart desselben.

1. Die in den Zünder auslaufenden Enden der magnetelektrischen Spirale (d. i. der Punkt, wo sich der Zündfunke bilden soll) müssen eine solche mechanische Einrichtung besitzen dass sie (abweichend von allen bisher bekannt gewordenen elektrischen Zündern) im Innern des Explosionsraumes bald zum Contact gelangen, an einanderschleifen und bald sich wieder trennen. Dies bedingt, dass entweder beide Enden des Zünders beweglich sind oder mindestens eines derselben.

2. Dass die Bewegungen dieses Zünders mit den Bewegungen des den Strom producirenden magneto-elektrischen Apparates derart correspondiren, dass während der Magnetisirung des strominducirenden Eisenankers die metallischen Contactgeber des Zünders sich berühren; hingegen im Momente des Demagnetisirens oder des Polwechsels sich unter Friction rasch von einander trennen.

Auf Basis obiger zwei Punkte können zur Stromerzeugung sowohl a) continuirlich rotirende magneto-elektrische Apparate verwendet werden als auch b) Magnetinductoren, welche auf zeitweise mechanische Impulse durch Producirung von einem oder mehreren Funken elektrisch reagiren.

Die Zündvorrichtung, welche direct, d. i. ohne Zuhilfenahme eines elektro-magnetischen Funkeninductors (Ruhmkorff) die Entzündung von explosiblen Gasen oder dunstformigen Flüssigkeiten in Motoren bewirkt ist in den beigedruckten Figuren veranschaulicht; sie besteht im Wesentlichen aus einem elektrischen Stromerzeuger, welcher durch einen eigenartigen Mechanismus in Thätigkeit gesetzt wird, in Verbindung mit einem eigenartigen automatisch functionirenden Frictionscontactgeber, welcher sich im Explosionsraume des Cylinders befindet.

In den Figuren 1, 2. 3 ist der magneto-elektrische Stromerzeuger in Seitenansicht, Vorderansicht bei weggenommener Platte $\mathcal{J}$, und im Längenschnitt dargestellt.

Die ausgedrehten Stücke B und h (Fig. 2 und 3) bilden die Pole (Polschuhe) eines kräftigen Magnetmagazins, welches aus einer Anzahl Magnetstäbe $c\,c\ldots$ und der an diese geschraubten Eisenplatte c' gebildet wird. Eine Platte $\mathcal{J}$ aus beliebigem, nicht leitendem Material, am besten Kautschuk, deren weiterer Zweck später noch angegeben wird, bedeckt und befestigt die Stirnseite desselben.

Wie Fig. 2 veranschaulicht, sind die Stäbe $c\,c\ldots$ paralell derart gruppirt, dass je die halbe Anzahl der Magnetstäbe zu einem gemeinsamen Magnetpol vereinigt ist.

Zwischen den Polen dieses Magnetes befindet sich der um die Achse D (Fig. 3) drehbare Eisenanker f. Derselbe ist aus dem mittleren cylindrischen Stück f und den beiden Endplatten f' und f^2 zusammengesetzt. Um den cylindrischen Theil des Ankers ist auf einer isolirten Spule die wohlisolirte Kupferspirale g (Fig 2) gewunden, deren Anfang mit dem metallischen Körper des Apparates und deren Ende mit dem auf der Achse D sitzenden und von ihr isolirten Ring h (Fig. 3) fest verbunden ist. Die beiden Platten i und i', welche an den Anker geschraubt sind, dienen zur Befestigung und Verbindung der aus zwei Theilen bestehenden Achse D mit dem Anker f.

Zwischen dem Ring h (Fig. 1) und der Drahtklemme k stellt die Schleiffeder h' mit dem Metallstücke w eine leitende metallische Verbindung her. Die Drahtklemme k ist an der Deckplatte $\mathcal{J}$ befestigt. Die Achse D findet einerseits in der Platte $\mathcal{J}$ und andererseits in der eisernen Bodenplatte c' ihre Lager und ragt auf beiden Seiten durch dieselben hervor.

Als besonders charakteristisch in der Construction des eben beschriebenen Apparates hebe ich den mit demselben in Verbindung gebrachten, in Folgendem näher erläuterten Kurbelschleifmechanismus hervor.

Auf der Achse D ist ein Hebel q befestigt, welcher von dem Stift r mitgenommen wird (Fig. 4) Der Stift r befindet sich an der Scheibe s, welche excentrisch zur Achse D gelagert ist und mittelst eines Bandes y (Fig. 4) von einer Antriebsscheibe W aus in irgend einer Weise, in Rotation gesetzt wird. Durch die Anwendung einer solchen Kurbelschleife wird der Welle D, beziehungsweise dem strominducirenden Anker, eine ungleichförmige Geschwindigkeit ertheilt.

Die gleichmässige correspondirende Bewegung der Scheiben *s* und *W* ist der präcisen Function des Zunders wegen von Wichtigkeit; sie kann auf beliebige Art, z. B. mittelst Räder, einer Kette oder in der Weise erzielt werden, dass man, wie dies in der Zeichnung angegeben, ein mit Warzen versehenes Metallband *y* um die Scheiben *s* und *W* führt, das mit seinen Warzen in entsprechende Vertiefungen dieser Scheiben eingreift, wodurch ein Gleiten verhindert wird. Sie kann aber auch ebenso gut durch eine oscillirende Bewegung hervorgerufen werden, wobei gleichfalls eine Kurbelschleife in Anwendung gebracht wird.

Eine derartige Anordnung ist in den nebenstehenden Figuren 1, 3 und 5 veranschaulicht. Die excentrisch an der Scheibe *W* befestigte Pleuelstange *y'* setzt den Hebel *s'*, dessen Stift *r* im Schlitz des Hebels *q* liegt, in oscillirende Bewegung.

Durch die Anordnung der Ausdehnung der Polschuhe des Magnetmagazins auf die ganze Breite der Eisenstücke einestheils sowie durch die Anwendung der Kurbelschleif- bewegung zum Antrieb der Inductionsspirale anderntheils wird der Anker während seiner Rotation oder Oscillation behufs Erzielung einer möglichst vollkommenen magneti- schen Sättigung thunlichst lange der Inductionswirkung des Magnetmagazins ausgesetzt, während die Stromunter- brechung rasch erfolgt.

Auf der Achse *A* (Fig. 6 und 7) sitzt eine Formscheibe *u*, welche den Zündstift *z* (der isolirt und gasdicht in den Explosionsraum eingeführt ist) langsam bewegt und über die Nase *u'* rasch abfallen lässt. Dem freien Ende des Stiftes *z* steht von der Gegenseite ein Stift *z'* gegenüber.

Wenn der Stift *z* hineingedrückt wird, was infolge der beschriebenen Anordnung nur langsam erfolgt, kommen die freien in den Explosionsraum ragenden Stiftenden *z* und *z'* in Contact und entfernen sich, sobald die plötzlich abfallende Curve der Scheibe *u* dies bedingt, äusserst rasch von einander. Durch das rasche Entfernen der beiden Zündstiftspitzen von einander entsteht ein elektrischer Unterbrechungsfunke, durch welchen das in dem Explosionsraum befindliche explosible Gemenge entzündet und zur Explosion gebracht wird.

Ich hebe hiebei besonders hervor, dass der Zündmechanismus nur dann andauernd gut functionirt, wenn die Contactgeber *z* und *z'* bei ihrer jedesmaligen Berührung aneinander schleifen, wo- durch die Berührungsfläche immer rein erhalten und die verlässliche Leitungsfähigkeit der Contactstellen gesichert wird. Die Friction der Contactgeber hat ferner zur Folge, dass minimale Metallpartikelchen mit- gerissen werden, welche bei der Funkenbildung mit ins Glühen gerathen, wodurch die Wärmecapacität des Zündfunkens und damit zugleich die Zündfähigkeit desselben wesentlich erhöht wird.

Bei Anwendung stumpfer Contacte nimmt die Leitungsfähigkeit der Contactstellen infolge des Belegens derselben mit Verbrennungsproducten schon nach wenigen Explosionen dermassen ab, dass in kurzer Zeit die Zündung den Dienst ganz versagt.

(Es könnte hier leicht die Meinung platzgreifen, dass das Schleifen der aus Stahl verfertigten Contactgeber eine rasche Abnützung derselben zur Folge hätte; dem ist aber nicht so. Erfahrungsgemäss halten dieselben bei normalem Gebrauche über ein Jahr aus, bevor sie eine Auswechslung die übrigens nur wenige Kreuzer kostet nöthig machen. Es tritt hiebei die interessante Erscheinung zu Tage, dass diejenigen Stellen, wo der Funke überspringt, trotz der Erhitzung, welche durch das Knallgemisch hervorgerufen wird, fast glashart werden, wodurch sich auch die geringe Abnützung derselben erklärt.)

Zur deutlichen Erklärung ist in den Figuren 8 und 9 die Construction der Contactgeber im Detail dargestellt.

Das Schleifen der Contactgeber an einander kann sowohl durch eine geradlinige Hin- und Herbegung des einen Zündstiftes (oder beider) als auch durch ein Rotiren eines derselben bewirkt werden. Wie bereits früher erklärt, wird die geradlinige Bewegung des Zündstiftes z durch die Formscheibe u bewirkt (Fig. 6 und 7. Die rasche Trennung der Contactgeber von einander erfolgt durch die Nase u^1 und durch die Wirkung der auf dem Zündstift z angebrachten kleinen Spiralfeder. In Figur 8 ist die ausserste Stellung des Stiftes z zu dem Zündstift z^1 dargestellt und macht diese Figur die schleifende Bewegung verständlich.

In der Figur 9 ist eine Modification dargestellt, bei welcher der eine Contactgeber z^1 fest angeordnet ist, während der andere, welcher am besten eine Segmentform besitzt, durch irgend eine beliebige mechanische Construction (z. B. durch konische Räder) derart in Rotation versetzt wird, dass dieselben bei ihrer jedesmaligen Berührung an einander schleifen und die rasche Trennung derselben in dem Momente erfolgt, in welchem das Gasgemenge zur Explosion gelangen soll.

(Hiezu sei bemerkt, dass die Segmentform des einen Contactgebers nicht unbedingt erforderlich ist; es kann derselbe auch eine beliebig andere Form besitzen, wenn nur das Princip desselben, d. i. ein rotirender, kurze Zeit andauernder, schleifender Contact mit darauffolgender rascher Unterbrechung gewahrt bleibt.)

Patent-Anspruch:

Zum Zwecke der elektrischen Zündung von explosiblen Gasen oder Flüssigkeiten die Anwendung eines elektrischen Stromerzeugers in Verbindung mit einem Frictionscontactgeber, welcher aus zwei von einander elektrisch isolirten Theilen besteht, die (im Innern des Explosionsraumes) bald in schleifenden Contact gebracht, bald von einander getrennt werden, wobei hervorzuheben ist, dass, um einen möglichst kräftigen Zündfunken zu erzielen, die beiden Theile des Contactgebers während der Magnetisirung des den Strom inducirenden Eisenankers sich berühren und während der Berührung an einander schleifen, hingegen im Moment der Demagnetisirung oder des Polwechsels sich rasch von einander trennen.

Ueber die Gesammtconstruction des Gas- und Petroleummotors.

Die constructive Anordnung dieses Motors wurde bisher in zwei Grundtypen zur Durchführung gebracht, und zwar beruht die eine unter Benützung des vorbeschriebenen Vaporisators und der elektrischen Zündvorrichtung auf der Anwendung eines beiderseits geschlossenen Cylinders, welcher einerseits (d. i. im Raume hinter dem Kolben) zur Aufnahme und Arbeitentwicklung des dynamischen Gemenges und andererseits (d. i. im Raume vor dem Kolben) als Compressionsluftpumpe dient, durch welch letztere Function die Ladung für den nächstfolgenden Hub präparirt wird. Da nun beim jedesmaligen Vorgange des Kolbens Arbeit entwickelt und gleichzeitig Luft für die nächstfolgende Ladung comprimirt, beim Rückgange die verbrannten Gase ausgeblasen und gleichzeitig neue Luft eingesaugt wird, so ist die auf solcher Grundlage construirte Maschine eine Zweitaktmaschine.

Es wird aber die Construction der Maschine unter Benützung des Vaporisators und der Zündvorrichtung auch nach dem bekannten de Rochas'schen Viertakt, bei Anwendung eines nach vorne offenen Cylinders, ausgeführt.

Maschinen nach dem zuerst bezeichneten Typus finden dort die beste Verwendung, wo es sich um einen möglichst gleichmässigen Betrieb handelt, z. B. in Spinnereien oder in solchen Fällen, wo die Anbringung eines Schwungrades nicht zweckmässig erscheint, beispielsweise bei mehrcylindrigen Maschinen für Schiffszwecke, während der letztere Typus, gleichviel ob derselbe als stationäre oder mobile Maschine dienen soll, für alle jene Zwecke mit Vortheil zu verwenden ist, wo es sich um Kraftentwicklung handelt und besondere Gleichmässigkeit des Ganges kein Haupterforderniss ist (z. B. für Zwecke der Land- und Forstwirthschaft, des Berg- und Hüttenwesens, zur Erzeugung elektrischen Lichtes, zum Betriebe von Pumpen oder Ventilatoren, ferner als Fahrmittel etc. etc.).

Beschreibung der in den Figuren 1 bis 8 dargestellten Maschinen.

Fig. 1 und 2 ist ein **Zweitaktmotor**, bei welchem der Cylinder *a* horizontal angeordnet und beiderseits geschlossen ist. Beim Antrieb des Schwungrades *o* in der Richtung des Pfeiles wird der Kolben des Cylinders mittelst

der Pleuelstange nach vorne geführt, wobei die vor demselben sich befindliche Luft comprimirt und in das Luftreservoir, welches sich innerhalb des
Fraimes *b* befindet, getrieben wird. Von hier gelangt dieselbe weiter in den
Vaporisator *p* (welcher von der Steuerwelle *r* mittelst eines Riemens activirt
wird), schwängert sich mit den in demselben producirten staubförmigen
Kohlenwasserstoffen (Petroleum, Alkohol etc.), passirt den Mischhahn *g*, woselbst das innige und richtige Mischverhältniss der Kohlenwasserstoffe mit
der atmosphärischen Luft zu explosiblem Gas erfolgt, um als Ladung in den
rückwärtigen Raum des Cylinders zu gelangen. Hier wird das also comprimirte dynamische Gemenge durch den elektrischen Zündapparat *q*, welcher
sich im Sockel der Maschine befindet und durch eine excentrische Scheibe
mittelst der Stange *x* in Wirksamkeit gesetzt wird, zur Explosion gebracht.
Die hiedurch hervorgerufene hohe Expansion der eingeschlossenen Gase treibt
den Kolben nach vorwärts, wobei gleichzeitig die vor demselben befindliche
Luft, welche durch das Ventil *i* eingesaugt wurde, comprimirt und für die
nächste Ladung im Luftreservoir *b* angesammelt wird. Der gleiche Vorgang
wiederholt sich nun fort und fort selbstthätig durch die Maschine.

Fig. 3 und 4 veranschaulichen einen **Viertaktmotor bei horizontaler Anordnung des Cylinders**, wobei der Balancier *m* die Arbeitsleistung des Kolbens mittelst der Pleuelstange *l* auf die Kurbelachse des
Schwungrades überträgt, welch' letztere gleichzeitig mittelst der Riemenscheibe *r*
und des Riemens *s* den Zerstäuber *d* in Thätigkeit versetzt. Bei der Vorwärtsbewegung des Kolbens wird nun durch den Zerstäuber atmosphärische
Luft, welche mit vaporisirtem Petroleum geschwängert ist, angesaugt (wobei
das zur vollkommenen Verbrennung richtige Mischungsverhältniss der
atmosphärischen Luft und des Petroleums in gleicher Weise wie bei dem
vorbeschriebenen Zweitaktmotor durch einen Mischhahn bewirkt wird); beim
Rückgange des Kolbens wird dieses dynamische Gemenge comprimirt, und
im Momente des wiederholten Vorganges des Kolbens durch den magneto-
elektrischen Zündapparat *q*, in Verbindung mit dem Zünder *c* zur Explosion
gebracht. Durch die infolge der hohen Temperatur bewirkte Expansion der
eingeschlossenen Gase wird der Kolben nach vorwärts getrieben, respective
Arbeit entwickelt, und beim nächstfolgenden Rückgange desselben die verbrannten Gase durch das Ventil *y* ausgeblasen, wobei ein Theil der noch
heissen Gase, zur Unterstützung der Dampfentwicklung des Petroleums, wie
vorne bereits beschrieben (siehe „Der Vaporisator"), durch den Mantel des
Zerstäubers *d* geführt wird. Der eben beschriebene Vorgang des Ladens und
der Entzündung des dynamischen Gemenges wiederholt sich nun selbstthätig
durch die Maschine, während der erste Antrieb durch Drehung des Schwungrades in der Richtung des Pfeiles erfolgt.

Fig. 5 und 6 veranschaulichen einen Motor nach gleichem Constructions-
principe, jedoch mit **verticaler Anordnung des Cylinders** und horizontal gelagertem Wagebalken. Zweck dieser Modification ist, dem
Motor eine möglichst compendiöse Form und geringe Basis zu geben, ohne
die Stabilität und leichte Zugänglichkeit der einzelnen Theile zu beeinträchtigen.
Dem entsprechend ist der Cylinder *a* an dem Gestelle *b* vertical befestigt,
wobei die Kurbelwelle *r* des Schwungrades *o* sehr nahe dem Cylinder gelagert

14

ist. Bei der Explosion der Triebgase wird die geleistete Arbeit mittelst der schwingenden Kolbenstange *l'* des im Fussgestelle gelagerten Balanciers *r* und der Pleuelstange *l* auf die Kurbelwelle, respective auf das Schwungrad übertragen. Die Activirung des Zerstäubers *d* sowohl wie die des Zündapparates *t* erfolgt in analoger Weise wie bei dem bereits beschriebenen horizontal angeordneten Motor (Fig. 3 und 4).

In den Figuren 7 und 8 ist ein **Zwillingsmotor** dargestellt; bei demselben sind die Cylinder, wie bei dem oben beschriebenen Motor, ebenfalls vertical angeordnet, jedoch unterscheidet sich der Balancier *q* an demselben durch die den Zwillingscylindern *a* und *a₁* entsprechende **Gabelung** auf der einen Seite, welche einen Parallelhebel *rr* bildet, während auf der anderen Seite der Hebel einfach, wie bei Figur 5 und 6 geformt, ist. Es ist ferner, wie aus Figur 7 ersichtlich, die Schiebersteuerung für jeden Cylinder besonders angeordnet, wodurch es ermöglicht wird, nach Bedarf die Maschine auch mit halber Kraft, d. i. mit einem Cylinder allein arbeiten zu lassen. Wird jedoch auf eine solche Variante an Kraftleistung kein Gewicht gelegt, so wird die Construction der Maschine mit einer für beide Cylinder gemeinsamen Steuerung durchgeführt.

Verwendung der beschriebenen Motoren als Gasmaschinen.

Sollen die vorbeschriebenen Motoren mit Gas betrieben werden, so sind die Zerstäuber durch Abschluss eines Hahnes ausser Function zu setzen und die Communication des Cylinders mit einer Gasleitung an der Stelle, wo das Verbindungsrohr mit dem Zerstäuber sich befindet, herzustellen.

248

Vaporisator

Fig. 1.

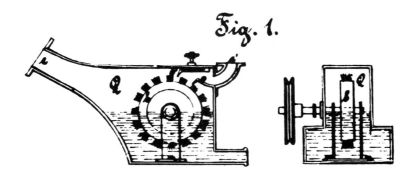

Fig. 2.

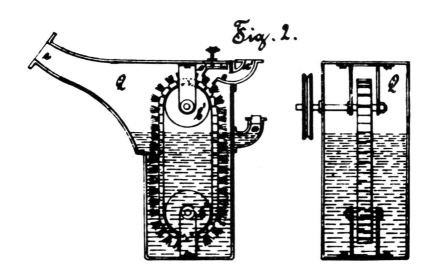

Patent S. Marcus
Wien

Fig. 3

Balancier-Viertakt
Petroleum Motor
Patent S. Marcus

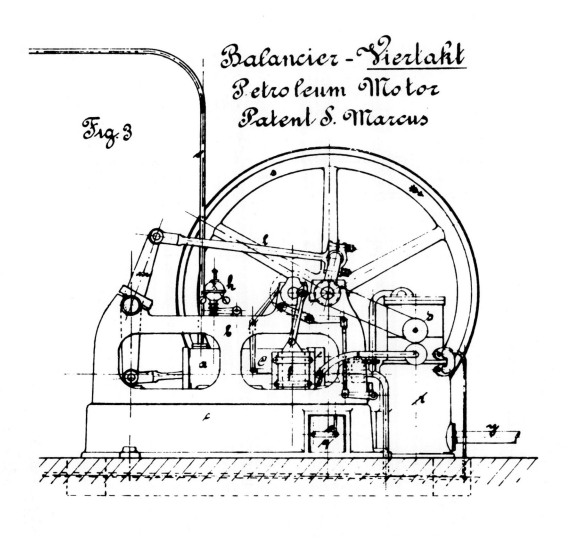

Fig. 4

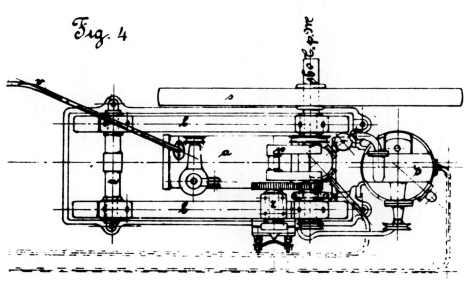

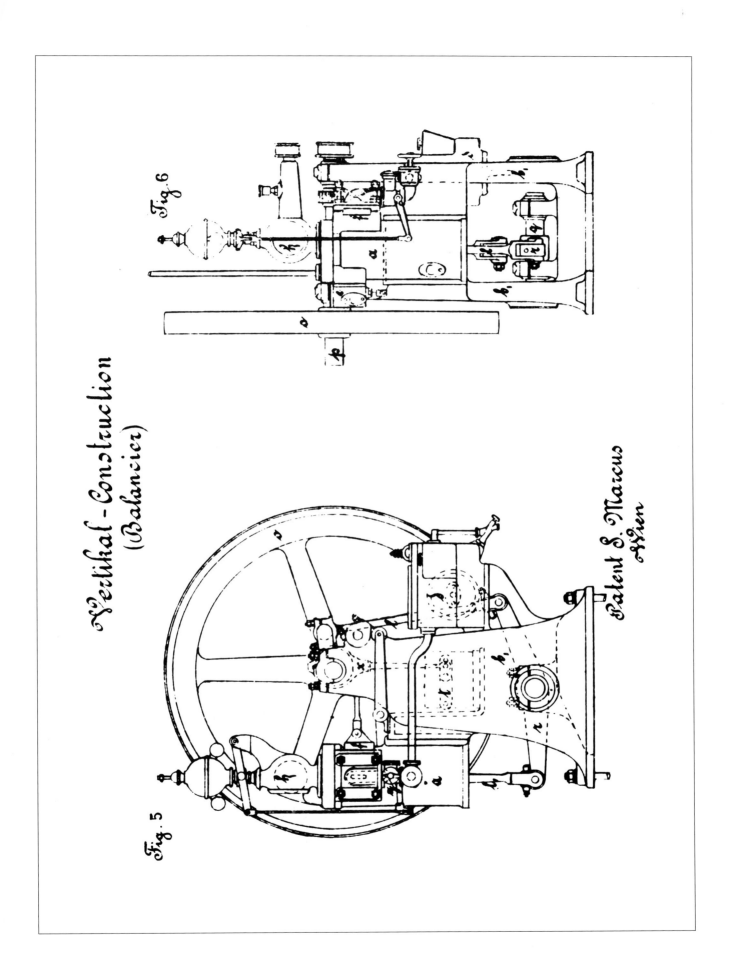

Fig. 6

Vertikal - Construction
(Balancier)

Fig. 5

Patent S. Marcus
Wien

251

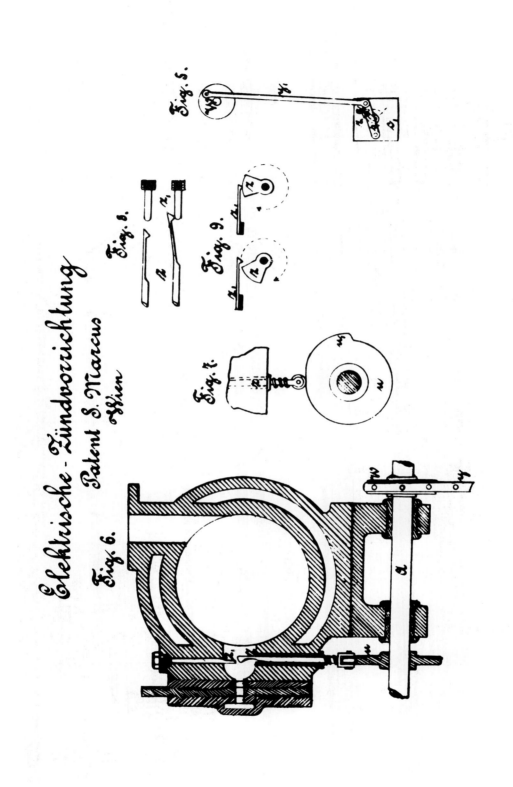

Elektrische - Zündvorrichtung
Patent S. Marcus
Wien

Fig. 5.

Fig. 8.

Fig. 9.

Fig. 7.

Fig. 6.

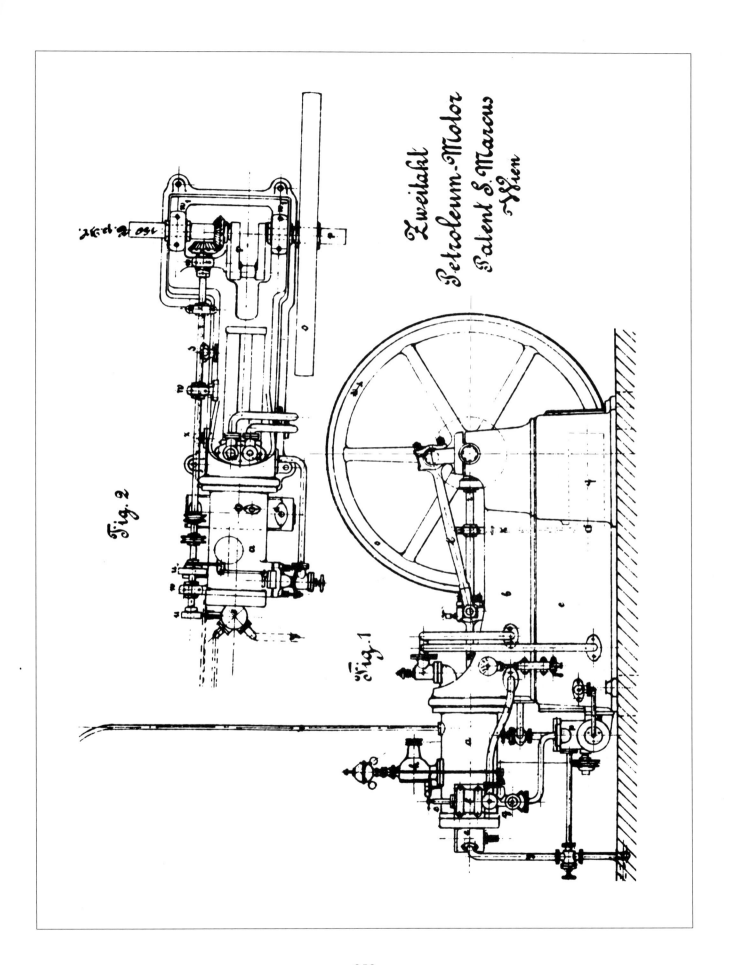

Zweitakt
Petroleum-Motor
Patent S. Marcus
Wien

Fig. 1

Fig. 2

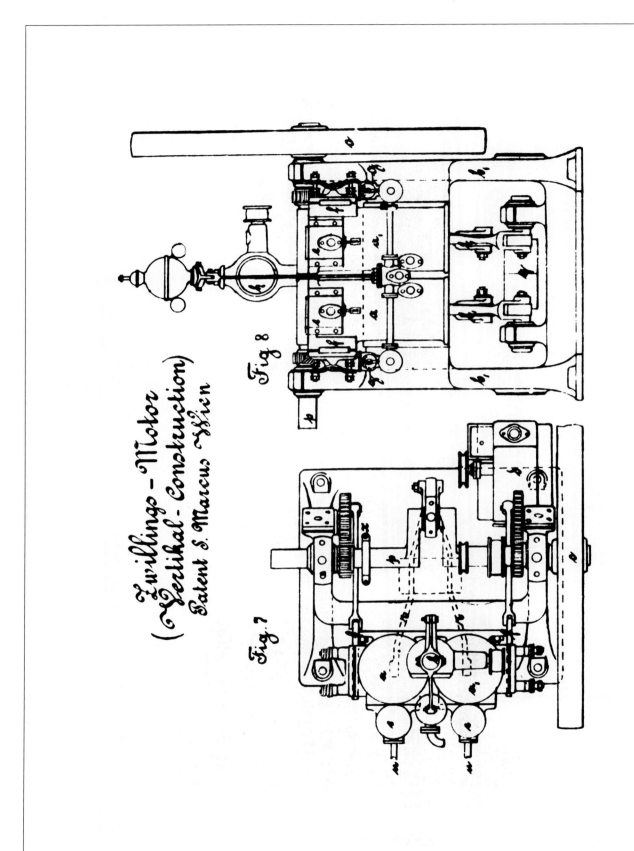

Zwillings – Motor
(Vertikal – Construction)
Patent S. Marcus Wien

Fig. 8

Fig. 7

254

(Vertical-Construction.)

(Horizontale Construction.)

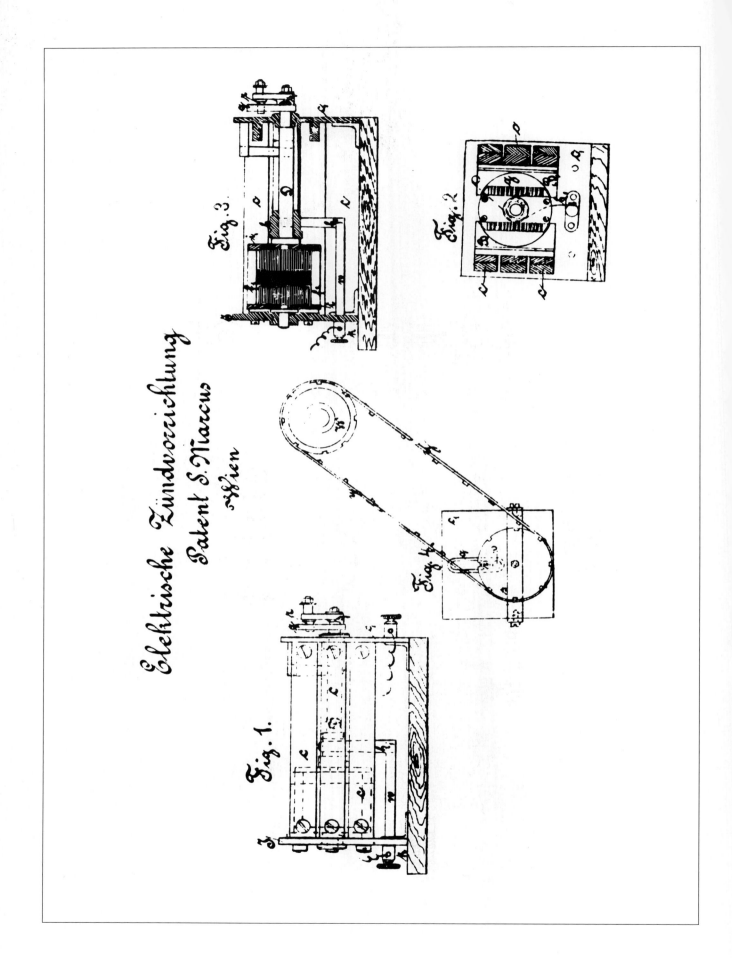

Elektrische Zündvorrichtung
Patent S. Marcus
Wien

Fig. 1.

Fig. 2.

Fig. 3.

Fig. 4.

256

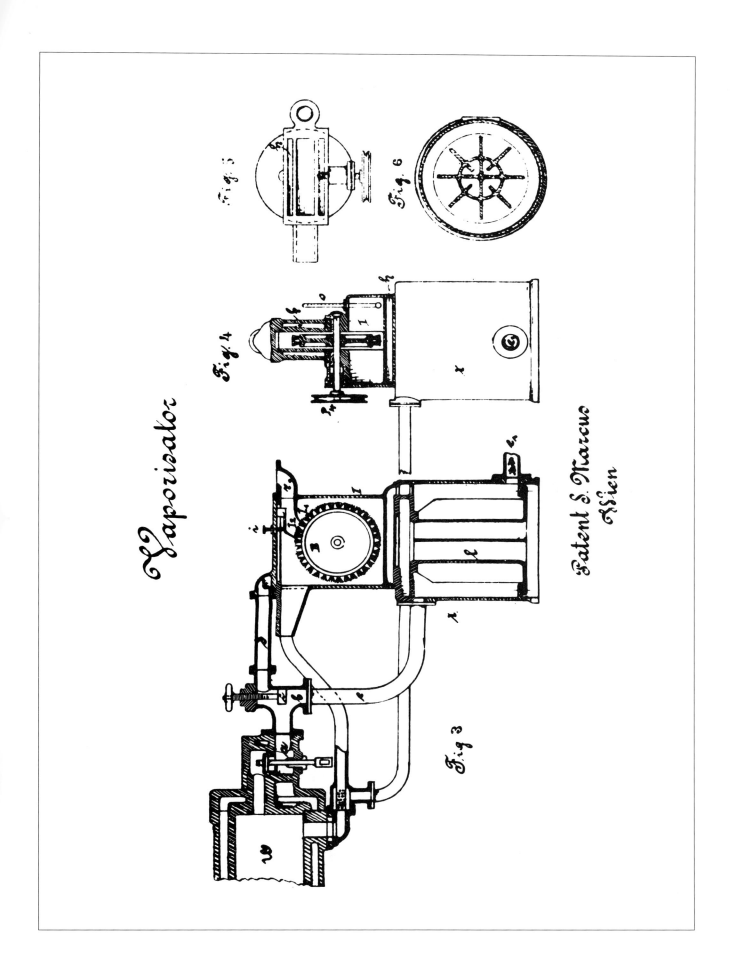

Vaporisator

Patent S. Marcus
Wien

Fig. 3

Fig. 4

Fig. 5

Fig. 6

Locomobile für landwirthschaftliche Zwecke, elektrische Beleuchtung.
Pumpen, Feuerspritzen etc.

Schlußwort des Autors

Bei dieser technikhistorischen Arbeit ging es in erster Linie darum, die tatsächlichen Gegebenheiten der frühen Geschichte des Automobils und seiner Antriebsmotoren darzulegen. Es ging nicht darum, andere bedeutende Erfinderpersönlichkeiten, Industrieunternehmen oder Historiker, die sich ebenfalls mit dieser Problematik auseinandergesetzt haben, abzuqualifizieren, sondern es war ausschließlich von Bedeutung, den durch entsprechendes historisches Archivmaterial – soweit überhaupt noch vorhanden – bestätigten Sachverhalt über die Erfindung des Automobils ein für allemal sicherzustellen.

Auch die wenigen noch vorhandenen Fakten sprechen eindeutig dafür, daß der in Österreich schaffende Siegfried Marcus der Gesamterfinder des Automobils war und ist.

Es bleibt mir nur noch die angenehme Aufgabe, all jenen Stellen, Archiven, Firmen und Einzelpersonen zu danken, die diese aufwendige Arbeit durch Beistellung entsprechender Unterlagen unterstützt haben.

Insbesondere möchte ich hier die Informationsabteilung des Technischen Museums Wien, Herrn Dr. Hantschk und seine Mitarbeiterinnen, hervorheben, die das vorhandene Marcus-Archiv freigaben.

Aber auch der Daimler-Benz AG, und hier vor allem dem Museumsarchiv, sei für die Öffnung des Marcus-Archivs und die Freigabe entsprechender Dokumente gedankt.

Ebenso gebührt mein Dank Herrn F.H. Baer, der sich der Mühe unterzog, sein technikgeschichtliches Bildarchiv nach allen vorhandenen Marcus-Bildern zu durchforsten und sie unentgeltlich zur Verfügung zu stellen.

Bedankt sei auch der Sohn des bedeutenden Marcus-Forschers, Hofrat Dr.techn. Dipl.Ing. Erich Kurzel-Runtscheiner, der mir bereitwillig noch vorhandenes Material über Siegfried Marcus aushändigte.

Nicht zuletzt gilt mein Dank auch der Familie Hartner, den noch lebenden Verwandten von Emil Ertl, die liebenswürdigerweise den Nachdruck seiner Episode über eine Ausfahrt mit Siegfried Marcus freigaben.

Privilegien und Patente

	Österreichische Privilegien des Siegfried Marcus (Zusammenstellung nach Dr.techn. Dipl.Ing. Erich Kurzel-Runtscheiner)	
Lfd. Zahl	**Titel der Privilegien**	**Erteilt**
1	Verbesserung der Sicherheitsventile an Dampfkesseln, wonach das Ventil durch eine tiefere, im Kessel befindliche Dampfschicht gehoben, sich vollständig öffne und eine verhältnismäßig geringe Belastung zum Schließen der Ausströmungsöffnung benötige	14. März 1857
2	Verbesserung an den dreibackigen Schraubenschneidekluppen, wonach mit den nämlichen Backen Schrauben von verschiedenen Durchmessern geschnitten werden können	11. August 1858
3	Erfindung eines magnetoelektrischen Induktors in Verbindung mit einem Taster und eigentümlichen Relais, womit ohne jede Pflege der Elektrizitätsquelle und ohne Anwendung voltaischer Elemente selbst auf große Distanz fort und fort sicher telegraphiert werden könne	7. Dezember 1858 VII/482
4	Verbesserung an den sogenannten Morseschen Relais	21. Jänner 1860 IX/232
5	Erfindung eines neuen Zeigertelegraphensystems	25. Jänner 1861 X/237
6	Verbesserung an dem Morseschen Telegraphenapparate (Das Ausübungsrecht 1862 an die Direktion der k.k. Staatstelegraphen übertragen)	16. Jänner 1861 IX/229
7	Erfindung eines eigentümlichen Feldtelegraphen	9. Oktober 1862 XI/461
8	Erfindung eines eigentümlichen, magneto-elektrischen Zündinduktors	21. Juni 1864 XIV/318
9	Erfindung eines Apparates zur Karbonisierung der atmosphärischen Luft	16. Mai 1865 5372/g
10	Verbesserung an dem Apparate zur Karbonisierung der atmosphärischen Luft	13. August 1866 5845/g
11	Automatischer Bilderapparat, genannt "Revue"	30. Oktober 1876 Cl.XVIII/534
12	Elektrische Lampe	27. August 1877 27/709
13	Eigentümlicher elektrischer Glühlichtapparat	20. Feber 1879 29/271
14	Elektromagnetischer Kohlenregulator, genannt "Simplex-Lampe"	8. August 1879 C II/997
15	Verbesserung an galvanischen Elementen, welche in der Wesenheit in deren Unzerbrechlichkeit und langer Funktionsdauer besteht	18. August 1880 30/1553
16	Verbesserung an Explosionsmotoren (Eingereicht durch das Privilegienbureau Michalecki & Co,)	24. Juli 1883 33/1442

Lfd. Zahl	Titel der Privilegien	Erteilt
17	Neue, direkt rotierende Maschine, verwendbar sowohl als Pumpe wie als Motor für tropfbare und gasförmige Flüssigkeiten	1. November 1883 33/2107
18	Neuerungen an Explosionsmotoren (im österreichischen Patentamt nicht auffindbar)	11. November 1883 33/2176
19	Verbesserungen an dem unter dem 24. Juli und 11. November privilegierten Explosionsmotor (eingereicht durch Privilegienbureau Ing. H. Palm)	14. Juni 1887 37/1168
20	Leucht- und Luftgasbrenner	14. Oktober 1887 37/2032
21	Gas- und Petroleummotor mit vertikaler Anordnung des Zylinders	12. März 1888 38/678
22	Neuerungen an Wagenfedern	5. Mai 1891 41/1344
23	Gasentwickelnde Lampe, um Inkandeszenzkörper in leuchtende Glut zu versetzen	14. Dezember 1891 41/3888
24	Neuerungen an Elementen (dieses Privilegium wurde an Siegfried Marcus, Louis Patz und Rudolf Grebner in Wien erteilt)	25. September 1891 41/2591
25	Elektrisches Läutwerk	20. August 1892 42/2005
26	Verbesserung an Luft- und Gas-Karburierapparaten (eingereicht durch Patentanwalt Ing. Viktor Tischler)	3. Oktober 1892 42/2519
27	Neuartiger Rost	22. November 1892 42/4006
28	Rotationsmaschine	12. Oktober 1893 43/4112
29	Neuerungen an Thermoelementen	5. Dezember 1893 43/4607
30	Neuartiges galvanisches Element	26. Dezember 1893 43/4801
31	Neuerungen an Bunsenbrennern, insbesondere Gasglühlichtbrennern, zum Zwecke, das Zurückschlagen der Flamme zu verhüten und deren Temperatur zu erhöhen	25. Mai 1894 44/1894
32	Neuerungen an elektrischen Anzündevorrichtungen für Gasflammen, insbesondere für Auersches Gasglühlicht	26. März 1894 44/2372
33	Neuerungen an Bunsenbrennern	6. August 1894 44/3894
34	Neuartige Glühlichtlampe für flüssige Kohlenwasserstoffe	25. April 1895 45/1439
35	Vergasungslampe für Kohlenwasserstoffe, insbesondere für Inkandeszenzzwecke	25. Mai 1895 45/1844
36	Neuerungen an Lampen für flüssige Kohlenwasserstoffe	8. Juli 1895 45/2500
37	Neuerungen an Ölbrennern	2. Mai 1896 46/1769
38	Neuerungen an Brennern für Vergasungslampen	16. Mai 1896 46/1969

KAISERLICHES PATENTAMT.

Ausgegeben den 18. Februar 1884.

PATENTSCHRIFT

— № 25947 —

KLASSE 46: Luft- und Gaskraftmaschinen.

SIEGFRIED MARCUS in WIEN.

Magneto-elektrischer Zündapparat für Explosionsmotoren.

Patentirt im Deutschen Reiche vom 20. Mai 1883 ab.

Die elektrische Entzündung explosibler Gase oder Flüssigkeiten, z. B. von Knallgas, in Explosionsmotoren wurde bisher nur mit Zuhülfenahme von elektromagnetischen Funkeninductoren unter Anwendung von galvanischen Elementen (System Lenoir) bewerkstelligt, was bekanntlich mit vielen Unzukömmlichkeiten verknüpft ist. Dies bewog mich, schon im Jahre 1873 (laut officiellen Ausstellungsberichtes, herausgegeben durch die Central-Direction der Weltausstellung, Wien 1873: Die Motorengruppe XIII, Sect. I) die Erzeugung des elektrischen Stromes ohne Batterie, und zwar mittelst eines Magnetinductors zu bewirken, welcher eventuell durch den Motor selbst betrieben wird.

Doch ist es mir erst jetzt gelungen, den zu diesem Zweck ersonnenen Apparat auf eine solche Stufe der Vollkommenheit zu bringen, dafs derselbe als ein durchaus praktisches Zündungsmittel für Explosionsmotoren Verwendung finden kann.

Die Zündvorrichtung, welche direct, d. i. ohne Zuhülfenahme eines sogenannten magnetoelektrischen Funkeninductors (Ruhmkorff) die Entzündung von explosiblen Gasen oder Flüssigkeiten, z. B. von Knallgas, in Motoren bewirkt, ist auf beiliegender Zeichnung in Fig. 1 veranschaulicht; sie besteht im wesentlichen aus einem magneto-elektrischen Stromerzeuger Z, welcher durch einen eigenartigen Mechanismus in Thätigkeit gesetzt wird, in Verbindung mit einem eigenartigen, als automatischer Zünder dienenden Frictionscontactgeber, welcher sich bei Motoren im Explosionsraum des Cylinders befindet. Zur Stromerzeugung können entweder continuirlich rotirende magneto-elektrische Appa-

rate, als auch Magnetinductoren verwendet werden, welche auf periodische mechanische Impulse, auf beliebige Weise erzeugt, durch Producirung eines oder mehrerer Funken elektrisch reagiren.

In beiliegender Zeichnung ist der Stromerzeuger in den Fig. 1, 2, 3 und 4 in Seitenansicht, Längenschnitt, Vorderansicht bei weggenommener Platte J und Oberansicht dargestellt.

Die aus einem cylindrischen Eisenring geschnittenen Stücke B und B^1 bilden die Pole eines kräftigen Magnetmagazins, welches aus einer Anzahl Magnetstäbe $c\,c\ldots$ und der an diese geschraubten Eisenplatte c^1 gebildet wird. Eine viereckige Platte J aus beliebigem Material, welches durch den Magnetismus nicht influencirt wird, deren Zweck später noch angegeben wird, bedeckt und befestigt die ringförmige Stirnseite desselben.

Wie Fig. 3 veranschaulicht, sind die Stäbe $c\,c\ldots$ radial um die Ringstücke derart gruppirt, dafs je die halbe Anzahl der Magnetstäbe zu einem gemeinsamen Magnetpol vereinigt ist.

Zwischen den Polen dieses Magnetes befindet sich der um die Achse D^1 drehbare Eisenanker F. Derselbe ist aus dem mittleren cylindrischen Stück f und den beiden Endplatten f^1 und f^2 zusammengesetzt. Um den cylindrischen Theil des Ankers ist auf einer isolirenden Spule die wohlisolirte Kupferspirale g gewunden, deren Anfang mit dem metallischen Körper des Apparates und deren Ende mit dem auf der Achse D sitzenden und von ihr wohlisolirten Ring h fest verbunden ist. Die beiden Platten i und i^1, welche an den Anker geschraubt sind, dienen zur Befestigung und Verbindung der aus zwei Theilen bestehenden Achse *D* mit dem Anker *F*.

Zwischen dem Ring *h* und der Drahtklemme *k* stellt die Schleiffeder *h*¹ mit dem Metallstücke *w* eine leitende metallische Verbindung her. Die Drahtklemme *k* ist von der Deckplatte *J*, an welcher sie befestigt ist (durch eine elektrisch isolirende Hülse) wohl isolirt. Die Achse *D* findet einerseits in der Platte *J* und andererseits in der eisernen Bodenplatte *c*¹ ihre Lager und ragt auf beiden Seiten durch dieselbe hervor.

Als besonders charakterisch in der Construction des eben beschriebenen Apparates hebe ich den mit demselben in Verbindung gebrachten, in folgendem näher erläuterten Kurbelschleifmechanismus hervor.

Auf die Achse *D* ist ein Hebel *q* aufgesetzt, welcher von dem Stift *r* mitgenommen wird, Fig. 1. Der Stift *r* befindet sich an der Scheibe *s*, welche excentrisch zur Achse *D* gelagert ist und mittelst eines Bandes *y* von einer Antriebscheibe *W* aus in irgend einer Weise, eventuell durch den Motor, für welchen der Zündapparat dient, in Rotation gesetzt wird. Durch die Anwendung einer solchen Kurbelschleife wird der Welle *D* bezw. dem strominducirenden Anker eine ungleichförmige Geschwindigkeit ertheilt.

Die gleichmäfsige, correspondirende Bewegung der Scheiben *s* und *W* ist der Functionirung des Zünders wegen von Wichtigkeit; sie kann auf beliebige Weise, unter anderem auch dadurch erzielt werden, dafs man, wie dies in der Zeichnung angegeben, ein mit Warzen versehenes Stahlband *y* um die Scheiben *s* und *W* führt, das mit seinen Warzen in entsprechende Vertiefungen der Scheiben *s* und *W* eingreift und dadurch am Gleiten verhindert wird. Ebensogut kann sie durch Oscillationsbewegung, wobei gleichfalls eine Kurbelschleife in Anwendung gebracht wird, hervorgerufen werden, wie dies in Fig. 1 a dargestellt ist. Die excentrisch an der Scheibe *W* befestigte Pleuelstange *y*¹ setzt den Hebel *s*¹, dessen Stift *r* im Schlitz des Hebels *q* liegt, in Bewegung.

Durch die Anordnung der Ausdehnung der Polschuhe des Magnetmagazins auf die ganze Breite der Eisenstücke einestheils, sowie durch die Anwendung der Kurbelschleifbewegung zum Antrieb der Inductionsspirale anderentheils wird der Anker während seiner Rotation oder Oscillation behufs Erzielung einer möglichst vollkommenen magnetischen Sättigung thunlichst lange der Inductionswirkung des Magnetmagazins ausgesetzt, während die Stromunterbrechung rasch erfolgt.

Auf der Achse *A* sitzt eine Formscheibe *u*, welche den Zündstift *z*, der isolirt und gasdicht

in den Explosionsraum eingeführt ist, langsam bewegt und über die Nase *u*¹ rasch abfallen läfst. Dem freien Ende des Stiftes *z* steht von der Gegenseite ein Stift *z*¹ gegenüber. Wenn der Stift *z* hineingedrückt wird, was infolge der beschriebenen Anordnung nur sehr langsam erfolgt, kommen die freien, in den Explosionsraum ragenden Stiftenden *z* und *z*¹ in schleifenden Contact und entfernen sich, sobald die plötzlich abfallende Curve der Scheibe *u* dies bedingt, äufserst rasch von einander. Die in die von einander elektrisch isolirten Contactgeber *z* und *z*¹ auslaufenden Enden der magneto-elektrischen Spirale gelangen demnach im Innern des Explosionsraumes bald in Contact, bald trennen sie sich wieder von einander. Durch das rasche Entfernen der beiden Zündstiftspitzen von einander entsteht ein elektrischer Funken, durch den das auf eine beliebige Weise in den Explosionsraum gelangende Gasgemenge entzündet und zur Explosion gebracht wird.

Diese Zündbewegung mufs mit der Bewegung des stromproducirenden Magnetinductors derart correspondiren, dafs während der Magnetisirung des strominducirenden Eisenkernes sich die metallischen Contactspitzen des Zünders berühren, an einander schleifen, sich hingegen im Moment des Demagnetisirens oder des Polwechsels rasch von einander entfernen.

Ich hebe hierbei besonders hervor, dafs der Zündmechanismus nur dann andauernd gut functionirt, wenn die Contactgeber *z* *z*¹ bei ihrer jedesmaligen Berührung an einander schleifen. Bei Anwendung stumpfer Contacte wird die Leitungsfähigkeit der Contactstellen infolge des Belegens derselben mit Verbrennungsproducten schon nach wenigen Explosionen dermafsen abnehmen, dafs in kurzer Zeit die Zündung den Dienst ganz versagen wird.

Um diesem Uebelstande abzuhelfen, construire ich die Contactgeber *z* *z*¹ derart, dafs sie, wie oben erwähnt, bei ihrer jedesmaligen Berührung an einander schleifen, wodurch die Berührungsfläche immer rein erhalten und infolge dessen die verläfsliche Leitungsfähigkeit der Contactstellen gesichert wird und ferner minimale metallische Partikelchen mitgerissen werden, welche bei der Funkenbildung mit ins Glühen gerathen, wodurch die Wärmecapacität des Zündfunkens und damit zugleich die Zündfähigkeit desselben wesentlich erhöht wird.

Zur deutlicheren Erklärung ist in den Fig. 9 und 10 der beiliegenden Zeichnung die Construction der Contactgeber im Detail in gröfserem Mafsstabe dargestellt.

Das Schleifen der Contactgeber an einander kann sowohl durch eine geradlinige Hin- und Herbewegung des einen Zündstiftes, als durc' ein Rotiren desselben bewirkt werden. Wie bereits früher erklärt, wird die geradlinige Bewegung des Zündstiftes z durch die Formscheibe u bewirkt, Fig. 5 und 6. Die rasche Trennung der Contactgeber von einander erfolgt durch die Nase u^1 und die Wirkung der auf dem Zündstift z angebrachten kleinen Spiralfeder. In Fig. 9 ist die äusserste Stellung des Stiftes z zu dem Zündstift z^1 dargestellt, und ist aus dieser Figur die schleifende Bewegung deutlich verständlich.

In der Fig. 10 ist eine Modification dargestellt, bei welcher der Zündstift z^1 fest angeordnet ist, während der segmentförmige Stift z durch irgend eine bekannte Construction, z. B. durch konische Räder, wie in den Fig. 7 und 8 dargestellt, derart in Rotation versetzt wird, dafs die Contactgeber bei ihrer jedesmaligen Berührung an einander schleifen und die rasche Trennung derselben in dem Moment erfolgt, in welchem das Gasgemenge in den Explosionsraum eintritt.

PATENT-ANSPRUCH:

Zum Zweck der elektrischen Zündung von explosiblen Gasen oder Flüssigkeiten die Anwendung eines magneto-elektrischen Stromerzeugers in Verbindung mit einem Frictionscontactgeber, welcher aus zwei von einander elektrisch isolirten Theilen besteht, die im Innern des Explosionsraumes bald in schleifenden Contact gebracht, bald von einander getrennt werden, wobei hervorzuheben ist, dafs, um einen möglichst kräftigen Zündfunken zu erzielen, die beiden Theile des Contactgebers während der Magnetisirung des den Strom inducirenden Eisenankers sich berühren und während der Berührung an einander schleifen, hingegen im Moment der Demagnetisirung oder des Polwechsels sich rasch von einander trennen.

Hierzu 1 Blatt Zeichnungen.

SIEGFRIED MARCUS in WIEN

Magneto-elektrischer Zündapparat für Explosionsmotoren.

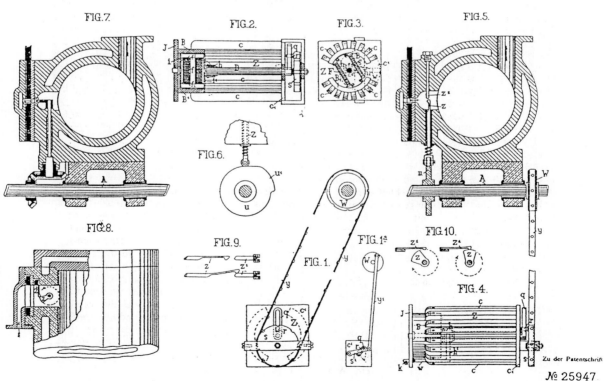

BERLIN. GEDRUCKT IN DER REICHSDRUCKEREI.

KAISERLICHES PATENTAMT.

PATENTSCHRIFT

— № 26706 —

KLASSE 46: LUFT- UND GASKRAFTMASCHINEN.

AUSGEGEBEN DEN 29. APRIL 1884.

SIEGFRIED MARCUS IN WIEN.

Neuerung an Explosionsmotoren.

Patentirt im Deutschen Reiche vom 23. Mai 1882 ab.

Auf den beiliegenden Zeichnungen ist der Zerstäuber von der Construction, welche den Gegenstand meines Patentes vom 15. October 1882 bildet, und ebenso ist der magneto-elektrische Stromgenerator derjenige, für welchen ich am 19. Mai 1883 die Patentirung im Deutschen Reiche angesucht habe; diese Zeichnungen stellen den Motor in mehreren Abänderungen mit und ohne selbstthätige Regulirung der Gaseinströmung wie folgt dar:

Fig. 1 ist ein Verticalschnitt einer Form des Motors mit aufrechtstehendem Cylinder und ohne automatische Regulirung der Gaseinströmung.

Fig. 2 ist die vordere Ansicht dieser Form des Motors;

Fig. 3 dessen obere Ansicht.

Fig. 4 und 5 sind schematische Darstellungen der Hebel und Formscheiben, welche den Ein- und den Auslaßhahn am unteren Ende des Arbeitscylinders öffnen und schliefsen.

Fig. 6 ist ein Verticallängenschnitt einer anderen Form des Motors mit liegendem Cylinder und ohne automatische Regulirung der Gaseinströmung.

Fig. 7 ist die vordere Ansicht dieses Motors mit liegendem Cylinder.

Fig. 8 ist die Seitenansicht einer Form des Motors mit liegendem Cylinder und automatischer Regulirung der Gaseinströmung.

Fig. 9 ist die obere Ansicht dieses Motors und

Fig. 10 ein Querschnitt desselben in der Höhe der Gaseinströmungsöffnung.

Bei der durch die Fig. 1 bis 5 dargestellten Form des Motors ruht der mit dem Wasserkühlungsraum p versehene Cylinder C auf einem Fußgestell G von beliebiger Form. Vom unteren Ende des Cylinders gehen zwei durch die Hähne n n^1 absperrbare Kanäle ab, deren einer mit dem Zerstäuber Q für den flüssigen Kohlenwasserstoff in Verbindung steht, während der zweite durch das Rohr K ins Freie führt. Z ist ein magneto-elektrischer Stromgenerator, A eine mit Schwungrädern S versehene gekröpfte Welle, welche durch die Pleuelstangen $P P^1$ und das Querhaupt T mit der Kolbenstange E und dem Kolben d verbunden ist. Im oberen Cylinderdeckel ist ein Saugventil V und ein Druckventil V^1 angebracht. Das Saugventil V, welches bei der Abwärtsbewegung des Kolbens d Luft in den Cylinder treten läfst, kann durch das höher oder tiefer zu stellende Anschlagstück a derartig regulirt werden, dafs seine Oeffnung nach Belieben theilweise unverschlossen bleibt; es wird also, wenn der Kolben d infolge der Explosion des Gasgemenges unter demselben emporschnellt, die dabei comprimirte Luft je nach der Stellung des Anschlagstückes a entweder gänzlich durch das Druckventil V^1 austreten oder theilweise wieder durch das nicht ganz verschlossene Saugventil V entweichen, so dafs durch das Druckventil je nach der Natur des zerstäubten, flüssigen Kohlenwasserstoffes regulirte Luftmengen in den Zerstäuber treten. Die beim Druckventil V^1 austretende comprimirte Luft strömt durch ein Rohr l in ein Reservoir h, von welchem aus zwei mit Regulirungshähnen m und m^1 versehene Wege abgehen. Der eine dieser Wege führt durch den Zerstäuber Q, aus welchem die fein vertheilten Flüssigkeitspartikelchen durch den Luftstrom mitgerissen werden, und der andere mündet in das Verbindungsrohr zwischen Zerstäuber und Cylinder, um durch die zugeführte Luft den aus ersterem austretenden, mit Flüssigkeitspartikelchen geschwängerten Luftstrom sauerstoffreicher und dadurch zur Explosion geeigneter zu machen.

Der Einlaßhahn n für das explosible Gasgemenge und der Auslaßhahn n^1 für die Verbrennungsproducte werden durch die auf beide Enden der gekröpften Welle aufgekeilten Formscheiben v und v^1 mit Hülfe der Winkelhebel H und H^1 entsprechend geöffnet und geschlossen.

Fig. 4 und 5 zeigen in schematischer Darstellung, welche Stellungen diese Hebel und Formscheiben in dem Moment haben, wo der Kolben seine Abwärtsbewegung nahezu vollendet hat.

Der Auslaßhahn n^1 ist noch geöffnet, da die Frictionsrolle am freien Ende des Hebels H^1 an der Formscheibe v^1 auf dem Theile von geringerem Durchmesser läuft, wird sich aber sogleich schließen, während der Hebel H im Begriffe ist, durch das Herabfallen seines freien Endes an der Formscheibe v auf den Theil von geringerem Durchmesser den Hahn n zu öffnen und dem explosiblen Gasgemenge Eintritt zu gestatten. Die gekröpfte Welle trägt ferner auch eine Antriebsscheibe W für den magnetoelektrischen Stromgenerator Z und ist mit einer Nuth N für die Treibschnur des Zerstäubers Q versehen.

Im Ausströmungskanale für die Verbrennungsproducte befindet sich der Zünder, welcher aus einem festen isolirten Kupferdraht und aus einem diesem gegenüberstehenden ähnlichen, aber beweglichen Draht besteht, welchen eine Spiralfeder beständig in bestimmter Entfernung von

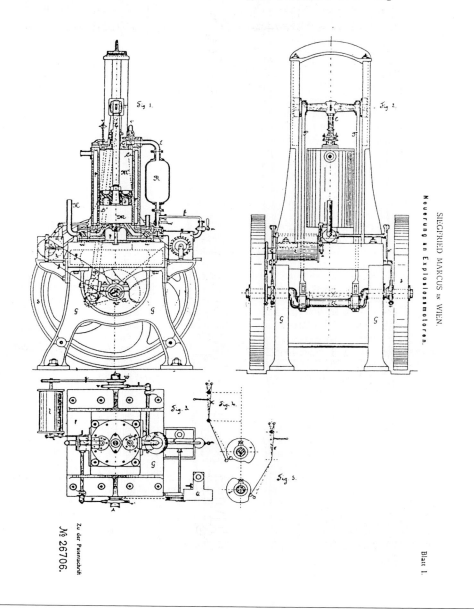

Zu der Patentschrift
№ 26706.

SIEGFRIED MARCUS in WIEN.
Neuerung an Explosionsmotoren.

Blatt 1.

266

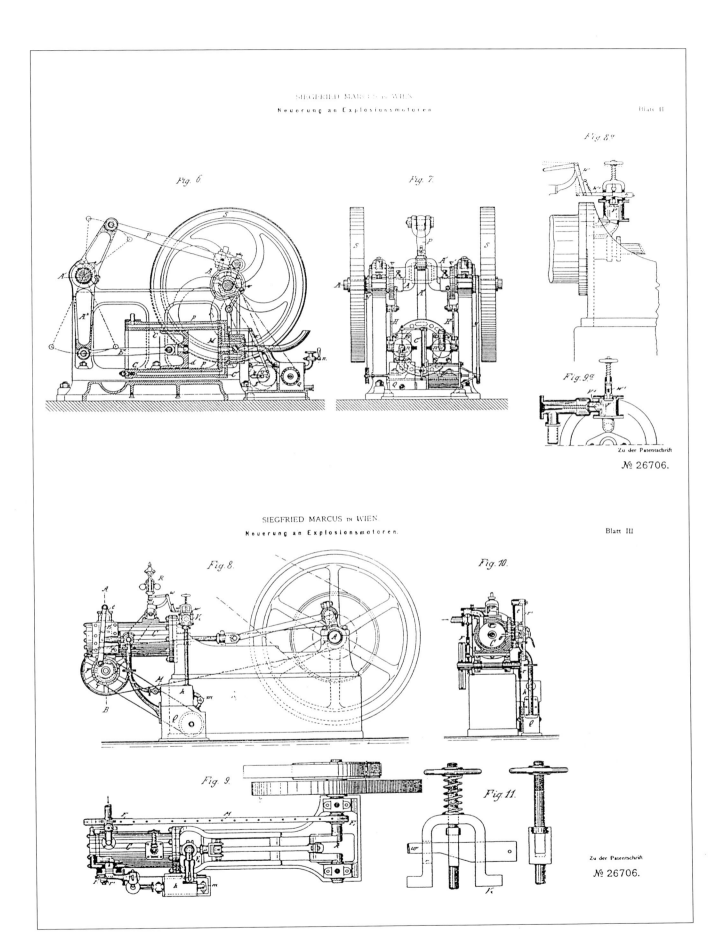

Fig. 6.

Fig. 7.

Fig. 8ª

Fig. 9ª

Zu der Patentschrift

№ 26706.

SIEGFRIED MARCUS in WIEN.

Neuerung an Explosionsmotoren.

Blatt III

Fig. 8.

Fig. 10.

Fig. 9.

Fig. 11.

Zu der Patentschrift

№ 26706.

der Spitze des anderen hält. Diese beiden Kupferdrähte bilden die Polenden des durch den Generator erzeugten inducirten Stromes, und es wird der die Berührung und Trennung der metallischen Contactenden beider Drähte bewirkende Hebel *x* von einer Formscheibe *u* an dem durch den Motor selbst betriebenen magneto-elektrischen Generator derartig in Function versetzt, daſs während des Kolbenhubes und der passiven Rückbewegung des Kolbens, welche Phasen mit der Sättigungsphase im Stromgenerator übereinfallen, die Contactenden einander genähert und schlieſslich an einander gedrückt werden, um dann im Moment, wo der Einlaſs-hahn *n* für das explosible Gasgemenge sich schlieſst und gleichzeitig im magneto-elektrischen Generator der Polwechsel stattfindet, sich plötzlich zu trennen. Auf diese Weise entsteht der elektrische Funke, welcher das explosible Gasgemenge entzündet.

Aus vorstehender Beschreibung geht hervor, daſs man, um den Motor in Gang zu setzen, nur die gekröpfte Welle *A* mit der Hand etwas zu drehen braucht, wodurch man einmaliges Einströmen des explosiblen Gasgemenges und Bildung eines elektrischen Zündungsfunkens veranlaſst. Das Reguliren des Ganges der Maschine geschieht durch entsprechendes Verstellen des Anschlagstückes *a* am Saugventil *V* des Cylinders und durch mehr oder minder weites Oeffnen der Hähne *m* und *m¹* unter dem Luftreservoir *h*; werden diese Hähne geschlossen, so gelangt die Maschine successive in Ruhe.

Ist der zum Betriebe des Explosionsmotors dienende flüssige Kohlenwasserstoff besonders flüchtig, so wird das Durchführen eines Stromes comprimirter Luft durch den Zerstäuber entbehrlich und es kann das eine Ende des Arbeitscylinders offen hergestellt werden.

Fig. 6 und 7 stellen eine auf diese Voraussetzung basirte Construction meines verbesserten Explosionsmotors mit liegendem Cylinder im Längenschnitte und in der Seitenansicht dar. Bei dieser Maschine ist behufs Raumersparniſs statt einer festen Kolbenstange mit Kreuzkopf und Geradeführung eine oscillirende Kolbenstange *c* in Verbindung mit einem oscillirenden Winkelhebel *W* angebracht, welcher auf eine Zwischenwelle *A¹* aufgekeilt ist und dessen Oscillationen sich mittelst der Pleuelstange *P* in Rotation der Schwungradwelle *A* umsetzen. *C* ist der von einem Kühlraume *p* umgebene Arbeitscylinder, *C¹* dessen Deckel, *d* der Kolben und *Q* der Zerstäuber, welcher in der gleichen Weise, wie oben beschrieben, durch eine Treibschnur in Function gesetzt wird, die über eine Schnurscheibe und in einer Nuth *N* der Schwungradwelle *A* läuft. Durch den Hahn *n*, welcher den durch die Formscheibe *v* bewegte Hebel *H* öffnet und schlieſst, tritt, von dem vorrückenden Kolben eingesaugt, Luft durch den Hahn *m* in den Zerstäuber *Q* und aus diesem, die fein

zertheilten Flüssigkeitspartikelchen und Dämpfe mitreiſsend, in den Cylinder, wo nach dem Schlieſsen des Hahnes die Entzündung durch den elektrischen Funken erfolgt. Der Auslaſs-hahn *n¹* für die Verbrennungsproducte wird in analoger Weise durch den Winkelhebel *H¹* sammt Formscheibe *v¹* in Function versetzt. Der mittelst des Transmissionsstahlbandes *y* von der Schwungradwelle *A* aus in Bewegung gesetzte magneto-elektrische Stromgenerator *Z* bringt im Zünder durch Trennung der Drahtenden mittelst des Winkelhebels *x* in der oben beschriebenen Weise im entsprechenden Moment den zündenden elektrischen Funken hervor. Man setzt diesen Motor natürlicher Weise wie den vorhin beschriebenen in Bewegung und regulirt den Gang durch entsprechende Stellung des Hahnes *m*, bei dessen Verschlieſsen der Motor in Ruhe kommt.

Ein nach den gleichen Principien construirter Explosionsmotor mit automatischer Regulirung des Ganges ist in den Fig. 8, 9 und 10 in Seitenansicht, oberer Ansicht und im Querschnitt dargestellt. Das Oeffnen und Schlieſsen der Einströmöffnung für das explosible Gemenge in dem liegenden, gleichzeitig als Luftpumpe functionirenden Arbeitscylinder *C* geschieht hier nicht wie bei den beiden oben beschriebenen Constructionen durch einen Hahn, sondern mittelst eines Schiebers *t*, welcher von einer ihn mit der Kurbelscheibe *r* verbindenden Pleuelstange *r¹* in verticale Oscillationen versetzt wird. Bei jeder Bewegung des Schiebers *t* aus seiner höchsten in seine tiefste Stellung, und umgekehrt, gelangt die im Schieber angebrachte Oeffnung *o¹* einmal vor die Einströmöffnung *o* des Arbeitscylinders, weshalb die Umsetzung der Bewegung von der Schwungradwelle *A* auf die Kurbelscheibe *r* so geschehen muſs, daſs letztere während zwei Umdrehungen der ersteren nur eine Umdrehung macht und trotzdem, wie aus dem Vorgesagten hervorgeht, die Ladung und Zündung zweimal erfolgt.

Die Regulirung des Ganges der Maschine geschieht durch den auf der oberen Fläche des Cylinders angebrachten Regulator *R*, dessen Hülfe mittelst des Winkelhebels *W* mit der Schiene *W¹*, welche in dem Bügel des Ventilgehäuses und in der Ventilspindel hin- und herbeweglich gelagert ist, in Verbindung steht, in der Art, daſs beim Heben der Regulatorkugeln der Hebel *W* sich nach aufwärts bewegt (s. punktirte Stellung Fig. 8a), was ein Vorwärtsschieben der Schiene *W¹* zur Folge hat, wodurch deren keilförmige untere Fläche, Fig. 11, auf die Ventilspindel drückt und ein Oeffnen des Ventils *V* veranlaſst, so daſs dieses Ventil mehr oder minder geöffnet bleibt und beim Hingang des Kolbens einen Theil der vorher in den Cylinder eingesaugten und nunmehr comprimirten Luft austreten läſst, die sonst durch das Ventil *V¹*, Fig. 9a, in das Luftreservoir h und aus diesem theils in den Zerstäuber Q, theils durch den Hahn m^1 direct in den Mischraum M^1 treten würde. Mittelst des Hahnes m wird das in den Zerstäuber Q eintretende Luftquantum regulirt.

Soll ein Motor der beschriebenen Construction als Gasmotor verwendet werden, d. h. direct mittelst eines Gemenges von gasförmigen Kohlenwasserstoffen mit Luft gespeist werden, so ist die Zerstäubungsvorrichtung Q, deren Construction in meinem Patente vom 15. October 1882 genau beschrieben ist, überflüssig. Man kann dieselbe daher entweder ganz entfernen oder man schaltet sie durch Schliefsen der Hähne m und m^3 aus und bringt mit dem Hohlraum unter dem Ventil V ein Gaszuleitungsrohr in Verbindung. Das durch die Vorwärtsbewegung des Kolbens eingesaugte Knallgas wird bei der Rückwärtsbewegung, ohne dafs es in die Zerstäubungsvorrichtung Q gelangt, direct in den Explosionsraum gedrückt.

Selbstverständlich mufs bei einer solchen Anordnung der Regulator R derart functioniren, dafs er den Zuflufs des Gases sowie der Luft, der Geschwindigkeit des Ganges der Maschine entsprechend, theilweise oder ganz abschliefst.

Die Uebertragung der Bewegung von der Hauptwelle auf die Welle der Kurbelscheibe r erfolgt durch ein mit Warzen versehenes Metallband M, welches über die Scheiben $F F^1$ läuft, wobei die Warzen in entsprechende Vertiefungen an der Scheibenperipherie eingreifen, wodurch ein vollkommen regelmäfsiger Gang der Steuerung gesichert wird.

PATENT-ANSPRÜCHE:

1. Bei Explosionsmotoren, welche mit flüssigen Kohlenwasserstoffen betrieben werden, die Combination des Arbeitscylinders mit einem Zerstäuber Q für diese Kohlenwasserstoffe in der Weise, dafs die bei jedem Kolbenhube in der mit entsprechenden Ventilen V und V^1 versehenen oberen Cylinderhälfte comprimirte Luft in einem Reservoir h gesammelt und von da in dem Momente, wo der Kolben nach seiner durch das Schwungrad bewirkten passiven Rückbewegung ca. $\frac{1}{4}$ seines Hubes zurückgelegt hat, durch den Zerstäuber hindurch in den Explosionsraum geführt wird, so dafs sie die fein vertheilten Flüssigkeitspartikelchen mitreifst und mit ihnen ein comprimirtes explosibles Gemenge bildet, mit welchem die Maschine betrieben wird.

2. Bei Explosionsmotoren die Regulirung des Ganges der Maschine durch einen Regulator, dessen sich bei beschleunigtem Gange entsprechend hebende Hülse so mit einer auf die Spindel des Saugventils V wirkenden schiefen Ebene combinirt ist, dafs durch letztere der Ventilkegel bei beschleunigtem Gange niedergedrückt wird.

Hierzu 3 Blatt Zeichnungen.

BERLIN. GEDRUCKT IN DER REICHSDRUCKEREI.

Inhalt

4. Restaurierung und Wiederinstandsetzung des zweiten Marcuswagens 1950

5. Siegfried Marcus und seine Gegner – Behauptungen und Tatsachen

6. Die chronologische Entwicklung der Automobile und Motoren von Siegfried Marcus

7. Die Industrie- und Gewerbemotoren von Siegfried Marcus

Aufgrund eines Montagefehlers wurden auf den Seiten 78 und 79 die Darstellungen des zweiten und dritten Marcuswagens leider vertauscht. Die Bildbeschriftungen hingegen sind korrekt.